渎职犯罪侦查实战系列丛书

DUZHI FANZUI ZHENCHA SHIZHAN XILIE CONGSHU

经济民生领域
疑难复杂渎职犯罪侦破
与认定胜算通道

JINGJI MINSHENG LINGYU

YINAN FUZA DUZHI FANZUI ZHENPO

YU RENDING SHENGSUAN TONGDAO

陈 波／著

中国检察出版社

图书在版编目（CIP）数据

经济民生领域疑难复杂渎职犯罪侦破与认定胜算通道/陈波著 . —北京：中国检察出版社，2016.7
（渎职犯罪侦查实战系列丛书）
ISBN 978 - 7 - 5102 - 1687 - 9

Ⅰ.①经…　Ⅱ.①陈…　Ⅲ.①渎职罪 – 刑事侦查 – 研究 – 中国
②渎职罪 – 认定 – 研究 – 中国　Ⅳ.①D924.393.4

中国版本图书馆 CIP 数据核字（2016）第 143011 号

经济民生领域疑难复杂渎职犯罪侦破与认定胜算通道

陈　波　著

出版发行：	中国检察出版社
社　　址：	北京市石景山区香山南路 111 号（100144）
网　　址：	中国检察出版社（www.zgjccbs.com）
编辑电话：	（010）68658769
发行电话：	（010）88954291　88953175　68686531
	（010）68650015　68650016
经　　销：	新华书店
印　　刷：	北京朝阳印刷厂有限责任公司
开　　本：	710 mm×960 mm　16 开
印　　张：	19.75
字　　数：	358 千字
版　　次：	2016 年 7 月第一版　2016 年 7 月第一次印刷
书　　号：	ISBN 978 - 7 - 5102 - 1687 - 9
定　　价：	50.00 元

前言

　　擘画全面依法治国背景下的改革强侦蓝图，侦查组织形态和力量体系的重塑，侦查方式、指挥方式、领导管理方式上的固本开新、深刻变化，需要彰显宽广视野、宏阔运筹，致力于攻坚克难、强侦破案的职业情怀和坚定意志。在很大程度上取决于随外部世界发展大势、突发事件和其他行为影响顺势而为，使战略谋划、价值追求与国家整体利益相融合，与"四个全面"战略布局相对接，尤其与经济发展、民生改善和公民权利保障等根本问题对表。当下拆迁事件、低房价心声、舌尖安全、简政放权少干预多服务，还有环境污染、安全事故、公考退潮、经济下行等各界关注热点频发，无不牵涉、搅动纷繁复杂的社会政治经济利益的发散与追求，折射出转型期中国的现实挑战。面对日益高涨的发展期待和民生需求，不断增强的权利意识，愈加复杂的利益纠葛以及公平正义追循，反渎侦查需要读懂并回应群众权益关切，使其成为工作重点、改革落脚点和突破口，并化作矢志不移奋斗目标以及取之不尽的动力源泉。

　　任何理论、学说之价值有无，不在于其学理高深、逻辑复杂以及内容多寡，关键在于其能否传递正能量，展现思想性，给人以思维、理念和态度的启迪，以及行动指引。反渎侦查活动当然要依据、执行、解读和诠释国家法律、法规、政策、纪律和规矩以及系统、单位内部有关"特定职责"的实体与程序的各项规定，但其又可以拓展新视野，创造新思维、新理念，助推新思想的萌芽甚至奠定新理论产生的基点。所以，要寻找适合本行的发展路径，构建适合本系统的基础理论、行业知识体系和行为运行标准框架，总结、提升自身实战经验。应该承认，反渎侦查自然禀赋从来就不如普通刑事犯罪、贪污贿赂犯罪侦查那样的强大有力和掷地有声。从表面上看，现阶段反渎核心侦破能力的强弱高低错落和有待平稳提升之现状，似乎只是侦查工作本身实践新发展、犯罪规律特点新变化而迫使这一领域从业人员对自身思维观念、能力水平和侦破技巧、方法等所进行的相应、仓促性调整，所确立的行动原则大多具有形势所迫导致的"临时抱佛脚"的意境味道。而对其进行内在、理性考究与反思，其实质更多地显现出较长时间以来，反渎侦查理论与实战相结合的研究不够，尚存盲点和缺失，以及实战突破和多重洗礼有待深化，成果探索与内存积淀不足，提炼合成、运用和升华精神滋养、标准化体系、文化特质以及以侦查纹路、路线脉络、行为标识尤其是运行线路图等关键载体和基因传承为中心内容的实战要领不够充分，加上本系统相关从业人员自我评价、心理自信与动手能力、实际效果之间落差较大，即"坐井观天"、眼高手低、浅尝辄止和"小确幸"等问题时隐时现，目标追求与现实平衡还经常处在摇摆不定地步等诸多因素所致。所以，"三期叠加"期的反渎侦查，要注意侦查价值取向的调整，把增强侦查全员积极性与活力放到突出位置，强调本系统从业人员思维理念、意识态度转变和阅历视野拓展，不断提高侦查全要素运作效率和侦查活动的人文气息；更加重视做大做强侦查需求侧，疏浚供给渠道，拓展供给侧范围，大力加强办案基础性工作建设，尤其是侦查信息平台、机制的建用结合，在将侦查活动中那些内在逻辑、规律特点而又零散抽象、含糊不清即不大容易把握操作的内容，表述为战略思维、工作视野、运行机制以及侦查破案能力等不同层面、多维空间、广角度的同时，外化为一项项办案人员人人都可以较为便利地参照执行自觉运用于办案的调查方向、侦破路径、工作重点以及具体的方法措施，并转化为各方均能认可接受的成熟态度、标准尺度和共识定见。切实保障供给，以提升反渎侦查实战效能与实际效果以及助推整个工作的可持续发展。这些亦是本书的重点内容。

反渎侦查的复杂性其实并不一定在于引发危害后果特定行为的多头性、多源性，而更关注一个人不同环节涉嫌行为中使危害后果发生的关键性行为节点是什么，因为这常常涉及构成渎职犯罪的决定性因素即刑法意义上的因果关系的存在或者成立与否。侦查实战中，一般称之为对"致害行为纯粹性基础上的纯洁性"的甄别与把控。甚至一些省部级干部渎职罪行为最终未能认定，都是在此环节不能过关。尽管反渎侦查与反贪侦查同属于职务犯罪侦查，但其结果犯性质尤其是证据的多重依存性使其破案远不如反贪侦查更强调对言词证据的依赖。其为难或者不易释然的地方或者说着手、启动调查之时，首要的纠结、犹豫之处往往集中在对社会现实生活中涉嫌行为性质的把握和职权职责之有无，即罪与非罪、此罪与彼罪的甄别、确定之不易，由此而牵扯到的与公安、反贪等侦查分工管辖，尤其是与侦破过程中的疑难复杂、热点难点纠缠成不好解扣的"麻花"，从而不同程度地造成工作本身视野范围内容不宽、敏锐性不强，着手调查底气不足，侦查办案放不开手脚，切入深度劲道不够，攻坚克难吃力浅，侦破认定缺乏自信心等一系列问题的出现。从某种程度来讲，折射出反渎侦查实战研究之亏欠、承接地气不够、针对性不强以及难解实战之渴等隐忧的存在，牵扯到反渎动力、潜力、方向、谋略、前景与落实等诸多深层次问题。而这些问题恰恰是做大做强反渎侦查大战略具体、坚实的托盘，进而成为突破"瓶颈"所必须翻越的长坡或脊岭，推进工作难以回避的敏感点和关键桥段，以及全面深化反渎侦查改革的历史使命和方向走势，也成为本书的着力点。

反渎侦查有别于其他侦查活动包括反贪侦查的特质在于：奉行侦查破案优先原则，强调多边主义、构筑强有力多方联盟，展开明暗"特殊形式"的协商、对话，查案"文章"才能做得优美而有意境味道，更多地靠"软实力"（包括加强侦查态度、意识、思维、办案基础工作和自身战略谋划能力、政策策略水平等的提高）说话或者以智取胜，突破前进，努力改善自身依法规制、公正公信、公道廉洁社会公共形象，注重工作"协同办理"共识的形成，联手其他部门持续建立共治"统一战线"，重视各类助力办案机制建设、运用与联动合成发力。在对已有明显职务犯罪嫌疑等社会热点的调查处理中，亦坚持使用"衔接机制"、同步介入、依靠行政调查结论和行业专家作用发挥、基础工作先行、侦查突破跟进等途径、手段，尽量避免采用动辄直接抓人扣物、靠审讯破案等不合时宜的做法，突出强调侦查实战在法治思维、人权保障全覆盖和稳定祥和社会秩序环境中稳步推进。另外，反渎侦查并不仅仅侧重于如何设置谜题，如何解扣，再现阴险狡诈、令人迷糊的犯罪手法和侦破人员精巧技艺、高超智慧，而恰恰是对涉嫌情况信息线索、不正常现象、食品医药卫生突发事件和矿难环保事件、难以理解的利益输送迹象，特别是对已发生物损人（死）伤的普通刑事犯罪案件等背后的"弦外之音""有形与无形之手"以及其他折射之意，加以深入挖掘，分析研判，认真解读，准确认定，才是工作重点。案件侦破后带给社会大众尤其是审案法官的认可，其中所呈现出的公平正义、司法公信，既需要调查人员的思维力、想象空间、逻辑推理作为其推进工作的必备品质，也是每一位反渎工作者对全面依法治国和尊重与保护人权的深层思考和强烈社会责任心与担当精神的展现，更是"三严三实"在侦破活动中得到不折不扣贯彻落实的结果。这既是对反渎侦查特质与优势的发挥，也是走向成功的主抓手。

如果把发生在经济民生领域的每一起渎职犯罪案件都视为正在施工或者刚刚交付的一套套"毛坯房"，那么就有必要通过大众参与、机制衔接、专家咨询、行业刨套，通过侦破谋划、开工、甚至"淬火"，精心雕琢与打磨，倾心尽力打造成一起起法治时代的"精装房"，成为诠释和展示公平正义的"样板间"。反渎侦查还在时时警醒自己：自身的强大甚至崛起不可能收获或者被赋予任何特权和优势地位，而只会令其承担更多责任与使命，使其不断为全面促进社会和谐稳定、经济繁荣发展、国家富强、人民幸福和民族复兴发挥更大作用，前行脚步更加坚定、坚实。虽然任重道远，却意义深远，大有可为。

陈 波

2015 年初夏于北京

目录

第一章

经济民生领域渎职犯罪特点规律、发展趋势探析与应对

第一节　经济民生领域渎职犯罪特点规律、发展趋势研判

实质上，在当前全社会技术变革与制度变迁相互映射的大变局时代，过去常常所谓的不适合竞争的战略安全领域也在不断的调整、变化之中。在此背景下，通过全面深化改革，打造出一套基于负面清单管理的优序良法制度场域，营造成一种开放式商业竞争秩序，在国家经济民生领域真正实现该放开的都放开，避免改革被"垄断惯性"沟坎所截断，永葆经济与社会发展的无穷活力。是国家和社会治理体系现代化不可或缺的内容。

在中国市场经济不断前行的过程中，如果没有法治的驾驭，没有"特定职责"的出山以及行政监管的有效实施，而任由其如丛林一般野蛮生长，权贵、既有利益集团占据资产、财富的各种手段将一再令人刷新三观，社会心理必将被迫发生巨大变化。社会大众一方面担心经济下行让自己多年积累的财富被挤压成干面包，另一方面又对能够权力提现、收获租金，赚轻松钱的权贵以及既有利益集团充满了愤怒，恨官仇富似乎成为不得不为的办法。忧虑和愤怒一旦席卷整个社会之时，各种极左口号、过激行为很有可能不断刺激着人们的眼球，让人达到难以忍受、无以复加的程度，甚至发展成矛盾纠结、带有爆炸性风险综合体。所以，完善国家和社会治理各项制度，强化行政监管成为必然。另外，渎职犯罪特点规律、发展趋势与反渎侦查之间从来都不是单向度的关系，而是一个彼此关联、互相影响、相互促进的过程。反渎侦查就是对具体犯罪行为及其同类犯罪特点规律、发展趋势，通过纠结的视角、以严苛的眼光加以考究、研判后的应对和有关制度、手段和措施的依法、有效运用。

因此，当前"特定职责"主导下的渎职犯罪行为主体心理、作案手法、发案特点和规律，尤其是因果关系结构等，都正发生着深刻变化。仅适格主体范围远超过 1997 年刑法修订之前的范围。所以，必须加强对这些情况、特点、规律尤其是经济民生领域渎职犯罪相关情形的了解掌握、分析研究、理解把控等应对工作，使办案工作承接地气，途径方法与时俱进，措施技巧针对性强，最终效率效果均佳。

一、对渎职犯罪适格主体范围不断拓展现象的深度研究

如果说现代化开创了自我塑造的时代，全球化又意味着一个各种力量互相依存、互相制约因而互相塑造时代的到来。而信息技术革命、互联网时代使个体独立性又回到全新互相依赖与凝聚态势，以至于特质性强的个体形态与国家制度内各类机制共生、共享权力，互相牵制而达到种种平衡。从中可以清晰地看出，经济民生领域系统性监管瑕疵、缺陷行为并不表现为短期内、直接伤害具体个人，而更多的是暗中、静悄悄地通过规则、制度和程序去剥夺各种权利和自由，限制各种可能性，通过合法程序"正确、正当"地进行剥夺、侵蚀社会、公民个人权益，这种剥夺、侵蚀行为看起来似乎不是犯罪，而是通过制定标准和游戏规则而合法地、潜在性行动，以及在较长时间后才显现出不良后果。

国家政治、经济、社会、文化、生态和从严治党各项工作的发展，立法的不断改进、完善与更高要求，促使反渎职侦查工作不得不改革创新，逐步走向科学、规范、理性和现代化的同时，内容全新，目标任务远大，迈进新时代。从我国渎职犯罪主体范围的发展变化观察，1979 年刑法把渎职犯罪较多地归结为玩忽职守、滥用职权犯罪亦不例外。1997 年刑法则实行的是区分国家机关工作人员与非国家机关工作人员二元立法模式，一方面，将渎职犯罪主体范围严格限定为"国家机关工作人员"。而另一方面，将国有公司、企业、事业单位人员的一部分渎职性犯罪行为归入其他类罪；又对另一部分国有公司、企业、事业单位有关工作人员滥用职权造成国家和人民重大损失的行为不认为是犯罪。这给人的印象是：经济、民生民利领域不再有渎职犯罪的发生、存在或者提法；同时，与国家经济发展和社会治理的客观现实严重不符和脱节，出现立法空白地带。司法实践中不断发生新问题，主要表现为：法律授权规定某些非国家机关的组织在某些领域行使国家行政权；有些国家机关将自己行使的

职权依法委托给一些组织行使；有些国家机关根据工作需要聘用部分国家机关以外的人员从事公务。这些人员如果有滥用职权或者玩忽职守行为的，是否构成渎职犯罪，刑法没有明确，司法实践中无法操作。故其首先存在立法上的"先天不足"，不能满足司法实践现实的迫切需要。正是这一立法漏洞，促使全国人大常委会对1997年修订的刑法进行了修正，将第168条修改为："国有公司、企业的工作人员，由于严重不负责任或者滥用职权，造成国有公司、企业破产或者严重损失，致使国家利益遭受重大损失的，处三年以下有期徒刑或者拘役……"实际上这是在明白地宣布：对国有公司、企业的工作人员的玩忽职守行为要追究刑事责任。接着，第九届全国人民代表大会常务委员会第31次会议通过了《刑法修正案（四）》和《关于〈中华人民共和国刑法〉第九章渎职罪主体适用问题的解释》。该解释首次采取立法解释的形式将我国刑法中有关渎职罪犯罪主体的范围予以扩大，明确规定："在依照法律、法规规定行使国家行政管理职权的组织中从事公务的人员，或者在受国家机关委托代表国家机关行使职权的组织中从事公务的人员，或者虽未列入国家机关人员编制但在国家机关中从事公务的人员，在代表国家机关行使职权时，有渎职行为，构成犯罪的，依照刑法关于渎职罪的规定追究刑事责任。"这样，从国家立法上，依"公务论"确定渎职犯罪主体，意味着行为人的行为构成渎职罪的主体资格是否适格，主要看涉嫌行为人从事的活动是否是公务活动、是否在履行国家机关的管理职能，并以此作为评判其能否构成渎职类犯罪的决定性因素。除在国家机关以外，在一切性质不论为何（国有、集体、民营或者民工、农民等）的部门、单位依法或受国家机关委托、指派从事公务活动的人员，有渎职行为涉嫌犯罪的，都可以成为渎职类犯罪的主体。这就意味着将刑法"国家机关工作人员"的渎职类犯罪主体范围内容作了重大调整改变，"国家机关委托从事公务人员"突出的是涉嫌行为以"国家机关委托与否"作为分叉口、关键点。"国家机关及其委托从事公务"规定使得过去对渎职犯罪的相关认知必须相应地做出重大调整，其实质内容增容的同时，渎职类犯罪的主体范围扩大、发案领域部位延伸、作案手法不断拓展，犯罪及其侦破工作的特点、规律和发展趋势都面临全新症候。在当前，只要有"特定职责"存在、行使的人群、时空或者部位都可能发生和存在渎职犯罪。

（一）"国家机关工作人员"主体范围拓展呈现出与时俱进性

当前，"国家机关工作人员"主体范围已拓展为包括"受委托从事公务"的"所有人员"。长期以来，受1997年刑法修订的影响，在查办经济民生领域渎职犯罪问题上，业内外长期存在着对于犯罪本身、查办工作以及犯罪认定等众多关节点上的诸多误读误解，以及其他众多的消极影响，搞得陷阱重重。主要表现在两个方面：一是渎职犯罪只存在于国家机关及其工作人员之中，国有企事业单位人员不存在渎职犯罪，这样一种意识和认识在很长一段时间内左右和制约着工作的开展，影响社会大众的思维和行动；二是渎职犯罪主体由其所在单位性质、个人身份决定，至今单位性质论、个人身份论等影响犹存，误导极深。

因而，反渎侦查实战中，有必要对经济民生领域渎职犯罪及其查办工作重新予以解读和认知。尤其应当认识到，涉嫌行为人主体适格、罪错界限和此罪与彼罪的确定，已经由过去的单位性质、个人身份决定过渡到特定行为具有公务性即特定职责性与否决定。现阶段渎职犯罪主体范围的中心词是"所有人员"，而"国家机关及其委托从事公务"成了渎职犯罪主体范围"所有人员"的修饰词或者定语。渎职犯罪主体已发展到各类单位和社会现实生活中的所有有关（特定）人群。这说明，而今的渎职犯罪主体范围有了非常大的扩充。甚至可以说，在"受国家机关委托"之前涉嫌行为人是何身份对于其是否构成渎职犯罪并不重要，重要的是涉嫌行为人是否确实受到了乡镇、街道以上国家机关尤其是政府的委托，从事了国家事务尤其是国家行政管理性质的事务或者实施了此类行为，并由此而负有了某种特定职责、义务。反渎从业人员和社会大众不能抱着过去观念、做法不放，而要适应社会现实生活发展、变化的客观形势，为做大做强反渎工作奠定思想理论基础。

1. 过去以为渎职犯罪主体仅限于国家机关工作人员的普遍认知而今已发生深刻变化：

一是渎职犯罪与行为人所在单位性质不大搭界、与官职大小官阶高低无关、与行为人身份关系不大；主要是与行为人所行使的权力性质是否系从事管理国家、政府事务有关，与此关联挂钩或者说唯其马首是瞻，特别是以国家机关工作人员以及受国家机关委托从事公务等特定职责之有无为分界线。任何人不论党政机关、企业事业单位人员，甚至民营企业主或者其他人员、个体户甚至农民（工）只要是接受了国家机关的委托从事公务活动负有特定职责，都可以成为渎职犯罪的主体。这已成为检、法两家的共识，为司法解释所规定。除国家机关工作人员以外，大量发生和被查处的是受国家机关委托从事公务的企事业单位负责人或者特定责任人、基层自治组织成员或者特定职责人以及其他社会人员个人等，还有受政府委托对单位负有特定职责的农民工担任的安全监管员等。例如，河南省伊川县彭婆镇卫生院院长、农卫站站长许某等企事业单位人员也可能犯滥用职权罪，许某在负责组织实施基本公共卫生服务项目过程中，违反基本公共卫生服务资金专款专用的规定，擅自决定将 51.3 万余元基本公共卫生服务补助资金用于发放非从事基本公共卫生服务工作人员工资及其他日常、医疗支出，造成51.3万余元国家公共卫生补助资金流失。法院以许某犯滥用职权罪判决其免予刑事处罚。

二是一些企事业单位人员如医院工作人员已成为渎职犯罪的合格主体，其不正确履行"特定职责"，构成渎职犯罪。这是因为随着政府机构改革的深入发展，有的法律、法规授权某些非国家机关组织在某些领域行使国家行政管理职权。例如，根据我国《母婴保健法》的规定，医疗保健机构按照国务院卫生行政部门的规定，出具统一制发的新生儿出生医学证明。涉案的一些医院往往是具有母婴保健技术服务执业资格的单位，依法具有签发《出生医学证明》的权力职责，其行使的是一项政府行政管理职能。所以，出具《出生医学证明》的实际操作人，一般符合刑法规定的滥用职权罪的主体资格。现实生活中，新生儿出生医学证明是办理户口登记的重要资料。一些违规生育子女的家庭为了逃避交纳社会抚养费，通过非正常途径花钱办理出生医学证明。在河南省淇县某医院工作的张某飞看到了其中的"商机"，伙同表姐夫吴某兵收受贿赂，为他人违规办理出生医学证明，造成恶劣的社会影响。法院以滥用职权罪判处张某飞免予刑事处罚；以受贿罪判处其有期徒刑10个月；数罪并罚决定执行有期徒刑10个月。以滥用职权罪判处吴某兵免予刑事处罚；以受贿罪判处其有期徒刑10个月；数罪并罚决定执行有期徒刑10个月。

三是只要接受了国家机关尤其是各级政府所委托从事的公务即特定职责的任何身份人员包括农民工或者退休后被返聘人员，均可以成为渎职犯罪的主体，不影响其主体资格，其所实施的违反特定职责的行为均构成渎职犯罪。例如，黑龙江省哈尔滨市郊区某村委会主任退休在家、受街道委托参与动迁普查工作第三普查小组负责人的果树技术员田某负责一处地段的逐户测量面积，测量好了按照房屋面积、青苗面积以及附着物多少发给动迁补偿款。期间，一动迁户为了多得补偿款遂把其房证涂改成296平方米。按规定，田某测量这户人家应先查看房证记载该房子多少平方米再实地测量进行比对查验，图省事却没有实地测量即指使普查小组的胡某按照房证记载面积登记，使该动迁户按伪造房证上的面积多得112万元。法院以贪污罪判处田某无期徒刑，并处没收个人全部财产，投入监狱服刑后，该动迁户亦因伪造房证骗取拆迁补偿款案发而被以诈骗罪判刑12年有期徒刑，并处罚金220万元。田某被查证在此案中犯有玩忽职守罪，法院判决田某犯玩忽职守罪处有期徒刑1年；犯贪污罪处无期徒刑，并处没收个人全部财产，决定执行无期徒刑并处没收个人财产。由此可见，职务犯罪尤其是渎职犯罪，重点不在于涉嫌行为人身份，而在于涉嫌行为是否为受机关委托从事特定管理职能的行为。

　　这也正是一些涉嫌行为人尽管其是非国有企业事业单位人员身份因"从事政府事务"（如民营煤矿受托负有安全监督管理职责人员）而有违特定职责，却构成的是渎职犯罪的道理。例如，江西省南昌市某保险公司理赔查勘员张某在该公司从事能繁母猪理赔查勘工作中，收受贿赂800元并多次接受宴请，放任养猪户在未参保的母猪死亡后临时补挂耳标，违规获取理赔款136万元，并从销售病死母猪中获利，造成大量病死猪肉流入市场。法院仅仅依据其所从事的行为是属于国家机关委托的管理活动性质，而没有考虑其所在保险公司是国有还是民营以及张某本人是城市户口还是农村户口，即以玩忽职守罪判处张某有期徒刑6个月，缓刑1年。

　　四是过去认为是搭私人感情、为朋友帮忙等传统上的"义气""热心""大方"行为，如今将按渎职犯罪来追究行为人的刑事责任。例如，安徽省临泉县房产局工作人员王某东、程某玲滥用职权案，在房主去世5个月后，仍然来到该县房产局3楼做询问笔录，并签下自己的名字；办理房产过户手续，房主的身份证已经过期16年，也没有被工作人员看出来。当事人李某某瞒着家庭成员，在王某东、程某玲"帮助"下，先后三次，将祖父李某岭名下的部分房产过户到自己名下。王某东、程某玲身为国家机关工作人员，违反相关规定，为当事人办理房产过户手续，给合法的房产受益人造成重大经济损失，其行为均已构成滥用职权罪。法院认定王某东在共同犯罪中起主要作用，是主犯，判处有期徒刑1年；程某玲是从犯，判处其免予刑事处罚。且该县法院作出行政判决，撤销该县房产局为第三人李某某办理的过户登记及颁发房地产权证的行政违法行为。

　　2. 过去总以为渎职犯罪只会发生在底层公务员之中且查办的也主要是基层工作人员，而今，无论职务职级高低均在有意无意中犯有渎职犯罪；往往是上上下下国家机关工作人员大多集贪污贿赂和渎职犯罪于一身。尤其是当前反腐高压态势许多官员感觉"为官不易""多干多惹事、多一事不如少一事"，为官不为现象普遍存在的情形下，在基层公务人员渎职犯罪比例越来越高的同时，中、高层官员的渎职犯罪无论发案和受到查处的情况都越发常见。在党政高官渎职犯罪案件中，陈希同、陈良宇均犯有滥用职权或者玩忽职守罪而被判刑。在已查处的副省级以上官员渎职犯罪案件中，不少都伴随贪污贿赂类犯罪，还有滥用职权或者玩忽职守罪而被数罪并罚。例如，湖南省政协原副主席童名谦在担任中共衡阳市委书记、衡阳市换届工作领导小组组长等职务期间，严重不负责任，不正确履行职责，致使衡阳市第十四届人民代表大会第一次会议选举湖南省人大代表发生严重贿选，严重侵害了国家和人民利益，造成特别恶劣的政治和社会影响，犯玩忽职守罪被判处有期徒刑5年。贵州省委原常委、遵义市委原书记廖少华、湖北省副省长陈柏槐均因滥用职权、受贿而受到刑事追究。

在渎职犯罪活动中，尤其是地方党政各类权力高度集中"化身"、人财物一把抓的省市县"一把手"的渎职犯罪尤烈。无论是过去的江西省省长倪某策、宁波市委书记许某鸿还是四川省雅安市原市委书记徐某加都是如此。例如，徐某加受贿、滥用职权案中徐利用其职务上的便利，为他人谋取利益，伙同其胞兄徐某某（另案处理）先后收受海南、四川等多家企业、公司给予的提成款、公司干股、车辆等财物价值人民币548万元，还在该市名山区陈家坝国有土地出让等多个开发项目中，滥用职权，情节特别严重。其行为构成受贿罪、滥用职权罪，遂数罪并罚执行有期徒刑16年，并处没收个人财产人民币20万元。又如，河南省卫生厅正厅级干部赵某在任期间，滥用职权违法为多家企业办理《食品卫生许可证》，致使非法生产的有毒有害食品销售到全国十余个省市自治区，销售金额670余万元；此外还利用职务便利收受贿赂40余万元；退休之后赵某又担任某社团负责人，挪用资金12万余元。法院以滥用职权、受贿犯罪判处赵某有期徒刑10年。再如，浙江省台州市检察院查办并起诉的该省温州市副市长叶某仁滥用职权案，经调查查明叶某仁在任期间，因城市规划主持召集市政府副秘书长冯某、市府办城建处副处长汤某和、菜篮子集团公司董事长兼总经理应某权和副总经理何某莲（均已判刑）以及相关部门负责人会议研究、拍板决定将菜篮子集团公司及其所属企业外迁集中安置、建设规模约800亩至1000亩后，在明知菜篮子发展公司系应某权等自然人控股的有限责任公司有别于国有独资企业菜篮子集团公司、不具备划拨用地主体资格的情况下，仍同意应某权的要求，并要求、授权冯某签发了违背市政府专题会议内容、将外迁安置用地主体由菜篮子集团公司更改为菜篮子发展公司的纪要。菜篮子发展公司据此获得面积325.065亩划拨土地。在该市国土资源局向市政府书面反映一期供地给菜篮子发展公司可能会造成国有资产流失、请示是否继续供地时，明知供地违法，仍不提出纠正意见。被法院以滥用职权罪判处其有期徒刑3年。

（二）国家尤其政府（委托型）监管权力所及即是反渎调查所指

当前的侦查实践证明，渎职犯罪一般发生在国家尤其是政府权力所及的经济民生领域各行业单位部门运行与监管活动之中。一些政府部门权责清单不清，权力义务边界缺乏，职责运行流程欠精练，职能交叉，管理分割，治理能力不高，服务意识差，加上缺少让社会大众有效监督的途径方法等一系列问题凸显，使得经济民生领域成为不折不扣的渎职犯罪重灾区。特别是发生在国家全面深化改革、重点推进或者支持的惠农资金、征地拆迁、社会保障、食品药品安全、环境污染、安全生产、执法司法、林业、国土、安监、税务、环保、工商、质监、城建、农业、交通等领域的工作人员从事经济民生活动的运行和监管活动中，读职侵权犯罪所占比例大，一定时期往往集中爆发，成为反读工作的重点或者不可松懈的地方。并且常常需要纪检监察、检察机关集中资源、精力等开展专案侦查、专项行动来解决突出问题，取得长效结果。

1. 国家改革推进到哪个领域、重点支持发展哪些行业或者部位，那么，那个领域、行业或者部位一般就会成为权力"任性"，帮助、放任各色人员侵吞、骗取国家各级各类补贴、补偿款犯罪活动背后的读职犯罪猖獗的"高发区"。

全球化条件下，旧有生活方式已经发生了巨大的改变。曾经的各种理论、治理办法都无法很好地解释、拿住当下的生活。很多时候说人们的观念获得了胜利，而并不是说与之相适应的制度获得了胜利。换句话说，思想改变着生活。而不同阶层一些人们焦虑、浮躁和盼望暴富心理以及重视结果而不论手段的"攻城略地"，使国家深化改革、改善民生而促进经济、文化、生态等系统发展所实施的各项惠民政策正在化作各类弄虚作假、诈骗犯罪人员的"唐僧肉"。特别吸人眼球、令人痛恨的是隐藏在社会人员普通刑事犯罪背后或者寓于其中的各类特定责任人的滥用职权、出谋划策、唆使作案等为虎作伥式的读职犯罪行为无疑起到了推波助澜的作用。这突出表现在以下方面：

一是只要有补贴补偿、惠民政策运行、落实的地方或者时候，就会有社会人员的弄虚作假、骗补侵吞行为的发生。其背后必然有公职人员读职犯罪。例如，甘肃省酒泉肃州工信局原正副局长张某、陈某树滥用职权受贿案。肃州区工业和信息化局原局长张某同案被判缓刑。酒泉市兴盛纸品厂负责人付某以早已经注销登记的原酒泉市兴盛纸品厂名义，向肃州区工信局申报年度中央淘汰落后产能奖励资金项目，时任肃州区工信局办公室主任的陈某树未按要求对申报材料的真实性和完整性进行严格审核，导致付某获得奖励资金44万元，造成国家财政损失。蒲某伪造酒泉市冠伟锰钢厂的完税证、电费清单、生产许可证等资料复印件，申报中央淘汰落后产能奖励资金项目，陈某树负责审核该项目申报材料时把关不严，致蒲某以酒泉市冠伟锰钢厂申报的虚假项目获得中央淘汰落后产能奖励资金88万元。时任肃州区工信局副局长的陈某树为给该局套取账外经费，指使该局循环经济股股长王某选择不存在的肃州区果园乡屯庄堡砖厂关闭小企业项目，编造中央关闭小企业补助项目计划申报材料予以申报。陈某树和王某商议后找人冒名顶替肃州区果园乡屯庄堡砖厂法人代表申报该项目，并给对方承诺50%的好处费。在陈某树和王某的授意下，冒名法人代表伪造了肃州区果园乡屯庄堡砖厂的申报资料并上报。该区果园乡屯庄堡砖厂项目获得106万元补助资金，后因肃州区工信局班子成员就资金分配方案意见不一致，补助资金未实际分配，至案发仍存在冒名法人代表的个人账户上。除滥用职权犯罪外，陈某树还犯有受贿罪。法院一审以滥用职权罪判处陈某树有期徒刑3年，以受贿罪判处其有期徒刑2年。数罪并罚，决定执行有期徒刑4年。以滥用职权罪判处肃州区工业和信息化局原局长张某有期徒刑1年，张某因收取他人贿赂3万元被判处有期徒刑1年6个月，数罪并罚，决定执行有期徒刑2年，缓刑2年。肃州区工业和信息化局循环经济股原股长王某犯滥用职权罪，被免予刑事处罚。二审维持原判。

二是现代管理分工细密、相互制约的特点以及各类补贴补偿从申报起意、审核发放到监管过程都涉及牵扯多部门工作人员，决定了一起作案常常需要商量、合谋、共同打通众多环节才得手。故往往一起线索或者案件可能牵扯出为数不少的贪渎犯罪，形成窝串案。所以，必须结合各地具体情况有针对性的采取措施予以有效打击，确保国家各项惠民政策真正起到发展经济、保障民生的作用。例如，河南省唐河县林业局退耕办张某友在负责全县各乡镇退耕还林的设计和自查验收中，不认真履行职责，将本县马振扶乡、黑龙镇、上屯镇共计1595.1亩不能作为退耕还林用地的基本农田报批为退耕还林工程，致使套取国家退耕还林补贴146.7万余元。法院判决张某友犯玩忽职守罪免予刑事处罚。

（1）当前国家各种补贴众多尤其是惠及民生、"三农"等涉农补贴申请审批、发放、落实、运行大体都是由相关部门审核，但实际工作中相关主管部门及其工作人员既无接受监督的意识又认为多报点反正有财政部门审核核减，所以，一般也不审核数据，只是把企业报来的数据汇总；而财政部门则认为自己只负责根据相关主管部门报过来的数据发放资金，材料的真实性由主管部门负责，也不审核材料的真实性。相关部门相互推诿，导致把关不严，给不法分子虚报冒领补贴提供了可乘之机。例如，江苏省连云港市检察机关查办某镇副镇长胡某玩忽职守案中，按照文件规定，脱贫攻坚项目从上到下由农工部、财政局、乡镇政府等多个部门管理，但文件没有明确各部门的职责范围和操作程序，农工部、财政局也没有安排专人负责某个项目或者某个领域，该负责的部门都相互推诿，正好让胡某有机可乘。

（2）在许多地方，特定责任人往往是为了徇私情、私利或者小团体利益，收了对方"好处"故意放水，渎职犯罪现象普遍、情况严重，表现为当事人"你捞好处我得利"，挖的是国家墙脚。因而一些涉案人员存在程度不同的贪污贿赂类犯罪。例如，河南省襄城县金浩商贸有限公司经理樊某得知建设

"万村千乡市场工程"项目能获得补助资金后将不符合申报条件的两个项目通过伪造材料的方式,使之在表面上符合申报条件。该县商务局副局长李某恩明知该公司申报的两个项目不符合申报条件且存在弄虚作假情形仍违规同意并上报,致使中央财政补助资金遭受 256.6 万元的损失。先后收受樊某贿赂合计 5.5 万元。法院以李某恩犯滥用职权罪、受贿罪数罪并罚判处其有期徒刑 6 年。无独有偶,该省南召县"万村千乡市场工程"项目分管领导王某杰、工作人员方某周在对该县大众购物有限公司上报的"农家店"是否具有营业执照、营业执照是否变更进行初验时,不严格按照标准进行而把明知不合格的"农家店"上报申请南阳市商务局对上报的"农家店"进行验收,使多家不符合标准甚至造假的"农家店"被验收为合格,给国家造成经济损失 70.82 万元。法院判决王某杰、方某周犯玩忽职守罪均免予刑事处罚。

(3)当前国家强化生态文明建设,强调经济发展与环境保护同步进行作为基本国策,大力实施促进环境保护各项奖励、优惠、补贴等政策,而社会各类骗补活动大行其道,特定责任人出于各种想法、追求和目的而滥用职权助骗补人员成功,构成犯罪的情况较多。例如,湖南省衡南县经济发展局原副局长谭某山在负责组织申报该县年度淘汰落后产能中央财政奖励资金的过程中,明知衡南县双板桥顺成造纸厂的申报材料系虚假材料,却因该厂老板付某事先向其许诺事成后给予好处费,便滥用职权将付某的虚假材料上报。同时,谭某山还超越自己的职权范围,为付某出具虚假的立项文件,致使明显不符合申报条件的顺成造纸厂以虚假的申报资料套取了国家奖励资金 304 万元。其从中受贿 33 万元。法院以滥用职权罪、受贿罪数罪并罚判处谭某山有期徒刑 5 年 6 个月。又如,苏州市相城区农业局局长杨某在主管涉农财政补助资金项目过程中,伙同陈某、杨某某、周某受贿后故意、主动对兴稼公司及其他几家公司加以"关照"共造成国家财产损失高达 1170 万元。法院以滥用职权罪、受贿罪数罪并罚对杨某执行有期徒刑 15 年并处没收财产 80 万元。该市农业委员会原党委委员、市畜牧兽医局原局长凌某纯明知该市某牧场标准化规模养殖场改扩建项目、相城区某种养基地生猪标准化规模养殖场建设项目等 14 个补贴项目达不到验收标准、均系提供虚假材料欲骗取验收通过,为徇私利私情,故意不履行或不正确履行审核、监督、检查、验收、资金拨付与协调等职责,致使10 余家单位非法获取专项财政补贴累计 575 万元;非法收受他人所送价值179.9 万余元的财物。法院以滥用职权罪、受贿罪判处凌某纯有期徒刑 14 年。

(4)近年来,在国家退耕还林(草)、家电下乡、农机购置、农民工培训、淘汰落后产能等涉及民生工程项目下拨的财政专项补贴资金审核发放过程中,发生的相关部门审核把关不严、监管不力,导致大量专项补贴资金被不符合条件的单位、个人骗取和套取等现象较为普遍。需要反渎人员抓住其做文章，以达到良好工作效果。河南省检察院在查办河南省财政厅工作人员渎职案时，发现多家造纸企业淘汰落后产能专项资金申报材料存在造假情况，遂以此为突破口，在全省集中开展了"淘汰落后产能专项奖励资金"领域专项查案活动，共立案查办渎职犯罪人员180余人。针对房地产开发中相关城建规划部门对容积率调整乱作为、监管不作为、处罚不到位等开展的查办房地产领域涉容积率渎职犯罪专项活动中共立案查办渎职犯罪140余人。还在全省统一部署开展了查办环保领域渎职犯罪专项活动，共查办该领域渎职案件近100人。

2. 相当长时间以来，随着国家工业化、城镇化的推进，随之而来的是各地土地征用、房屋拆迁及其补偿项目实施、监管过程中的渎职犯罪多发高发，成为重灾区。一些手握拆迁安置补偿权的官员拿国家利益作为自己与拆迁单位或个人交换的筹码，要么滥用职权要么玩忽职守，给国家造成重大损失。例如，重庆渝中区房屋管理局七星岗房管所所长张某收受陈某、徐某等6人钱财8.4万元，在房屋拆迁、工程承包方面为上述人员谋取利益。同意对管辖范围内的公房实施解危大修中违规增建公房面积、违规出租和转让公房使用权并由其所在的房管所向有关部门申办公房租约证发放给承租户，使承租户在随后的房屋拆迁过程中顺利领取到拆迁补偿款，造成国有资产损失500余万元。法院以张某犯受贿罪、滥用职权罪数罪并罚决定执行有期徒刑3年6个月。而辽宁省沈阳市浑南新区土地储备交易中心原副主任兼房屋拆迁办公室原副主任李某成、该中心原工作人员吴某安负责浑河堡地区机场路改造工程的拆迁工作中，对36.55亩集体建设用地补偿给凤祥集团每亩多补偿3.3万元，给国家造成120万元损失。为动迁户孔某上调补偿标准后，收受孔某的好处费15万元。法院以李某成、吴某安各犯玩忽职守罪、受贿罪均数罪并罚各处其有期徒刑7年、8年。

3. 一些不法商人为牟取暴利生产、加工并销售虚假、伪劣食品药品犯罪之所以能够得逞，与相关执法部门干部不依法、严格按规定要求进行规范监管等为官不为、玩忽职守行为紧密关联、密不可分。这不仅给人民群众生命健康造成严重危害，也损害了食品药品的声誉，必须严加惩治、专项治理。

（1）一些不法商人进行生产、加工并销售虚假、伪劣食品药品等普通刑事犯罪背后必然有相关执法部门干部为官不为、疏于职守而没有按法律或者规定要求进行规范监督、检查、检测而违反法律的职务犯罪行为伴生。因而需要借助于有关部门对普通刑事犯罪案件的查办而挖掘查处其背后的渎职犯罪案件。例如，浙江省台州市黄岩区经济和信息化局市场贸易科职工、负责生猪屠宰管理所工作人员王某某、该区畜牧兽医局执法监督科（检疫科）科长黄某在工作中不按上级、规定要求对浙江诚远食品有限公司屠宰场废弃物的无害化处理进行规范监督、检查，致使浙江诚远食品有限公司屠宰过程中产生的应当进行无害化处理的生猪产品流入市场，造成恶劣影响。法院判决其犯玩忽职守罪免予刑事处罚。

（2）一些监管人员所实施的失职渎职犯罪行为其实是他们与社会不法商人沆瀣一气、积极作为甚至滥用职权成为不法分子违法犯罪"保护伞"式犯罪，带有同流合污、滥用职权助社会不法分子犯罪一臂之力的味道。例如，广东省深圳市光明新区行政执法队南片队队长潘某、执法队班长卜某武、执法队员张某业食品监管渎职罪、受贿案，光明新区行政执法队南片队队长潘某，依法负责光明街道南片区私设屠宰场（点）、非法屠宰畜禽行为的查处工作，卜某武协助潘某从事上述查处工作。根据群众举报查处了钟某广地处光明街道南片区东周社区的专门私宰死、病、残猪的私宰场，现场查扣了1500斤猪肉并丢弃到水塘处理，潘某在明知钟某广私宰的是死、病、残猪的情况下，多次暗示下属人员张某业、卜某武对其关照。卜某武每月收受钟某广好处费人民币2000元，在日常巡查时流于形式、在其参与的4次查处行动前通风报信，致使该私宰场始终没有真正被取缔。二人多次接受钟某广吃请，分别收受赃款人民币9000元、人民币8000元。法院判决潘某、卜某武犯食品监管渎职罪、受贿罪，分别判处有期徒刑2年2个月和有期徒刑2年8个月。

4. 在重大工程建设、项目实施领域，尤其是各级政府投资、推动的各类工程项目、开工建设过程中的审批、监管人员、指挥部人员怀有工程项目完工违法劣迹没等死无对证、难以查证侥幸心理，因而滥用职权、胡作非为现象严重，正在成为渎职犯罪的高危群体。例如，在浙江省台州市路桥区政协原副主席、台州市二期供水工程路桥区指挥部总指挥叶某良滥用职权、受贿案中，叶某良担任台州市二期供水工程路桥区指挥部总指挥期间，滥用职权，利用指挥部所有的存单分别为台州协盛置业有限公司、台州市路桥兴泰物业管理有限公司提供银行借款质押担保，后因上述公司无力偿还而使质押的存单被银行划去用于清偿债务，给国家造成上千万元的经济损失。另外，叶某良为他人在工程土地征用、拆迁等方面提供关照，以收受现金、购物卡、礼金等形式，非法收受张某等人贿赂共计26.7万元。法院以滥用职权罪判处叶某良有期徒刑5年6个月，以受贿罪判处有期徒刑10年，合并执行有期徒刑13年。

（1）特别是拆迁补偿类渎职犯罪中，特定责任人有意或无意、半推半就或者故意放水式的不按规定认真审查，往往造成国家或者公共利益的重大损失。玩忽职守是其中最常见的犯罪形式。例如，辽宁省沈阳市铁西区城市房屋拆迁安置办公室原拆迁员杨某负责该市铁西区凌空一街55号拆迁改造工作的过程中，对赵某等人提供的 5 个假房产证没有认真审核便签订了拆迁补偿协议，给国家造成 34.5 万余元直接经济损失。分别收受刘某、时某送的好处费共计 1 万元。法院以玩忽职守罪、受贿罪判处杨某有期徒刑 3 年，缓刑 3 年。

（2）一些负有特定责任人贪图个人不法利益，滥用职权为他人非法利益进行"清洗""漂白"，使之具有合法身份，使非法成为合法，同时触犯国家法律。例如，浙江省永康市国土局副局长陈某光为杨某伟分别以他人名义非法购得的公房违规审批办理土地使用证，使杨某伟得以将该几处公房用以拆迁安置，给国家造成 460 多万元损失。非法收受他人钱物共计价值 26.6 万元。法院以滥用职权罪、受贿罪数罪并罚判处其有期徒刑 8 年，没收违法所得 78 万余元。

一些特定责任人认为为官只在乎本任，不在乎未来日子怎么过，因而滥用职权损害国家、社会公共利益构成犯罪。吉林省长岭县档案局局长衣某春伙同张某、周某滥用职权致使张某用周某的身份证虚假购置了本局 290 多平方米、价值 441835 元的房屋并将产权过户到周某名下，张某用此房屋产权到长岭县城市信用社抵押贷款 15 万元、产生利息 10.2 万余元，最终导致长岭县城市信用社贷款本息合计 25.2 万余元无法得到偿还。法院判决衣某春犯滥用职权罪免予刑事处罚。

（3）一些特定责任人出于各种目的，对于所在有关组织已经决定要办且很有可能得到主管部门批准、同意办理但须待有关主管部门走完相关审批程序手续才能实施的事项、决定在未走完全部程序得到批准之前即擅自抢先加以实施、执行的行为，构成渎职犯罪。这与贪污贿赂类犯罪罪名构成如挪用公款罪中经组织集体决定了大盘子、总数额后行为人只是在此盘子里、数额幅度内擅自借出其中的不同额度、小笔的情形不构成犯罪的犯罪构成明显不同。因而在具体调查工作中需要加以注意。例如，河南省唐河县古城乡政府根据本乡村镇建设的情况决定在本乡的古城村建设农贸综合市场与该县交通局路政大队职工张某洲签订协议由张某洲承建该市场的建设。并由乡政府研究决定让杨某朝负责向有关部门申请办理占地手续和村建许可手续。杨某朝不正确履行职责在未经该县政府和有关土地主管部门批准占用土地及有关部门批准办理建设工程规划许可证的情况下，擅自同意张某洲进行开工建设，致使 14.43 亩耕地遭到严重破坏。法院判决杨某朝犯滥用职权罪免予刑事处罚。

5. 现实生活中，享有罚没、执行等行政权力的公安、法院人员在经济民生领域的渎职犯罪突出，一定程度显示出这类权力行使过程中规范、稳妥程度不济对经济民生的"双刃"影响。法院人员在执行环节的犯罪一般是在执行民事判决裁定过程中，与买受人、拍卖人、评估人等串通一气进行作案。例如，广东省吴川市法院执行庭原副庭长李某来在执行民事判决裁定过程中，违反执行、拍卖的相关规定，与买受人、拍卖人、评估人串通并收受贿赂，将300多万元的财产以38万元拍卖，给当事人造成巨额经济损失。法院以滥用职权罪、受贿罪判处李某来有期徒刑3年6个月。又如，海南省高级法院原执行庭庭长、审判委员会专职委员马某玩忽职守、受贿案中，马某在任期间，在执行井兴公司、毫劲公司系列案件中，严重不负责任，造成国有公司财产巨大损失和恶劣社会影响。还收受当事人财物，并有300多万元的巨额财产来源不明。法院以玩忽职守、受贿、巨额财产来源不明罪数罪并罚判处马某有期徒刑12年。再如，河南省周口市中级法院执行局执行一庭副庭长赵某印利用职务之便，在办理该市城市信用社申请执行某商务酒店一案中，涉嫌受贿25万元；执行判决超越职权，滥用财产保全措施，造成企业停业6个月。因受贿、滥用职权被数罪并罚判处有期徒刑12年。还如，天津市滨海新区塘沽法院执行庭审判员王某利用职权以法院拍卖扣押房屋的名义，在盖有公章的空白法律文书上填写虚假内容，大肆诈骗他人钱财达500余万元。在办理山西太原淞淋化工有限公司等四人申请执行案中，侵吞执行款5.6万元。被法院以滥用职权罪、贪污罪、诈骗罪数罪并罚判处无期徒刑。

而在社会转型期、审批经济、制度内机构制度乏力、证件公章当道、全社会浮躁和诚信不足的大环境下，公安行政执法权的无限延伸和部分职业优良传统、习惯的渐渐消亡所导致的是，过去公安这一社会生活的重要调节、服务机制以及实实在在的执行机构在进入21世纪后一定程度上存在着追名逐利、内秀现象、作秀倾向等"表面文章""发虚功"的同时，给人的外在印象是：切切实实地发生着数量不少的职务犯罪尤其是渎职犯罪，严重影响社会大众的观瞻感。例如，甘肃省嘉峪关市公安局交警支队车管所民警崔某负责查验岗位，明知要实车查验才能登记，当万某（已判刑）持伪造手续到车管所办理挂车登记时却未实车查验，违反《机动车登记规定》为杨某（已判刑）名下的31辆长17.5米的低平板半挂车办理了注册登记手续和部分牌证补领手续，让这些违法挂车"合法"上路。后万某送给崔某3万元现金表示感谢。法院以滥用职权罪判处其有期徒刑8个月，以受贿罪判处有期徒刑1年，数罪并罚执行有期徒刑1年6个月。

6. 目前，随着环境生态建设工程的大力推进，环境保护领域的渎职犯罪凸显。在环境项目、资金审批、补助落实以及监管运行过程中，滥用职权设租寻租或者利益输送类渎职犯罪频发。

（1）特定责任人滥用职权干预环境资质等级审批、环境工程承包或者助推他人广告宣传、获取名气地位、优势等作案活动，伴随利益输送现象常见。例如，四川省原环境保护局局长郭某邦为该省绿色环保产业发展有限公司谋取利益，安排和催促省环保局工作人员向不具备条件的绿色公司颁发甲级《环境污染治理证书》、甲级《环境污染防治工程工艺设计证书》、乙级《环境影响评价证书》等资质证书，致使绿色公司取得环境污染防治工程的设计、建设施工和环境影响评价资质。还在研究落实国债资金修建垃圾处理厂的相关会议上特别介绍绿色公司的资质情况，力推有关工程由不具备相应资质和能力的绿色公司承揽，导致其承揽的九寨沟旅游环线垃圾处理项目的4个垃圾处理厂存在设计工艺错误、设备质量差、对地下和地表水造成新的污染，以及绿色公司在承担项目建设中违规牟利等问题，达不到建设目的而整体报废，设备类资产、房屋建筑物拆除处理造成的净损失即已达到1300余万元，4个垃圾处理厂拆迁另建。法院以滥用职权罪判处郭某邦有期徒刑3年。

（2）环境生态领域一些领导干部不负责任、不直面难题，该为不为，构成玩忽职守罪。例如，广西壮族自治区河池市环保局副局长曾某发对辖区金河矿业股份有限公司进行检查时，发现金河公司下属冶化厂长期大规模露天堆放废渣、"清污分流系统"不完善、渣场未采取"防水、防渗透、防流失"措施，废渣的渗滤液及厂区雨水镉浓度严重超标，存在环境污染隐患问题，但曾某发仅口头提出整改意见并没有采取有力措施督促该厂及时消除隐患，引发龙江河镉污染事件，令政府直接投入防止污染事态扩大的资金达2300万余元。曾某发还先后收受他人贿赂共计4.5万元。法院以玩忽职守罪、环境监管失职罪、受贿罪数罪并罚执行有期徒刑4年6个月。又如，福建省武平县环保局局长陈某安对省控重点污染企业紫金山金铜矿的日常环保监管工作流于形式，对紫金山金铜矿铜湿法厂擅自将各溶液池加高增容、擅自将6号观测井与排洪涵洞打通等违法行为未加以制止，且在省环保厅发文要求督促落实整改的情况下，未按要求对整改情况进行跟踪落实和有效监管，致使整改不到位，紫金山金铜矿铜湿法厂污水溶液池防渗膜因超负荷运行破裂，致使汀江水域水质受到严重污染，造成上杭县城区部分自来水厂停止供水1天、损失达2220.6万元。另外，陈某安还利用职务之便索取或非法收受他人贿赂共计62万余元。法院以陈某安犯环境监管失职罪、贪污罪、受贿罪、私分国有资产罪数罪并罚执行有期徒刑19年6个月。

（3）一些特定责任人贪图蝇头小利无视法律、法规规定的具体条件、办理程序和实施标准要求及其不能逾越、不可变通的严肃性，违法审批签发各种证件特别是许可证、合格证等，构成犯罪。例如，广西壮族自治区贺州市八步区检察院查办并起诉的该市环境保护局平桂分局原局长莫某坚、环境监察大队原队长唐某城等人在对赵某平等人承包的本市汇威综合选矿厂进行监管时，发现该厂安装生产铅、铟产品的设备，当即责令该厂停止建设。二人再次发现汇威厂的铅、铟生产线接近竣工又要求该厂立即停止建设但没有提出进一步处理意见，却在接受赵某平等人的吃请后对该厂换发了排污许可证。赵某平等人新建的铅、铟生产线在生产过程中将含高浓度镉、铊的废水直接排入厂区的溶洞，经溶洞流入贺江造成贺江水污染事件。法院以环境监管失职罪分别判处莫某坚、唐某城有期徒刑2年和1年6个月。

而在湖南省衡阳市某动物检验检疫部门的检疫人员刘某某作为动物检验检疫机构派驻食品加工企业承担食品检验任务的工作人员，丧失职业操守，不负责任、不作担当，擅自将与动物检验检疫相关的动物检验检疫、运输动物车辆的消毒、动物为非疫区的证明文件的开具权"委托"交给冷冻厂厂长妻子刘某某开具，而刘某某开具的合格证明文件50吨猪肉里发现了20多吨的病死猪肉。法院认定刘某某构成滥用职权罪免予刑事处罚。

7. 国家机关工作人员从事经济民生民利民权建设、发展等运行和监管活动是中国特色社会主义独有的制度优势，在重视其中存在诸多违规违法问题的同时，还要清醒地认识到国家（机关）工作人员对此需求在不同程度上的不适应。因为要真正全面、高质量地完成这些工作，需要从业人员具有较高的监管素能外，还需要拥有较广的专业和基础知识，较高的业务和队伍管理以及协调协商、交际沟通等思维、意识、态度和能力水平，而他们中的许多人在思维、素质、态度、能力、水平等方面均不适应经济民生运行和监管活动的需求和标准。由此造成国家或者人民利益严重损失的同时，也使其个人触犯法律，贻害家庭，追悔莫及。

（1）基层从业人员起着承上启下的作用，本应使命高于一切、责任重于泰山；而其中不少人独断专行、刚愎自用、欺上瞒下，却不知道自己的所作所为已属于渎职犯罪，酿成各方悲剧的情形不在少数。例如，河南省南阳市卧龙区光武街道办分管土地副主任张某发现该办事处刘庄社区居委会刘东组与高升房地产公司协商在刘东组11.96亩的耕地上联合建村民集资住宅楼且在没有办理任何手续的情况下开工建房，后陪同办事处主任窦某某向办事处书记顾某青做了详细汇报并讲事情严重，应当下停工通知书。顾某青刚开始不同意、过几天才同意下停工通知。后窦某某、张某和办事处分管城建工作的副主任宋某找到顾某青表态事情严重都要求上报执法机关查处，顾某青当时表态先不上报。该市国土资源管理局开始立案查处并对集资楼一事作出行政处罚决定：责令退还非法占用的土地，没收在非法占用土地上新建的建筑物和其他设施。而此时刘东组已有集资户489户共集资2389.25万元，高升房地产共投入2389万元，买地款 256 万元，建房投资 2123 万元。法院判决顾某青犯玩忽职守罪免予刑事处罚。

（2）一些国家机关工作人员从事经济民生运行、监管活动中常以领导、管理者自居，尤其是长期以来的特权部门、待遇丰厚的国家机关及其工作人员往往拥有特殊身份，享有特权心理，相关的法律、法规规定、要求、标准都不放在眼里，所以容易触犯法律，构成渎职犯罪。例如，四川省乐山市市中区财政局局长陈某华、国有资产管理局副局长周某贵、市公安局三级警督副区级侦查员夏某勋、区财政局国债服务部、资产证券交易部会计洪某远滥用职权、挪用公款案，陈某华、周某贵超越其职权范围，私自设立账目，发行本区经济建设基金 10532.3 万余元自行放贷，放贷总额 6159.9 万余元，造成本金 3056.6 万余元及利息 1011.9 万余元尚未收回，经济损失巨大。周某贵和洪某远向陈某华请示同意后，透支市中区财政局国债服务部股民存款和"基金"等共计 166 万余元炒作产权，造成 100 余万元的巨额损失。夏某勋为归还个人在仁寿文林、始建等几家基金会、信用社的贷款 211.4 万元，找到周某贵同意以"变通"的方式虚开"基金"收据挪出公款供夏某勋个人使用，共谋虚开"基金"收据 18 张计 300.9 万元交夏某勋，实际支取现金 210.9 万元。法院以周某贵犯有滥用职权罪、挪用公款罪数罪并罚执行有期徒刑 11 年；夏某勋犯挪用公款罪判处有期徒刑 7 年；洪某远犯挪用公款罪判处有期徒刑 5 年，夏某勋在区财政局实购"基金"应兑付金额人民币 6 万元及利息予以没收，上缴国库。

（3）随着依法治国的全面推进，经济民生领域市场化改革的深化、审批权内容和事项的减少是大势所趋；但并不意味着把一切都推向市场，不实施任何监管、调剂和引导，凡事"大撒把"，而恰恰是政府、社会和市场各行各业的运行与监管都要制定、公布和严格执行权力、负面和责任追究三类清单，尤其是政府工作人员要严格依照法律、法规规定以及其他标准要求实施监管且工作必须到位，否则将构成犯罪，并受到查处。例如，河南省南阳市宛城区东关街道办事处决定由本处民政科科长丁某禄向本区民政局申请注册登记成立该区"东关救灾扶贫互助储金会"并起草东关储金会章程得到该区民政局批准东关办事处成立东关储金会下设进贤街工作站、仲景工作站。东关街道办事处副主任刘某华兼任管委会副主任，丁某禄为管委会办公室主任。两个工作站分别承包给宛城区居民张某某、王某某二人经营，东关储金会以法人张某某（为街道办主任）的名义分别与两站签订了协议书规定：进贤街工作站、仲景工作站必须依照国家的法律法规和东关储金会的章程开展业务工作，并将业务开展情况通过报表及时报告东关储金会，接受东关储金会的监督和检查。而刘某华、丁某禄在工作中不认真履行职责，对进贤街工作站的业务开展情况不进行检查、监督和管理，致使进贤街工作站承包人张某某违反有关规定三次擅自借给非会员单位189万元，造成169万元经济损失。法院以刘某华、丁某禄各犯玩忽职守罪免予刑事处罚。

（4）一些重要岗位管理人员缺乏岗位所需要的基本素能、工作视野以及能力和水平，加上责任心的缺失、缺少担当，因此而触犯法律、受到追究。例如，河南省巩义市零一四八粮食储备库信贷员马某领在任期间，该储备库原主任李某某、原会计雷某某为了套取国家购粮专项贷款资金挪作他用，虚拟购粮事由向中国农业发展银行巩义市支行申请贷款，马某领未严格履行贷款调查职责即签署同意意见上报审查批准为该粮库发放粮食调销贷款150万元。该储备库在没有收购粮食的情况下，借用郑州市金苑面粉厂的收粮过磅单（合计121.6余吨小麦价值197万余元）交给马某领核实，马某领未认真监督检查贷款使用情况便将200万元贷款资金违规转到巩义市粮食局驻郑办事处人员李某某等人的账户，李某某和雷某某将此款设立小金库并挪用或借给别人使用。后该粮库与郑州金苑面粉厂签订虚假的《原粮贷储协议》提供给马某领，马某领未对此进行认真监督检查，致使该笔贷款资金被套取后长期失去监管，给国家财产造成重大损失。法院判决马某领犯玩忽职守罪免予刑事处罚。

（三）渎职犯罪作案手法变化趋势倒逼侦查大逻辑和大格局做出重大调整

当前，确实存在一些庸政懒政现象，常常让人联想到"门难进""脸难看""事难办"等官僚主义作风，而问题一旦涉及纪律作风层面又经常被社会各层面视为"小问题"。而随着全面依法治国的推进和反腐败斗争的深入，一些官员不是转向勤勉有为、廉洁为官而是积极性不高、消极怠工即所谓"为官难为就为官不为""主动干容易出事不如坐等不干""平平安安占位子，忙忙碌碌做样子，疲疲沓沓混日子"等成为一些庸官、懒官的信条。从现行刑法规定来看，"吃吃喝喝捞票子""法无授权乱作为"涉及的是职务犯罪，而"法定职责不作为"同样可能陷入渎职犯罪的泥沼。毋庸置疑，反渎调查已经或者正进一步对无视经济民生民权、为官不为的庸政、懒政"亮剑"、出重拳加以整治。

从目前现实情况来看，渎职犯罪客观行为、作案方式正在发生重大转变。一是这类过去被视为"不落腰包"的犯罪正在向既滥用职权、玩忽职守又贪污、受贿混合型犯罪转变。尤其在各项采购、项目实施以及国家各类专项（补贴、补助或者补偿）资金审核监管方面表现的更为明显。二是渎职犯罪亦呈现出窝案串案多发的特点。例如，江苏省设立体育产业发展引导资金用以对发展前景看好的体育项目予以资助，该省宜兴市体育局群体科原科长全某负责该市相关企业申报省体育产业发展引导资金项目的联络、审核、上报。无锡双鹰体育器材有限公司负责人孙某提出申报该项目，为求关照给全某送上3000元现金后，全某对双鹰公司是否符合申报条件以及上报材料疏于审核把关，致使原受到过税务行政处罚、不符合申报条件的双鹰公司被上报推荐到无锡市体育局并最终获得资助资格、获得50万元体育产业发展引导资金。此外，全某还利用职务之便收受贿赂10次共计4.6万元。法院以玩忽职守罪、受贿罪对全某判处刑罚。

长期的办案实践证明，极少数渎职犯罪可能是由于个人没有在意、工作疏忽造成的，但大部分渎职犯罪都可以说是"醉翁之意不在酒"，其实质就是主动、积极地挖国家墙脚、落个人腰包。国家机关工作人员或者受国家机关委托从事公务人员在渎职犯罪过程中的作案手法即客观行为具体表现为：违法处理公务，越权处理公务，执法监管不作为或变通执法造成重大损失，监管一罚了之，执行公务疏忽大意、放纵违法，为单位利益超越法律底线、公务活动掺杂个人私利、瞒报事故，按传统做法、常规习惯执法监管，暴力执法，集体研究决定，为官不为，以不懂业务搪塞，凡此种种，不管是故意还是过失，只要是监管缺失或者不到位从而导致危害后果的发生，就构成渎职犯罪，必将受到刑事追究。

1. 过去通常认知的渎职犯罪"不落腰包"的传统、典型特征正在被"徇（谋）私利"所瓦解、打破或者说颠覆。大量的滥用职权行为都具有了利益输送、寻租谋利的特点，既滥用职权、玩忽职守又贪污、受贿犯罪成为常态，需要认真对待，稳妥把握处理。

（1）一些特定责任人为了追求自身不法利益，把自己裁判员身份当成教练员，积极主动帮人出谋划策、想方设法让人成事，不惜进行渎职犯罪。海南省保亭县国土环境资源局局长胡某江、副局长黄某智在办理该县昌隆公司征用1.3万余亩国有土地过程中，明知自己无权审批万余亩土地，在黄某智提出将1.3万余亩国有土地化整为零分割为三块上报审批，胡某江表示同意。分割为三块的土地审批材料上报到县政府导致错误审批，从而将国有土地1.3万余亩给昌隆公司使用50年。且在土地没有评估、未缴纳土地出让金和土地确权费没有缴完的情况下即颁发了国有土地使用权证。昌隆公司以取得的土地使用权证作为抵押向农行贷款300万元至案发未还。胡某江收受昌隆公司原总经理郑某敏所送的6万元；黄某智向郑某敏索取贿赂款2.5万元。法院以滥用职权罪、受贿罪判处胡某江有期徒刑12年；以黄某智犯滥用职权罪、受贿罪判处其有期徒刑 3 年。

（2）一些特定责任人违反法律或者相关规定，超越自身职务职责范围，"滥施仁政"，违法犯罪。例如，黑龙江省大庆市大同区祝三乡秘书和劳动保障所所长耿某玲利用能预支采购款的便利，以给单位采购物品的名义从单位借款 3 万元用于本人开办的该市豆香绿豆芽加工有限公司注册资金，在验资手续完成之后又将 3 万元用于该公司的流动资金使用。此外，明知辖区内的李某、杨某等人有正式工作不符合办理"扶持农民创业的政府全额贴息贷款"条件仍为他人办理贷款 44 万元，致使所贷款项被李某、杨某等人挥霍而到期不能归还。法院以耿某玲犯挪用公款罪、滥用职权罪数罪并罚，决定执行有期徒刑 1 年 6 个月。

（3）现实生活中，还有不少实权人物无视法律存在，碍于家人、亲戚、朋友甚至同事面子或者为他们牟利而滥用权力构成犯罪的情况多有发生。例如河北省沙河市副市长、工商局局长殷某放多次向当事人索取钱财，共非法收受他人财物 43 万元。还滥用其主管、协管城建和土地利用的职权，为其胞弟殷某路开办的河北路世通玻璃有限公司非法占地提供方便，致使路世通公司逃避占地费用 205 万余元，非法占地 253.6 亩，被占土地上原有地形地貌和地表植被已被毁坏，给国家造成巨大经济损失。法院以殷某放犯受贿罪、滥用职权罪数罪并罚，决定执行有期徒刑 15 年，剥夺政治权利 3 年。

有的则是处理情、法、利关系严重不当，陶醉于不当人情和不法利益双追求的同时而触犯法律，导致违法犯罪。例如，四川省仁寿县公安局北斗派出所炊事员兼卫生员廖某某找到该所民警罗某某请其帮忙为他人补录户籍并许诺办成后给予酬谢。罗某某利用自己管理户籍档案的职权、违反户籍管理规定将李某、张某等 16 名福建籍人员补录到本地农户的户籍上，骗取了美国等国家的签证并进入外国，造成了很坏的国际影响。罗某某还为叶某某、程某某等人非法办理出生入户手续、更改年龄，总共收受贿赂 7.1 万元。法院以罗某某犯受贿罪、滥用职权罪数罪并罚判处其有期徒刑 6 年。以受贿罪判处廖某某有期徒刑 2 年 6 个月，缓刑 4 年。

2. 特定职责人违法处理公务、好心办坏事，越权处理公务，造成严重危害后果的现象时有发生，特别是在 GDP 挂帅，各种"会战""任务攻坚"等情形下，收钱会视为犯罪，而为公违规越权办事构成渎职犯罪的，却往往被忽视。在一些地方作为临时机构的各类指挥部、领导小组办公室、动迁组等多如牛毛的实权组织及其人员，在具体工作运行中，对社会人员的虚假、欺骗、伪造行为视而不见，对经过涂改多出了 30 平米的建筑执照"认账"，尽管是好心为公让被拆迁户早点走人、尽快推进拆迁工作，但其行为却构成渎职犯罪。

例如，江苏省南京市下关区展开综合整治工作成立了滨江指挥部由该区总工会副调研员的季某某担任指挥部 E 片 3 组动迁组长、马某某为组员。张某位于方家营某号的房屋面临拆迁，为达到多获取拆迁补偿款目的，对该房屋先期核发的建筑执照进行涂改把房屋面积由 19 平方米涂改为 49 平方米。季某某在明知张某提交的上述建筑执照系涂改的情况下仍安排马某某按照被涂改的建筑执照拟定拆迁补偿协议并与该户签订了协议，致使张某多获得拆迁补偿款 43.1 万余元。法院以滥用职权罪判处季某某有期徒刑 1 年，缓刑 1 年 6 个月。

3. 一些国家机关工作人员抱有"事不关己，高高挂起""多一事不如少一事"的错误思想，在工作中对于法定、应当履行的义务亦不负责任，无担当，不直面问题，为官不为是当前最为严重的现象之一。例如，广东省广州市工商行政管理局在番禺区沙头联邦工业城美辰电子公司仓库内查获了朱某涉嫌走私的 1406 台电视机及一批电视机零配件，委托下属番禺工商分局进行处理作出了没收走私的电视机和零配件并将当事人朱某移交给司法机关处理的决定。分局经检科副科长的刘某浩因接受了朱某的宴请和贿赂，没有将朱某涉嫌走私案移交司法机关处理。法院以刘某浩犯徇私舞弊不移交刑事案件罪判处其有期徒刑 2 年，缓刑 2 年。

（1）一些特定职责人采取"冷硬拖"办法，对于应办之事不予理睬或者不办具体事。尤其是行政执法人员经济民生领域的渎职犯罪结果往往一样但渎职形式常常千差万别，有的城管人员对一些火烧眉毛之事亦采取拖字诀，任由违法建筑维持现状或者继续，有的该罚款的手下留情或者不加理睬等，均构成玩忽职守罪。例如，广东省广州市城市管理综合执法支队某大队副大队长刘某武无视市城管部门对违章建筑物"广东志宇美食店"限期 15 天内拆除的行政处罚决定，在收受店主宋某贿送 1.5 万元后，为该店拖延了近 3 个月才拆除该违章建筑物。中国农业银行穗西支行房建办事处在没有向城市规划部门办理报建等手续情况下即施工装修被查处后，刘某武向承包装修工程的叶某许诺可以保证其装修施工顺利进行并以此为条件向叶某索取人民币 1 万元后授意该大队执法人员不要对叶某的违法装修进行查处。法院认为刘某武滥用职权并有索取和收受他人财物的行为，判决刘某武玩忽职守罪判处有期徒刑 1 年，缓刑 1 年 6 个月。

（2）负有监管义务却不实施监管，敷衍塞责，表面应付了事。例如，河南省鲁山县背孜乡政府副乡长尹某安排该乡政府工作人员王某政、雷某华、李某与县林业局工作人员王某涛、杨某山共同负责本乡林木采伐的"伐前审核、伐中监督、伐后验收"具体工作。平顶山市卫东区居民张某在县林业主管部门办理了 100 方采伐许可证获得在背孜乡某村某组其所承包的山林上择伐栎树

100立方米。尹某作为背孜乡主管林业的领导，不认真履行职责，对辖区内张某的滥伐行为没有进行及时、有效的监督，致使张某实际采伐林木1509.326立方米，超伐1409.326立方米，造成国家利益遭受重大损失。法院判决尹某犯玩忽职守罪免予刑事处罚。

（3）特定职责人实施监管行为只重形式、开个头，点到为止，既当了"好人"，应付了差事，又了结了难事，唯独忽略了此类做法可能构成犯罪。例如，湖南省武冈市刘某林、王某平、黎某斌等人合伙买下本市辖门口办事处翠云村尖峰岭山场树木，经申请该市林业局派人进行了伐区调查设计，颁发了林木采伐许可证，指定林业局干部李某毛负责监督采伐。在采伐过程中，李某毛不认真履行伐中监督的职责，仅在采伐的头两天到现场监督，刘某林等人商量决定改变采伐区域进行异地采伐面积2.47公顷、折合立木蓄积166.06立方米。法院判决李某毛犯玩忽职守罪免予刑事处罚。

（4）基层管理人员对所授岗位职权职位缺乏敬畏之心，视自己的应担职责为儿戏，怠于履职，酿成大错，构成犯罪。例如，天津市武清区梅厂镇政府镇林业站站长沈某伦在监督掖指村砍伐更新林木过程中严重不负责任，未认真履行伐前勘察、伐中监督职责，造成超量采伐林木数额巨大，致使森林资源遭受严重破坏社会影响恶劣。法院以沈某伦犯玩忽职守罪判处其免予刑事处罚。而该市西青区检察院查办的该市福利彩票发行中心财务部结算员史某明知多个投注站未按规定缴纳彩票欠款而被天津市福利彩票发行中心停机的情况下多次违规办理恢复开机手续，给国家造成580余万元的重大经济损失，法院以玩忽职守罪判处史某有期徒刑1年。

（5）某些负有特定职责的人对相关职责缺乏担当，履行职责虎头蛇尾，措施不得力，监管无效，工作不到位。例如，湖北省荆门市规划管理局东宝分局副局长贺某在日常巡查过程中发现杨某、杜某二人系违法建设，对杜某下达了一份《责令停止违反城市规划行为通知书》，在收受杜某2万余元钱物后在检查杜某等人私房建设时给杜某等人发短信让工地在检查结束后接着施工，导致杨某和杜某违法建筑完工，私自违法开发建房64套并向社会公开进行销售，从中获取暴利，造成国家资金流失达140万元。法院以玩忽职守罪、受贿罪判处贺某有期徒刑1年10个月。

渎职犯罪构成的重要方面是是否实施了有效监管、足以阻止损失后果的发生，工作实践中，一些特定职责人尽管确实实施了一定监管措施，但工作不到位，仍然构成犯罪。例如，河南省南阳市卧龙区陆营镇工商所的所长张某甫严重不负责任，对该镇闫某某、周某某、王某某和张某某四家沙场长期无证非法采矿不认真履行职责，对辖区内无营业执照的沙场未依法予以取缔，致使其长期在白河河道内违法采沙 30.4 万余立方米，给国家造成 60.9 万余元经济损失。法院认为，张某甫对辖区内非法采沙经营者未办理工商营业执照无照经营行为，在巡查时虽向无照经营的沙场下发有整改通知书，但未按照《无证经营查处取缔办法》采取其他相关措施强行取缔，遂判决张某甫犯玩忽职守罪免予刑事处罚。

（6）特定职责人"为官只扫门前雪，不管他人瓦上霜"，滥用职权，以邻为壑现象普遍，害人又害己。例如，河南省沁阳市检察院查办的该市柏香动物防疫检疫中心工作人员王甲、杨某、王乙违反《防疫法》和河南省有关规定，对出县境生猪应当检疫而未检疫，运输工具应当消毒而未消毒，且未进行"瘦肉精"检测的情况下，违规出具《动物产地检疫合格证明》及《出县境动物检疫合格证明》、《动物及动物产品运载工具消毒证明》、《牲畜 1 号、5 号病非疫区证明》，致使 3.8 万头未经检测的生猪运往部分省市，其中部分生猪系使用"瘦肉精"饲养的生猪。王甲、王乙还委托或默许不具备检疫资格的牛某萍代开《动物产地检疫合格证明》和"三证"。法院以玩忽职守罪判处王甲有期徒刑 6 年，判处杨某、王乙有期徒刑各 5 年。

尤其是涉及动植物活体检测、病死猪牛羊和"瘦肉精""地沟油"等运输、销售环节的检测、证明等，以邻为壑，构成渎职犯罪的情况在一些地方尤烈。例如，山东省东营市某区动物卫生监督所在当地市场上查获了一批从商河县运输进来的生猪耳标和出具检疫证明的地点不符且检疫证明号码都连着，使用时间的先后顺序颠倒。临邑县畜牧兽医局接到通报后组织排查发现涉案检疫证明全为本局卫生监督所所长魏某山、动物检疫员赵某恭以 1000 元的价格将空白《出县境动物检疫合格证明》和《动物及动物产品运载工具消毒证明》各 50 份卖给了来自商河县的运猪户韩某，猪头数量、检疫结果等内容都是韩某自己填写，魏、赵在没有依法到场检疫、未对运载工具进行装前消毒并监督装载的情况下，伪造检疫结果存根并交回本局。法院以动植物检疫徇私舞弊罪判处魏某山有期徒刑 1 年，缓刑 2 年；判处赵某恭有期徒刑 6 个月，缓刑 1 年。

4."法无授权乱作为"，为牟私利、徇私情而明知故犯，自行其是，违反规定或者要求超越职权乱伸手、滥用权力，构成滥用职权罪的情况相当严重。

（1）明知故犯，超越职权审批、办理各类证件造成国家或者他人重大损失的情形较多，构成渎职犯罪。例如，河南省舞阳县北舞渡镇西街村民孟某某在未取得合法用地手续的情况下开始对位于县城南京路北段的原西蔡村六组所有的 6286 平方米的城市规划区内的集体建设用地违法进行西蔡住宅小区的房地产开发。该县建设局依法对该违法行为进行了调查并下达了行政处罚决定，

— 23 —

县建设局局长黄某德在知道该宗地未依法征用为国有、没有办理土地权属证明和城建用地规划许可手续而违法施工的情况下，违法决定为西蔡住宅小区补办了《建设工程规划许可证》，该宗土地价值 90 万元。法院判决黄某德犯滥用职权罪免予刑事处罚。

（2）在不法利益吸引和驱使下，一些特定职责人明知有规却心中无党纪，眼中无国法，采取"就这么办了能把我怎么样"的态度行事，耍横成性的同时构成渎职犯罪。例如，山东省滕州市水产局副局长邓某强在明知政府有通告的情况下，仍违规给颜某某发放《水域滩涂养殖证》，致颜某某利用该许可证与陈某签订承包合同书约定将该许可证交由陈某使用。后因该许可证违反政府相关规定陈某的养殖场被清理而给陈某造成 97.7 万余元经济损失。法院以受贿罪、滥用职权罪对邓某强数罪并罚，决定执行有期徒刑 10 年 6 个月。

现实生活中一些人为人情所累，徇私情、无底线，触犯法律，构成犯罪的情况经常发生。例如，河南省鹤壁市淇滨区国税局大河涧分局、庞村分局税管员白某彬明知该市飞天物资有限公司没有煤炭经营范围的情况下，为照顾人情关系，滥用职权违规为该公司审批领购河南省 10 万元版煤炭工业发票 50 份，致使该公司违规使用该煤炭工业发票偷逃国家税款 147 万余元。法院判决白某彬犯滥用职权罪，免予刑事处罚。

（3）一些特定职责人超越职权违法办事的背后大多伴随有贪污贿赂类犯罪行为。因而具体工作中必须双管齐下，一案三查，查明特定职责人如此办理背后的真实原因和关联因素。例如，安徽省全椒县多家石料厂请国土资源和房产管理局资源科科长谢某帮忙办理变更矿区范围，一水泥公司石料厂承包人马某欲将其无证开采的石料厂并入另一公司石料厂的采矿权内，谢某在明知不相连的两个矿区不能合并的情况下，仍指使他人为马某填写占用资源储量登记书，导致两个矿区合并为一个矿区，使国家少收采矿权出让价共计 52 万元；另外谢某还收受他人财物 15 万余元。法院以谢某犯滥用职权罪、受贿罪数罪并罚执行有期徒刑 14 年 6 个月，并处没收个人财产 20 万元。再如，江苏省海门市房产交易登记中心原副主任王某在明知他人提供的商品房网签合同撤销材料缺少退款证明的情况下，违反办理撤销网签合同文件的规定，冒用房产登记中心驻行政审批中心窗口其他工作人员的用户名，先后在房产登记中心商品房电脑管理系统中直接撤销了 63 套商品房的网签合同，致使商品房买卖双方在出售方未办理产权证的情况下房产交易过户，造成了房产交易中国家税费损失383 万余元。另外王某还侵吞二手房过户费 15.92 万元；多次收受他人贿赂共计 35.5 万元；利用虚假房产信息伪造房屋所有权证 4 本，用于骗取住房公积金贷款 130 万元。法院判决王某犯滥用职权罪、贪污罪、受贿罪、伪造国家机关证件罪数罪并罚判处其有期徒刑 10 年。

在滥用职权犯罪中，并非行为人都是实施积极的作为才构成犯罪，一些不履行相关行为而导致危害后果发生的，同样构成滥用职权罪。例如，江苏省泗县丁湖镇原党委书记陈某不履行相关用地手续，先后将近 300 亩土地转让给他人进行商业开发，造成国家土地出让金损失了 3000 多万元。另外陈某还先后受贿 80 多万元。法院以滥用职权罪、受贿罪判处其有期徒刑 12 年 6 个月。

（4）一些特定职责人利用职权官商勾结，利益输送，顶风违法作案，造成恶劣影响。例如，安徽省国土资源厅原正厅级巡视员杨某静接受大昌矿业集团有限公司董事长吉某昌的请托为尽快将周集铁矿配置给吉某昌持股的首矿大昌公司，两次擅自更改厅长办公会决议并为该公司量身定制挂牌出让准入条件，帮助该公司排除竞争对手，顺利取得探矿权，多次收受吉某昌等人财物，共计折合人民币 1653 万余元、30 万港元。法院以杨某静犯滥用职权罪、受贿罪、利用影响力受贿罪，数罪并罚执行无期徒刑，剥夺政治权利终身，并处没收个人全部财产。

（5）一些党政官员不依法办事、不讲规矩，违规办事，工作调动、职权变化了还在胡作为、乱用权，踩踏职业红线，触犯国家法律。例如，云南省元江县原财政局局长、副县长后任县人大常委会副主任王某生在被免去该县财政局局长职务后仍越权管理该局基金管理股的财政周转金并先后十次假冒财政局局长签名，违规发放财政周转金，给国家造成 246 万元直接经济损失。另外，王某生还收受贿赂 8.6 万元。法院以滥用职权罪、受贿罪数罪并罚对其执行有期徒刑 2 年 6 个月。

（6）一些特定职责人对事业不忠诚，为人不老实，具体工作中阳奉阴违，弄虚作假，做两面人。例如，江苏省如皋市社保局工作人员黄某斌利用退休职工实际缴费数据可直接在职工社保系统数据库中进行退休减员操作的机会，明知其老乡成某并不符合退休条件，仍然用一张空白的"如皋市企业职工退休（职）呈报表"并伪造了成某的履历和缴费记录，还在呈报表上模仿了专门审核职工退休条件的部门工作人员的签名、偷偷地盖上了单位退休审批专用章，还伪造了职工养老保险缴费手册上的缴费记录、该市招聘录用人员备案登记表和劳动合同等相关材料，让相关工作人员在单位职工社保系统数据库中进行了退休减员操作。将系统中自动生成的成某退休待遇表打印出来，制发成退休证和退休金银行存折。还收受 3000 元感谢费为不符合退休条件的下岗失业职工 68 人办理退休和提前退休手续，造成国家基本养老保险基金损失 101.74 万元；贪污基本养老保险基金 386.59 万元；为他人谋取利益，收受他人贿赂 3.9 万元；涉嫌伪造、私刻国家机关印章。法院以黄某斌犯滥用职权罪、贪污罪、受贿罪、伪造国家机关印章罪数罪并罚判处其有期徒刑19年。

5. 为了不出事则不干事、少干事，或者履职做事大概齐、差不多就行了，甘当庸官、懒官、太平官的情形较为普遍。

（1）不少人满足于当昏官、糊涂官、太平官，构成玩忽职守罪。例如，河南省郑州市上街区赵某新受该区国土资源局指派负责对本区峡窝镇家沟村被拆迁户宅基地进行确权，在没有认真审查被拆迁户刘一某的宅基地相关档案资料情况下，将本已属于"批新丢旧"的刘一某的老宅基地呈报领导签批并进行了确权，刘一某依据该区国土资源局的土地确权证明取得上街区峡窝镇政府的《淮阳路建设货币补偿协议》结算23.1万余元的补偿，置换成寨沟村的安置房三套后有偿转让评估值为40.8万余元。法院判决赵某新犯玩忽职守罪免予刑事处罚。

（2）一些地方特定职责人认为社会性行为、做法历来都是如此，无为而治，不加监管；加上夹带私利，则彻底放弃监管。例如，江苏省如东县洋口镇的小洋口风景区快艇经营者于某未经当地政府相关部门批准私自组装未经检验且未办理任何登记手续的快艇并雇用不具备快艇驾驶资格的丁某庆负责驾驶快艇，无视出游安全擅自提高快艇的速度、将快艇的救生衣全部收起节省游客上下快艇时间，在发现游艇已经超载、游客也已提出异议后，仍坚持认为不会出现意外。作为洋口外闸方圆1.5平方公里的水利工程管理区管理方的该县洋口外闸管理所所长刘某艳发现于某有擅自侵占水利工程设施的行为曾要求其立即停工并撤离，但在其继续违规施工后并没有再坚持按照职责要求坚决予以阻止，更没有将这一情况上报该县水政监察大队而是听之任之。还让于某安排快艇载14名游客到无证经营的快艇上超载出海后倾覆，8人获救、6人遇难。刘某艳因犯玩忽职守罪被法院判处有期徒刑1年，缓刑1年6个月。

（3）得过且过，敷衍塞责，监管不力。例如，江苏省东海县康润公司取得动物源性饲料产品生产企业安全卫生许可证和全国工业产品生产许可证、获得生产食用油脂的国家许可后利用同一套设备生产食用油脂和动物饲料用油、大量购进废弃油脂等非食品原料生产食用油并对外销售，销售金额达6000余万元。该公司负责人王某奎因犯生产、销售有毒有害食品罪被连云港市中级法院一审判处无期徒刑，剥夺政治权利终身，其他涉案人员均被判处刑罚。质量技术监督局食品生产监管科科长刘某洋在《连云港市严厉打击"地沟油"违法专项工作实施方案》下发后组织对康润公司的专项检查中流于形式，明知该公司取得食用动物油脂和饲料动物用油两类生产许可，存在食用油脂与饲料用油混合生产的隐患，但未按照规定项目认真查验，未能发现康润公司以非食品原料生产食用油脂并销售的违法事实。稽查大队副大队长陈某明在对该公司进行两次执法检查中不认真履行工作职责，未能及时发现康润公司以非食品原料生产食用油脂并销售的违法事实。法院以玩忽职守罪分别判处二人有期徒刑各 1 年。

（4）官僚主义严重，做表面文章、玩各种游戏，不抓落实。例如，河南省淮滨县林业局办公室负责人刘某军与陈某某、叶某负责该县河南片涂营乡、谷堆乡、期思镇、王店乡、北庙乡、张庄乡 6 乡镇的退耕还林项目检查验收工作，在对期思镇的徐某某、刘某某、高某某，谷堆乡的李某某、黄某某、王某提供的退耕还林项目检查验收时，没有按照国家、省有关规定严格审查申报退耕还林项目的土地性质，只到林地现场验收退耕还林面积、成活率、株行距等有关数据，将前述人员不符合退耕还林条件的申报项目，予以验收过关，致使徐某某、刘某某、高某某、李某某、黄某某、王某共计多领取退耕还林补助款 34.5 万余元。被法院判处玩忽职守罪免予刑事处罚。

6. 一些特定职责人毫无担当精神，严重不负责任，真假不辨，滥用权力，构成犯罪。例如，安徽省合肥包河工业区管委会副主任吴某斌在负责结算"春轶公司""义兴印务"的土地款过程中，未履行职责，因其工作失职，致使两公司通过提供虚假资料及重复提供同一宗土地资料等手段，无偿置换工业区土地，致使包河工业区遭受 264 万余元经济损失。另外吴某斌还受贿 37 万元现金和一套房子。法院以受贿罪、玩忽职守罪对吴某斌判处有期徒刑 8 年 6 个月，并处没收财产 6 万元。

（1）一些特定职责人的审批、监管工作走形式、走过场。例如，浙江温州市瓯海区生猪屠宰和肉食市场管理领导小组办公室检查分队队长王某光在任期间，明知潘某在瓯海区新桥街道旸湖西路有非法经营屠宰场并有屠宰贩卖死猪肉的行为，未认真履行执法职责，致使该屠宰点长时间屠宰并贩卖 2 万余斤未经检疫合格大量病死猪肉流入市场。被法院以玩忽职守罪判处有期徒刑 10 个月。

（2）一些特定职责人作风马虎，凡事大概齐、差不离，不经核查就开具各种具有法律意义的证明材料，构成犯罪浑然不知。例如，山东省东明县村支书马某民在本村李某家属请他帮忙为涉嫌抢劫、盗窃的李某出具一份死亡证明时明知李某有犯罪嫌疑，未对李某是否死亡进行调查核实，在没有见到尸体、未见李某家办理丧事、未向其他群众调查的情况下便出具了李某死亡证明，致使李某涉嫌犯罪的案件无法正常审理，造成了恶劣的社会影响。法院以马某民犯玩忽职守罪判处其有期徒刑 6 个月。

（3）一些人习惯于拍胸脯，瞎表态，乱点头、胡签字，造成严重后果的，构成渎职犯罪。例如，河南省西华县财政局工交股股长焦某山，某某股份制企业法人代表宋某某与周口市财政局技术改造资金管理处的法人代表付某签订了西华县财政局借周口市财政局技术改造资金管理处 400 万元为该股份制公司作流动资金用、期限 1 年的合同，还款资金来源为企业利润。该县技术改造资金管理股股长关某去市财政局技术改造资金管理处办理手续将 400 万元汇到县会计核算中心账户上，关某代表某某县财政局以技改股身份与该股份制公司签订 400 万元的借款合同并通知焦某山通过转账手续将 400 万元转给该股份制公司。焦某山同意了关某的意见和做法。后该 400 万元被该股份制公司支付得只剩 200 余元，被支付款项没有用于该股份制公司申请的用途，该公司并未恢复生产，造成了债权人集体上访的恶劣社会影响。法院遂判决焦某山犯玩忽职守罪免予刑事处罚。

（4）一些人官僚主义严重、官僚作风十足，不深入实际了解下面真实情况只擅长拍板作决定、定事情，给国家和人民利益带来严重损害。例如，河南省禹州市建委液化气公司清产核资领导小组组长王某森在清算工作中不负责任对清算报告中确认"企业对职工已全部进行了补偿，完成了职工的身份置换，全部做了妥善安排"不认真进行审核，并依据此报告授权液化气公司法人代表张某某将该公司注销，从而给企业职工社会保险费造成 212.9 万余元损失。法院判决王某森犯玩忽职守罪免予刑事处罚。

（5）能力不强、素质不高，无视监管社会经济民生文化、生态运行活动的复杂性，不深入一线调查了解真实情况，随意签字作出决定。例如，辽宁省沈阳市东陵区体改委原副主任徐某负责审查沈阳望花啤酒厂转制过程中，明知购买方徐某某没有资产抵押作财产担保，该厂报送的审批材料中也没有企业转制必备的重要材料，却在沈阳望花啤酒厂产权交易代表受理会员单位负责人一栏中签字。致使徐某某用"一元钱"买断了沈阳望花啤酒厂产权，该厂由集体企业变成了个人独资私营企业，造成集体财产损失 640 余万元。法院对徐某以玩忽职守罪作出有罪判决。

7. 一些地方、部门及其工作人员理想信念动摇，宗旨意识淡漠，把监管活动方式简单化，将收费、牟利、乱贷款、截留款项等方式、途径作为监管的主要内容来抓，构成滥用职权罪的，必将受到严惩。例如，河南省桐柏县平氏镇城建所所长夏某权违反国家、省土地管理办法相关规定，在村民未经该县政府批准办理用地审批手续的情况下，违规收取办证费、征地费等费用 67.4 万余元给 182 户村民违法发放《村镇建筑许可证》，批准村民建房，致使国家和人民利益遭受重大损失。法院判决夏某权犯滥用职权罪免予刑事处罚。

（1）借改革名义，利用职权，胆大妄为，甚至敢收"死人"钱。例如，河南省夏邑县程某伙同尹某梅利用行使殡葬改革工作职权便利违反国家有关殡葬改革的规定，违法收取死者家属不火化而允许死者直接土葬，共收取费用71.89万元，其中程某直接经手收取不火化费共计49.61万元，其中43.5万元用于其殡改办各种开支，余款6.1万余元程某据为己有。法院判决程某犯滥用职权罪、贪污罪合并执行有期徒刑6年。

（2）滥用职权，想尽一切办法甚至弄虚作假，开票收钱。例如，河南省南召县白土岗镇干部余某州在管理本镇政府成立的"严打"整治工作队行政事业收费基金专用发票时，明知本镇寺上村村民黄某某、张某某、陈某某没有采伐许可证，在黄某某家以无主木材变价款的名义收取黄某某、张某某现金3000元并虚假给二人开具了食用菌杆变价款的专用票据。后余某州认为自己所开票据可能被公安部门查获，又让二人以寺上村的名义出具了证实黄、张、陈等人所砍伐的菌杆系无主木材变价卖给黄、张的虚假证明。黄、张、陈等人即擅自雇用他人在其自留山上砍伐食用菌杆14558根、香菇杆2437根，折合立木材积113.89立方米，使国家森林资源遭到了严重破坏。在该县森林公安分局接到群众举报调查此案时又以镇政府的名义出具了证实公安分局查获黄、张和陈等人所砍伐的林木中有3000根菌杆是镇"严打"整治工作队所查获的无主菌杆变价卖给黄、张虚假证明，致使在对张某某滥伐林木犯罪案中该3000根食用菌杆折合立木材积16余立方米未能起诉、判刑。法院判决余某州犯滥用职权罪免予刑事处罚。

（3）一些特定职责人在经济民生运行或者监管活动中，利用职权，谋取私利，损害国家或者公共利益，构成滥用职权或者玩忽职守犯罪。例如，辽宁省沈阳市于洪区迎宾路街道办事处原党委书记牛某峰在任职期间，该乡政府偿还沈阳远东耐火材料有限公司债务时，违背该乡政府事前制定的"以所欠债务数额购入同等价格的汽车"以偿还该公司债务的决定，擅自决策以高于所欠款项数额33万元的价额分别购入车主侯某某一辆"奔驰"牌汽车、车主陈某某的三台汽车，造成重大经济损失。法院以玩忽职守罪、受贿罪、贪污罪判处牛某峰有期徒刑12年。

一些特定责任人信仰迷茫，精神迷失，利用职权与经济犯罪人员内外勾结，严重损害国家或者社会利益。例如，在山西省恶名昭著的黑砖窑"包身工"犯罪案件中，未成年工人朱某辉曾经被永济市劳动和社会保障局劳动监察大队监察员尚某泽从砖窑里解救出来，而当有窑主给了尚某泽300元"介绍费"后，尚在中途把朱某辉转卖到另一"黑砖窑"。该劳动监察大队队长侯某元、尚某泽分别因犯玩忽职守罪和滥用职权罪被判刑。

（4）一些特定职责人利用自己熟知制度内规则，帮助他人出谋划策，损国家肥自己。例如，辽宁省沈阳市冯某准备在大东区开公司便通过朋友找到该区工商所长张某，张某指点帮助冯某办理了一个虚假的公司注册地点注册成立了两家商贸有限公司，授意管理员方某未经核查就为冯某办理登记手续等业务。冯某利用虚拟的两公司在没有真实货物交易的情况下为陕西两家企业虚开发票，给国家造成损失 162 万余元。张某先后三次收取冯某贿赂共 8 万元，方某收取冯某贿赂共 1.5 万元。法院判决张某犯滥用职权罪、受贿罪数罪并罚执行有期徒刑 7 年 6 个月；方某犯滥用职权罪、受贿罪免予刑事处罚。

一些国家机关工作人员执法犯法，在收受企业的贿赂后，主动为企业出谋划策，以掩盖企业违法事实，违规为企业办理排污许可证，从而使国家和人民的利益遭受侵害。例如，河南省环保厅规划财务处副处长李某民滥用职权、受贿案中，安阳县南固现造纸厂因企业规模小、污染严重被该县环境保护局关停。该厂负责人张某萍找到李某民沟通能否办理排污许可证让企业恢复生产。李某民询问企业一些情况后，明确告诉张某萍该厂不能办理排污许可证。张某萍再次找到李某民送上 2 万元后和李某民沟通是否能为其企业办理排污许可证。李某民利用自己熟悉业务和全省造纸行业企业情况为张某萍指明了一条"合并""重组"将企业更名的路子，让该厂改叫安阳县新华造纸二厂与另一家和张某萍造纸厂没有任何隶属关系的企业安阳县新华造纸厂"合并"，两家企业合办一个排污许可证，证上注明"含二厂"，从表面上看两家企业就是一家企业、符合排污许可证所要求的生产量等指标了，实际上张某萍的厂并未与新华造纸厂发生任何资产合并、重组等实质性合并行为，却获得了李某民为其办理的排污许可证，得以恢复生产，污水滚滚流。李某民几乎每一次受贿行为都与其滥用职权行为相伴而生，或收了钱违规办事，或违规办事后收取感谢费。不符合办理排污许可证条件的符合条件了；应该关闭的继续生产；环保验收不达标的验收合格了。

（5）忽视群众利益，漠视群众疾苦，不论什么项（名）目、什么性质款项，要从此山过必须留下"买路财"，此类乱捞钱、乱截款情况在最基层常见。例如，河南省太康县马头镇民政所所长陈某奇擅自截留马头镇五保户优抚款用于马头镇修公路、发放该镇退休职工困难补助、春节慰问等，在当地造成恶劣社会影响。法院判决陈某奇犯滥用职权罪免予刑事处罚。

还有违反规定或者章程要求对不具备资质、不符合条件的单位或者人员乱贷款，造成严重损失的情形也不在少数。例如，河南省汝南县中小企业服务局局长兼县中小企业信用担保中心理事长詹某耀违反相关规定擅自将汝南县中小企业信用担保中心担保资金 50 万元贷给河南海虹实业有限公司，该公司法定代表人张某霜外逃致资金无法收回。法院以滥用职权罪、受贿罪数罪并罚判决詹某耀执行有期徒刑 7 年。

8. 出于各种目的，违规签字、盲目出台文件，导致严重后果。例如，浙江省温州市鹿城区政府党组成员、市名城投资集团副总经理、市滨江商务区改建办公室主任、进城口改建工程指挥部党组副书记、指挥胡某忠受贿、滥用职权案中，钱某的一处无房产证、无土地证的厂房被征用，为多占国有资产找到胡某忠要求解除产权调换协议书，改为货币退购。胡某忠违反规定和程序在钱某的《要求实物协议书解除的报告》上签了字，使仅值 814 万余元拆迁房产获得货币退购款 1313 万余元，国家损失 498 万余元。按照市政府有关规定指挥部依规划对温州市区中央涂片区进行拆迁，限时违法建造的房屋每平方米给予 120 元的一次性补偿后一律无条件拆除，在房源许可的情况下，按安置用房评估价给予增购违建部分相等的面积。经评估，该区域拆迁安置新房基准价为每平方米 4576 元、拆迁安置新房的市场平均价为每平方米 1 万元。经办人金某向副指挥卢某芬提出安置房评估价直接套用安置新房基准价，卢某芬同意后向胡某忠汇报。胡某忠没有核实相关规定就同意出台下发按新房基准价作为拆迁补偿安置价格的文件，使 2 万多平方米违建面积全部能够以拆迁基准价获得评估，形成差价 1.2 亿余元。差价损失未实际发生但所造成的负面影响至今未能消除。违反该规定，擅自将指挥部位于市区的一块面积约为 1500 平方米的空地出租给了刘某等人搭建仓库出租牟利，帮助刘某等人大赚了一笔。非法收受他人财物 23 万余元。法院以滥用职权罪、玩忽职守罪、受贿罪数罪并罚判处胡某忠有期徒刑 14 年 6 个月。

其中，还存在许多因行为人能力水平低、责任心不强，糊里糊涂签字画押而致渎职犯罪的情况。例如，河南省息县机关工作人员雍某在为胡某某、高某某、黄某某三人办理位于息县北大街木工厂北侧五间门面房交易过户手续时，没有审查出申请人所提供的契约上卖方该县社会劳动保险事业管理所与原房屋所有权证该县房权证所有人该县机关事业养老保险所名称不一致且该县机关事业养老保险所先办理房产所有权证而申请人提供的该县财政局关于处置此处门面房的批复后作出，且在房地产买卖审批书中没有甲乙买卖双方签章的情况下即对现场调查情况记录一栏中记录的现场调查买卖属实的调查人签章中签名后，将上述材料呈报给黄某审批时黄某同样没有审查出上述存在的问题便签字同意办理交易过户登记手续。郑某斌在后续的办理产权初审时对交易所传递的房屋买卖契约中没有卖方该县机关事业养老保险所签章及其法定代表人签字的情况下便签出申请复审的初审意见；之后虽然存在上述问题仍通过了付某军的复审。致使原权属于该县机关事业养老保险所的房屋被转移登记给胡某某、高某某、黄某某个人所有，时值为 101.9 万余元，给国家造成重大财产损失。法院判决黄某、付某军、郑某斌、雍某各犯玩忽职守罪免予刑事处罚。

（四）案件本身的复杂性令反渎侦查破案不能简单化

过去被各方人士普遍认为涉嫌行为性质清晰、内容简单的渎职犯罪，而今在经济民生领域则演变得不那么简单，大多变成了疑难复杂不易侦破的"难啃骨头"窝串案。

1. 经济民生领域渎职犯罪侦查的疑难复杂化主要表现在社会、经济、民生运行活动与监管活动交织，涉嫌行为是经营行为还是公务行为难辨，罪与非罪、此罪与彼罪难分。在当前，这一现象已成趋势。例如，四川省乐山市市中区财政局国有资产管理局副局长周某贵和资产证券交易部会计洪某远向财政局局长陈某华请示，获得同意后透支该区财政局国债服务部股民存款和"基金"等共计 166 万余元炒作产权，造成 100 余万元的巨额损失。该市公安局三级警督副区级侦查员夏某勖为归还个人在仁寿文林、始建等几家基金会、信用社的贷款 211.4 万元找到周某贵，周同意以所谓"变通"的方式即虚开"基金"收据的形式挪出公款供夏某勖个人使用，与洪某远共谋虚开"基金"收据 18 张共计 300.9 万元交夏某勖，所开已被支取现金 210.9 万元。陈某华辩解称，因"基金"发行量增加，只好把资金投放出去；分账核算是为了规避人民银行检查；借款单位和个人欠款人民币 4000 万元左右，以账为准；缺乏犯罪构成的客体。乐山市市中区财政局在筹集"基金"工作中，具体经办的是一项违反金融政策法规的金融经营行为。其产生的管理关系是一种违反经营的内部管理关系，在此关系中的经营管理者的行为不是行政机关管理者的职权行为，不能用行政机关的职权行为的法律规范来调整。陈某华在从事非法金融经营性质的"基金"管理活动中的经营职权行为，用滥用职权犯罪的法律来调整，是错误的。其对"基金"的账目设立、发行、放贷等行为，均系经营行为。其考虑"基金"的法律风险，采取分账管理，不失为一种降低风险的做法，且分账后的"基金"在管理、使用上又是按一致要求在办理，不是"私自设立账目"。"基金"的发行之所以增量是本身具有的性质决定的，由于采取的发行方式是收据式的公开发行，难以限量，在操作管理上，仅有"确保兑付"的发行原则，加之"基金"的高额利息因素，注定增量发行才能确保兑付。超量发行，完全是这种缺乏可靠的管理机制的违法金融活动，要维持其存续的必然结果，绝非滥用职权的越权行为。客观事实表明，所有贷款均由财政局局长以财政局或其国债部的名义与借款人完备借款合同手续，越权放贷不是事实。以放贷的资金"尚未收回"为损失之论，显然忽略了债权亦是财产权的常识，债权请求实现了，损失何处说起。所出示的损失 100 万余元的审计报告，仅是对产权市场交易价的判定，而不是产权所在的企业财产权益的评定，该评估结论不能作为损失依据，无损失证据的滥用职权犯罪指控不能成立。周某贵辩解称，指控其犯滥用职权罪、挪用公款罪不属实：私设账目是按局长陈某华的指示操作，放贷资金全都是局长一支笔审批同意，其没有任何职权来决定。夏某勋申请借款，是以丰乐商贸公司的全部财产作抵押，经局长陈某华同意后，才具体操作的正常借款业务。滥用职权罪的罪名不成立，周某贵没有参与分设账目；"自行放贷"不是周某贵的行为，所做的工作都是一个工作人员按照财政局工作惯例和领导批示完成的；炒作产权，是执行领导决定而参与炒作；因洪某远不熟悉会计业务和工作失误，导致账面有透支股民存款之疑；"炒作产权，造成100余万元的巨额损失"，该报告确认的损失缺乏事实依据和法律依据，交易尚未清盘，没有任何有权机构或单位公布现持有产权价值就是盘面价值，该产权仍然处于交易价值中，只是因政策性关闭产权停止交易，鉴定亏损100余万元，不是所持产权的最终结算。周某贵参与办理夏某勋即丰乐有限公司借款是原财政局陈某华指示办理的；交付"基金"收据是履行借款义务，是按财政局借款程序办理的，双方完善了正式手续，没有挪用公款之故意。夏某勋辩解称：由于财政局现金一时紧张，以"基金"收据方式贷款给我，这是他们内部的事。周某贵是贷款部门的承办人员，与他联系办理借款是正常的业务接洽，并非挪用公款。无证据证明夏某勋与周某贵共谋挪用公款，因而不构成犯罪；夏某勋是依法向市中区财政局资产证券交易部借款，并依法建立了借款关系，这种有效的民事法律行为应该通过民事法律来调整；指控周某贵、洪某远与夏某勋"共谋"的事实没有证据佐证；其主观上完全不具备非法挪用公款归个人使用的犯罪故意；起诉夏某勋犯挪用公款罪，是适用法律不当。洪某远辩解称，其与周某贵、夏某勋共谋挪用公款给夏使用，是不符合客观实际的；首先，其不具备挪用公款罪主体资格，没有支配权，也不懂会计法规，不懂什么情况下是挪用公款；其次，夏某勋的所有贷款，包括起诉书上称虚开收据的形式，没找其协商，是周某贵安排其做统计、结算、填写合同等工作，并告诉其虚开收据时，夏没拿钱来，也没拿钱走，是对冲关系；不存在其与谁共谋之事。其辩护人辩称：在夏某勋向财政局的借款过程中，洪某远没有"共谋"的行为；不是国家工作人员；没有便利可供利用；主观上没有挪用的故意；不符合挪用公款罪的构成要件，不构成挪用公款罪。作为政府职能部门的财政局，没有职权决定发行、超额发行，也没有职权借贷。法院认为，陈某华、周某贵身为国家机关工作人员，故意隐瞒机关、部门领导，擅自分设账，先后不同程度的隐瞒分账数额，超越职权，共同擅自借贷，致使在乐山市宏吉商贸有限公司和乐山市市中区华龙木材厂借款40余万元无法收回的直接经济损失，已造成重大经济损失。尚有借款3769万余元未收回，导致

1470 万余元难以收回；透支股民存款和"基金"炒作产权亏损 100 万余元的状况，造成乐山市市中区财政工作巨大压力和工作混乱，对涉及数千户认购者的兑付问题，迫使区委、区政府出面承诺，并致认购者欲引火自焚的危险；造成极其恶劣的政治影响，其行为已触犯刑律。陈某华、周某贵的犯罪行为发生于 1979 年刑法实施期间，并继续到刑法修订以后终了，应当适用修订后刑法一并进行追诉，且酌情从轻处理。陈某华、周某贵故意逾越职权，擅自决定、处理其无权决定、处理的事项致使公共财产、国家和人民利益遭受重大损失的行为，已构成犯罪。在此行为中，陈某华、周某贵不仅违反了国家有关金融法规，更为主要的是违反了国家对国家机关人员公务活动的管理制度，危害了国家机关的正常活动。周某贵在该区财政资金紧张的情况下，为"帮助"资不抵债的夏某勋归还个人贷款，与夏某勋共谋、策划，并伙同单位从事公务的会计洪某远共同挪用数额巨大的公款，归个人使用长达 2 年之久，直至宣判前才以其财产部分退赔，情节严重，其行为均已触犯刑律并应适用修订后刑法一并进行追诉。遂判决陈某华犯滥用职权罪处有期徒刑 6 年；周某贵犯滥用职权罪处有期徒刑 3 年，犯挪用公款罪处有期徒刑 10 年，决定执行有期徒刑 11 年；夏某勋犯挪用公款罪处有期徒刑 7 年；洪某远犯挪用公款罪处有期徒刑 5 年。夏某勋在乐山市市中区财政局实购"基金"应兑付金额人民币 6 万元及利息，予以没收，上缴国库。

2. 许多领域的渎职犯罪多方利益纠缠、关联交易敏感，关系错综复杂，作案手段狡猾、智能性远超对贪污贿赂犯罪查办，令有关案件难于侦破与认定。尤其发生在各地房地产领域的贪渎系列窝串案各种关系纠结、情形复杂、侦查难度极大，对反渎侦破工作提出了挑战，有必要加以严肃对待。例如，河南省南阳市一个经济适用房小区建成后却以商品房销售其背后牵扯出的是官商勾结的典型窝案，调查查明，该市房管局原局长丁某仓、房管局住宅统建综合开发办公室主任安某申等 4 名官员因此被判刑。安某申与该市银龙科技发展有限公司协商由该市住宅统建综合开发有限公司与银龙公司合作建设"车南小区"经济适用房项目，在明知该宗地是出让土地不符合经济适用房用地条件的情况下，还是通过南阳市计委固定资产投资科科长顾某宾将"车南小区"申报为经济适用房项目。在车南小区经济适用房项目被批准后，又指使顾某宾将计划建筑面积改为 10 万平方米、投资额改成 5000 万元。因经核算发现车南小区经济适用房销售价格较高，就向房管局局长丁某仓汇报撤销该经济适用房项目，丁某仓表示同意。后该市房管局和市住房委员会联合发文取消了车南小区经济适用房建设计划。由于安某申对该通知是否发送到相关职能部门和项目单位必须按商品住房开发建设补办相关手续的要求没有进行监督和落实，车南小区项目没有补办相关手续，造成国家城市建设配套费、人防易地建设费损失共 680 多万元。一审法院认定，在开发风帆小区（车南小区后更名为）项目过程中，安某申以单位名义借款的形式侵吞 10 万元借款，其行为已构成贪污罪；利用职务便利在工程项目的开发建设过程中，为他人谋取利益索要或收受他人财物共计 372.56 万元，其行为构成受贿罪，数额巨大；在申报和建设车南小区经济适用住房项目过程中滥用职权给国家利益造成经济损失 680 多万元，且情节特别严重。遂判处安某申无期徒刑，剥夺政治权利终身，并处没收个人全部财产，对其受贿的 372.56 万元及贪污的 10 万元予以追缴；顾某宾徇私舞弊，滥用职权，致使公共财产遭受重大损失，犯滥用职权罪判处有期徒刑 1 年。该市住宅统建综合开发有限公司经理雷某利非法收受他人财物 93 万元判处有期徒刑 11 年；丁某仓犯受贿罪、玩忽职守罪判处有期徒刑 8 年 3 个月，并处没收财产 5 万元。

而发生在湖南省益阳市官商勾结、贪渎人员与社会不法人员联手做假房地产证件、造成群众巨大损失窝串案中，开发商田某生挂靠在益阳鸿业房地产开发有限公司名下与人合伙花 80 万元买下怡湘园地块开发房地产，该小区盖到第 3 栋准备到房管局办理预售登记时被告知国土证已遗失，房子已预售到别人名下。通过诉讼，田某支付了 28 万元给当时鸿业公司的法人获得该公司法人代表资格，但田某没钱支付工程款，只好将 48 套房子抵押给施工单位被赫山区法院冻结。因这栋楼既没通过竣工验收，报建时也没缴纳 60 余万元的费用根本就办不到房产证，无奈以 130 元/平方米让施工单位南洋建筑工程有限公司项目经理曹某科"想办法"搞房产证。曹某科找中介公司益阳嘉盛信息咨询有限公司法人卜某流去办。而卜某流找其相识的该市规划局行政执法支队主任科员邓某答应出 10 元/平方米给邓。邓某从资阳区小城镇建设管理规划办公室主任郭某处要来空白规划许可证打印上相关房产信息、盖上假印章，建筑工程施工许可证则是在该市七里桥找"代办证"的人办的，竣工验收备案表、建设工程质量监督报告都是由曹某华给卜的空白表，后将这些表交给开发商自己填。开发商盖不了的竣工验收意见上各栏目公章就到七里桥"自由市场"制章。空白表盖完章、资料备齐后交给刘某雨去办房产证。刘某雨根据样本手填"同意验收"等字样，每填一张表要换"4 种笔迹"。田某生拿到假证迅速卖掉 45 套房后被以"非法处置法院冻结财产罪"判刑入狱。原房管局副调研员、产权处主任胡某夫，主任谌某斌，副主任刘某松、符某多次收受卜某流的贿赂、召开集体会议表决是否为卜某流出具房产证只走流程还是实质审查。该市规划局副局长彭某平在担任市规划局行政执法支队支队长、副局长期间，执法不严，监管不力，对国家报建费重大损失负有直接责任，犯玩忽职守罪免予刑事处罚；邓某违反法定办事程序，为他人提供伪造或空白的规划许可证用于办理房产证从中牟利，给国家造成重大经济损失，贪渎数罪并罚判处有期徒刑8年；胡某夫收受贿赂被判处有期徒刑3年6个月，并处没收财产4万元；谌某斌被判处有期徒刑7年，并处没收财产8万元；房屋维修资金管理中心主任余某华被判处有期徒刑4年，并处没收财产4万元；刘某松被判处有期徒刑7年，并处没收财产8万元；符某被判处有期徒刑3年，缓刑3年，并处没收财产4万元；益阳房管局原局长何某平因受贿被判刑。

3. 渎职犯罪的最终认定是个复杂体，既是客观行为、危害后果和二者之间因果关系及紧密度的综合考量，而单就涉嫌行为个体而言，它又是个人行为与公共制度建设、他人介入以及潜在、隐含构罪条件如"明知""原案"等众多元素的交叉、捆绑。所以，查办渎职犯罪案件过程中绝不能单一考虑问题、简单认知处理问题，更不能简单化办案。否则，容易出现瑕疵。例如，广东省广州市天河区检察院查办并起诉的该省体彩中心主任麦某玩忽职守案，调查查明，该省体彩中心下属一网点经营者张某浩在没有实际缴纳资金的情况下空打（网点业主自己打出彩票但不交投注金）彩票2900万元，致使国家蒙受损失2775万元。麦在任期间，负责管理省体彩中心全面工作，他对工作严重不负责任，不履行自己的工作职责，管理不力，明知中心直属网点存在空打彩票行为，仍放任有关人员发放彩票销售额度，属玩忽职守。一审法院认为麦某构成玩忽职守罪，遂判处其有期徒刑3年6个月。麦某上诉，该市中级法院认为该案事实不清证据不足，将该案发回重审后，重审法院依旧认定麦某构成玩忽职守罪但犯罪情节轻微故改判"免除刑事处罚"。麦某上诉，检察院抗诉。二审法院终审认为，现有证据不能证实麦某明知有可能发生空打而不及时制止甚至放任张某浩空打彩票，亦不能证实麦某在彩票销售及资金安全上的管理存在严重失职的行为，张某浩空打彩票与麦某的职务行为并不存在必然的因果关系，麦某构成玩忽职守罪的证据不足。第一，关于麦某在制度建设及资金安全管理方面是否存在失职的问题，相关证据可充分证明在麦某主持下省体彩中心编制了《广东省体育彩票管理中心规章制度手册》，为彩票的发行和销售建立了一套完整的运行机制。其中包括建立了额度审批制度，体彩不需要逐级审批，省直属23个中心网点由何某健主管、审批。出问题的网点由主管何某健（已判刑）负责，并不需要报给麦某审批。由于体育彩票当天销售当天开奖，如果逐级审批将丧失市场效率，所以额度审批权相对集中，这也是由彩票发行的特点所决定的。也曾主持会议，要求严禁彩票空打，这说明麦某在彩票发行销售方面的管理是比较到位的。对彩票资金安全相当重视。第二，关于麦某在张某浩空打彩票事件中是否存在失职的问题，公诉机关指控麦某接到张某浩的求助电话，并打电话指示何某健发放额度给张某浩，因两个关键证人何某健和张某浩都是"空打事件"的直接责任人，不排除其证词有推卸责任之嫌，现有证据不能认定麦某接到了张的电话及打电话指示何发放额度。在彩票空打期间，麦某正好在出差，没有在省体彩中心上班，无从得知"问题网点"的销售异常情况，不存在玩忽职守构成要素必备的"明知"情形。第三，关于麦某的职务行为与发生"空打事件"的后果之间是否存在刑法上的因果关系，在检察机关未能提供充分证据的情况下，不能排除何某健通过拓展部的电脑私自为张某浩发放额度的可能。如果何某健使用高科技手段违规发放额度给张，这不是麦某在其职责范围内所能阻止的。第四，张某浩空打彩票事件是内外勾结作案的特殊个案，不具普遍性，不能因此否认省体彩中心额度审批制度的有效性，不能归咎于制度缺陷。本次空打彩票事件发生之前，全省尚未发生过同类严重事件，这既说明省体彩中心的额度审批制度具有一定的合理性，也说明省体彩中心发行管理制度的运作是基本良好的。每项好的制度都有一个不断完善的过程，还必须得到认真贯彻执行才能达到预期的目的，如果负责具体执行的工作人员没有按章办事，甚至故意违法犯罪，再好的制度也形同虚设。遂判决麦某无罪，当庭释放。

二、对渎职类犯罪与贪污贿赂类犯罪及普通刑事犯罪相互交织趋势的应对与处理

当前，随着全面改革的推进，社会治理和经济发展对管理运行所需求的分工明细、制约高效等有了进展，已有了不少制度规定已从落实层面分解到了具体部门负责，但现在的问题是，相关的文件、规定和要求大多没有明确各部门或者工作人员的职责范围、操作程序和工作标准，尤其是较少明确具体人员来负责、督促、监管、检查落实之责或者是地方党政"一把手"没法监督。一是现实生活中无厘头、麻烦难缠事相互推诿、扯皮，利好多、"顺手"事抢着干、胡乱来等现象常见并成为渎职犯罪的主要诱因。在闻名全国的湖北省武汉市在公开抽签销售中心城区一处经济适用房的过程中，电脑公开摇号竟摇出了概率仅有千万亿分之一的"六连号"造假案中，6名申购户都不具备购买经济适用房的资格，而在同一时间、同一城区办理了虚假的资格证，证实这是一起典型的由社会中介人员与有关部门工作人员相互勾结，利用经济适用房摇号进行舞弊，从中非法牟利100多万元的贪渎与经济犯罪交织的案件，该市国土房产局副局长朱某强等5名国家工作人员渎职、失职受到调查处理。该市硚口区房产管理局房改科干部张某波在不知情的情况下，违反工作流程和必经程序，帮助提供虚假证明材料者办理了6份号码相连的经济适用房购买资格证，被法

院判处有期徒刑 2 年 6 个月，缓刑 3 年。二是国家机关工作人员利用职权徇私情、私利或者为小团体利益所实施行为（如利用出席宴会、餐聚等之机给下属、管辖职权范围打招呼、施压等），即使不构成贪污贿赂类犯罪，也有可能构成渎职类犯罪，所以应先调查再对相关行为进行定性，而不应坐而论道，着急下构不构成犯罪的结论。例如，山西省长治市市长张某滥用职权罪、受贿罪获刑 13 年案中，该省《人民代表报》副总编、人民代表网总裁、黎源之声网络传媒科技股份有限公司董事长宋某向张某提出想承办长治太行山大峡谷国际攀岩节暨系列文化商旅活动，张某表示同意。攀岩节筹委会（甲方）主任李某隆代表筹委会与人民代表网（乙方）总裁宋某签订合同约定，"攀岩节由人民代表网承办，甲方授权乙方负责全额收取赞助商的赞助费用，该费用打入筹委会账户，乙方有权取用攀岩节的各项费用。甲方授权乙方开设招商指定账户，不由乙方具体承办活动的开支由甲方或具体承办单位负责。甲方不收取和分享活动盈利，也不承担亏损。本次活动招商所得各项收入和支出由乙方全部负责，赛事结束后由甲方负责审计。"攀岩节举办前，人民代表网承办了招商晚会，张某等领导出席并讲话强调攀岩节是一项重要活动，要求企业各界大力支持，企业也纷纷赞助。在收取赞助费过程中，市县两级政府都不同程度地参与了收赞助款的工作。向该市 31 家企业收取赞助共计 2918 万元，赞助费用由长治市政府收取后打入该市财政局专项账户。办节从该账户支出 1721 万元，剩余 1196.61 万元。在本协议签订 15 日内甲方将 2010 年攀岩节剩余资金转入本次活动招商专用账户，作为本次活动经费。该协议签订之前宋某向张某提出 1196.61 万元归她所有。张某安排该市政府秘书长于某尽快落实与宋某签订协议之事，并要求将 1196.61 万元的剩余款项转给宋某。时任该攀岩节筹委会主任的长治市常务副市长董某认为双方责、权、利不平等，与另一副市长李某隆一起始终拒绝与宋某签订协议。张某违规代表该市政府和宋某签了承办协议。1196.61 万元剩余资金分两笔转入以宋某为法人的黎源之声（由人民代表网改制）账户（这其中有 1000 万元转入黎源之声在长治市的另一账户，缴纳了长治文化园区土地出让金），致使公款脱离政府监管。张某违反规定处理公务致使宋某使用大量虚假票据虚列攀岩节支出该款项中的 550.44 万元据为己有，给国家造成 550.44 万元的经济损失。长治文化创意传媒产业园区由三元煤业和黎源之声共同成立的黎源传媒投资管理有限责任公司（以下简称黎源传媒）负责建设，位于长治市郊区马厂镇韩村，紧邻漳泽水库。该园区还被列入山西省"十二五规划项目"，当时设想是能涵盖文化产品交易、影视拍摄、文化会展、教育培训、生态休闲等多个领域。宋某向张某提出要承揽长治文化园区建设工程，张某支持并多次参加人民代表网组织的论证及考察活动。宋某代表该网与长治市政府签订了《长治文化创意传媒产业园区合作协议书》规定，长治市政府在长治郊区规划可用于文化创意产业的土地作为文化产业园的开发用地，该项目由黎源之声规划和筹集资金。以黎源之声为发起人，宋某利用虚假出资方式注册了黎源之声全资子公司黎源传媒，注册资金 5000 万元，通过编造虚假论证会、考察会、项目推荐会等资料；私刻上海新族公告有限公司（以下简称新族公司）印章，通过网络购买新族公司假发票 6950 万元，伪造长治市商业银行业务委托书 4500 万元，虚列长治文化园区前期运作费用 1.46 亿元，夸大该公司的经营能力，从而赢取三元煤业对该项目的认可。经张某"劝说"后，黎源传媒与三元煤业完成 70% 的股权转让。黎源传媒向三元煤业签下承诺书，将其 70% 的股份转让给三元煤业。黎源之声与三元煤业商定对黎源传媒增资扩股，由 5000 万元增加到 1.5 亿元，新增注册资本 1 亿元，其中三元煤业出 7000 万元，黎源之声出 3000 万元。宋某再次拆借 3000 万元以虚假出资的方式通过验资增资扩股完成后与三元煤业协商、以归还股东在黎源之声前期垫付的资金为由，将 1 亿元增资进行了分配。黎源之声得到 4931 万元，三元煤业得到 4327 万元（为黎源传媒垫付的土地出让金）。宋某以双方合作出现分歧为由，提出让三元煤业对黎源传媒全部控股。黎源之声取得转股权费用款合计 12731.39 万元。宋某利用大量的虚假票据列组织策划费 6950 余万元，设计费 684 万元，造成三元煤业损失 7634.09 万元。黎源之声在未出资黎源传媒的情况下，取得转股权、费用款共计 12731.39 万元，归还 3000 万元的借款后，取得资金共计 9731.39 万元。上述股权交易，离不开张某利用职权多次干预三元煤业，并帮忙催促。故从客观现实来看，当前渎职犯罪与贪污贿赂犯罪交织、与普通刑事犯罪相纠缠的趋势愈来愈明显。而从职务犯罪侦查角度观之，反贪、反渎与普通刑事犯罪查办并不是三者择一的单选题，在反贪腐斗争正在深入"深水区"的当口，治理官员庸懒散现象、整治渎职犯罪活动同等重要，理当成为、实施协同推进的整体战略。

（一）对贪污贿赂类犯罪与渎职侵权类犯罪交织、共存情形的把握与处理

当前，贪污贿赂类犯罪与渎职侵权类犯罪交织、共存情形相当普遍，调查工作应当按照具体情形主从兼顾同步进驻、协调展开。

在这个问题上，一定要抵制住一些地方党政领导给检察机关规定查办时限、限制查办内容尤其是规定只允许所查办案件类别等来自外部违规违法的做法。同时还要克服反贪、反渎部门仅从本位出发，自顾自查办案件，不注意协同配合，搞好深挖贪渎犯罪的做法。

1. 从已查处的职务犯罪案件情况分析，因为贪污贿赂类犯罪作案成功的前提条件是滥用职权，所以不论机关工作人员或者受委托从事公务人员往往犯有渎职类犯罪的同时还犯有贪污贿赂犯罪的现象十分普遍，大大增加了侦查工作的难度，需要有效应对。例如，安徽省淮南市公路运输管理处按照上级相关部门的要求具体执行该市班线客运、旅游客运和危险品运输车辆需强制安装GPS定位系统工作。该省子诚公司总经理顾某为做成这项业务，多次找到该处处长葛某虎提出子诚公司只收取GPS设备费，系统后续的服务费归葛某虎，葛予以同意。后顾某在淮成立同路公司负责GPS设备安装并培训业务人员及后期维护，葛某虎安排人员去当会计。在支付了GPS设备费和平台维护费后，葛某虎利用车辆年审控制GPS服务费的收取，共计获得服务费317万余元，并用部分款项在上海和合肥各购置一处房产。淮南市公路运输管理处作为单位利用对淮田公司行业监管的职权便利，指定营运车辆在该公司进行检测，再以"合作协议分成"为幌子，从该公司拿取605万余元，全部用来发放职工福利及弥补办公经费等。葛某虎明知淮南市公路运输管理处对价格调节基金没有减免权，超越职权范围擅自决定减免淮南华汇运输公司和淮南中惠运输公司（实系同一家公司）、淮南安平运输公司、淮南恒信运输公司应缴的价格调节基金，直接造成价格调节基金138.8万余元经济损失。葛某虎因受贿罪、单位受贿罪、滥用职权罪被法院数罪并罚执行有期徒刑15年。

2. 把握好渎职罪与贪污贿赂罪同属于职务犯罪，尽管二者在本质上、实质上有着较大差异，但许多时候同一行为完全有可能依两类犯罪罪名构成的本质属性来衡量而形成非此即彼的效果。需要在具体工作中加以稳妥把握和处理。

（1）工作实践中，常常出现的情形是，某一涉嫌犯罪线索在纪检监察或者审计和其他行政执法机关向检察机关移送时，他们认定的是涉嫌渎职或者贪贿类犯罪案件，但经检察机关依法、实事求是、具体化司法调查后，证明犯罪确实存在但很有可能与他们最初认知、移送所称的罪类、罪名完全不同。例如，2014年中央专项巡视发现中粮集团北良公司原总经理宫某程滥用职权违规转让国有股权、低价转让国有资产，造成巨额国有资产流失。反映的问题涉嫌领导干部用国企资源搞利益输送，该公司时任法定代表人、总经理宫某程涉嫌伪造多名董事签名，将北良公司所持有的下属公司67%的国有股权按账面价格转让给私营企业，使一家国有全资控股公司变为民营控股企业。又未经审计、评估和报批，擅自将北良公司所拥有的土地、油库、码头等优质资产，低价转让给该民营控股企业。宫某程从北良公司退休后担任该民营控股公司总经理，其涉嫌滥用职权造成国有资产损失、职务侵占。而最终查明，宫某程犯有挪用公款罪而受到刑事追究。

（2）反渎侦查过程中，要把握好挪用公款、私分国有资产等与滥用职权、玩忽职守犯罪的区隔问题的关键性标准。具体工作中，对于国家机关工作人员以单位名义擅自将单位资金供其他单位使用，致使公共财产、国家和人民利益遭受重大损失的行为是构成挪用公款罪还是滥用职权罪的问题，一般认为：国家机关工作人员以单位名义擅自将单位资金供其他单位使用，包括从中没有谋取个人利益，但致使公共财产、国家和人民利益遭受重大损失的，构成滥用职权罪。以单位资金投资收益归还欠款的不能认定为已填补单位损失。例如上海市检察院第一分院查办并起诉的徐汇区商业网点管理办公室主任余某宝挪用公款案，调查查明，余某宝在担任上海市徐汇区商业网点管理办公室主任期间，故意违反《上海市人民政府财贸办公室关于做好公建商业网点接收工作并安排好新居住区商业网点的意见》、《上海市商业网点管理办公室关于上海市市、区商业网点管理办公室财务管理工作办法》等关于网点资金专款专用的规定，擅自将网点资金 660 万元出借给上海捷苑实业有限公司。该公司先后归还徐汇区商业网点管理办公室 274 万元，尚余 386 万元未归还。余某宝为了填补借给捷苑公司造成的 386 万元的漏洞，以其兼任总经理的天南公司的名义与上海天任投资公司签订了 2000 万元的资产委托管理协议，并且约定了一个补充协议，在保证 10% 收益的同时，填补 386 万元的漏洞。最终，通过一系列操作，通过天南公司将 286 万元"归还"了徐汇网点办。捷苑公司也以位于田林东路的网点使用权折价 100 万元抵冲余下的欠款。法院认为，余某宝作为在行使国家行政管理职权的组织中从事公务的人员，滥用职权违反规定擅自出借资金，给国家造成经济损失共计 286 万元，其行为已构成滥用职权罪，且属情节特别严重。遂以滥用职权罪判处余某宝有期徒刑 2 年 6 个月。

在处理本案过程中，存在两种意见：第一种意见认为余某宝构成挪用公款罪。余某宝身为国家工作人员利用职务上的便利，擅自将网点资金人民币 660 万元挪用给上海捷苑公司使用，造成 286 万元的损失，符合挪用公款罪中挪用公款进行营利活动的规定。第二种意见认为构成滥用职权罪。余某宝作为在行使国家行政管理职权中从事公务的人员，故意违反网点资金专款专用的规定，擅自出借网点资金，致使公共财产、国家和人民利益遭受重大损失，符合滥用职权罪的构成要件。合议庭最终采纳了第二种意见，认定余某宝构成滥用职权罪。法院最终采纳了第二种意见，认定余某宝滥用职权行为给国家造成经济损失 286 万元，构成滥用职权罪。尽管违规出借资金型滥用职权和挪用公款在形式上存在很多共同点，比如两者在主体身份上存在一定的重合，在挪用、出借资金的行为上一致；不过两罪在侵犯的客体及客观方面存在本质的区别。挪用公款罪侵犯的是单位对于公款的使用权，其实质是将单位公款非法置于个人的支配之下，也就是"公款私用"。"私用"不是看最终的公款使用者是个人还是单位，而是指个人非法支配、使用单位公款，侵犯了本单位对于公款的正常使用权。挪用公款罪特别强调"归个人使用"的认定，全国人民代表大会常务委员会《关于〈中华人民共和国刑法〉第三百八十四条第一款的解释》中列举了三种"归个人使用"情况：将公款供本人、亲友或者其他自然人使用的；以个人名义将公款供其他单位使用的；个人决定以单位名义将公款供其他单位使用，谋取个人利益的。本案不具备挪用公款罪"归个人使用"的要求。

（3）在股市、基金领域，办案人员要懂得股市运行程序、特定责任人监管所投资金疏忽、漏洞之所在，侦破犯罪的同时清晰、准确地确定行为性质、认定罪名，至为重要。例如，云南省丽江市住房公积金管理委员会副主任、市住房公积金管理中心主任王某英玩忽职守、挪用公款案中，王某英召集该市公积金管理中心行政会议及中层干部会议研究并作出购买 1000 万元记账式国债决定后报经该市住房公积金管理委员会常务副主任、副主任签批同意，在中科证券昆营部开立了资金结算账户、签订《国债托管协议书》和利率高于财政部发行的国债利率 1.58% 并允许中科证券公司将购买的 1000 万元国债用于上海证券交易所从事国债回购业务的《补充协议书》。指令丽江市住房公积金管理中心财务人员先行将 1015.3 万元住房公积金上划到所开账户内用于购买国债。又与昆营部补签 1000 万元《国债托管协议书》和回购《补充协议》，使得中科证券公司将该国债用于回购融资到期不能购回无法将国债归还丽江市住房公积金管理中心。2015.3 万元购买国债资金在中科证券公司破产后致使尚未收回的国债本金 1665.3 万元无法全额收回。王某英明知建设部、云南省建设厅有文件明文通知"凡购买国债的品种、期限、利率等与财政部发行的国债不一致的，签订了委托理财协议的，各管理中心应立即依法解除协议，尽快收回资金，在国务院有关部门制定的《住房公积金购买国债暂行办法》出台之前，各中心一律暂停在证券交易市场进行国债买卖和回购业务，管理中心在证券公司资金结算户中的资金应立即收回"的情况下，以文件向云南省建设厅公积金监管处报告要求购买国债，省建设厅公积金监管处复函明确要求"严格按照云建房文件规定，在国务院有关部门没有出台《住房公积金购买国债暂行办法》之前，一律暂停在证券交易市场进行国债买卖和回购业务，在建设部清理国债购买通知下发后，必须立即中止与中科证券公司签订的分期购买国债的协议，不得违规在中科证券公司新购国债"后，仍安排财务人员上划共计 4000 万元住房公积金购买国债。向中科证券昆营部经理张某南借款 43.5 万元以其女儿名义在云南杰昌房地产开发有限公司购公寓式住房一套，由于中科证券公司对该笔 8000 万元资金向中科证券昆营部支付过业务拓展费且所开资金账户无相应的证券账户，在后期中科证券公司被托管和清理中，该资金被界定为债权债务，纳入中科证券公司破产程序处理，致使 7360 万元的住房公积金至今无法收回。北京市第二中级法院以民事裁定书宣告中科证券公司已构成严重资不抵债、无法清偿到期债务进入破产还债程序并向丽江市住房公积金管理中心发出《已知债权人申报债权通知书》，经破产管理人审查认定的债权为 9326.8 万余元。因该案的发生给国家造成的间接经济损失达 100.8 万余元。另外，在该市住房公积金管理中心参与经济适用房河滨花园项目过程中，王某英指示公积金管理中心多次违规给中海房地产开发有限公司提供住房公积金贷款累计达 1945 万元，该公司为感谢王某英，先后送给王某英 1.5 万元。此外，个体户赵某（从未缴存过住房公积金）向丽江市住房公积金管理中心提出申请以坐落在丽江市古城区雪山中路延长线商业街东段 2 号的房产（经评估价值 352649 元）作抵押贷款 29 万元，经王某英审批同意贷给赵某 29 万元、期限一年、一次还本付息。王某英将其父王某元名下位于丽江市古城区七星街区 9 米道南侧Ⅲ的占地面积 204 平方米、建筑面积 620 平方米的商住楼以 150 万元的价格出让给赵某，并约定待相关手续转让后，协助赵某办理银行抵押贷款，后王某英代其父收取赵某预付房款 15 万元、10 万元、125 万元。赵某 29 万元贷款期限到后未按期归还，经丽江市住房公积金管理中心多次催收，赵某归还本金 2 万元及利息，剩余 27 万元要求续贷。王某英审批同意贷新还旧，期限为三个月，到期后赵某仍未还款，再次申请延期归还，丽江市住房公积金管理中心让其缴存了住房公积金 1020 元后由审贷小组成员和某、薛某祥、和某辉审批同意再次续贷一年，后赵某将全部贷款及利息还清。一审法院认为王某英身为丽江市住房公积金管理中心主任，受国家机关委托行使对住房公积金管理及运作等职责，但其违反国务院、财政部、建设部的有关规定，超越职权范围，违法决定处理其无权处理和决定的事项，致使巨额住房公积金遭受重大损失，其行为已构成滥用职权罪。因王某英在本案中具有徇私舞弊的情节，且其渎职犯罪行为侵犯了人民群众的利益，在群众中引起了不必要的猜疑，直接给国家的正常管理工作带来了负面影响，损害了党和国家机关的公信力，属情节特别严重。王某英利用职务上的便利，为他人谋利益，非法收受他人的贿赂 1.5 万元，其行为已构成受贿罪。但王某英犯挪用公款罪的罪名不成立。遂判决：指控王某英犯挪用公款罪罪名不成立；王某英犯滥用职权罪处有期徒刑 7 年 6 个月；犯受贿罪处有期徒刑 1 年 6 个月；数罪并罚，决定执行有期徒刑 8 年，退赔的受贿款 1.5 万元予以没收。检察机关提出抗诉意见：应当对王某英以挪用公款罪追究刑事责任。王某英方辩解意见是：王某英代表单位在实施购买国债、上划资金准备购买国债的行为时不属于滥用职权罪的主体，购买国债和上划资金准备购买国债是有法律依据并经过审批的，不构成滥用职权罪；审批放贷给赵某29万元的行为不构成挪用公款罪；朋友之间的经济往来，以受贿罪定罪科刑属定性不准。二审法院认为：丽江市住房公积金管理中心是直属于丽江市政府、丽江市住房公积金管理委员会下设的行使全市住房公积金管理、运作等职责的事业单位。王某英身为丽江市住房公积金管理中心主任是住房公积金管理委员会授权执行住房公积金保值、增值及管理、运作等职责的直接责任人。根据《住房公积金管理条例》第28条的规定虽然可以动用公积金购买国债，但王某英在动用巨额公积金购买国债时，明知建设部等公积金监管部门下发有明确禁令的情况下，仍不及时决定解除已购买国债的委托理财协议并收回资金，在自查自纠中不如实上报购买的国债签订有委托理财协议和高于国务院规定的国债利率情况，还擅自决定继续向所开立的证券账户上划巨额公积金，致使丽江市住房公积金管理中心管理运作的7360万元住房公积金本金至今无法收回，造成重大损失，其行为已构成滥用职权罪，且有徇私舞弊情节，属情节特别严重；王某英利用职务上的便利，为他人谋取利益，非法收受丽江中海房地产公司贿赂款1.5万元，其行为已构成受贿罪。王某英的确有利用职务上的便利，违规审批向赵某发放贷款人民币29万元的行为，但其违规放贷行为曾有完善的贷款手续，并经催收已全部偿还了贷款及其本息，王某英的行为并不完全具备挪用公款的犯罪构成要件，故不属于挪用公款给他人使用行为，认定挪用公款罪罪名不成立判决正确。王某英身为丽江市住房公积金管理中心主任（副处级），是住房公积金管理委员会授权执行住房公积金保值、增值及管理、运作等职责的直接责任人，明知有禁止性政策规定，违规动用巨额公积金会存在巨大风险，仍不正确履行职责，造成公积金巨大损失的后果，其滥用职权的事实确实，主体适格；利用职务上的便利，为他人谋取利益，三次累计收受1.5万元的行为，超出朋友之间正常的经济往来关系，依法应以受贿论处。遂判决王某英犯滥用职权罪，判处有期徒刑6年；犯受贿罪免予刑事处罚。决定执行有期徒刑6年。

3. 区分清构成滥用职权、玩忽职守等类罪与具体特定罪名的差异，稳妥适用法律，真正体现出自身执法办案能力水平。例如，李某强担任畜牧局草原监理站负责人、王某担任畜牧局副局长期间，部分村民要求承包村周围的草塘，二人在未确定所要承包的草塘是草原还是林地，是否属于经市政府登记造册的未确定使用权的国家所有的草原及土地权属的情况下，超越职权以草原监理站的名义陆续与10名村民签订草原承包合同，将林业局林权证范围内的林地以草原名义发包374.7亩，并以草原建设补偿费名义收取1.7万余元。畜牧局草原监理站以草原名义发包林地行为导致 158.25 亩林地遭到开垦破坏，被开垦的林地，除 39.9 亩未耕种外，其余某地已全部耕种农作物大豆，给国家造成经济损失 29.8 万余元。关于此案的处理存在两种不同意见：第一种意见认为，李某强、王某身为国家机关工作人员在未查清土地性质和权属的情况下，为了本单位的利益，超越职权非法批准占用土地，给国家造成重大经济损失，但二人主观上没有徇个人私情、私利的目的，只是为了给单位多收钱，而徇私舞弊又是非法批准占用土地罪的必要构成要件，因此二人的行为构成滥用职权罪。第二种意见认为，李某强、王某身为国家机关工作人员，徇私舞弊，违反土地管理法规，滥用职权，非法批准占用土地，其行为构成非法批准占用土地罪。从本案情况来看，二人虽然是在朋友或熟人找的情况下实施了发包林地的行为，但主观上没有徇个人私情、私利的目的，发包的目的是为了给单位多收钱，因此，应认定二人在发包过程中没有徇私舞弊行为，而徇私舞弊又是非法批准占用土地罪的必要构成要件，因此，二人行为应构成滥用职权罪。

（二）对渎职犯罪与普通刑事犯罪交织、关联情形的把握与处理

一般而言，涉及经济民生的食品药品安全、环境安全、城市公共服务领域、社会治安长期差、黑恶势力横行等背后都会涉及公职人员的贪渎犯罪问题，加大了查办工作的难度，应当认真分析其规律、特点，结合具体案件特质，稳妥运用于侦查破案。

1. 现在不少公职人员的职务犯罪过程中，贪污贿赂、渎职侵权以及非公职人员职务犯罪三类犯罪相互交织，职务犯罪寄生于普通刑事犯罪尤其是有组织犯罪之上或者隐藏其背后已成为一种趋势。需要反贪、反渎两部门破除门户之见，互相支持与配合，确保精准执法、除恶务尽，切实维护社会公平正义。例如，广西壮族自治区全州县检察院从法院审理的刑事、民事、行政案件判决书中通过对一件虚开增值税发票案的刑事判决书反复研究，发现该县国税局的两名工作人员存在玩忽职守的案件线索，并且达到渎职犯罪的立案标准，经立案侦查查明，二人玩忽职守导致国家少收税款 160 多万元，最终二人被依法处理。

（1）惩治贪渎犯罪活动必须与打黑除恶行动结合起来，联手发力，除恶务尽。当前社会经济运行过程中，经济犯罪案件背后多有贪渎犯罪的存在是普遍的现象，呈现出经济犯罪与贪渎行为紧密相连、互为支撑的趋势。经济犯罪往往还会与行政违法、有组织犯罪甚至恐怖活动等交织在一起，其背后往往隐

藏着职务犯罪，经济犯罪加剧腐败，腐败又为经济犯罪提供"保护伞"，尤其是商业贿赂等犯罪滋生行业"潜规则"。例如，广东省国土资源厅原副厅长吕某明在担任该省水利厅副厅长等职务期间，滥用职权违法批准某些企业的河道采砂许可证延期，收受近2000万元贿赂，为西江流域盗采河砂团伙充当"保护伞"，导致西江流域河砂被大量盗采，严重危害防洪堤坝安全和周边生态环境，给国家造成巨额经济损失，一审被数罪并罚判处无期徒刑。又如，河北省唐山市玉田县环保局原副局长赵某利长期放任200多家没有环评手续的橡胶企业违法排放硫化废气，严重影响周围居民的身体健康，社会影响恶劣，最终被法院以滥用职权罪、贪污罪、受贿罪数罪并罚判处其有期徒刑14年。

（2）注意根据负有特定职责人员渎职犯罪与普通刑事犯罪交织难辨的情形，与相关部门联手查办渎职犯罪。目前，"保护伞"犯罪、官黑勾结犯罪案件多发，成为腐败犯罪吸引眼球的另类动向。这类犯罪实行权力与有组织犯罪甚至暴力犯罪联合运作，形成了黑色腐败产业链，对社会秩序、经济秩序和国家机关及其工作人员的廉洁性等均构成了严重威胁。例如，广东省茂名市检察机关查办的该市公安局刑警支队三大队原副大队长李某才、该市茂港区法院民庭原庭长何某杰、原执行局书记员梁某与该市最大的涉黑团伙相互勾结，充当"保护伞"，直接参与犯罪实施、利益瓜分，以李某刚为首的黑社会性质组织就在茂名市电白县开设赌场、放高利贷、绑架勒索、寻衅滋事，该市公安局成立的专案组材料组小组长李某才却为李某刚团伙大开"放生"之路，在其制作移送起诉意见书中故意隐匿李某刚团伙敲诈勒索林某1500万元、故意重伤罗某某、绑架林某某兄弟等三宗主要犯罪事实和证据，导致该案因证据不足、事实不清被做不起诉处理，而逃避了法律制裁的李某刚等人得以继续纠集成员在茂名、广州等地开设赌场、放高利贷获取非法利益。李某才遂与涉黑团伙沆瀣一气直接参与到违法犯罪当中，出资参与违法放高利贷，从中获取了80多万元的高额利润。茂名市法官何某杰、梁某与李某刚团伙合谋敛财过程中，李某刚团伙妄图霸占向自己借高利贷本金1650万元归还600万元后再无力偿还的深圳民营企业老板赖某来位于广州市荔湾区市值2657万元的工业用地使用权。何某杰亲自制作了赖某借款共计2350万元的5份虚假借据和民事起诉书并伪造相关开庭笔录、合议庭笔录、民事调解书等法律文书，然后依照伪造的文书执行，将该土地使用权强制执行到李某刚团伙名下公司，为李某刚等人提供了立案、开庭、判决及执行的"一条龙服务"，使这一涉黑团伙聚敛财富的路径拥有了"合法"的外衣。作为回报，李某刚巨额行贿何某杰、梁某。

当前，普通刑事犯罪特别是有组织犯罪多与贪渎犯罪共生，呈现出"有组织犯罪"与职务犯罪的共生性。与"有组织犯罪"相结合的职务犯罪被老百姓形象地称为"保护伞"或"涉黑腐败"。从本质上来说，黑恶势力为官员职务犯罪行为的生存和发展提供了社会基础和条件，而职务犯罪行为又为黑恶势力的生存和发展提供了权力支持。职务犯罪是"有组织犯罪"滋生的土壤，并且促进了"有组织犯罪"的扩张；有组织犯罪的扩张，又进一步加剧了职务犯罪的程度。一般而言，两者共生的形态是随着"有组织犯罪"发展的形态前进的。在"有组织犯罪"的萌芽状态，腐败发生在基层，基层地方官员接受贿赂后，对其敲诈勒索、收保护费、放高利贷、开赌场的行为"睁只眼闭只眼"；随着黑恶势力的资本和人员不断扩大，"黑手"伸向的领域不断扩大，黑恶势力就需要更大的"保护伞"来为自己遮风挡雨，保驾护航。辽宁省沈阳市宋某飞黑社会性质组织团伙案就是典型。

2. 发挥检察承前启后优势，强化内部资源、情况信息和具体运行的整合、梳理，整体发力，提升法律监督效能。例如，浙江省检察院公诉人员从该省金华市中级法院关于敖某强案终审认定贵州籍农民敖某强、敖某康、敖某灿等人相互结伙或伙同他人以介绍工作为名，拐骗、收买了 20 多名外地妇女包括多名是未成年女性到该省东阳市吴宁街道敖某强经营的"美容店"卖淫，采用拍裸照、强迫签合同、殴打等威胁强迫手段并多次强奸被拐卖的女性。因其中一名女子逃离"美容店"向公安机关报案案发。以组织卖淫罪、强迫卖淫罪、收买被拐卖妇女罪、拐卖妇女罪、协助组织卖淫罪等罪名，判处敖某强等 14 人死刑、无期徒刑以及 15 年至 3 年 6 个月有期徒刑不等的判决书中发现，敖某强等人能作恶那么长时间的原因是背后有"保护伞"，遂向东阳市检察院移送施某明涉嫌徇私枉法的线索。调查证实：施某明先后收受敖某强与敖某灿、敖某康三人价值 3500 元的超市卡，并多次接受上述等人的吃请。在平时工作中对敖某强等人在辖区内以开设美容店为名从事组织卖淫等犯罪不予查处，放纵敖某强等人组织卖淫等违法犯罪行为，并在公安机关统一清查等行动前，为敖某强等通风报信 3 次，使敖某强等事先得以安排卖淫女回避以免被查获。法院以徇私枉法罪判处施某明有期徒刑 2 年，缓刑 3 年。

反渎侦查要与普通刑事犯罪侦查协同合作，侦破犯罪。目前，各种假证件、幽灵户口等都可以帮助他人享受北上广等特大型城市优惠待遇、高考移民、逃避债务、隐匿财产、实施诈骗甚至可以帮助犯罪分子漂白身份。而所有假证、幽灵户口等制造、贩卖的情形背后一定隐藏着职务犯罪的情况下，办案工作必须与有关部门协同合作、联手查办。例如，央视记者对户口贩子公开叫卖活动进行调查曝光引发了四川省南充市嘉陵区检察院查办并起诉的嘉陵一中教师蒲某宇行贿、买卖国家机关证件案和该区公安分局文峰派出所民警余某滥用职权、受贿案的办案契机，央视记者发现有一个神秘中介在网上公开叫卖户口，按照上面的方法在江西一派出所用四川嘉陵区公安部门开出的"川迁证第 00380002 号"成功取得了徐某轩的身份。办案人员意识到本区公安分局有民警参与了"幽灵户口"犯罪行为遂展开侦查，同时联系嘉陵区公安分局对央视报道中出现的南充公安分局流出的户口迁移证编号开始入手进行调查，发现该区公安分局文峰派出所民警余某和嘉陵一中教师蒲某宇相互勾结，致使嘉陵区公安分局木老派出所和文峰派出所的空白户口迁移证流向了江西的犯罪行为暴露出来。在大量证据面前，蒲某宇交代了自己从余某处得到空白户口迁移证之后卖给江西一个叫皮某的男子的犯罪事实，余某也对自己私自将盖有公章的空白户口迁移证交给蒲某宇的犯罪事实供认不讳。法院一审以买卖国家机关证件罪判处蒲某宇有期徒刑 3 年，犯行贿罪处 6 个月，合并执行 3 年 4 个月。公安干警余某犯滥用职权罪处有期徒刑 1 年 5 个月，犯受贿罪处有期徒刑 1 年 7 个月，合并执行有期徒刑 2 年 10 个月。

3. 注意拥有职务身份的涉嫌行为人是否确实利用了自身职务职责，所实施的是不是职务犯罪。这其中有的属职务犯罪、有的是非职务犯罪如诈骗罪等。例如，江苏省苏州市住房和城乡建设局副局长、市房管局副局长、市房管局房地产监理处处长吴某华受贿、滥用职权案中，吴某华在负责商品房预售许可证审批等工作过程中，先后多次非法收受他人所送财物，共计价值 35.9 万余元。明知申报材料虚假，仍指使工作人员为陆某等三人的 3 幢房屋办理新建房屋初始登记并核发房产证，致使该 3 幢房屋在拆迁中被按照合法有证建筑标准得到补偿，给国家造成经济损失 920 余万元。还利用非法手段在拆迁中，骗取补偿款 340 万余元及低于市场价 38 万余元的拆迁安置房两套（案发时未办理产权登记）。该市中级法院以受贿罪、滥用职权罪、诈骗罪数罪并罚，判处吴某华有期徒刑 19 年。类似的还有天津市滨海新区塘沽区检察院查办的该区法院执行庭审判员王某滥用职权、贪污、诈骗案，调查查实，王某利用职权以法院拍卖扣押房屋的名义，在盖有公章的空白法律文书上填写虚假内容，大肆诈骗他人钱财，数额总计达 500 余万元。此外，在办理山西太原淞淋化工有限公司申请执行案、罗某发申请执行案、张某莲等四人申请执行案和北京搅拌机站申请执行案期间，利用各种手段侵吞执行款 5.6 万元。王某因犯滥用职权罪、贪污罪、诈骗罪数罪并罚，被判处无期徒刑。

对此类案件，还要看到行为人在实施职务行为过程中具体行为性质所发生的转换。一些看起来系渎职犯罪的案件其实质是负有特定职责人员在行使职责职权过程中，所实施的普通刑事犯罪行为，其行为性质已转化为普通刑事犯罪。故工作实践中应妥善加以把握和处理。例如，安徽省颍上县交通局三十铺交管站副站长王某伟驾驶皖 K5B863 号五菱面包车，带领该站职工王某、吴某、马某在三十铺镇仁和至余塘孜公路上查车，当该县六十铺镇吴庙村村民吴某某驾驶一辆柴油三轮车经过该路段时发现有人检查车辆，为逃避检查，将三轮车调头沿102省道朝六十铺方向开去。王某伟发现后即驾车追撵，在三十铺镇四十铺村路段超过三轮车后停下，王某伟下车拾一块砖头，当吴某某驾驶三轮车来到时，王某伟用砖头朝吴某某砸去。吴某某头部被砸伤后其驾驶的三轮车偏离方向又撞到路南边的树上，王某伟随后驾车逃离现场。经法医鉴定，吴某某颅脑损伤属重伤，构成四级伤残。法院以犯故意伤害罪，判处王某伟有期徒刑4年。又如，河南省某县某镇党委副书记张某、计生办主任孟某非法拘禁案，该镇对所辖某村开展一次计生工作检查时发现该村村民文某、贾某夫妇欠缴违反计划生育政策的1.8万元罚款。在催缴罚款时，党委副书记张某、计生办主任孟某与文某夫妇发生争吵，遂指挥该镇计生办人员将文某、贾某带回镇政府计生办拘禁长达27小时，后得知有村民举报到检察机关后才放走文某和贾某，亦属于此类情况。

（三）对行为人的同一行为涉及贪污贿赂类罪和渎职类罪情形的把握与处理

行为人的同一事件涉及受贿与滥用职权交织、牵连共生时，要把握的总体原则：一是要推敲尽管是同一件事但行为人的受贿行为和滥用职权行为能否形成两个独立的犯罪构成。例如，广东省广州城市管理综合执法支队某大队副大队长刘某武无视市城管部门对违章建筑物"广东志宇美食店"限期15日内拆除的行政处罚决定，在两次收受店主宋某贿送的1.5万元后，为该店拖延了近3个月才拆除该违章建筑。中国农业银行穗西支行房建办事处在没有向城市规划部门办理报建等手续情况下即施工装修，被该城管大队二中队查处后，在向叶某索取人民币1万元后授意该大队执法人员不要对叶某的违法装修进行查处。法院认定有受贿、索贿行为，判处刘某武犯滥用职权罪处有期徒刑1年，缓刑1年6个月。二是两个涉嫌行为是否在时间上差距明显。如果这两种情形均差别明显则除徇私枉法罪外一律数罪并罚；反之则宜牵连吸收、从一重处。例如，北京市检察机关查办的国家体育总局体育彩票协调工作领导小组成员、领导成员办公室负责人张某华、领导小组办公室成员刘某滥用职权、受贿案，调查查明，张、刘二人利用职务便利，在负责采购体育彩票专用热敏纸的工作中，违反有关规定委托无进出口经营资格的北京南海阳光科技发展有限公司进口热敏纸，并使其获得利益，造成国家资金2900万余元流失。其间两人分别收受该公司财物17万元、9万余元。后起诉和审判均认定张、刘二人构成受贿罪并以此处刑。

1. 应当看到，反渎侦查实践中一些"牵连从一重处"现象、情形的出现或者存在，是基于执行法律规定以及工作人员对法律规定理解不准确、不到位所致。如刑法规定对受贿而又徇私枉法的从一重处。北京市检察院第一分院查办交海淀区检察院起诉的该市工商局执法检查大队副大队长王某受贿罪和滥用管理公司职权案，经调查查明，王某利用职务之便在查处李某梅、王某辉、付某枝等人非法垫资注册公司案过程中，接受马某、赵某胜等人请托，收受贿赂人民币 5 万元。还在办理北京京城今日电器经营中心违法经营案件过程中，收受该中心经理张某川行贿的 3 万元和索尼牌摄像机 1 台。一审法院从一重处以受贿罪判处王某有期徒刑 9 年。二审法院认为，王某因受贿而徇私枉法，客观上导致巨额注册资金被抽逃等严重后果，且其拒不认罪，对其酌予从重处罚。遂裁定驳回上诉，维持原判。

2. 在当前的经济监管、运行中，经常可能发生行为人贪污贿赂类犯罪与失职渎职犯罪并存或者交织的情形。侦查实践要注意，涉嫌单笔事实、不同环节的真实并不一定能得出整体事实真相的准确结论，还应结合具体罪名构罪必备环节、步骤以及条件具备与否来全面判定具体罪名，适用法律。要确认某一具体行为是否能认定为犯罪，许多时候需要有下一个环节即后续行动的"支持配合"。就此止步、没有下文的情形，则难以构成犯罪。务必对此加以注意。在北京市丰台区检察院查办的该区宛平城地区办事处原主任杜某勋贪污拆迁款、向开发商和村委会等索要房产、奥迪车和钱款合计金额达 2300 万元、823 万余元巨额财产来源不明案中，杜某勋在负责丰台区永合庄村和北天堂村村民搬迁工作中，指使永合庄村村民委员会主任苏某清（另案处理）等人制作四份虚假拆迁补偿手续，骗取拆迁补偿款共计 863 万余元。苏某清用其中的 130 万元为杜某勋购买进口路虎越野车 1 辆，将 437 万余元转入杜某勋的河北京南种植有限公司，累计 567 万余元。杜某勋在负责永合庄村和北天堂村村民搬迁和地铁房山线轨道交通丰台段北天堂村征地拆迁工程工作中，以北天堂村 27 户村民购买安置房名义，将地铁房山线轨道交通拆迁款 2700 万元转给宛平房地产公司。后杜某勋指使该公司两名负责人（均另案处理）将其中的 500 万元转入一家公司并陆续提取据为己有，另将其中的 1000 万元支付京南种植公司建筑施工费用，累计贪污公款 1500 万元。杜某勋还将其主管的一家农工商实业中心 28 万余元公款为京南种植公司购买菜筐、鲜花、厨具等物品。杜某勋涉及受贿：丰台区石榴庄村进行地铁 10 号线和石榴庄路的拆迁，因石榴庄村的拆迁款都要经丰台建委下拨，须经过时任区建委主任杜某勋签字，当杜某勋几次提出为了工作方便需要一辆奥迪车时，村委会只得花 61 万余元给他买了一辆。事实上，杜某勋单位配有车，而该奥迪车由他的妻子使用。杜某勋还向北京万年花城房地产开发有限公司索要两套住房，该公司为此支付房款、契税等共计 90 万余元。杜某勋家庭财产、支出明显超出合法收入，有 823 万余元不能说明合法来源。一审法院以杜某勋犯贪污罪判处死刑、缓期执行；犯受贿罪，判处有期徒刑 15 年；犯巨额财产来源不明罪，判处有期徒刑 6 年；犯滥用职权罪，判处有期徒刑 2 年。法院最终决定执行死刑，缓期二年执行，剥夺政治权利终身，并处没收个人全部财产。继续追缴杜某勋的违法所得。杜某勋上诉被法院驳回。此案中，如果杜某勋骗取的拆迁补助款没有落入其个人腰包，其可能构成滥用职权罪而非贪污罪。

3. 在渎职犯罪与贪污贿赂犯罪相互交织的情形中，过去为公而视为违规乱纪的乱收费行为很少作为滥用职权犯罪查处，现如今要对各类行为加以认真考察、衡量，以确定罪与非罪，按数罪并罚的原则加以处理。

过去利用职权违规收费或者收费用于为公开支、发福利的行为顶多是依违纪违规行为性质来处理，而今，这类行为仍然不按贪贿类犯罪处理，但却构成滥用职权罪。例如，河南省桐柏县安棚乡支碱办主任、安棚镇宏利运输公司经理潘某营在任期间，未经上级主管部门批准，违规以每吨 2 元的价钱向到河南中原化学股份有限公司运碱户收取管理费 55.4 万余元，使国家和人民利益遭受重大损失。法院判决潘某营犯滥用职权罪免予刑事处罚。

随着经济社会的发展，尤其是对于行政执法人员而言，此类案件和处理情形将会越来越多。例如，江苏省常州市规划局法规监察处处长、规划监察大队大队长顾某夫利用职务之便，通过购买、串换商品房的行为，收受房产公司贿赂，以及通过其他手段，先后索取、非法收受他人财物共计 31.7 万余元；滥用职权对应给予行政处罚的违规建设行为不予处理，而是擅自决定成立常州市天宁大众咨询服务部收取违规建设单位及个人的费用共计 73.2 万余元，并将此资金用于购买营业用房、支付股东分红、支付临时工工资、招待费等，致使国家财产遭受重大损失。法院依法以受贿罪、巨额财产来源不明罪、滥用职权罪数罪并罚，判处顾某夫有期徒刑 13 年。

4. 过去较多地视为违反纪律、规定发奖金的行为仍然普遍存在，但此类行为的行为性质正发生着根本性转变，更多地被作为滥用职权犯罪来处理。例如，重庆南岸残联原理事长滥用职权超标给单位职工以各种名义发放福利、奖金滥用职权案中，吴某友在南岸区残联担任理事长期间，违反政府下达的指标规定，违规给单位职工发放福利、奖金。其中的名目有加班费、值班费等各种费用，还擅自提高住房公积金标准进行发放。经南岸区审计局审计得出结论，吴某友就是利用这种方式在为职工谋取"福利"，提高待遇，违规超标准发放各种福利、奖金总额达到 250 万元。后被追究刑事责任。

5. 当前在经济民生运行活动中经常出现，以与国家投资拨款方签订承包合同的方式实施具体项目后采取各种虚假形式套取剩余国家专用资金的做法，过去检察机关一般以贪污类罪提起公诉、法院不予认可的情形，现在大多是以滥用职权罪来处理、认定。这已成为一种必然的发展趋势。新疆维吾尔自治区和建设兵团过去均出现过众多的类似案件，均未按犯罪处理。江西省铜鼓县某林场场长林某贪污、受贿、滥用职权案中，建筑商王某就找上了门并送了林某2 瓶好酒、1 条名烟和 1 万元现金，希望承包林场木材销售如愿以偿后，林场生产科科长李某（已获刑）拿着年度林场 1500 立方米杉木的生产工资结算单找林某签字时，两人密谋虚增 3.56 万元加上之前卖木材指标所得的 7000 元"坐地分赃"，林某分到了 3 万元。建筑商王某托人联系林某希望承包国有林场危旧房改造，说改造工程可以算上林某一股。林某答应后收到王某 5 万元。林某还伙同林场工作人员张某、朱某等人（均另案处理），采用虚增工程造价、签订假合同的方式，套取了剩余的危旧房改造项目国家配套专用资金数十万元用于缴税、支付农民工工资等公用开支，涉嫌滥用职权罪。法院以受贿罪、贪污罪和滥用职权罪，数罪并罚，依法判处林某有期徒刑 1 年 6 个月。

（四）对国有企业、事业单位领导涉嫌贪污贿赂类罪和渎职类罪情形的把握与处理

当前，国有企业事业单位领导、组织管理人员犯贪污贿赂类罪和渎职类罪交织的现象普遍，成为经济民生领域渎职犯罪的特有情形。例如，成都工业投资集团有限公司原董事长戴某刚因受贿罪、国有公司人员滥用职权罪，被法院一审判处无期徒刑，剥夺政治权利终身。又如，上海国有资产经营有限公司原董事长祝某寅违规批准下属公司高价收购上海市一污水处理企业股权，造成国有资产损失。上海市第一中级法院以国有公司人员滥用职权罪判处祝某寅有期徒刑 3 年，缓刑 3 年。再如，中国农业发展银行辽宁东港市支行原行长李某、副行长岳某春等人违反信贷审批程序发放贷款 2 亿多元，部分信贷资产面临损失风险，法院以违法发放贷款罪分别判处李某有期徒刑 2 年，缓刑 3 年，岳某春有期徒刑 1 年 6 个月，缓刑 2 年，并各处罚金 10 万元。对此类情形在办案过程中需要稳妥应对。

1. 工作实践中，在现行刑法规定渎职类罪、盗窃罪、诈骗罪等均不适用于单位犯罪的情况下，对当前一些地方单位尤其是国家重点支持的各类企业包括国有大型、骨干企业较多存在的骗取国家各种补贴款的涉嫌行为不应轻易按渎职、贪贿犯罪处理；具体认定其犯罪时，一定要考虑后续相关的环节或者做法，才有可能对其准确定性，正确适用法律。

同时，目前广泛存在的非法吸收公众存款（放贷）等犯罪中，即使有国有银行支行副行长、行长牵扯其中，甚至滥用职权从事违法犯罪活动，也应当严格按照法律规定的特殊罪名由公安机关按普通刑事犯罪管辖查办，而不一定非得依国有公司、企业人员失职渎职犯罪来处理。

2. 注意法律对国有企业包括几大国有商业银行的失职渎职行为有专有罪名规定的，要优先适用特殊罪名，不必非得适用国有公司企业人员失职渎职罪名。例如，中国工商银行北京市昌平支行原副行长李某军在该行与北京众实宏业物资有限责任公司个人汽车消费贷款业务合作过程中，违反法律规定，向孟某、席某等人发放个人汽车消费贷款 13 笔共计 1855.5 万元，造成昌平支行损失 1363.8 万余元。李某军还在与北京众实房地产经纪有限公司个人综合消费贷款业务合作过程中，违反法律规定向王某、唐某等人发放贷款 10 笔共计 2000 万元，造成昌平支行损失 1006.8 万余元。法院认为，国家规定银行在受理贷款申请后应对借款人借款的合法性、安全性以及借款人的借款用途、偿还能力等情况进行调查，并核实抵押物、质押物、保证人情况，测定贷款的风险度等，银行的审查均应依照国家相关规定执行；而其对贷款手续的简单审查并未得到上级单位的认可，也没有向行长、银行审贷组织汇报研究并获得批准。遂认定李某军的行为已经构成违法发放贷款罪，判决其有期徒刑 7 年，并处罚金 12 万元。

3. 对于渎职犯罪构成而言，不会因为所实施的行为是按原来的传统、惯常、已有做法而为，或者行为人已经尽了力只是履职不到位或没有尽到心等理由而不构罪。对此，构罪与否的衡量标准只应当是依照或者考究各个罪名的犯罪构成要件。例如，广东省深圳市三九企业集团原总经理、党委书记赵某在未经正式评估、三九企业集团党委研究也未按规定上报国家计委会同有关部门审批的情况下，擅自代表香港三九公司与香港昌腾公司董事长林某签订《股权收购协议》，以 4.7 亿港元的价格收购林某持有的香港昌腾公司 80% 的股权。后三九药业公司通过香港三九汽车有限公司支付给林某 2 亿港元。此外，三九药业公司通过向香港三九公司分配红利的方式，由香港三九公司支付给林某 2.7 亿港元。后因三九集团占用上市公司资金一事被证监会披露，多家银行同时停止了对三九的贷款，导致该高尔夫项目资金出现困难，开发工作陷入停顿。赵某等人遂伪造同意收购该股权的三九公司董事会记录，并伪造分红决议以支付收购款，造成 4.7 亿港元损失。同案被查、起诉的还有三九公司陈某成、张某戎、荣某章骗购外汇罪。法院判决认定赵某、陈某成、张某戎、荣某章四人构成国有公司人员滥用职权罪，分别判处 1 年 10 个月以下有期徒刑不等，未认定陈某成、张某戎、荣某章三人构成骗购外汇罪。

（1）就反渎侦查而言，关键要做好渎职犯罪与普通刑事犯罪的甄别和稳妥处理工作。例如，山东省淄博市临淄区检察院查处的该区交通局和交警队人员受贿、滥用职权案，涉案人员7人：区交通局一中队、三中队中队长为首的5人，区交警大队三中队中队长为首的2人。他们利用负责查扣超限、超载车辆的职务便利，收受当地20多家运输公司和停车场人员的贿赂。作案人员滥用职权，对超载、超限的违法车辆不查、少查或者不罚、少罚，致使国家罚没款大量流失。所查处的交通、交警部门受贿、滥用职权等犯罪案件中，涉案人员在收受贿赂后，不严格履行监管职责，致使数百辆运输车辆长期在临淄区境内的公路上超载运输，造成临淄区境内数条公路未到使用年限即损坏严重，沥青路面被压坏，到处坑洼，地土裸露，车辆经过时尘土飞扬。此外，"三无"（无证、无牌、无保险）车辆在路上高速行驶，交通事故频繁发生。

（2）职务犯罪侦查中，要注意把握和解决不同种类的特殊主体共同犯罪行为的定性和法律适用问题。这类情形单从表面现象看似乎较为简单，但侦查实践中却常常特别容易出错。例如，天津市武清区税务局税务专管员李某在得知国家财政部及税务总局规定下岗人员再就业可以享受免税待遇后即与某酒店老板赵某共谋，伪造了申报材料，以李某妻子王某的下岗证办理了相关免税证明供赵某经营的不符合免税条件的酒店使用，二人商定，免缴的税款二人按比例分成。对李、赵的行为如何定性，形成不同意见。第一种意见认为，李某的行为构成受贿罪、赵某行为构成行贿罪。理由是：两个犯罪行为必须具有牵连意图，这是构成牵连犯主观上的要求。它不仅要求两个行为具有一个统一的犯罪目的，还要求在此基础上行为人对自己所实施的行为以及行为之间的手段之于目的、原因之于结果的关系具有明确的认知。一般将原因行为和目的行为称为主行为，将结果行为和方法行为称为从行为，主、从行为之间的关系概括为：从行为是为直接实施犯罪目的的主行为创造条件或者进行辅助的行为。除主观因素外，因果关系是界定两个行为是否构成牵连犯的客观基础。一个行为能成为另一个行为的手段行为或者结果行为，归根结底是因为两个行为具有内在的因果关系，即实施了前一行为就包含了实施后一个（种）行为的现实可能性。此案中，李某违反税收征收管理法，少征应征税款，致使国家税收遭受重大损失，其行为符合徇私舞弊不征、少征税款罪的犯罪构成要件，但其谋求的是收受贿赂，存在手段与目的的牵连，构成牵连犯，应从一重处，即以受贿罪追究李某刑事责任。第二种意见认为，李某的行为构成徇私舞弊不征、少征税款罪和受贿罪，赵某的行为构成徇私舞弊不征、少征税款罪和行贿罪。理由是：牵连犯是指犯罪的手段行为或者结果行为与目的行为或者原因行为分别触犯不同罪名的情况。牵连犯的数行为之间应有客观的内在联系。这类内在联系是指实施一个犯罪行为"往往需要"实施另外一个犯罪行为。如果缺乏这种"经常性"的需求，只是在案件中"偶然"地把一个犯罪行为当作另一个犯罪行为的手段，不是牵连犯。在此，李某徇私舞弊不征、少征税款的行为与其收受赵某所送现金行为之间不存在必然的牵连关系，不征、少征税款也不是受贿的方法、手段。因此，应对李某之行为实行数罪并罚。第三种意见认为，李某、赵某二人均构成徇私舞弊不征、少征税款罪。

对本案的具体情况进行法理辨析，侦查实践中的共同犯罪种类不外乎以下几种：一般主体的共同犯罪、特殊主体的共同犯罪、一般主体与特殊主体的共同犯罪、不同种类特殊主体混合的共同犯罪。对于都是一般主体或者特殊主体的共同犯罪在认识上基本上没有争议，争议常常发生在既有一般主体又有特殊主体牵涉其中，以及两个以上不同种类特殊主体的共同犯罪性质的认定。不同种类特殊主体的共同犯罪表现为在一个共同意思联络下的行为的有机整体。职务犯罪侦查实践中，对于特殊主体共同犯罪的确定，必须综合考虑犯罪构成的基本要件。通常情况下，税务机关工作人员在纳税人偷税过程中给予积极的帮助，不履行其法定职责，不征、少征税款没有达到法定数额，则行为人可以构成偷税罪的帮助犯，以偷税罪共犯论处。但如果税务工作人员利用职务之便，帮助纳税人逃避纳税义务，致使逃避数额达到徇私舞弊不征、少征税款罪的定罪数额，此时，税务机关工作人员既是整个偷税行为的帮助犯，同时，由于其具有征纳税款的法定义务，其同一行为又触犯了刑法规定的徇私舞弊不征、少征税款罪，属于牵连犯。牵连犯应当采用从一重处的原则，即按犯罪行为所触犯的数罪中法定刑最重的犯罪进行处理。此案中，李某、赵某的行为应认定为偷税罪的共犯。因为李某作为负责税收征管工作的税收专管员，在得知国家规定的下岗工人再就业可以享受免税待遇的规定后，主动与辖区内的酒店老板赵某共谋，提供以其妻子的下岗证办理免税证明供赵某酒店使用，并商定免税款的分成比例。两人既有犯罪的预谋，又有共同的偷税行为，且达到偷税罪的法定数额，完全符合偷税罪的犯罪构成要件。虽然李某的行为同时构成了徇私舞弊不征、少征税款罪的牵连犯。但根据现行《刑法》第404条的规定，税务机关工作人员徇私舞弊不征、少征税款，致使国家税收遭受重大损失的，处5年以下有期徒刑。而根据高检院《关于渎职侵权犯罪案件立案标准的规定》，该罪的立案标准是10万元，李某的行为应当在5年以下量刑。同时根据《刑法》规定，偷税数额占应纳数额的30%以上并且偷逃数额在10万元以上的，应当判处3年以上7年以下有期徒刑，并处偷逃数额1倍以上5倍以下罚金。根据以上规定以及牵连从一重处的原则，对于李某的行为应当以偷税罪定罪处罚。因而，李某和赵某构成偷税罪的共犯。

4. 区分此罪与彼罪、罪与非罪，体现反渎侦查的实际能力水平，提升执法办案效果。

（1）侦查实战中，往往会遇到某一行为涉嫌渎职犯罪和贪污贿赂犯罪都有的情况，但一般不会同一行为两类犯罪罪名都构成。所以，需要认真体会、用心把握、妥善处理。例如，山东省潍坊市某镇林业站站长兼任镇退耕还林领导小组负责该镇退耕还林领导办公室工作成员的杨某，在明知其亲戚张某耕地不属于退耕还林补偿范围的情况下，但碍于情面在退耕还林审批表上签字盖章，将该30亩弃耕地以退耕还林面积上报县林业局和县退耕还林领导小组，致使张某虚报得逞，违规获得了国家退耕还林补偿款35万元。第一种意见认为，杨某利用职务之便，和张某密切合作、相互勾结，骗取退耕还林补偿款，共同构成贪污罪。虽然杨某没有实际占有退耕还林补偿款，但赃款去向既不是贪污罪客观方面的组成部分，也不影响贪污罪的既遂，贪污行为一旦完成，即使行为人将赃款全部用于捐赠，或自首后交出，均不影响贪污罪的构成。第二种意见则认为，杨某出于徇私动机，违反法定标准和条件，将弃耕地作为退耕地报批，致使国家损失35万元，构成滥用职权罪。第三种意见则认为，杨某利用职务行为，帮助他人骗取退耕还林补偿款，构成滥用职权罪的同时还构成诈骗罪共犯，根据司法解释有关规定，对杨某应以滥用职权罪和诈骗罪从一重处罚。

杨某与张某不构成贪污罪共犯，虽然杨某属于国家工作人员具备贪污罪的主体资格，客观上实施了帮助张某骗取国家退耕还林补偿款的行为，但是，杨某没有非法占有退耕还林补偿款的目的，其行为不构成贪污罪。两人既没有共同非法占有的意思联络，也没有共同非法占有的事实，不能按贪污共犯处理。杨某的行为构成滥用职权罪。杨某明知他人有骗取国家退耕还林补偿款的故意，却徇私舞弊，违背法定职责，违反国务院有关法律法规，将不符合退耕还林范围的弃耕地作为退耕地上报，导致国家损失退耕还林补偿款35万元，其行为完全符合《刑法》第397条滥用职权罪的犯罪构成，且达到了"两高"《关于办理渎职刑事案件适用法律若干问题的解释（一）》规定的滥用职权罪的立案标准，应依照滥用职权罪追究其刑事责任。杨某不构成诈骗罪共犯，不存在与滥用职权罪从一重处的问题。张某采取虚构事实，隐瞒真相的手段骗取国家退耕还林补偿款35万元，构成诈骗罪无疑。诈骗共犯的利益分配一般是共有的或相对稳定的分配方式，所获利益是参与者犯罪后应得的部分，而"酬劳"是张某对杨某帮助行为的一种感谢，属于贿赂性质。受贿所得利益和诈骗牟取利益，虽然都表现为利益形式，但两者在质上是不同的。法院判决杨某犯滥用职权罪处有期徒刑1年，缓刑2年。

（2）解决挪用惠农专项资金情形的法律适用问题既是司法实践要研究的问题更是立法所要承担的任务，需要多方共同努力。但反渎人员更多的要在执行、诠释和适用相关法条方面下足功夫。例如，华北某县农业服务推广站站长郭某某违反农村沼气建设实施和验收方案的有关规定，编造虚假建沼气农户花名册虚报1139座沼气池，共套取沼气建设专用资金50万元，存入单位"小金库"，用于车辆燃油、办公楼装修和吃喝招待等单位开支。对此形成不同意见：第一种意见认为，郭某某身为国家机关工作人员，套取沼气建设专项资金50万元用于单位支出，无法收回，给国家造成了重大经济损失，构成滥用职权罪。第二种意见认为，郭某某将套取的沼气建设专项资金挪作他用，侵犯了惠农专项资金专款专用制度，构成挪用公款罪。第三种意见认为，郭某某将沼气建设专项资金挪作单位非正常支出的行为违反了财经纪律，但不构成犯罪。处理好本案要明确以下三点：第一，郭某某的行为不构成滥用职权罪。根据刑法规定，重大损失后果是滥用职权罪的必备要件，郭某某的行为能否构成滥用职权罪，关键是"沼气建设专项资金被挪作单位车辆燃油、办公楼装修和招待费"能否认定为经济损失。"两高"《关于办理渎职刑事案件适用法律若干问题的解释（一）》中，经济损失被界定为"渎职犯罪或者与渎职犯罪相关联的犯罪立案时已经实际造成的财产损失，包括为挽回渎职犯罪所造成的损失而支付的各种开支、费用等"。经济损失本质上是一种财产实际价值的损毁或减少，对经济损失的认定应当客观准确，沼气建设专项资金被挪作单位车辆燃油、办公楼维修和招待费是一种"挪作公用"的行为，财产实际价值并没有毁灭或者减少，仍然客观存在，这种情况下不宜认定为经济损失。公共财产的所有权没有转移到个人手里，用于挥霍或其他，而是用于公务支出；沼气建设专项资金没有被用于投资营利，如果行为人为单位利益，擅自挪用专项资金用于股票投资等经营性行为，造成重大损失的，构成滥用职权罪，而本案中沼气建设专项资金被挪作单位日常支出，与前者的社会危害性不同，入罪条件也不同；把"专项资金挪作公务支出"认定为经济损失于法无据。第二，郭某某的行为不构成挪用公款罪。国家工作人员利用职务上的便利，挪用公款归个人使用，进行非法活动，或者挪用公款数额较大、进行营利活动的，或者挪用公款数额较大、超过3个月未还的，是挪用公款罪。本罪的客观方面为挪用公款"归个人使用"。根据全国人大常委会颁布实施的《关于〈中华人民共和国刑法〉第三百八十四条第一款的解释》，"将公款供本人、亲友或者其他自然人使用的，以个人名义将公款供其他单位使用的，个人决定以单位名义将公款供其他单位使用，谋取个人利益的"，属于挪用公款"归个人使用"。比照以上规定可以看出，虽然郭某某符合挪用公款罪的特殊主体身份，但由于其客观上没有挪用公款归个人使用，其行为特征不符合挪用公款罪的犯罪构成。第三，郭某某的行为不构成犯罪。郭某某主观上没有为个人谋利的目的，客观上套取沼气建设专项资金后用于单位开支，这种行为违反财经纪律，但不构成犯罪。由于挪用专项资金侵犯专项资金专款专用制度，往往具有不正当目的，容易导致专项资金被挤占、挥霍，具有严重的社会危害性。而在立法尚未完善的情况下，对这类行为不能作犯罪处理。该案经检委会研究，认为郭某某的行为尚不构成犯罪，涉嫌违纪问题移送纪检监察机关处理。

第二节　经济民生领域渎职犯罪特点、趋势在侦查中的把握和运用

社会经济民生运行和监管活动的特点是现实性、及时性、交汇性、复杂和易变尤其是身临其境性，发生在其中的渎职犯罪具有时代性。因而，适应我国政治经济社会文化和生态环境，对经济民生领域渎职犯罪的查办，除了法律基础知识、专业功底和侦查业务技能必须过硬以外，关注当下的经济、社会、民生运行、发展现状及特点，掌握了解相关政策文件的核心内容并加以有效运用，十分必要。

反渎初查是基于我国政治法律制度特征和反贪渎政策选择，针对渎职犯罪作案规律特点和趋势发展所采取的积极稳妥制度回应。就是要通过调查人员积极主动的调查活动（类似于超分辨率重建技术）将涉嫌人员"线下行为线上化"、私下行为明面化，使办案人员对调查对象的低度了解高度化、低分辨率模糊印象高清显像化，提高对人员、事实识别精度的完整、完美过程。

一、强化初查，夯实侦查

现阶段，职务犯罪尤其是渎职犯罪信息线索和客观物质性证据的稀缺性显示出其自身的珍贵；渎职犯罪结果犯性质所呈现出的是启动调查前这类信息线索和证据的间接性，表明反渎调查在态度上要将初查作为工具型辅助动力系统或者阶段，为后续侦查破案奠定坚实基础等基础性、外围性工作来对待；具体工作中，要尽量少打"直线拳"，切忌"霸王硬上弓"；杜绝一味地押人扣物、强攻硬取等不规范行为的发生。

（一）公开与保密相结合，做细做强初查

1. 适应工作实际需要，调整更新观念意识、做派作风。要充分意识到当前反渎工作的政治生态、社会背景和办案基础等均发生了根本性的变化，执法

办案环节有了大的改观，做好反渎调查重要的是全系统从业人员思维意识、思想理念和做派作风的主动转变与调整更新。一是随着大数据时代的来临，互联网让各行各业封闭性崩溃，国家政治形势、法律规定的深刻变化，反贪渎主体、可用手段等都在多元化，涉嫌事实、证据、信息情资的客观、开放、透明性，使得不是只有执法、司法机关收集获取到的东西才是证据，所开展的活动才叫调查，才能为认定案件所用，为法庭审判所采信。所不同的是，反渎调查人员的行为举止及结果内容将受到更严苛的考究。二是初查当然要体力、专业，但更重要的是靠智慧、信息等软实力和技术设备的"双引擎"支撑。初查虽然有时短促进行或者类似于做定点清除的工作，但其涉及的范围却是庞杂、复杂的，牵扯到如今社会现存、在轨运行的各行业门类知识、信息和运行程序集聚，更是专业技术、法律、道德、伦理等多个角度综合交织与探究的活动。所以，反渎初查将不再是过去单纯形式上的力量对比，而是在发出某种信号，即智慧调查、逻辑机理运行、轻灵取证等巧实力的运用，应当成为反渎初查的主要途径和内容。三是过去动静皆宜、相伴相生的初查形式将更多地向摸查扯线、查询锁证、调查走访等动态工作倾斜，传统的做法和经验必须艰难且顺利过渡、转型到新形势所要求的方向上、轨道内发挥作用。动态取证、客观物质性情况信息、证据将成为工作重点。而不宜再动辄拿过去的"发现难、查办难、认定难、处理难"说事；一说取证就用"职务犯罪主要靠单一的言词证据定性、定案"等套套来形成心理畏难；一提初查就把个别地方如四川的"奇葩"做法作为普遍性用以否定初查证据的合法性，把初查搞成"核查"。

2. "磨刀不误砍柴工"，在做好做足初查工作上下功夫，使初查对侦查破案真正起到"穿针引线"或者顺利"过门"到侦查的作用。当前的反渎初查要有别于反贪初查完全彻底的外围秘密调查做法，可以实行公开与秘密相结合的调查方式进行。通过摸查扯线、查询锁证、调查走访，加上专家咨询、行业认证，司法确认，敲定犯罪，为进入侦查攻坚阶段做准备。

从侦查实践过程来看，反渎调查案必修的功课包括查询调阅调查对象电脑、手机、短信、微信详单，全面掌握涉案对象的基本情况、社会关系与背景、交往圈子以及家庭成员工作、留学和移民现状；查询涉案对象及其家属在本地或者外地不动产登记记录、银行、股票、基金、债券以及投资实业的账户、资金流向；咨询了解其内部工作机制和权力运行程序、规律。充分利用互联网、"反洗钱中心"、侦查技术手段等现代信息技术和科技装备，获取相关情况信息线索资料，深挖物证，抓获涉案人员，同时不断修正和调整调查思路。通过以上工作，使调查对象成为"透明人"，对所有情况都要查个底掉。

例如，江苏省扬州市江都区检察院在查办该区宜陵镇原党委书记谭某非法批地的线索、调查李某行贿案时，行贿人交代其多年来共送给谭某 7 万余元的犯罪事实。到案后谭某很快承认了自己收受李某贿赂的事实但声称早在数年前就把收受李某的 7 万余元以及其他一些不方便退还的礼金共计 8.8 万元分两次退至廉政账户，除了李某之外，他没收过其他人员大额礼金。调查陷入僵局。调查人员调整思路，研究分析谭某的手机微信发现谭某与一名女子存在暧昧关系，借助信息平台，很快查明了该女子无正当职业，但名下有房、有车。他们之间是不是存在不正当男女关系？以此为切入点果然戳到了谭某的"软肋"，查实谭某非法批准占用土地与收受他人贿赂 50 余万元的犯罪事实。

在当前，国家惠农政策不断出台，上级拨付惠农资金逐年增加，涉农渎职案自然也就多了起来。国家补贴名目繁多，各种涉农专项资金的下拨，由各级财政系统经济建设、企业、农业、社保、文教卫生五个部门负责归口拨付，监管则由畜牧、农业、农机、林业等各个相关的部门负责。办案人员自己需要先行掌握相关背景情况、运行程序和工作标准才能有效应对。比如，惠农资金项目名称、资金规模、发放对象、补贴标准等都要搞清楚，对每个项目相关的政策规定理解到位，对每个项目主管部门的职责范围、工作程序、运作方式等了解到位，从掌握的情况中发现问题，从发现的问题中查找案源。

3. 讲究侦查谋略运用，凸显当今反渎初查的个性特质和时代特征。调查活动中，隐蔽调查人员身份、隐藏调查目的，借案掩案，或者动静相宜，以动制静、察言观色、恩威并茂、虚实结合、分化瓦解、政策攻心、感情催化、社会规劝、宽严相济，侦辩沟通交流，开展工作。调查人员要有多张面孔，对不同的对象采取不同方式。有些人适合晓之以理，攻心为上；有些人则要大兵压境、强势处理。对于同一个人，在不同的节点，采取的方式也要有变化，这都需要慢慢揣摩。例如，江苏省泗洪县检察院在调查泗洪某肉类食品有限公司在屠宰环节注射"瘦肉精"的举报线索时，依以往的查案办法，如果"瘦肉精"是给屠宰后的猪肉注射的，这就应由商务局承担责任，如果是在猪饲养阶段被注射"瘦肉精"则由农委负责。然而该公司注射"瘦肉精"是在猪送入屠宰场净养的那几日，这种情况全国尚无先例，对屠宰环节"瘦肉精"的监管职责应当由谁承担是破案的重点和难点。办案人员走访了农委和商务局，商务局的负责人推说这是检疫的问题，商务局没有人员和设备检测"瘦肉精"，也没有派人驻场，是农委在管这事。农委则说这是产品质量的问题，屠宰环节的"瘦肉精"检测报告农委没有实质审查义务，屠宰环节出问题不关农委的事。案件一时搁浅。调查人员以商业考察、学习观摩的名义来到了泗洪周边某猪肉生产企业定点屠宰场发现重要证据：商务局和农委监管的办公室就在生猪屠宰场方圆十米内；办公室门上挂着管理规定，室内墙上还贴着值班安排表。商务局和农委的职责一目了然。再次与商务局和农委的人交锋，两部门执法人员没有履行监管职责的犯罪事实水落石出。共 5 人被法院判处有期徒刑 3 年 6 个月至 4 年不等。

4. 对每一起涉及具体事实的信息线索展开灵活初查；要借助于充分、有效的初查，让调查工作有所斩获，有新拓展，为侦查工作打下扎实的基础，搭好案件成功的稳健阶梯。例如，江苏省扬州市检察院核实一起群众举报线索时发现市区生猪屠宰行业可能存在虚报病害猪无害化处理骗取国家财政补贴的问题，调查人员到一家屠宰企业调取财务资料，财务负责人不在就和办公室其他人员"闲聊"，得知近年来这家企业几乎没有对病害猪进行过无害化处理，心里有了定数。财务负责人回来后，提供了屠宰场病害猪无害化处理的财务资料显示那两年这家企业一共处理了近千头的病害猪。材料明显有"猫腻"，提出问题后眼睛饶有意味地看着财务负责人会有什么反应。财务负责人头上开始冒汗，吞吞吐吐地道出实情，承认有关申报材料是该市商务局生猪办相关负责人让其虚构的。商务局生猪办相关负责人被请进了检察院，由于证据确凿，事实无法抵赖，负责人只得交代：财政部门每年按 4‰ 的病害猪比例预拨补贴款，依照病害猪实际数量多退少补。扬州地区的病害猪比例远达不到 4‰，为把政策用足，他们依照 4‰ 的比例计算出病害猪数量指标，然后根据各屠宰企业与商务局关系的亲密程度，分配不同的指标给各企业，并要求企业把政策用足，以获得全部预拨款项。各屠宰企业根据分配到的指标制作了虚假的申报材料，违规套取国家专项资金补助 200 余万元。这两名负责人因犯滥用职权罪被做有罪判决。

（二）初查活动要解决的问题和应实现的目的

初查作为立案侦查以及后续诉讼活动展开的基础，从法律角度而言，其目的是要广泛获取各类涉案信息和证据材料，查明是否有犯罪事实的存在以及应否追究刑事责任。其实，从严格意义上讲，初查对象受到刑事责任追究，又确实不是初查活动所造成的，至少可以说不是初查所要刻意追求的；但最终这样的结果出现了，或者说初查及后续的调查活动结果得到了法庭的认定，只能说，初查从业人员对此结果并不排斥。所以，更广意义上、更准确地说，初查的目的是追求公平正义。

1. 全面获取相关的法律法规、部门规章、岗位职责、运行程序等文件或者文字性规定，受委托从事公务的还应当获取关于委托方本身如其性质等方面的信息、证据和所委托的具体事项；查清相关人员、涉嫌行为相关的背景资料，这其中包括举报产生的背景、被查对象的个人、家庭、单位背景资料；查清涉案人员、涉案单位的关系网，以便明确其中谁可靠、回避谁；翔实掌握相关信息线索和证据所涉及的有关行业、领域的法律、法规、政策、内部规定以及常规运行流程、习惯做法等。反渎案件的办理，有其特殊性，即所涉及的各行各业的专业性很强，经常面临要和不同行业的"专家"打交道甚至"过招"，所以，必须了解相关行业运行流程、法律规定、政策调整状况。具体而言，办案人员可以咨询、了解各个领域有关政策的名义，到涉嫌行为人相关单位或者其上级单位了解当地相关行业历年的政策文件，实施某项工作前专门下发的文件，掌握政策文件的核心内容，并请教相关业务部门专家、领导，领会文件精神，以便调查工作游刃有余。例如，江苏省扬州市检察院在查办该市环保局规划财务处原处长陈某滥用职权案时，据以定案的政策依据《扬州市市级污染防治专项资金和市级环境保护引导资金管理办法》系陈某负责牵头制定，该专项资金申报审核把关也是陈某所在的处室负责。陈某可以说既是"立法者"也是"执法者"，他对《管理办法》的解读将会十分有底气。为了充分"吃透"政策，调查人员将几个有疑点的补贴项目对照着《管理办法》逐条研究。第一次找陈某谈话询问笔录做了数十页，全是围绕如何理解《管理办法》的相关规定而展开。解读完政策，陈某不由得感慨：调查工作做的太细了，对环保政策研究得比制定政策的人还要深入。有了这样的基础，后面的谈话变得顺利了。陈某如实交代了其明知扬州两家建材公司申报的项目都是数年前已经完工的项目，不符合政策规定的"已在建或即将开工，年内能够完工，且环境效益明显"的要求；同时这两个项目的相关技术都是成型的，不符合他们申报的"环保产品和清洁生产工艺研究开发项目"的要求。因为有人给他打了招呼，所以在项目审核过程中陈某睁只眼闭只眼，放任这两个不符合政策要求的项目获得 80 万元环保引导专项资金。

2. 查明涉嫌行为所造成的经济损失、人员伤亡情况。渎职犯罪必备构成要件的特殊性决定了查明危害后果或者需要等待危害后果出现、能够确定实际损失后果后才开始调查或者认定案件的极端重要性。即查明是否存在渎职犯罪立案标准所规定的物质性和非物质性损害后果对于初查、破案都是必需的。必须透过纷繁复杂的涉嫌事实表面现象抓出构成犯罪与否的实质性东西，才算完成初查任务。例如，江苏省徐州市铜山区招商局局长邵某芝、区政府办公室副主任王某英在负责铜山宾馆改制工作过程中同铭泰集团投资有限公司经理许某明谈判并签订铜山宾馆资产出让协议书时，许某明以融资 700 万美元投资铜山宾馆需佣金 280 万元人民币为由，向该区招商局、对外贸易经济合作局借款280 万元人民币，二人违反财务规定，在不了解投资商许某明的资信、投资外汇是否到位以及担保人莫某华的担保能力的情况下，不听劝告，以区招商局、对外贸易经济合作局的名义将 280 万元人民币借给许某明，许某明得款后逃跑。邵某芝又轻信许某明贷款还钱的谎言，安排下属将本单位 5 万元汇入许某明指定账户作为佣金，致使国家遭受 285 万元的巨额经济损失。邵某芝利用职务便利先后多次非法收受他人现金、购物卡共计人民币 11.85 万元；王某英先后多次非法收受他人现金、购物卡共计人民币 6.15 万元。秘密初查应当确定实际损失确实存在。先了解到区招商局代许某明支付的 280 万元人民币佣金是从欲承接该改造建设工程的浙江人周某伟处借来的，到期后该县招商局无法还款，周某伟遂起诉到法院。办案人员奔赴浙江省诸暨市法院、绍兴市法院，向审判人员调查了解情况，复印庭审记录、判决书和有关书证。以上材料证实：铜山区招商局应付周某伟借款本息合计 370 余万元，后经二审调解赔付 280 万元。还了解到许某明逃跑后，邵某芝、王某英曾到该区公安局报案后又撤回了，称跟许某明电话联系上了，许答应还款，由于涉及重要招商引资项目，公安局暂时不便深入查究。基本案情已趋明晰：许某明极有可能是合同诈骗，招商局有关人员有渎职行为；浙江省有关法院执行人员将区招商局的 280 万元资金划走，确切损失后果已经形成，立案条件成熟。法院数罪并罚分别判处邵某芝、王某英有期徒刑 4 年、3 年 6 个月；许某明因合同诈骗罪被判处有期徒刑 12 年。

工作实践中，对渎职类线索所涉及的经济损失、人员伤亡情况，最有证明力的证据是对危害后果形成的鉴定意见。应当对损失后果进行鉴定并由具有鉴定资格或者资质的部门单位对所属后果依法做出鉴定结论或者出具鉴定报告。

3. 成功获取关键事实、证据，基本上明确违法责任的追究对象，对于案件的突破和认定至关重要。一是调查判明可能存在的相关事实与特定职责行为之间的因果关系，特别是造成危害后果的诸种致害因素。二是在明确危害后果与特定职责行为之间存在因果关系的基础上，根据因果关系种类分析、排查，判定责任环节、责任人员和责任层次。这样，才能进入侦查环节。例如，广东省清远市清城区检察院查办并起诉的该区环保局原局长陈某和滥用职权、受贿案，市民李某拿着一段长达 8 分钟的电话录音材料实名举报环保局局长陈某和，录音中自称陈某和的男子正与其他人商量如何勒索辖区内企业的钱财："8 个街镇，每个都交 100 万（人民币），做两次就可以收手，你看他敢不敢揭发……其实什么都不用做，只要找一两间厂，到了那里打麻将，就可以盯死那些厂长，他们就会乖乖送钱给我了……"陈某和为谋取私利滥用职权，在没有出具任何法律手续的情况下，指使某化工贸易公司法人代表张某派人将该区环保局在执法过程中查扣的该作坊放在仓库内一批化工废液以及铜板、电镀挂件等贵金属物品非法变卖且没有将变卖所得的款项退给被扣厂方，从中分得人民币 1 万元。还多次收受辖区某化工贸易公司、某金属电镀厂的法人代表送给的人民币 8 万元。在帮助某农牧公司协助处理环保执法及环保工程验收过程中，多次收受该公司经理王某送的人民币 5 万元。在帮助广州某环保工程公司介绍环保业务以及审批过程中，利用职务之便，多次收受该公司职员王某经手送的人民币共计 12 万元。法院对陈某和以滥用职权罪、受贿罪数罪并罚，合并执行 10 年。

4. 查明初查对象一贯的工作作风等相关背景资料，主要是证明其涉嫌行为造成危害后果的主观原因。

二、普遍推行"一案多查"，切实提升侦破能力和犯罪实刑率

要充分意识到，当前形势下的渎职犯罪及其侦破工作正呈现出全新特点或个性特征，突出地表现为其与普通刑事犯罪、贪污贿赂类犯罪交织伴生。因而在侦破方法上，常常需要在对"原案"的相关情况进行调查或者详尽了解后，确定调查方向或者突破口，通过原案查渎职犯罪、深挖贪污贿赂类犯罪案件，即解决"一案三查"的问题，提高侦破能力，提升渎职犯罪实刑率。

从整体上来说，做好"一案双查"工作首先需要检察机关及其工作人员坚定贯彻落实党的十八届四中全会"全面推行依法治国"规定要求，要有血性、骨气和"亮剑"精神，挺直腰杆和脊梁，坚决抵制、顶住某些地方党委、政府对反渎、反贪工作的违法违规、毫无道理指示、要求和地方保护主义做法，切实维护国家法律的尊严和统一实施。其次，要坚决破除"选择性执法"做法，确保公平正义，维护反渎工作权威性和公信力。决不能让云南省第一人民医院原院长王某朝、重庆市原副市长谭某伟、北碚区原区长雷某富等官员事发却受到当地高官"免查庇护"所反映出的查谁不查谁、查到什么程度、要不要进入司法程序等成文或不成文的规矩和潜在讲究在现实生活中重演。要看到一些省、市、区党政领导以时间紧、任务重或者为图省钱、省力等为借口，规定只许查反渎犯罪即使有贪污贿赂犯罪线索也不许查抑或相反，以批量的就地免职、党政纪处理代替法律追究等现象在目前还很有市场，这是典型的姑息放任甚至是鼓励纵容行为，其结果必然导致贪渎犯罪"毒瘤"不断积累恶化、尾大不掉甚至积重难返。再次，无论反贪或者反渎部门及其人员都要适用当今时代专业化分工越来越细的特点、放弃自己"高大全""大包揽""一竿子插到底"等办案惯性思维和习惯性做法，加快自身各自优势发挥同时形成相互依赖、互相补充和携手合作的比较优势，全力推进向各自"专精尖"办案结构的建设和转身，使整个职务犯罪侦查工作向对接、集聚、融合、合作以及一

起研究刑事政策、处理标准，共同延伸作业链条和完善工作布局等大方向发展。这既有赖于职务犯罪侦查机构内部理顺、完善机构设置、职能配置、工作运行流程，又要求两部门及其工作人员要感情融洽、心灵相通，机制衔接、连通，协同配合，经验共享，常来常往，不分彼此；彻底打通两部门之间的业务壁垒和信息隔绝；具体办案过程中，要彼此为对方可能的调查活动的开展预留空间、做足准备。

（一）依靠"一案双查"办法，切实提高反渎案件质量，解决实刑率低的问题

工作实践中，渎职类犯罪背后往往有权钱交易、利益输送的影子，权钱交易的背后很有可能存在滥用职权犯罪行为。这已成为普遍现象。例如，北京市丰台区韩某等三人酒后赌博时认为赌友刘某出老千，继而斗殴并抢钱。韩某得知刘某报案后，害怕受到刑事处罚就寻求私了撤案。该区检察院办案人员着手调查违规撤案线索时，考虑到该案距离撤案已经过了 16 个月，当时撤案的细节很难还原，证据难以查找，案件侦破的难度非常大等实际情况，敏锐地抓住了嫌疑人之间相互推脱责任的突破口，采用分化瓦解的讯问策略，先行查明了嫌疑人行受贿的事实。随后，该案中存在的渎职行为也逐渐浮出水面，最终一举查实 6 名公职人员徇私枉法、受贿的犯罪事实。这是典型的拿钱办事、拿权力交易式的职务犯罪案件。查办职务犯罪必须按照犯罪规律进行反渎与反贪并查，充分利用反贪、反渎各自侦查方式和思路，实现优势互补，只有将两项技能融合才能更加适应新形势下的职务犯罪侦查格局。

1. 反渎侦查提高实刑率的实质和关键是提高贪渎单笔办案质量，拓展延伸侦破、认定内容，把案件办的有血有肉，内容充实丰满，即使被折去枝叉主干尤存，案件依然能够认定、有关人员仍可判刑。所以，有赖于落实"一案双查"，并抓出效果。例如，山东省齐河县检察院查办并起诉的该县林业局原局长官某滥用职权、贪污、受贿案中，该县向国家申请了防治美国白蛾侵袭的"飞防"（飞机防治）专项资金并予以实施。办案人员根据举报进行外围调查，以检查专项资金落实情况为由，要求该局财务科科长宋某提供林业局相关所有账目和相关凭证并对财务科进行搜查时，在储物柜的底部意外发现了一些装订整齐的账目凭证。宋某为什么私自保留这些账目？办案人员立即对宋某进行询问。宋某供述这是该局套取有关项目资金后设立的账外账。依据宋某的供述和审查调取的账目，办案人员掌握了官某为了多搞一些经费伙同宋某等人联系项目资金对口公司，以假招标的方式，通过对方虚开发票，利用他们的账户空转资金，共同套取包括长江防护林项目、公益林管护项目、青银高速绿化项目等

在内的五个项目专项资金共计 240 余万元，设立单位"小金库"的犯罪事实。官某到案后，办案人员以证为剑，步步紧逼，在证据面前，官某只得供述了自己伙同宋某等人套取专项资金设立"小金库"的事。但当问及"小金库"钱款去向时，官某的回答和宋某的供述如出一辙。案件陷入了僵局。办案人员查询银行交易情况时出现了转机，在宋某的轿车中找到了存折，而后立刻前往开户行查询银行交易明细和交易凭证。经过对比有了重大发现：存折数额有疑点。账外账显示的资金数额是 240 余万元，可是存折上除了这些钱，还有大量的大额交易。这其中必定还有更多不可告人的秘密。办案人员用四五个档案柜把所有的账外账目连同记录的小纸条、银行交易查询结果均带到了看守所。见到这些证据，宋某知道自己的罪行已经暴露，向办案人员如实供述了自己在操作套取专项资金的过程中贪污了 1 万余元税金的事实；林业局掌握着与"飞防"公司签订合同的权力，在签订合同时，官某以组织服务费的名义每亩要了 1 元的回扣共计收到 70 余万元。这些收入没有任何账目记载，部分被官某以"打借条"的形式一点点"借"走了。之后，在没有归还的情况下，官某将"借条"从宋某处要走。但宋某多了一个心眼，在官某要回"借条"之前，已将所有"借条"进行复印并一直秘密保存，以防出事后自己说不清楚。至此，官某贪污"飞防"资金的犯罪事实浮出水面。掌握了关键证据后，办案人员再次对官某进行审讯，把调取来的"借条"复印件放在他面前。惊愕之余的官某交代自己违规收取"飞防"公司回扣款并从中侵吞 30 万元以及利用职务之便受贿 8 万元的犯罪事实。该县法院以官某犯滥用职权罪判处有期徒刑 3 年；犯贪污罪判处有期徒刑 10 年 6 个月；犯受贿罪判处有期徒刑 2 年 6 个月；决定执行有期徒刑 13 年。二审法院驳回上诉维持了原判。

2. 对各类确实可能存在涉嫌职务犯罪但一时行为性质不明的现象、事实或者举报线索，不要着急先区分清是涉嫌贪污贿赂还是涉嫌渎职侵权犯罪，而应当先分流到反贪或者反渎部门做"无主题调查"，待查清涉嫌贪污贿赂或者渎职侵权犯罪后，两部门做亲密无间、无缝对接或者邀请对方人员介入各司其职，展开"一案双查"活动。例如，江苏省徐州市检察院在查办云龙区拆迁户郑某、杨某与拆迁工作人员相互勾结、弄虚作假骗取巨额拆迁款的举报线索过程中，办案人员到该市拆迁办查看了这两户的拆迁档案和摸底面积，通过比对发现，拆迁协议上的确认面积确实超过了摸底面积，房产证也有问题，便到市产权处查看两户的房产证，结果发现拆迁档案中的房产证均是假的。与两个拆迁户接触后，郑某承认被拆迁的房子虚报了面积。当时是一个不认识的人找到他，希望在他家加盖房子，说按比例分多出来的拆迁款，就是所谓的"拆迁黄牛"。回到拆迁办调查郑某家拆迁款的支取情况，并到相关银行查询此款的去向，发现郑某领款后将拆迁款转到了几个账户上，其中有 20 万元是转到了一名叫赵某的卡上。调查赵某是云东棚户区拆迁改造项目的工作人员但在这里刚工作 3 天，与郑某家的合法面积确认、拆迁协议审查等并无牵扯。在随机调取的拆迁档案中意外发现了赵某的拆迁协议档案且其中的房产证是假的，而另一路办案人员发现：赵某丈夫刘某是云东棚户区拆迁指挥部协议送审组工作人员邢某的小舅子。这意味着有拆迁工作人员涉案。这些"黄牛"大肆与拆迁工作人员、拆迁户相互勾结，在拆迁户家抢盖违建房，骗取国家拆迁补助款。通过进一步工作，赵某承认她在云东棚户区没有房子，她和刘某的大姐在拆迁档案中的房产证都是刘某伪造的。传讯刘某，刘某承认自己的违建房和其他"黄牛"陈某谊等人的违建房，都是他找在拆迁办工作的姐夫邢某帮忙给确认成拆迁面积的。邢某是本区改造工作领导小组办公室的工作人员负责协议送审工作。拆迁摸底中，根据政策停止办理房产证后新盖的房子都是违章建筑、每平方米只赔偿 240 元。邢某妻弟刘某听说北东三道街他母亲名下的房子要拆迁了，一边让他母亲加盖两层房，一边找邢某让他想办法把自己加盖的房子确认了。邢某找测量人员帮忙测量了刘某加盖的两间各为 40 多平方米。刘某从街上办了两个空白假房产证填好老婆赵某、大姐的名字让她们到动迁组签了拆迁补偿协议，领了两套房子的拆迁补偿款共 45.4 万元。邢某分得 3 万元后尝到了甜头索性给其他不认识的人介绍这个买卖。以滥用职权罪、受贿罪分别判处邢某等 3 名国家机关工作人员有期徒刑 14 年、13 年和 4 年；以行贿罪分别判处刘某等 4 名"黄牛" 4 年 6 个月至 1 年 6 个月不等的有期徒刑。

3. 工作实践中，检察机关还要善于在查办贪污贿赂、渎职侵权两类犯罪中互相协作配合，从各自案件查办中挖掘出对方的案件线索、情况信息等，尽力延长调查线路，延充调查内容，使侦查视野拓宽，内容朴实可观，案件破的丰腴饱满，最终认定顺利。例如，河南省检察院在调查该省财政厅经济建设处胡某职务犯罪案件时发现了时任该省环保厅规划财务处副处长李某民涉嫌滥用职权犯罪的线索，办案人员围绕李某民家庭资产和主要社会关系展开秘密调查，在对其银行交易明细、房产、股票、车辆、有无工资外经营收入等信息查询后，发现其仅股票账户就先后投入资金 100 余万元。分析认为，股市的风险很大，一个人敢在股票市场上投入 100 余万元，说明其家庭资产不菲。随即对李某民家庭资产情况展开深入调查，发现其使用的车辆系 2011 年购买的二手别克凯越轿车，该车原来登记的所有人是郑州某文化传播有限公司过户给李某民的。其家庭资产不菲仅投入股市的资金就有 100 余万元，为什么会买一辆交易价格仅 2 万元的二手车？这辆车原来的所有人和李某民是否有一定的关系？车辆过户背后是否隐藏有一定的故事？兵分两路，一路对郑州某文化传播有限公司进行秘密了解，另一路想方设法调取该车辆所有的维修保养记录，了解车辆的维修保养送修人。通过调取工商登记档案，办案人员了解到该公司法人代表与李某民是老乡，且年龄相仿，据此判断，二人熟悉的可能性比较大，车辆过户背后很可能隐藏有行受贿问题。通过到该市别克4S店查询查明这辆车维修保养送修人登记的全是李某民，首次保养也是李某民。调查结果印证了调查人员的判断：这辆车开始虽登记在他人名下，但自始至终都是李某民在使用。根据初查阶段掌握了李某民收受安阳县南固现造纸厂负责人人民币2万元并违规为其发放排污许可证的情况，经过讯问，李某民供述，他在担任省环保局污染控制处副处长期间，利用负责排污许可证审核与发放的职务便利，多次聘请该省某高校教授张某平作为核查专家并给张某平的公司介绍业务后，以装修房子为名向张某平借钱，张某平先后两次分别给其送了5万元和7万元。李某民一部分用于个人和家庭消费，剩余部分又添了点钱购买了这辆别克凯越汽车。为了掩人耳目，李某民找到郑州某文化传播有限公司负责人王某与其商量将车放在了其公司名下，为年审方便遂将该车过户到自己名下。既然部分企业主、老板给李某民行贿主要是为了办理排污许可证，或进行排污许可证年检，或进行环保验收等，那么会不会向其他相关国家机关工作人员行贿呢？调查人员拓宽侦查思路，顺藤摸瓜，扩大战果，重点针对存在问题比较大的企业深挖细查，又相继挖出安阳县副县长王某、驻马店市环保局曹某等人涉嫌受贿、滥用职权犯罪案件。法院以滥用职权罪和受贿罪数罪并罚对李某民执行有期徒刑10年6个月。

4. 分析研究并且根据侦查实战中特定职责人因渎职类犯罪刑事责任轻而愿意承认、贪污贿赂类犯罪刑期重而不愿意承认的特点，在查证渎职类犯罪的同时，应当深挖贪污贿赂类犯罪，确保不枉不纵，实刑案件诉得出、判得了。例如，海南省陵水县农业综合开发广进洋农田整治工程开始兴建，1600余万元的项目资金均为中央和省财政拨款，县里随即成立农业综合开发项目规划工作领导小组，并设办公室在县农综办，县政府任命办公室主任由农综办主任王某山兼任并全面负责；另任命县农综办技术员杨某崇为项目开发前线总负责人，负责监督、工程验收等工作。经过一番紧张的招投标之后，最终确定有五家工程公司中标，由工程队老板王某雄、林某良、云某海成为工程实际承包人。王某山、杨某崇以工程开支发放工资为借口大肆向工程队老板索贿。案发后，检察机关查明：王某山向工程队老板索贿122.8万元，杨某崇参与索贿116.8万元。作为县分管农综办工作的副县长杨某朝在广进洋项目整个施工过程中既没有到施工现场检查施工情况，也没有在验收工程、评审、审计阶段听取王某山等人的汇报。杨某朝以为王某山是按照自己的要求组织县住建局、县审计局、县水务局和县监察局对广进洋项目工程进行验收的。当该县审计局对广进洋项目的结算审计结论报告呈到他面前时，他深信不疑，未经核定便在这份不实的工程结算审计核定确认书上签字确认，致使这份工程项目结算报告顺利通过，虚增的工程量套取的数百万元工程款也随之拨付下来，由当初给王某山、杨某崇送钱的工程队老板们分头领取了。这一切，在王某山、杨某崇看来，虽说当初向工程队老板要了钱，通过如此变通，都给他们补偿回来了，甚至得到的更多。毫无疑问，多出的钱，老板们早晚会送给他们的。经调查，广进洋农业综合开发项目的工程造价是1622万余元，差额为277万元。这超出工程造价的277余万元哪去了？种种迹象表明，主管陵水县农综办工作的副县长杨某朝对巨额资金被骗有摆脱不了的干系。杨某朝涉嫌玩忽职守的线索被指定由保亭县检察院初查。杨某朝供述："我只负责广进洋项目的验收、审计和结算环节，我想只要不出现质量问题就可以了，而且后面审计部门也要审计，所以我没有考虑该项目可能存在弄虚作假的事情，是我考虑不周。我在分管农综广进洋项目的过程中有管理不到位的问题，在项目验收、审计和结算的过程中没有认真履行监管责任，的确存在一定的失职，导致国家财政资金损失277余万元。造成277余万元的损失有我的原因，也有王某山等人误导我审批签字，审计部门也没有认真审计，综上种种原因导致277万元遭受损失，我愿意在这件事上承担我应负的责任。"办案人员为固定证据赶赴看守所提审王某山，其交代的一个细节引起了办案人员的沉思："每次向这些包工头要钱之前都会向杨某朝汇报的，汇报的内容是：县农综办有一些日常开支，而且逢年过节的时候还要向县里有关领导和省农综办的领导送一些礼物，需要钱，但是这些花销无法从正常的会计渠道报销，只能从承揽农综工程的施工老板那里要点钱来开支，他也就点头表示同意了，说'去做吧'，所以说杨某朝知道我套取广进洋项目资金并通过虚报工程量来掩盖这事，同时此事也是经过杨某朝同意的。"这表明，杨某朝在广进洋项目实施过程中对王某山采取虚报工程量套取国家资金一事是心知肚明的。该结案了，但办案人员百思不得其解的是，杨某朝明知王某山、杨某崇向老板要钱得好处，虚增工程量套取国资，而自己真的会甘愿替别人背黑锅吗？其中必有缘由。恰好办案人员获得杨某朝曾经受贿的信息。再次提审杨某朝，"根据我们掌握的情况，你绝不只是滥用职权玩忽职守的问题，那么多工程队老板，难道只是给王某山、杨某崇送钱？你就真的洁身自好，没有收过老板的钱？不如实彻底交代问题是徒劳无益的，认罪态度不好将是什么后果你应该清楚。""你别忘了要想人不知，除非己莫为"。杨某朝先交代他刚当副县长那两次受贿4万元的问题，最终在副县长的位子上收下75.8万元贿赂。办案人员根据杨某朝的交代，对每一笔受贿事实，除派出干警进行外围取证反复核实外，对每一个问题每一个细节都反复多次讯问，在每次讯问中都问到其前几次就某个问题的交代是否属实，有无记忆上的错误，容易出现反复的地方让其亲笔写供述，以防止嫌疑人日后翻供。

5. 当前的反渎案件除着手调查时就存在对社会现实生活中涉嫌行为性质的把握和职权职责之有无即罪与非罪、此罪与彼罪的甄别、确定和把握、处理较为棘手外，往往结案、认定相关内容也不是容易的事情。许多方面都容易分道岔子，办案人员付出辛苦查办的案件并不被各方特别是审案法官所接受、认可是常有的现象。令反渎人员产生"费力不讨好""白辛苦一场之感"。为此，需要有针对性地解决好以下几个方面：

（1）在调查工作中要认真区分"基准证据"和"优质证据"，并有针对性地做好相关工作。工作实践中，对涉案证据材料中那些能够直接将犯罪事实与犯罪嫌疑人联系、捆绑在一起的"基准证据"，要着重解决两方面的问题：第一，有没有（如果有，是哪些）证据能够将犯罪嫌疑人与所指控的犯罪行为紧密联系起来。第二，这些证据是否足以证明犯罪嫌疑人确实实施了该案的犯罪行为。对于特定的事实，证明方法及证据本身应当高度重视那些"自身证明力强、不容易发生变化、辩方难以提出质疑"的"优质证据"，主要包括：第一，关于社会公共事实的证据，如公共管理（监控）记录、档案；国家机关、社会团体依职权制作的官方文件，商业活动、社会管理活动的流水登记（如高速路口监控记录、银行记录）；第二，非专门为该案诉讼目的而预先制作的材料；第三，实物证据；第四，科技证据；第五，专家咨询、行业性鉴定意见等。

（2）在侦破实战活动的证据体系构筑过程中，必须高度重视反向性证据的巨大负面冲击力和对相关案件可能造成的颠覆性影响。作为否定犯罪事实或者证明方向不指向特定犯罪嫌疑人的证据，通常表现为一种证据与其他证据之间的关系，证据与事实推理、内在逻辑之间的关系发散、模糊或者背离性。一旦其被运用于对控方的攻击，往往会带来整个案件坍塌的严重后果。因此，在侦查破案实战中，对具体案件证据体系构建中，一定要依据充分且符合事物的内在规律及相互之间的逻辑关系，来封死对方可能用以规避法律追究的点、线、缺口或者部位。例如，黑龙江省桦南县检察院查办该县水土保持监督站站长黄某滥用职权案过程中，黄某私自与县龙源风力发电有限责任公司签订了三份《补偿费协议》，同意桦南龙源驿马山、长寿山、黄团岭风电厂一次性分别缴纳水土流失补偿费 1.4 万元、1.3 万元、1.3 万元，共少收水土流失费50.91 万元。办案人员认真分析研究了该案嫌疑人可能的几个走向和"反扑点"。一是"非擅自"，黄某可能狡辩他签这三份协议是经局领导同意的，而非擅自。二是辩称"职权内"，称其有权减征水土流失补偿费，少收也是可行的。三是"未损失"。辩称签协议只是为了尽快把补偿费收上来，少收的部分不是不收了。四是因"发展大局"，龙源公司是县招商引资重点项目，不宜采取强硬措施收费，以免影响经济发展大局等。办案人员深入水务局调取有关水土资源方面的法律法规和相关政策以及运用运作情况；深入龙源公司详细了解公司领导关于某土流失补偿费的有关问题；到县政府调取招商引资收缴费用的相关规定。证实：水利厅规定三凤电场占用土地应依法缴纳水土保持设施费54.91万元；该县对招商引资项目并没有收缴费用方面的"优惠政策"；黄某无权减征、少征水土保持设施补偿费，其通过签订三份协议书约定只交4万元，其余不用缴了一事，局领导不知情，虽然黄某汇报过龙源公司的费用难收但局领导的意见是难收也得收。这样，通过"收口"取证，堵死了各个可能的"出口"，使对方无从狡辩。黄某最终被定罪处罚。

（3）重视对具体案件涉嫌犯罪证据体系的理解、把握和构建，尤其是对具体案件所涉及证据的预先预测涉案"漏洞和反向证据"的存在的可能性，并注意做好封堵和补证工作，确保案件认定万无一失。例如，浙江省遂昌县检察院通过分析研判该县水利局在财务上存在部分资金收支未在县水利局财政账户上反映、业务招待费严重超支等情况信息线索，认为时任该县水利局局长的罗某裕可能存在滥用职权行为。围绕这个线索，组织人员展开了外围调查进一步推断罗某裕除滥用职权外很可能还涉嫌贪污贿赂类犯罪的问题。办案人员将调查突破口选择在该县安口乡朱口电站（私有股份制）进行技改扩容项目上尤其是项目的申报、审批过程中，掌握到作为该项目股东之一的吴某某听说该省水利厅有小水电项目补助资金，遂找到时任该县水利局局长的罗某裕让其帮忙并约定如果省水利厅项目补助资金争取下来，人各一半。罗某裕明知该年已将本县天堂电站技改项目上报省水利厅，所有申报工作已经结束，并且省水利厅小水电项目补助资金的对象是好多年前建造的国有或集体的老电站，而安口乡朱口电站是截至年份多年以后才立项开始建造的私人股份制企业，但罗某裕为了谋取私利，指令水利局小水电管理站隐瞒朱口电站企业性质包装项目后再申报到省水利厅。当该省水利厅下拨20万元补助资金后经罗某裕签字同意，如数将20万元补助资金转入朱口电站的账户。事后，吴某某送给罗某裕价值5万元的朱口电站股权。查案之初受各方面因素影响，对罗某裕可能涉及贪污贿赂类犯罪问题证据并没有掌握，但罗某裕在担任水利局局长的一年半时间里，该县水利局仅招待费用开支就高达143.9万余元，还不含在下属企业中列支的开支，这严重超出财政部规定的开支标准，也远高于往年的数额。其中是否存在经济问题？调查人员带着这样的疑问调取了水利局的账目资料，希望从中寻找一些端倪，同时在审讯的时候采取避实就虚的方针，对罗某裕可能知道办案人员已经掌握的渎职问题避而不谈，而是让他主动交代贪污贿赂类问题，等其把他的贪污贿赂犯罪问题交代清楚以后，再回过头来调查其渎职行为。罗某裕主动向办案人员交代了自己在担任该县农业局局长和遂昌县水利局局长期间的受贿和贪污方面的犯罪问题。在其受贿的具体事实中，其中有一笔5万元是该县朱口电站的吴某某送给罗某裕的电站干股。谈到吴某某送干股的动机时，罗某裕一开始只是笼统地说因为他是水利局局长，吴某某想与他搞好关系。但办案人员认为罗某裕在讲到这一问题时底气显得不是很足，当时也不大能确定他的这一说法是否属实，于是办案人员反复问他平时与吴某某的关系如何，两人之间平时有没有经济往来，吴某某在经营电站的过程中罗某裕有没有提供特别的关照等。最终，罗某裕终于交代他是帮吴某某的电站到省水利厅争取了20万元的技改资金，吴某某才送给他价值5万元的股权。在交代这笔犯罪事实时，罗某裕并没有将一些补助方面的细节交代清楚，但是办案人员没有简单的将这一行为认定为受贿。分析这中间可能存在徇私舞弊滥用职权的行为，顺着这样的思路和想法，在接下来的讯问过程中又针对性地就这一笔犯罪事实细节发问，同时结合相关证人的证言，比对从水利局、财政局所调取技改项目的相关资料以及相关的法律法规、程序规定和具体做法，查清根据相关文件规定，吴某某的朱口电站不符合省水利厅发放技改补助资金的条件，只是罗某裕为了私利，在上报的时候指示其手下的工作人员故意隐瞒朱口电站的属性，将该电站以村集体股份制企业名义进行上报，帮助不符合补助条件的朱口电站获得了20万元的技改补助资金，造成了20万元国有资产的流失，事后朱口电站经营者吴某某为感谢罗某裕，送给罗某裕价值5万元的电站股权。罗某裕的这一行为属于徇私舞弊滥用职权犯罪。接着，办案人员针对查办该案过程中遇到的可能徇私舞弊情节难以认定问题，罗某裕滥用职权帮助不符合条件的朱口电站申请到20万元水利技改补助资金后，朱口电站经营者吴某某为表示感谢，送给罗某裕价值5万元的朱口电站股份。但为了逃避处罚吴某某并未将送给罗某裕的股份在朱口电站的股权登记簿上进行登记，罗某裕未实际领取股权分红。因此，能否认定罗某裕已获得5万元股权存在争议，庭审过程中，罗某裕的辩护人也真的提出了不能认定这一情节的辩护意见。经过认真分析案情，研究相关法律法规，认定罗某裕的行为构成徇私舞弊滥用职权罪。理由如下：第一，罗某裕收受吴某某5万元朱口电站股权的事实有罗某裕本人的供述与辩解、吴某某的证人证言、吴某某的笔记本记载的记录等证据予以证实，上述证据所证实的内容高度一致，真实可信，证据与证据之间能够相互印证，已经形成一个完整的证据锁链，足以证实罗某裕在朱口电站有 5 万元干股的事实。第二，从实际情况来分析，朱口电站是私营企业，而罗某裕案发前是县水利局前局长、党组书记，朱口电站在开展业务上有求于罗某裕，在这种情况下，吴某某出于现实因素考虑也不可能不兑现答应给罗某裕的电站干股。事实上，对罗某裕的 5 万元电站干股，吴某某自始至终都是承认的，其在证言中也多次提到过罗某裕的 5 万元干股的分红都帮他记在账上，只要罗某裕提出，他可以随时变现。第三，罗某裕的 5 万元干股之所以没有在朱口电站股权登记簿上记载，是为了逃避法律制裁，逃避检察机关的侦查。如果因为这一点而不将该情节予以认定，就相当于是在变相鼓励潜在的犯罪分子采取同样的手段实施犯罪行为。法院判决采纳了侦查终结意见。

（二）以普通刑事犯罪案件侦查为基础，重视发挥"一案多查"机制作用，三轮驱动

1. 既然滥用职权是贪污贿赂类、渎职类犯罪的共同基础，那么就很有可能从贪污贿赂类犯罪线索牵扯出渎职犯罪线索，反之亦然。所以说，办理具体案件过程中，常常是你中有我，我中有你，完全可以齐头掘进，相互补充，互为推手。例如，安徽省淮南市谢家集区检察院在查办该市运管处单位受贿案时意外发现了藏在运管处院子里的神秘公司不仅不做账无任何业务资料，甚至连门口的牌都没挂。有数十人上班的运管处居然无人知道自己院子里有这样一家公司存在。带着疑问，办案人员走进只有巨某某一个人的公司亮明身份后，巨某某的神情很紧张，讲话有点结巴，语无伦次，让人怀疑。随即把她带回询问，通过巨某某的交代顺藤摸瓜牵出葛某虎滥用职权、受贿案。正面接触葛某虎时其非常傲慢，因为之前他要巨某某去合肥找顾某某要其承认服务费是顾某某在收取，帮他掩盖，企图串供。他还不知道巨某某已作如实交代。办案人员把外围调查的一系列证据摆在他面前，他不得不低头认罪。淮南市价格基金环节调理办法明确规定，营运车辆按照每月每吨 5 元每年 60 元钱足额收取，如需减免须提出申请且经市控价办和市政府同意。也就是说市运管处只能收钱没有权利减免。葛某虎擅做手脚减免了淮南市三家运输企业的调节基金共给国家造成损失 375 万多元。被减免的三家单位出一部分钱给运管处直接打到葛某虎指定的几家酒店账上，平时的各种饭局、年关的春节晚会都有了着落。根据上级部门要求，淮南市"两客一危"车辆统一安装 GPS 的车辆约有 2 万余台。合肥一家叫"子诚"的信息公司的总经理顾某某找到葛某虎商定只提供 GPS 的设备和安装，只赚设备钱，设备款由葛某虎支付给顾某某，而安装后每辆车每年 840 元的服务费由葛某虎收取；在淮南成立一家公司作为顾某某公司的淮

南分公司专门负责收费。为解决高达数百万元的设备先行垫付款，又找到了淮南市人保公司提出他可以强制必须安装 GPS 的车辆在人保公司买保险把 GPS 的设备费承担下来。人保公司认为有利可图欣然同意。葛某虎把车险批给一家保险公司也是利用了车辆的年审权利，让司机必须到那去投保否则年审不合格，实质上也是一种滥用职权行为。葛某虎还把他一个关系特别亲密的同乡巨某某当法人代表的收费公司设在了运管处办公的院子里，连水电房租也一并省了，公司藏在运管处，一方面节约公司运营成本，另一方面可以让来缴费的人有一个错觉，以为这每年的 GPS 服务费是缴纳给运管处的。葛某虎利用黑公司累计获取服务费 312.6 万余元。个人总受贿金额达 444 万多元。法院以葛某虎犯受贿罪、单位受贿罪、滥用职权罪，数罪并罚一审判处葛某虎有期徒刑 15 年，并处没收个人财产 35 万元，追缴个人全部非法所得。此外，淮南市运管处犯单位受贿罪判处罚金 60 万余元，并没收 605 万余元违法所得。

2. 把"一案双查"作为调整办案思路、突破办案"瓶颈"或者破解办案僵局的有效手段，使"一案双查"真正起到"山重水复疑无路，柳暗花明又一村"的神奇效果。例如，福建省连城县莒溪镇政府派驻该镇梅村头村的包村工作队队长廖某生、成员吴某熙玩忽职守案，在负责监管、巡查辖区稀土开采情况期间，不认真履行职责，造成价值达 1600 余万元的稀土矿产资源被破坏。连城县检察院在审查起诉赖某树涉嫌非法开采稀土一案中发现，该案作案时间近半年，案值才 12.7 万元，且嫌疑人只有一人，但从采矿现场来看，案情并没有这么简单。为此，该院立即对已经取保候审的赖某树重新批准逮捕，建议公安机关更换承办人成立专案组彻查此案，同时依法介入侦查引导取证，并要求反渎部门深入摸排背后的职务犯罪案件线索。经查，该案系由赖某树一人"顶罪"的案件。在未取得采矿许可证的情况下，梅村头村村主任赖某树、村支书赖某成等 15 人出资 1000 余万元，擅自在梅村头村的吉坑自然村水尾山场开采稀土矿，破坏山体 2 座，盗采稀土 80 余吨。经福建省国土资源厅重新鉴定，被破坏的稀土矿矿产资源价值为 1600 余万元。由此发现了廖某生、吴某熙玩忽职守案。该院及时向公安机关发出追诉通知书。最终赖某树被法院判处有期徒刑 5 年 6 个月。法院以玩忽职守罪分别判处廖某生有期徒刑 2 年 6 个月，缓刑 3 年；吴某熙有期徒刑 3 年，缓刑 4 年。

第五章

经济民生领域具体渎职行为性质的甄别与确定

第一节 对渎职类犯罪中所涉及的具有普遍意义行为的把握与处理

对于查办经济民生领域渎职犯罪而言，其复杂性首先表现为涉嫌行为主体的经济运行管理权和国家行政管理职权的交织与甄别问题。尤其是一些特殊主体国家事务管理权和经济运行管理权兼具的情形下，区分两种权能性质，把握其具体运行特征对甄别和认定涉嫌行为的性质、区分罪错边界，稳妥办理渎职犯罪十分重要。

一、对"国家行政管理职权"行为的辨识与把握

国家行政管理权是指由国家宪法、法律赋予或者认可，国家行政机关组织、管理公共事务的权力。尽管现在"国家行政管理"活动中不同程度地增加了公共服务的内容要求和基因元素，但并不否定其结果必然产生由国家机器作为保障、具有强制性的效力，对相对人产生拘束力。在我国现阶段，国家事务管理活动具有多样性、复杂性的特点：一是法律授权规定某些非国家机关的组织，在某些领域行使国家行政管理职权；二是在机构改革中，有的地方将原来的一些国家机关调整为企业、事业单位，但仍然保留其行使某些行政管理的职能；三是国家机关将自己行使的职权委托给其他一些组织行使；四是有的国家机关根据工作需要聘用一部分外部人员从事公务。这些组织和人员与国家机关及其工作人员一道，行使着国家行政管理权。故他们均可以成为渎职犯罪的

主体。在侦查实战中把握和区分"国家行政管理职权"和社会单位、组织内部行政管理权的联系与区隔涉及以下两个方面：

（一）"四类人员"与国家机关及其在编工作人员所从事的"公务"范围与内容的区别较大

从渎职犯罪内部人员主体结构来看，一般而言，尽管上述"四类人员"与国家机关及其工作人员都被泛称为从事"公务"的人员，"四类人员"与国家机关及其在编工作人员两类人员职务职责行为也被一视同仁地视为从事公务，触犯相关法律亦同样都要被追究渎职犯罪刑事责任，但显然，"四类人员"所从事的公务范围和具体内容明显要小于国家机关及其工作人员所从事的公务范围或者内容。这是确凿无疑的。这是因为，国家对其机关和工作人员的授权是依某类机关或者某类人员（除非有特殊规定）的类别性即同类同权式授权，因而范围广、内容也庞杂。而对"四类人员"的委托授权则大多属特定或者特殊情形下的授权，带有专项授权的性质和特点。所以，具体工作中，要把握这些特点，有针对性地开展工作。例如，现实生活中的各类工程监理中的受国家机关委托的监理人员，在工程质量监督过程中，不认真履行职责，发现工程质量问题仅发出书面整改意见，但对整改情况没进行现场核查，致使公路工程质量安全隐患继续存在，导致严重危害后果的，这就是专项授权。例如，陕西省吴堡县查办并起诉的榆林市交通工程质量监督站刘某、武某玩忽职守案，沿黄公路吴堡段三级公路一期路基工程开工，全长 19.1 公里，分八个标段。工程建设单位为吴堡县交通局，施工单位为靖边县秦龙路桥有限责任公司，监理单位为陕西华营工程建设监理有限公司。榆林市交通工程质量监督站指派刘某、武某负责质量安全监督，刘某为负责人。刘某、武某对沿黄公路吴堡段三级公路路基工程进行了三次监督检查，发现 N4 标段"三类人员"（企业负责人、项目经理、专职安全员）有变动，变更后的项目经理王某无安全生产证书，路段填方路基碾压前平整不到位，影响压实效果；部分路段利用风化石填筑路基，存在质量隐患等问题。针对上述问题，榆林市交通工程质量监督站下发三份文件，提出整改措施。后来，吴堡县沿黄公路建设指挥部办公室对整改结果向榆林市交通工程质量监督站做了回复，其内容针对检查所提意见，逐条整改落实。此时，刘某、武某未按照《公路工程质量监督检查办法》规定，发现潜在危害严重的质量问题，对整改结果未进行现场核查。榆林市恒达市政工程有限公司在沿黄公路吴堡段 N4 标段施工时，挡土墙发生坍塌，致施工机械坠落，造成 2 名操作人员死亡。该市安全生产监督管理局榆政安监对事故调查，认定该起事故的直接原因是由于石砌挡墙本身存在砌筑工艺不规范、砂浆不饱满、墙体胶结强度差、墙体回填材料与设计不相符、未按设计高度修建等造成坍塌。法院认为，刘某、武某身为受国家机关委托代表国家机关行使职权的组织中从事公务的人员，在履行公路工程质量监督职责过程中，不认真履行职责，对监督检查中发现的工程质量问题仅发出书面整改意见，对存在严重质量安全隐患的工程以及整改情况未跟踪现场核查，致使公路工程质量安全隐患继续存在，最终导致两人死亡的严重后果，其行为已构成玩忽职守罪。遂判处刘某、武某犯玩忽职守罪，免予刑事处罚。

（二）社会单位、组织内部行政管理与国家事务"行政管理权"在实质内容、根本性质上存在较大差异

要重视国家、政府所"管理事务"与社会单位、组织内部行政管理事务的实质区别。职务犯罪侦查实战中，作为渎职罪主体刑法意义上的"国家机关工作人员"或者受委托的准国家机关工作人员的"职权""职务""职责""（管理）公务性"较之贪污贿赂类犯罪的同类项要求更高，本质上就是拥有和实际行使国家公务职权职责。在工作实践中，较多地表现为履行国家、政府"管理事务"，即具有国家代表性（体现国家权力或者国家派生权力）和管理公共事务的特征。这与贪污贿赂犯罪主体即使是从事国有单位内部"行政管理事务"也可以视为"从事公务"的诸种情形有着本质的差别。

这样一来，就可以看出，国家事务管理中"行政管理权"与社会单位、组织尤其是国有单位内部的行政管理权无论在实质内容还是根本性质上都存在较大差异，决定着罪与非罪、此罪与彼罪。两种行政管理虽然在字面上都是"行政管理事务"，字面含义也差不多，但从实质内容、根本性质上看，国家行政管理职权是运用国家公权力对国家事务、社会公共事务的管治权力，其相较于对单位、组织内部事务进行治理的行政管理权的内部封闭性、双向性、非"公务"性、条规化管理，明显具有公务（益）性、强制性、单方面性、不可处分性、法律性、服务性等特征。如某公立医院医务人员在诊治病人过程中严重不负责任，导致发生一人死亡的重大医疗事故。该医院院长存在明显的玩忽职守行为，对该医院院长就不能以国家机关工作人员玩忽职守罪处理，而只能依照《刑法》第 168 条关于国有事业单位人员渎职犯罪的相关规定定罪处罚。

二、对渎职类犯罪中所涉及的"委托"的理解与把握

反渎侦查实践中，涉嫌行为人是否为国家机关所"委托从事公务"是关系到相关人员是否构成渎职犯罪的关键性问题。相对于贪污贿赂类犯罪所涉及的"委托"需依法进行，且具体方式、途径、委托主体等都有严格要求，其

中之一不合规，犯罪主体资格就不成立等复杂、棘手性相比，渎职犯罪的"委托"没有如此复杂，其犯罪主体资格的成立虽然也有委托人必须是国家机关的要求，但关键取决于受委托行为本身的性质。至于委托采取书面还是口头形式、委托是合法还是不合法都不涉及犯罪主体的成立与否。

（一）对渎职类犯罪中"委托"的准确理解与把握

反渎侦查中，看似简单的"委托"二字，具体操作起来却异常复杂。工作实践中，理解和认定"委托"，需要认真琢磨、把握，应从以下几方面着手：

1. 渎职类犯罪中的"委托"与贪污贿赂类犯罪中的"委托"在内容范围、受托人受托后行为性质以及触犯法律后的法律适用、罪名选择等方面均大不相同。一是委托主体不同。渎职类犯罪中的"委托"主体必须是国家机关。而贪污贿赂类犯罪的"委托"主体既可能是国家机关也可能是全资国有企业、事业单位或者组织。二是"委托"对象的不同导致了渎职类犯罪与贪污贿赂类犯罪中"受委托人"受托后所从事行为的性质大相径庭。渎职类犯罪中受"委托"主体所从事的"公务"一般是对国家事务、社会公共事务的管理，集中为国家行政管理权。而贪污贿赂类犯罪的受"委托"主体所从事的对国家事务、社会公共事务的管理，也包括大量的对单位、组织内部事务进行治理的行政管理权类"公务"。这就决定了受委托人所从事行为性质的根本性差异以及渎职犯罪构成与否的迥异。正因为如此，也就形成了客观现实中，查办渎职类犯罪和贪污贿赂类犯罪数量上的较大差异。浙江省慈溪市浒山街道农村会计服务站专职会计周某玩忽职守案的处理过程最能说明问题。经调查查明，浒山街道轻纺村原出纳余某利用担任本村出纳协助浒山街道办事处发放土地征用补偿款的职务便利，多次采取仿造征地户和涂改土地征用补偿款发放清单等手段，在报浒山街道会计代理站审核后，骗取浒山街道办事处下拨至该村的土地征用补偿款合计人民币255万余元，后被宁波市中级法院以贪污罪判处余某无期徒刑。该街道会计代理站专职会计周某认为自己对余某采取虚假方式骗取巨额土地补偿款负有审查不严责任，故到慈溪市检察院投案自首。承认自己在担任街道农村会计服务站专职会计，受委托代理浒山街道轻纺村的会计做账过程中，不正确履行会计职责，违反相关规定，多次将该村出纳余某涂改、虚增的土地征用补偿款发放清单入账，致使余某贪污土地征用补偿款合计人民币255万余元，造成恶劣社会影响。一审法院认为，周某系受国家机关委托代表国家机关行使职权的组织中从事公务的人员，违反职责要求，工作极不负责，致使轻纺村出纳余某多次非法占有土地补偿款屡屡得逞，造成公共财产重大损失，其行为已构成玩忽职守罪。遂判决周某犯玩忽职守罪，判处拘役 6 个月，缓刑 1 年。周某上诉后，二审法院认为，周某犯玩忽职守罪的事实不清。遂裁定撤销一审判决，发回重审。一审法院裁定准许慈溪市检察院撤诉。

分析本案具体情况，慈溪市检察院和法院均将周某认定为"受国家机关委托代表国家机关行使职权的组织中从事公务的人员"，但在认真分析周某任职的浒山街道会计服务站性质及周某工作职责后，就可以发现慈溪市人民检察院和慈溪市人民法院作出上述认定是对法律规定存在认识偏差：浒山街道农村会计服务站是经慈溪市农村经济委员会批准设置于浒山街道经营管理站下面的集体组织，主要职能是负责该街道所辖集体经济组织的账务代理。根据行政法理论，行政委托中的受托组织对外作出行政行为的，必须以委托机关名义作出（后面将谈到），但浒山街道农村会计服务站在对村里报送上来的账目进行审核后，均是以自身名义对外作出决定的，这样就首先否定了其是受委托从事公务的组织。其次，根据民法基本理论，所谓"账务代理"，就是该会计服务站作为代理人为村集体经济组织处理账务，最终的账务代理后果要归属于村集体经济组织，即该会计服务站与其所辖村集体经济组织之间是民事法律关系，不构成"公务行为"，账务处理本应由各个村集体经济组织自行承担，只不过慈溪市浒山街道为了改革村级财务管理体制、规范村级财务管理，才取消了村级会计，统一设立农村会计服务站，代理村集体经济组织处理其内部的账务。故浒山街道农村会计服务站不是受国家机关委托代表国家机关行使国家行政管理职权的组织，周某从事的会计工作也不是渎职类犯罪构成所要求的"公务"性质的行为，周某不是国家机关工作人员也不是受国家机关委托从事公务的人。从而周某也就不能视为刑法第九章渎职罪的主体。

2. 对渎职犯罪中"委托"内容的正确理解。渎职犯罪中"委托"内容必须是行政管理事务，对于行政管理事务以外的其他事务不应当视为这里的委托。很显然，各级国家机关也会有大量的民商事活动，对于接受委托从事民商事活动过程中发生的渎职行为，不宜以渎职犯罪处理，而应以法律规定的其他犯罪罪名处理。

3. 注意渎职犯罪中所涉及"委托"的真实来源和具体方向。也就是说如果"委托源"不是源于受托组织或者人员的上级政府类组织而是通过自身业务公关拉来的业务，即使此类业务带有"政府委托从事公务"的性质，亦不会改变行为人本身的主体身份或者行为性质。亦即行为人本身原来不具有"从事公务身份"的，此时仍然不构成职务犯罪。这在反渎侦查查办经济民生领域犯罪过程中，要特别加以注意，决不能把两种迥异"委托"相混淆。例如，甘肃省文县检察院查办并起诉的该县尚德信用社主任张某芸涉嫌挪用公款和滥用职权案，调查查明，张某芸为了完成存款任务，请时任移民局局长的王某宽（另案处理）帮忙，将横丹电站移民实物补偿款存入尚德信用社。王某宽答应了，在与移民局会计吴某（另案处理）商量后，向张某芸提供了吴某的身份证信息。张某芸根据王某宽提供的吴某的身份证信息，在尚德信用社开立吴某个人账户。该县移民局将横丹电站移民实物补偿款分别以 400 万元、420 万元两笔，合计 820 万元，从文县移民局汉坪咀电站专户电汇入吴某账户。在该账户开立后，存折就一直由张某芸保管支配。该资金汇入吴某账户后，凭借由其保管的该账户存折，利用职务之便，先后 25 次从该账户挪用移民实物补偿款，用于归还个人借款、借给别人、垫付放出的常规贷款的利息等，挪用金额 403.46 万元。张某芸向办案人员提供了十几份借条，以证明移民补助款的去向，这些借条上写着"借到张某芸现金若干元"，大部分借条上写明的利息，均超过信用社对外公布的正常贷款利率，有的甚至高达 12%，也有的借条被撕去一角，有的载明利息的地方有明显涂改的痕迹，这样的证据，不能说是为集体的利益而为。借款人往往称借的是张某芸私人款，在文县开矿的徐某，借张某芸 100 万元，案发后仅还 20 万元。还有一些借款人在张某芸急于追款时玩"人间蒸发"，既不接电话，也不还款达 241.9 万余元，这些都是"5·12"汶川地震重建家园的移民补助款不能追回。"5·12"汶川地震使文县成了重灾区。为了保障地震灾区农民恢复重建，甘肃省抗震救灾指挥部决定为农村重建户每户发放 3 万元财政贴息贷款。根据此精神，甘肃省信用联社确定了灾区农民重建家园贷款计划，下拨了贷款任务。此时，尚德信用社实际库存已严重亏空，为了掩盖事实，尚德信用社主任张某芸指使会计张某昱（已判刑）从信用社灾区农民重建家园贷款专户转入张某昱开户五保户账户 16 笔款，合计 1103 万元，而实转入 249.7 万元，一出一进走空账 853.3 万元。经张某芸同意，张某昱以包括自己在内非重建户的名义，贷出重建款 42 万元，财政累计贴息 21.84 万元。张某芸自己截留挪用 425 万元供个人放贷、还息等，财政累计贴息 109.48 万余元。除张某芸和其他信用社内部人员及少数重建户外，由张某芸违规贷出贴息款的还有县直机关及乡镇干部、学校教师、企业职工、城镇居民等 60 余人，当房塌屋倒的灾民在帐篷里眼巴巴等待建房资金时，本该发放灾民的救助贷款因为财政贴息被各路"精英"瓜分，大量的非重建户贷走了贴息贷款，致使部分村社的震后农户重建工作进展迟缓，村民多批次群体上访，造成了极其恶劣的社会影响。经查，尚德全镇农民财政贴息贷款被走空账、违规发放 1058 万元，财政累计贴息 129.99 万元。法院认为张某芸为集体企业职工，不符合挪用公款和滥用职权主体，遂以挪用资金罪一审判处张某芸有期徒刑 8 年。

分析本案具体情况，张某芸的行为不构成滥用职权罪的理由在于：第一，根据我国《刑法》第 397 条规定，滥用职权罪的行为方式主要有：擅权（故意不正确履行职责）、弃权（故意不履行应当履行的职责）、越权（超越职权处理事项）。本案中张某芸没有任何上述行为。第二，构成滥用职权罪必须是致使公共财产、国家和人民的利益遭受重大损失，本案中造成的损失不应由被告人来承担。起诉书认定："被告人将本单位资金 150 万元人民币借给甲公司"、"经某区法院判决强制执行，挽回经济损失 90 万元"，"尚有 60 万元本金及利息未追回，因无财产执行法院裁定中止执行"且甲公司 2010 年 7 月被吊销营业执照，所以认定给国家造成经济损失 60 万元人民币，是不符合事实的。退一步讲，即使造成损失，损失也不应当由张某芸来承担。第三，对未追回的款项正确计算应当是只计算本金 90 万元人民币加上 50 万元，共计 140 万元人民币，然后再减去通过诉讼执行已经追回的 100 万元，再减去执行庭有款不追的 15 万元，在减去律师取走的 10 万元，结果是，如果各方面都能尽到责任，本金余额只有 15 万元人民币。根据最高人民检察院《关于渎职侵权犯罪案件立案标准的规定》规定，滥用职权罪的立案标准是造成直接经济损失 20 万元以上的，所以这里未达到国家规定的立案标准。关于法律的适用。根据最高人民检察院《关于正确认定和处理玩忽职守罪的若干意见（试行）》[①] 的规定，张某芸不构成犯罪。该解释中将滥用职权罪规定得很细，列举了 13 个方面，共 64 种表现，而在此列举中没有规定张某芸的行为是犯罪，所以依据罪刑法定原则，被告人不构成滥用职权罪。

（二）正确理解"委托"应当注意的问题

1. 注意正确理解渎职犯罪中受委托主体是组织还是个人，紧紧把握住受委托主体必须是组织的特点。根据全国人大常委会《关于〈中华人民共和国刑法〉第九章渎职罪主体适用问题的解释》的规定，受国家机关委托代表国家行使职权的主体应当是组织而不应当是个人。例如，某戒毒所接受委托行使强制戒毒职能，该所所长罗某在负责审批戒毒人员出所的过程中，违反关于解除强制戒毒人员出所应由其家属或者所在单位领回的规定，滥用职权，违规审批，造成女戒毒人员被社会不法分子领走并强迫卖淫的严重后果。本案罗某应视为国家机关工作人员，并被以滥用职权罪追究刑事责任。而对于个人接受国家机关的事务委托，且个人与国家机关之间不存在劳动用工关系的，该个人不

---

① 已由 2002 年 2 月 25 日颁布的《最高人民检察院决定废止的单独制发的司法解释和规范性文件目录》予以废止。

能视为国家机关工作人员。例如，河南省某市公安局在某宾馆三楼审讯涉嫌销售假冒伪劣香烟的朱某，晚上，该局治安支队安排该队行动大队教导员赵某和该支队聘用在办案点做饭人员钱某一起值班看守朱某。赵某交代钱某用手铐把朱某铐好，看守期间不许睡觉，自己便到另外一间房间睡觉了。钱某在看守过程中睡着了，朱某趁着宾馆服务员上厕所打开宾馆三楼之机脱逃。对于该案中的钱某就不能以国家机关工作人员读职犯罪追究刑事责任。

2. 注意国家机关的委托活动不仅仅局限于合法委托，以免在侦查实战中自己把自己的手脚捆住。现实生活中，经常出现有关国家机关违反法律规定将应由本单位行使的特定职权委托给其他组织行使，受委托的组织工作人员在行使此类职权的过程中有读职行为并造成严重后果的情形。反读侦查实战中，这类国家机关的委托行为是否违反相关规定，并不影响受委托组织工作人员读职犯罪适格主体的成立。也就是说，国家机关的委托活动不仅仅局限于合法委托活动，其违反法律、规定的委托行为照样能引发受托组织工作人员在行使受托职权时读职主体的认定。

3. 一些地方政府将相关行政管理工作直接委托给村委会等基层组织中的个人协助执行的，不符合读职犯罪构成中"受托主体"的适格要求。反读工作实践中，还经常遇到一些地方政府将相关行政管理工作直接委托给村委会等基层组织中的个人协助执行的情形，具体处理时，要依照国家机关委托对象只能是组织而不能是个人的原则，此类情形不符合受托主体的适格要求，不能认定受托个人为国家机关工作人员，亦即其不能被认定为读职犯罪的主体。

第二节　对经济民生领域具有典型意义读职行为的把握与认定

对于反读调查人员而言，如何拿捏好罪与非罪的尺寸是一门复杂的艺术和棘手问题。而对于全社会来说，关键是要在体制机制制度、具体标准形成的基础上，分清权力边界并让整个运行过程公开透明。以有效消除所有特定职责人面对每天太阳升起时的忐忑不安以及类似天天大考的烧灼。

一、涉嫌读职行为罪与非罪的底线把握

反读侦查活动中，办理出优质高效的案件当然是工作目标之一，但在调查活动中把执法和执纪融汇贯通起来，广泛探索、深化对作案和查案双规律性认识，努力吃透案情、把准脉搏，依据明暗考虑标准，严把纪律和法律的界限、尺度，破题罪错节点与关要，也不失为关键内容。要准确理解把握现实生活中

违纪、违法和犯罪的实质区隔标准，用法治思维、犯罪构成理论来考究犯罪状态、过错疏漏或者工作失误与否，尤其是行为人特定职责、违反程序行为和严重危害后果确实客观存在，涉嫌渎职行为与危害结果之间切实存在内在、必然的因果关系。既是优质高效办案所必需，也为社会大众特别是现在或者潜在特定职责人员所万眸关注。这些都是渎职犯罪得以证实、罪名得以成立的必备条件，亦即渎职犯罪罪与非罪的底线标准。

（一）运用法定违纪、违法犯罪的实质区隔标准衡定罪错过失

从发展历程来看，对涉嫌渎职犯罪行为罪与非罪的实质区隔标准的确立既是对过往工作实践经验教训的吸收、总结，也是一个艰难的摸索和提升过程。

1. 紧紧把握法定违纪、违法和犯罪的实质区隔标准，用法治思维、犯罪构成理论来考究犯罪与过错疏漏或者工作失误与否。例如，甘肃省张掖市山丹县检察院调查发现一家在当地政府部门档案材料显示经过地税、国税、工信、财政部门层层审核"已于2011年5月关闭、各种证照已注销完毕"并领取了中央财政下拨的97万元关闭补助金的企业一直在生产经营。这背后很可能存在政府工作人员渎职犯罪。中央财政为了鼓励淘汰落后产能而对落后小企业关闭进行资金补助，国家财政部、工信部联合下发《中央财政关闭小企业补助资金管理办法》对关闭小企业工作及补助资金管理使用等作了详细规定。该省张掖市西龙产业用纺织品有限公司监事刘某民为此向该市甘州区工业和信息化局报送了申报材料申请关闭该公司。经审批后，甘肃省工业和信息化委员会、省财政厅将西龙公司列入年度该省关闭小企业计划。为达到企业既不关闭又能得到中央财政关闭小企业工作补助金的目的，刘某民先后找到该区地税局东北郊新区管理分局局长王某和区国家税务局火车站分局局长田某红，要求两人为其开具注销西龙有限公司税务登记的证明。王某、田某红违反注销企业税务登记的正常程序规定，为刘某民出具了"可准予注销公司税务登记"和"同意注销该公司税务登记证"的证明，成为刘某民套取国家补助金的"原始材料"。刘某民安排工作人员许某持国税、地税部门开具的证明，以及其伪造的该市工商行政管理局"同意受理营业执照注销资料"的证明等材料的复印件，到该区工信局找贾某国报送，贾在未对报送材料的真实性进行认真审核的情况下即安排工作人员出具了该公司"已于2011年5月关闭、各种证照已注销完毕"的证明，刘又安排许某持上述材料及相关资料到该区财政局企业科办理手续。负责该业务的杨某海在未安排其他工作人员对报送材料的真实性进行认真审核的情况下即打电话安排其科室工作人员收下资料并起草申报补助资金的报告，经该区财政局、工业和信息化局领导会签后交给许某。西龙公司申

经济民生领域疑难复杂渎职犯罪侦破与认定胜算通道

请关停补助一事经层层上报后，该省财政厅决定给西龙公司下达关闭小企业工作补助经费 97 万元。杨某海在不能确定西龙公司是否真实关闭和未要求该公司为关闭小企业工作补助经费开立专户的情况下，即安排工作人员分两次将97 万元补助款拨付给西龙公司且未对该笔经费的使用进行监督，而西龙公司却一直正常生产经营。当地地税、国税部门领导对自己滥用职权行为的辩解如出一辙："对指控事实无异议，但其行为不构成犯罪。"而工信、财政部门工作人员对玩忽职守行为给出的答案也是"工作失误，不构成犯罪"。法院认为，涉案的 4 名公职人员均已构成滥用职权、玩忽职守罪，判决各免予刑事处罚。

2. 牢牢把握住构成渎职各罪的必备要件以及渎职犯罪构成必备的因果关系、危害结果。

（1）涉嫌渎职行为与危害结果之间必须是内在的、必然的因果关系。对于特定职责人存在违反法律规定但其过错行为是否必然导致危害后果的发生，这是是否构成犯罪的关键。对于实施特定职责行为过程中程序上有过错，但不必然导致危害后果或者经济损失的后果是多种原因造成且过错责任难以作出明确划分的，应当适用罪刑相适应原则，宜按无罪处理。例如，合伙买车引发欠款诉讼，被上级法院两次发回重审后没有及时判决，致使涉案车辆报废，法院对损失车辆做了赔偿后，参与审理该纠纷的法官冯某某、段某某因涉嫌犯玩忽职守罪被追究刑事责任。甘肃省高院发布终审判决，本案中，两名法官造成的直接经济损失不足定罪的下线 30 万元，因此，宣告两名涉案法官无罪。甘肃省武威市法院（现凉州区法院）大柳法庭副庭长段某某、法官冯某某玩忽职守案，古浪县法院一审认定，段某某担任原武威市法院（现凉州区法院）大柳法庭副庭长期间，法院受理了"焦某某诉王某某、王某鸿合伙购买客车欠款纠纷案"，焦某某提出财产保全申请并提供担保物，法官段某某未作严格审查，即作出民事裁定按程序签发送达后，将王某某、王某鸿经营的甘·H04132 号扬州亚星客车扣押，并交给焦某某经营。一审宣判后，双方当事人均上诉至原武威地区中级法院。原武威中院二审后裁定该案发回重审，法官冯某某主办。案件重审期间，王某某以其家庭财产作为担保，申请扣押涉案车辆并由其经营，冯某某让书记员草拟了民事裁定书，经会签后，将初审期间扣押并由焦某某经营的甘 H·04132 号扬州亚星客车，再次扣押后交王某某经营。双方当事人再次上诉，武威地区中级法院再次裁定发回重审。该欠款纠纷案被两次发回重审后，又因案件当事人下落不明、未到庭参加诉讼种种缘由，致使案件迟迟未作处理。被扣押的车辆，也因没有车辆营运手续，停运直至报废。对于这一结果，王某某等人申请确认原武威市法院第 52 号民事裁定书、第 88

号民事裁定书保全措施和保全执行行为违法并要求国家赔偿。经武威市中级法院赔偿委员会决定由凉州区法院赔偿王某某等人损失及利息共计人民币 42.3 万余元。法院执行判决后，曾经参与欠款纠纷案审理的两名法官段某某、冯某某因涉嫌玩忽职守罪被提起公诉。凉州区法院一审认为，段某某、冯某某身为国家机关工作人员，在审判、执行活动中，对所采取的保全措施未严格依照法律规定实施，存在严重失职行为，致使当事人利益遭受重大损失，其行为均已构成玩忽职守罪。段某某、冯某某在实施司法行为时，不存在徇私枉法情形。遂判决，段某某、冯某某犯玩忽职守罪，免予刑事处罚。冯某某上诉。武威市中院二审认为，原判认定"段某某与冯某某在审判、执行活动中，对所采取的保全措施未严格依照法律规定实施，存在违法行为，并决定由凉州区法院给赔偿请求人王某某等人赔偿 21 万元及利息 21.3 万余元"的事实清楚，证据确实充分。但法律规定，"玩忽职守罪是指国家机关工作人员严重不负责任，不履行或者不认真履行职责，致使公共财产、国家和人民利益遭受重大损失的行为。"对于重大损失的确认，高检院规定：玩忽职守案中，造成直接经济损失 30 万元以上的，或者直接经济损失不满 30 万元，但间接经济损失超过 100 万元的予以立案。而本案中直接损失 21 万元，利息 21.3 万余元是间接损失。据此，经济损失数额均达不到追究刑事责任的立案标准，故认定段某某、冯某某构成玩忽职守罪不当，遂改判：撤销古浪县法院初审刑事判决；冯某某、段某某无罪。该省检察院抗诉认为段某某、冯某某作为法官，在民事审判执行活动中，对所采取的保全措施未严格依照法律规定实施，存在违法失职行为。经武威市中院审理，决定由凉州区法院赔偿请求人王某某等人经济损失 21 万元及利息 21.3 万余元，共计 42.3 万余元，已经达到玩忽职守罪的立案标准。故武威市中院错误适用法律，判决段某某、冯某某无罪显属不当。该省高院认为，段某某、冯某某身为国家机关工作人员，在民事审判工作中未严格依法采取诉讼保全措施，存在违反法律规定的情形。但二人的过错行为是否必然导致国家赔偿是认定二人是否构成犯罪的关键。而本案中，民事案件当事人王某某、焦某某证明第二次扣押车辆时没有移交相关营运手续的证言，明显与原始卷宗材料不符。因此，省高院认为段某某、冯某某先后采取保全措施，虽然程序上有过错，但不必然导致车辆报废的后果。由于车辆放置报废，虽经国家赔偿，但赔偿王某某等人经济损失的法律后果是多种原因造成的，且国家赔偿中对二人的过错责任未作出明确划分，故笼统将国家赔偿 42.3 万余元的法律责任完全归结于二人，明显有悖我国罪刑相适应的法律原则。遂裁定：维持武威市中院判决。

（2）行为人应具有"特定职责"，且经济损失必须是固定、确切的。反渎侦查过程中，要把握住涉嫌行为人确实有职可渎即有特定职责职权，经济损失也必须是固定、确切的。否则，不构成犯罪。例如，湖南省安化县检察院查办并起诉的该县畜牧水产局局长喻某春、副局长龚某新受贿、贪污、滥用职权案；县畜牧水产局畜牧工作站站长、畜牧技术服务中心主任田某和贪污、滥用职权案；局科教股股长陈某国贪污案。经调查查明，喻某春在担任该县畜牧水产局党组书记、局长期间，利用职务上的便利多次收受他人财物共计人民币11.7万元。龚某新在担任安化县畜牧水产局党组成员、副局长期间，利用职务便利，多次收受他人财物共计人民币4.75万元并为他人谋取利益。喻某春、龚某新、陈某国、田某和利用职务上的便利，侵吞和非法占有单位公共财产。其中喻某春、龚某新、陈某国共同贪污公款5.2万元，陈某国与夏某建共同贪污1.5万余元。其中喻某春个人实得1.8万元，龚某新个人实得1.7万元，陈某国个人实得2.1万余元，田某和共同贪污公款5.9万余元，个人实得2.3万余元。喻某春在任期间，全面负责国家能繁母猪补贴申报发放工作，龚某新分管国家能繁母猪补贴申报发放工作，田某和所在的畜牧技术服务中心具体负责国家能繁母猪补贴数据的汇总、分配、上报以及能繁母猪保险工作。喻某春、龚某新、田某和利用全面负责能繁母猪补贴申报发放工作的便利，违反中华人民共和国财政部、湖南省财政厅等关于能繁母猪补贴工作的相关规定，虚报能繁母猪数量，套取国家专项补贴资金，造成国家专项资金损失共计人民币360.5万元。喻某春辩称：收受11.7万元属实，但部分系人情往来，且案发前向纪委上交了4.2万元，并退还了龙某辉2万元、杨某增1万元，请求依法认定受贿数额；关于贪污部分的指控，能够记清的是陈某国没有直接给过钱，龚某新先后两次在办公室给过2000元、4000元，共计6000元；滥用职权罪名不成立：一是畜牧局不存在向上虚报能繁母猪数套取国家资金的主观故意；上报能繁母猪数是根据上年底统计局的统计数据上报的，补助经费也是按上年底统计数据拨付的，不存在虚报数据套取国家资金；二是能繁母猪的保险都是在能繁母猪补助经费拨付后，按要求能繁母猪的保险数不能低于资金的拨付数；三是能繁母猪补助资金是由财政主管，其款项由财政直拨乡、镇财政所，乡、镇畜牧站付给养殖户，畜牧水产局为加强资金管理，并专文严禁挪用、私分，对发放后的余额除留少部分工作经费，其余清收上缴了县财政；四是能繁母猪数据的上报及保险，事先已向政府分管领导汇报，由政府办组织有关部门召开了政府办公会议，不是畜牧局及其个人的行为。田某和辩解称不构成贪污罪：没有从财政"套取"资金，从财政报账所得是承包款，田某和与安化县新型农民科技培训领导小组办公室（项目办）是一种劳务承包合同关系，承包合同具有充分的政策依据，合法有效；组织教师履行了合同约定的义务；所领取的资金符合政策规定和审批程序；没有突破每村 6000 元、7000 元的承包款限额；否认劳务承包费没有法律依据。田某和没有"私吞"公款，他所得款项属于劳动报酬；畜牧站和畜牧服务中心都不是新型农民科技培训的机构；所在单位允许对外兼职，具有参与新型农民培训的主体资格，国家政策鼓励对外兼职，兼职可以是自行联系也可以是单位安排，对外兼职的时间符合法律规定，兼职所得收入归己符合政策规定；将劳动报酬列为公款没有法律依据。田某和的行为不符合贪污罪的基本特征。法院认为，喻某春、龚某新身为国家工作人员，利用职务之便，非法收受他人财物，并为他人谋取利益，其行为均已构成受贿罪。关于喻某春收受杨某增 1 万元、收受胡某鹅涉案金额款中的2000 元、收受姚某星的 3000 元、收受邓某凡 4000 元中的 2000 元、收受田某和的 8000 元、收受夏某建的 1.2 万元、收受罗某少的 7000 元、收受谢某阳的2000 元，以及喻某春陪同省市领导验收项目时收受贺某军的 2000 元，以上共计 4.8 万元，经查喻某春收受了上述款项属实，但由于喻某春开始不知情，或知情后已予以退还，或者是上下级关系且无具体请托项目，或者是属于正常的人情往来，不宜认定为受贿犯罪金额。喻某春关于部分受贿金额不应以犯罪金额计算的意见成立。关于龚某新收受姚某星 2000 元、收受田某和 6000 元、收受黄某才 2500 元、收受贺某军 1000 元，共计 1.15 万元，龚某新收受上述款项属实，但因属于上下级关系且无具体请托事项，或属于正常的人情往来，不宜认定为受贿犯罪金额。关于龚某新以借为名索取胡某鹅 2 万元，龚某新确实在胡某鹅手里以借的名义拿了 2 万元，虽然胡某鹅有不要龚某新偿还的想法，但双方约定了一年以后偿还，而且该款确已偿还。故该 2 万元不宜认定为受贿犯罪金额。龚某新关于部分受贿金额不应以犯罪论处的意见成立。喻某春、龚某新、陈某国身为国家工作人员，利用职务之便，共同侵吞公共财产，其行为构成贪污罪。关于喻某春、龚某新、陈某国私分"小金库"项目资金 3 万元的犯罪事实，喻某春就该情况在综合笔录中有供述，但在第一次庭审和本次重审中翻供，龚某新、陈某国尽管就该情况有多次供述，但供述中就资金的来源以及私分情况前后并不一致，私分的细节也有矛盾之处，且陈某国提供的"小金库"银行卡账单、工作记录本也不能反映该笔资金的来源和使用情况，故认定三人共同贪污"小金库"资金 3 万元的事实不清，证据不足。田某和身为国家工作人员，利用职务之便侵吞公共财产 1.6 万余元，其行为已构成贪污罪。关于田某和伙同龙某辉私分新型农民培训费 1.45 万元、每人各得 7250元的犯罪事实，该县财政局分两次拨付畜牧技术服务中心新型农民培训费 5 万元，此款已由县农业局收回 2 万元，畜牧服务中心培训 5 个村的实际开支为教师讲课补助费 9000 元，村干部补助费 2500 元（每村 500 元），现场技术指导费 4000 元（表格上 5000 元，其中虚列了 2 人共 1000 元），以上合计 1.55 万元。从数字上来看，3 万元经费减去实际开支的 1.55 万元，正好是田某和等人私分的 1.45 万元。虽然在田某和的口供以及证人龚旭辉的证词中有采取虚开发票等方式套取费用私分的情节，但上述数据说明以田某和为首的畜牧技术服务中心确实进行了 5 个村的培训，但没有产生交通费、正常的误餐费等费用，而这些费用是不可缺少的，因此，田某和与人私分新型农民培训费 1.45 万元的证据不足。关于喻某春、龚某新、田某和构成滥用职权罪，该县畜牧局不具有全面负责国家能繁母猪补贴申报发放的工作职责，这一工作是由财政部门负责监管和发放，畜牧部门只有协助的职责；而且喻某春等人不具有套取国家专项资金的主观故意，因为能繁母猪补贴是根据上年统计存档数下拨的，且是经过集体研究的，该县畜牧局为此还请示过县政府领导并召开过专门会议，如果有责任，不能仅由县畜牧局以及喻某春等人来承担。且损失难以确定，国家考虑到能繁母猪是动态发展的，对拨付的经费允许有差额，即对拨付资金少的部分，由县财政暂垫付，多余部分留作下年使用。以国家拨付数减去调查相关乡镇畜牧站的负责人的证人证言和有关发放表册之和得出的差额，认定为国家专项资金损失证据不足，而且能繁母猪补贴资金主要用于了上缴县财政和作为乡镇畜牧站工作经费；而能繁母猪保险旨在降低养殖户的风险，国家及各项政府要求应保尽保，是国家的惠农政策，保险合同是一种民事权利义务合同，合同的主体是合同的权利义务人，有关国家机关如安化县畜牧局仅起指导、宣传、协调作用，保险的范围、合同的签订方式及保险费用的支付有文件规定，如有虚假、欺诈，权利人可以依照合同法的规定行使权利。而且能繁母猪保险所选择的保险公司是国有独资公司，向国有独资企业投保，很难说是国家损失。至于涉嫌滥用职权损失的第五笔 35.8 万元，现有证据表明主要用于调剂支付散户的项目资金和项目前期、项目验收的工作经费以及业务活动经费。没有证据能够证明该 35.8 万元已造成了国家专项资金损失。故喻某春、龚某新、田某和滥用职权造成国家专项资金损失共计人民币 360.5 万余元的证据不足，犯罪不能成立。法院以喻某春犯受贿罪判处有期徒刑 4 年，并处没收财产 8 万元，犯贪污罪判处有期徒刑 2 年，犯滥用职权罪免予刑事处罚，数罪并罚，决定执行有期徒刑 5 年，并处没收财产 8 万元；以龚某新犯受贿罪、贪污罪、滥用职权罪，均免予刑事处罚；以田某和犯贪污罪免予刑事处罚；以陈某国犯贪污罪免予刑事处罚。喻某春、田某和上诉，该县检察院以全案量刑畸轻为由提起抗诉。益阳市中级法院二审以事实不清、证据不足发回重审。该县法院再审判决：喻某春犯受贿罪判处有期徒刑 4 年，并处没收财产 8 万元；犯贪污罪判处有期徒刑 2 年；数罪并罚，决定合并执行有期徒刑 5 年，并处没收财产 8 万元，上交国库。龚某新犯受贿罪、贪污罪，均免予刑事处罚；田某和犯贪污罪免予刑事处罚；陈某国犯贪污罪免予刑事处罚；喻某春、龚某新、田某和滥用职权罪不成立；一切违法所得予以追缴，上交国库。

工作实践中，认定渎职犯罪的存在，必须要有具体、确定的损失后果的实际发生，含糊、大概的损失数额均不能作为追究犯罪的依据。否则，行为人的行为不构成犯罪。西部某市某区财政局机关党委原常务副书记潘某玩忽职守、受贿案，潘某在担任某区财政局局长期间，利用职务之便，在负责申报和拨付地方特色产业中小企业发展资金过程中，为申报企业谋取利益，收受申报企业负责人任某贿赂款 5 万元、泰某贿赂款 3 万元、童某贿赂款 8 万元、金某贿赂款 10 万元，共计贿赂款 26 万元。潘某在负责地方特色产业中小企业发展资金项目申报工作中，作为财政局局长，严重不负责任，不履行自己的工作职责，致使国家遭受了 400 万元的巨大损失。该区检察院以潘某犯受贿罪、玩忽职守罪起诉。潘某方辩解称，指控其犯受贿罪的证据不完整，未达到确实、充分的证明标准，不应认为潘某有罪。即使潘某收受钱财的情况属实，潘某也是事后收受他人钱财，双方事前未约定，应认定为违纪，而不应当构成受贿罪。并且行贿人以潘某孩子生日的名义送钱的时间与潘某孩子的实际生日有差距，属虚假事实。同时，指控潘某犯玩忽职守的证据不足，侦查人员对被告人有诱供行为。法院认为，公诉机关未举示造成损失的评估报告等证据，对实际造成的损失无法确认，属定罪证据不足。潘某不构成玩忽职守罪。认定受贿罪成立，以受贿罪判处潘某有期徒刑 10 年。

3. 反渎侦查过程中，对于涉嫌行为人主观故意、行为与危害结果之间因果关系均存疑的情形，一般不宜做定罪认定和处理。

（1）反渎侦查中，如果行为人的行为没有导致危害后果的发生，那么就是说，其行为压根儿就不存在与致害后果之间的因果关系，是绝对不能按犯罪来考虑和处理的。例如，江苏省镇江市京口区检察院查办并起诉的该市某房产管理处租赁管理科科长杨某林滥用职权案，杨某林在担任某区房产管理处租赁管理科科长、负责初审产权证发放工作中，超越职权，将谏壁镇雩北村集体所有的 14 间门面房违规办成私有房产证，致使国家税收和土地使用权出让金遭受 49 万余元的损失。杨某林方以需调查取证为由，申请法院对该案延期审理。法院认为，渎职犯罪必须以已经造成公共财产的重大损失为构成要件，且行为与损失之间必须具有直接因果关系。而杨某林滥发村镇房屋所有权证，并没有改变集体土地的性质，也没有产生土地使用权转让费的损失，且房屋销售纳税主体是雩北村村委会，国家税收的流失与杨某林滥用职权的行为亦无直接因果关系。杨某林滥发产权证的行为可以通过行政处罚手段纠正，这与刑法规定的损失是无法挽回的要件不相符合，杨某林的行为不构成犯罪。建议检察机关撤诉。公诉机关以本案需补充侦查为由，建议对该案延期审理。在延期审理期间，公诉机关以不应当追究杨某林的刑事责任为由，向京口法院申请撤回起诉。法院裁定准许撤回起诉。

（2）工作实践中，特定职责人行为与危害后果之间不存在刑法意义上的因果关系的，是典型的无罪标志。对这种情况绝对不能认定为构成犯罪。例如，西部某县检察院查办并起诉的该县规划和建设国土资源管理局副局长唐某玩忽职守案，某州教育局行某文以 91 万元投资修建某小学，由某公司中标修建，2004 年 4 月 1 日该工程开工，2005 年 10 月竣工，由某县基建领导小组组织进行验收，县城建局局长高某临时指派质监站技术员唐某参加验收。该工程因施工方老板使用了空心砖，在验收会上基建领导小组当时认定该工程为不合格工程。但唐某身为质监站技术人员在该工程没有验收合格的情况下，擅自在建筑安装工程竣工验收合格证书的部分工程质量验收评定等级栏中全部签字评定为合格，并且带领某公司某县项目部经理杨某相继到相关部门签字盖章。随后杨某便拿着这份合格证不断上访，要求对工程送审。某县政府召开协调会，将该工程送审，支付了工程款 17.3 万余元。后该教学楼和学生宿舍被鉴定为 D 级危房而被拆除，拆除费 14.6 万余元，共造成经济损失 116.9 万余元。一审法院以唐某犯滥用职权罪判处唐某有期徒刑 5 年。唐某上诉要求法院改判无罪：《建设工程质量管理条例》和《房屋建筑工程和市政基础设施工程竣工验收暂行规定》实施后，质量监督单位不再担任质量建筑工程质量评定的主体单位，而是建设单位、勘察单位、设计单位、监理单位、施工单位等进行质量建筑工程质量评定。《某司法鉴定中心司法鉴定意见书》中明确表示：某小学教学楼、学生宿舍楼工程，施工责任主体严重缺位，无勘察、无设计、无监理，并指出施工图是建筑工程质量重要保证，不允许参照使用施工图纸。《刑事诉讼法》第 140 条①规定："人民检察院审查案件，对于需要补充侦查的，可以退回公安机关补充侦查，也可以自行侦查。对于补充侦查的案件，应当在一个月以内补充侦查完毕。补充侦查以二次为限。补充侦查完毕移送人民检察院后，人民检察院重新计算审查起诉期限。"《人民检察院刑事诉讼规则》第 268 条②规定："对于退回公安机关补充侦查的案件，应当在一个月以内补充侦查完毕。补充侦查以二次为限。补充侦查完毕移送审查起诉后，人民检察院重

---

① 2012 年刑事诉讼法修改后，原第 140 条改为第 171 条。

② 2012 年修改后，本条已改为《人民检察院刑事诉讼规则（试行）》第 382 条，内容略作了修改。

新计算审查起诉期限。人民检察院审查起诉部门退回本院侦查部门补充侦查的期限、次数参照前款规定执行。"起诉书中清楚表明，唐某案已经过了两次补充侦查。因此，某县检察院检察人员发现提起公诉的案件需要补充侦查，提出建议的，提出延期审理的建议违反了我国法律的规定，属于程序违法。一审法院认定：唐某在验收时审查了相关资料；唐某是在初步定为合格的情况下签字"合格"；唐某的行为与经济损失之间不具有因果关系。但却认为唐某在合格证书上盖章并陪同杨某到相关部门盖章的行为属于滥用职权行为。遂判决唐某犯滥用职权罪，但免于刑事处罚。唐某上诉：某检察院第三次补充侦查的行为不合法；一审判决已经认定了经济损失与唐某行为之间不具备刑法上的因果关系，但却仍然错误认定了唐某存在加盖新章和陪同有关人员到职能部门盖章的滥用职权行为，从而判决唐某构成滥用职权罪，属于认定事实错误；没有确凿证据证明质检站新章由唐某保管，更没有任何证据证明质检站章由唐某加盖；认定陪同行为缺乏证据支持，且陪同行为本身不可能构成滥用职权的性质，不可能构成滥用职权罪；就造成工程损失而言，其他人员存在比唐某更恶劣的行为却没有被追究刑事责任，本案明显具有寻找"替罪羊"选择性司法的意思，极不公平；公诉机关在证据的收集和出示上违反了法律规定。在一审程序中，公诉机关没有出示对唐某最为有利的某司法鉴定所出具的鉴定报告，而该鉴定报告是由某州检察院委托某司法鉴定所出具的。该鉴定报告能够证明工程质量的真正原因，而唐某的签字行为与损害后果之间没有因果关系，即能够证明唐某无罪，一审公诉机关不予出示该份证据的行为，严重侵害了唐某的合法权益。二审法院认为，认定没有证据证明唐某在合格证上进行了加盖新章行为；陪同杨某到相关部门盖章亦缺乏证据证实；唐某仅就没有收回已签名的空白合格证承担一定责任。唐某滥用职权罪不能成立。遂判决：撤销原判，判决唐某无罪。

　　分析本案具体情况，对于唐某是否符合滥用职权罪的主体，是否有滥用职权罪的主观故意，在验收合格证上签字是在验收小组初步认定为合格之前还是之后，唐某是否有徇私舞弊的行为，是否带领工程承包人员杨某到有关部门盖章并蒙蔽有关人员，质监站新章是否唐某保管，合格证上新章是否唐某加盖，唐某的行为与损害后果之间是否有法律上的因果关系，法院最终查明的主要事实有：唐某在验收合格证上签字是在验收小组初步认定为合格之后；唐某不具有滥用职权罪的主观故意；唐某没有徇私舞弊的情形；质监站新章由唐某保管，但不能证明由唐某加盖；唐某的行为与损害后果之间不具有法律上的因果关系。

　　反渎侦查过程中，应当严格遵循犯罪构成四要件，从不同角度详细分析犯罪嫌疑人的行为是否符合犯罪构成要件，从而认定犯罪嫌疑人的行为是否构成犯罪。如果四要件中有一个方面犯罪嫌疑人的情况不符合，则不能认定犯罪嫌疑人的行为构成犯罪。本案的实质就是刑法上危害行为与损害后果之间的因果关系的认定。由于事物之间是互相联系的，这种互相联系表现为一因一果、多因一果等，大多数为多因一果；而刑法上关于因果关系的认定与其他方面又不同；而且因果关系的认定具有较强的主观性，这常常成为诉辩双方攻防的重点。因此，在对因果关系的把握上要求必须严格区分哪些行为与损害后果之间具有刑法上的因果关系，哪些行为与损害后果之间不具有刑法上的因果关系。牢牢抓住和解决行为人的行为与危害后果之间是否存在刑法上的因果关系这一关键问题，对案件成立与否有着决定性的作用。

（3）仔细甄别、把握涉嫌行为人是否符合渎职犯罪独特的主体资格，尤其要确定是否存在"特定职责"，以确定罪错与否。例如，某县检察院查办并起诉的该县庄镇农村合作基金会主任庞某玩忽职守案，调查查明，庞某在担任庄镇农村合作基金会主任时，经风镇农村合作基金会主任曲某介绍，通过石镇农村合作基金会副主任张某将本基金会储备资金 100 万元，用本票存入银行，定期一年。当时，张某支付利息 8.7 万元。张某私刻庄镇农村合作基金会副主任王某的印章将 100 万元存款转入自己的账户后，非法占有挥霍。庞某为提前提取 100 万元存款，叫上王某在曲某办公室将庄镇基金会在银行的 100 万元存单交给张某，张某拿到存单后交给银行，银行将此存单销账，造成庄镇农村基金会 100 万元存款无法追回。遂认为庞某受庄镇人民政府委托从事庄镇农村基金会的管理工作，在工作中严重不负责任，致使基金会存款至今无法追回，其行为触犯了《刑法》第 397 条，犯罪事实清楚，证据确实充分，应当以玩忽职守罪追究刑事责任。而律师通过查阅卷宗发现庞某并不是庄镇政府委派到基金会的，而是基金会的大股东庄镇建筑公司委派到基金会的。考虑了犯罪主体问题、犯罪的主观故意问题、行为与结果是否具备法律上的因果关系等，庞某不构成玩忽职守罪，理由如下：第一，不具备构成玩忽职守罪的主体要件。《刑法》第 397 条明确规定玩忽职守罪的犯罪主体是"国家机关工作人员"，而庞某根本不是国家机关工作人员。中国人民银行《关于加强农村合作基金会管理的通知》及相关规章中明确规定：农村合作基金会是社区内的资金互助组织，宗旨是为入股会员服务。庄镇政府"关于成立庄镇农村合作基金会的申请报告"对基金会的性质确定为：庄镇农村合作基金会是在镇政府领导下设立的本镇范围内的资金互助组织，按照股份合作制原则组建，实行民主管理，自主经营，独立核算，自负盈亏，按股份红。实行董事会领导下的办事机构主任负责制。宗旨是为入股会员服务。以上两点充分说明庄镇农村合作基金会非国家机关。庞某非庄镇农村合作基金会职工，更不是该基金会负责人，庞某是受庄镇建筑公司经理委托帮助筹建基金会，因为庄镇建筑公司是该基金会的一个大股东；庞某一直是庄镇建筑公司职工，工作关系一直在庄镇建筑公司，工资一直由建筑公司发放，且系农村户口；庄镇农村合作基金会法定代表人是张某不是庞某。相关部门从未任命庞某到基金会负责，更无证据证明相关部门任命庞某作为基金会的负责人。故庞某不是基金会的工作人员，更不是基金会的负责人。全国人大常委会《关于〈中华人民共和国刑法〉第九章渎职罪主体适用问题的解释》不适用于本案，因为本案相关的事实发生在该解释生效之前，根据从旧兼从轻的原则，本案不适用该解释；该解释规定："在依照法律、法规行使国家行政管理职权的组织中从事公务的人员，或者在受国家机关委托代表国家机关行使职权的组织中从事公务的人员，或者虽未列入国家机关编制，但在国家机关中从事公务的人员，在代表国家机关行使职权时，有渎职行为，构成犯罪的，依照刑法关于渎职罪的规定追究刑事责任。"但庞某不属于该解释中所列的相关人员。根据基金会的性质，足以证明以上观点。第二，庞某不具备构成玩忽职守罪的主观方面的构成要件。玩忽职守罪是指国家机关工作人员严重不负责任，不履行或者不正确履行自己的工作职责，致使公共财产、国家和人民的利益遭受重大损失的行为。玩忽职守罪在主观方面是由过失构成，即行为人应当知道自己擅离职守或者在职守中马虎对待自己的职责可能会发生一定的社会危害结果，但是因疏忽大意而没有预见，或者是虽然已经预见到可能会发生但是凭借自己的经验或者知识轻信可以避免，以致发生了造成严重损害的危害结果。本案中被告人不存在过失，纯属意外事件。中国人民银行《关于执行〈储蓄管理条例〉的若干规定》第 34 条规定："储户支取未到期的定期储蓄存单的，必须持存单和居民身份证办理。代他人支取未到期定期存款的，代支取人还必须出具居民身份证。办理提前支取手续，出具其他身份证明无效。"银行是正规的金融部门，储户也想不到其工作人员不按规章办事；储户不可能想到不用存单及必备的证明，银行就把大额存款凭一个不真实的与留样不一致的私刻的假章支付该储户以外的人。第三，从犯罪的客观方面讲，庞某的行为与最终的损害后果没有法律上的因果关系。损害后果形成的真正原因是张某的诈骗行为或者是银行工作人员的严重不负责任。最后，检察机关撤回起诉。

4. 反渎侦查过程中，要详细研究国家建筑行业相关的法律法规、行业标准等，并虚心请教建筑领域的有关专家，重视行业专业性证据，以确定罪与非罪，稳妥解决问题。忽视以上证据的获取与运用，或者案件处理时不能及时获得以上证据并予以提交，案件的最终认定可能会出大的问题。例如，某县检察院查办并起诉的该县规划和建设国土资源管理局副局长唐某玩忽职守案,某州教育局以91万元投资修建的某小学由某公司中标修建,该工程竣工后由某县基建领导小组组织进行验收,县城建局局长高某临时指派质监站技术员唐某参加验收。该工程因施工方老板使用了空心砖,在验收会上基建领导小组当时认定该工程为不合格工程。但唐某身为质监站技术人员在该工程没有验收合格的情况下,擅自在建筑安装工程竣工验收合格证书的部分工程质量验收评定等级栏中全部签字评定为合格,并且带领某公司该县项目部经理杨某相继到相关部门签字盖章。随后杨某便拿着这份合格证不断上访,要求对工程送审。该县政府召开协调会,将该工程送审,支付了工程款17.3万余元。该教学楼和学生宿舍被鉴定为D级危房而被拆除,拆除费14.6万余元,共造成经济损失116.9万余元。某州中级法院二审终审判处唐某无罪。从一审判处有期徒刑5年,到二审发回重审,再到一审判处构成滥用职权罪但免予刑事处罚,再到二审判处无罪。因此准确区分罪与非罪,对行业相关法律法规、行业标准等的准确把握,至关重要。

5. 做好渎职类犯罪中具体罪名如滥用职权与正当履职行为的甄别、区分工作,确保办案活动精准、公正。工作实践中,如果国家机关工作人员合理、合法地行使职务范围内的权力,即使造成一定的损害也不构成滥用职权罪。但未尽注意义务,过度使用权力的行为则恰恰符合滥用职权罪的构成要件,是应当追究相应刑事责任的。例如,河南省郑州市金水区检察院查办并起诉的新蔡县公安局值班副局长安某民滥用职权案,安某民作为该县公安局值班副局长发现十几个人手拿刀、棍追打一人时,两次拨打"110"报警,警察第二次出警后,准备将三名形迹可疑人员带回询问时,很多手持刀、棍的人将该三人抢走,并用棍子打警察,其口头警告无效,朝天鸣了三枪,此时其使用枪支的行为属于正当的履行职务行为,但是,当在场人员听到鸣枪声,有的逃散,有的滞、愣在距出警人员5—6米处时,安某民仍开枪,此时,其在履行职务的过程中,并未尽到注意义务,过度地运用权力,导致一人死亡,一人轻微伤,其行为符合滥用职权罪的构成要件。一审法院以安某民犯滥用职权罪判处其有期徒刑1年2个月。安某民方辩解称,安某民的行为是依法正当行使职务,没有滥用职权,其无罪。二审法院认为,安某民行为已构成滥用职权罪。遂裁定驳回上诉,维持原判。

6. 工作实践中要区分、把握事情的来龙去脉,以及纷繁复杂、众多致损因素中的罪错划分问题,以便推进侦查工作准确、有效地开展。例如,重庆江津市检察院查办并起诉的该市金刚镇党委书记江某某滥用职权案,江某某在职期间经人介绍认识美国盛氏集团重庆代表处首席代表程某某。在未调查对方资质、权限和履约能力的情况下，超越职权与对方签订了《金刚镇金油公路项目协议》和《关于美国盛氏集团投资金刚沙石、旅游开发协议》。其后，又在明知美国盛氏集团重庆代表处不具备法人资格的情况下，应程某某要求违反法律规定成立该市金刚旅游开发有限公司并授权程某某，给程某某以江津市金刚旅游开发有限公司名义诈骗十多个施工单位提供机会。程某某骗取施工单位资料费114.3万元。该镇政府准备修建金油公路 K411 桥涵工程，江某某安排何某某与其一道办理此事。该工程定价为人民币51万元。二人在与重庆铁路分局工务段联系洽谈时，未经预算、咨询，确定该工程造价51万元，却要求将工程合同签订为价款59万元、对方将虚增的8万元作为返还给他们的费用。永川工务段承包工程后，将工程转包给石门建司蹇某某。镇政府付清工程款后，何某某与永川工务段隆某某、石门建司蹇某某等到农行油溪营业所，蹇某某取出9万元后将其中8万元交给隆某某，隆某某从中抽出管理费7200元，把余款7.28万元按当初的约定递给了何某某，何某某收下钱后，来到江某某前妻韩某的门市，江某某也赶来该门市，江某某分给何某某3.25万元，自己分得4万余元。江某某方辩解称，招商引资等一系列行为均经集体研究决定，上报请示了江津市委、市政府，不是江某某的个人行为，自己虽有工作失误，但不构成滥用职权罪；未虚增承包合同价款，未收取贪污款，不构成贪污罪。程某某以江津市金刚旅游开发有限公司名义诈骗十多个施工单位实际金额是53.3万元，该损失应由程某某承担，不应当由江某某承担，江某某不构成滥用职权罪；指控江某某贪污的证据不足，江某某也不构成贪污罪。何某某方辩解称，收取7.28万元后，除江某某分得4万元，分给张某某、隆某某等共计4900元，自己分得2.79万元，其本人不是国家工作人员，受江某某的指示办事，因此，不构成贪污罪。一审法院认为江某某系中共金刚镇委、金刚镇人民政府成立的"金刚镇旅游开发领导小组"和"金油公路硬化领导小组"组长，依法有权处理与金刚镇的旅游开发和金油公路硬化工程有关的事项。在招商引资过程中，江某某与金刚镇党委、镇政府的有关人员对盛氏集团进行考察，共同开会研究成立公司，与镇长、副镇长共同参加由旅游公司向程某某授权管理旅游公司的活动，该行为均不违反法律规定。江某某故意抽逃旅游公司注册资金和金刚镇党委、镇政府决定何某某任旅游公司法定代表人，两起违法行使职权的行为作用仅及于旅游公司，与程某某对外行骗、造成施工单位的重大损失之间没有必然因果联系。江某某主观上没有滥用职权的故意，客观方面没有滥用职权的行为，其行为不构成滥用职权罪。江某某、何某某犯贪污罪的事实和罪名亦不能成立。何某某不是国家工作人员不构成贪污罪。可以认定何某某收取了工程返还款7.28万元，给江某某300元后，把其中7.25万元据为己有。

该款属国家财产，何某某收取后具有代管的义务，却将其据为己有，拒不归还，财产数额较大，其行为已构成侵占罪。遂判决江某某无罪；何某某犯侵占罪处有期徒刑1年，缓期2年。检察院抗诉提出：第一，江某某的行为构成滥用职权罪。主要理由如下：一是一审判决错误地理解滥用职权的含义。江某某在旅游公司成立后抽出注册资金，安排政府工作人员出任法定代表人，又在没有履约能力的情况下全权授权程某某经营，均属违反规定行使职权。二是一审错误判决江某某滥用职权与施工单位被骗之间没有必然因果关系。首先，江某某明知盛氏集团没有法人资格，为其成立了旅游公司并全权授权程某某，为程某某以该公司名义实施诈骗提供了有利条件；其次，被骗施工单位不是信任程某某，而是完全信任金刚镇政府成立的旅游公司而来投标修建公路；再次，没有江某某把旅游公司授权给程某某，程某某就无法利用合同实施诈骗，江某某的授权行为与施工单位被骗之间存在决定与被决定、引起与被引起，起到实际且关键作用的因果关系。三是江某某既有滥用职权的行为，又有玩忽职守的行为。江某某明知程某某所属单位无签约能力，盲目决策，擅自决定将旅游公司全权授予程某某，为程某某实施诈骗提供条件，给人民财产造成93.1万元的损失。综上，江某某作为金刚镇党委主要负责人，在处理本地区的重大经济发展问题时，未能依法决策、民主决策，应当以滥用职权罪追究其刑事责任。第二，江某某、何某某均构成贪污罪。主要理由如下：江某某主动要求虚增8万元工程款返还给金刚镇政府，不告诉其他行政人员，其贪污的故意没有直接表达，合乎贪污行为人隐蔽的特征；同案被告人何某某供述证实受江某某的安排，领取虚增8万元，得到付款方证人印证。证人证实江某某当天到过其前妻韩某门市，与何某某供述在韩某的门市交钱给江某某相吻合。当天，江某某在银行存款3.5万元。江某某也供述收到何某某300元。返还款8万元事后未体现在金刚镇政府的财务账上，江某某却不过问，唯一的解释正如何某某供述的二人共同分了7.28万元，由此足以认定江某某伙同何某某共同贪污的事实。二审法院认为，江某某身为中共江津市金刚镇委书记兼任中共金刚镇委、金刚镇政府成立的"金刚镇旅游开发领导小组"和"金油公路硬化领导小组"组长，未能正确履行其职责，违法成立公司，擅自授权他人管理，为他人利用该公司实施诈骗提供了重要条件，造成被骗单位重大经济损失，其行为构成滥用职权罪。鉴于江某某在招商引资过程中超越职权的主要决策行为毕竟在形式上曾经集体研究，被骗单位的经济损失系多种原因造成，根据江某某滥用职权的事实、情节以及本案的具体情况，可认为其犯罪情节轻微。抗诉机关提出江某某构成滥用职权罪的抗诉意见成立。一审对江某某不构成滥用职权罪的处理不当，予以纠正。何某某受该市金刚镇政府的临时委托，利用经手收取公款的职务之便，收受其他单位返还金刚镇政府人民币 7.28 万元，私自占有公款人民币 2.79 万元，其行为已构成贪污罪。抗诉提出江某某伙同何某某共同贪污且分得赃款人民币 4 万元的证据不足，一审认定何某某构成侵占罪的定性不当。遂撤销一审判决；判决江某某犯滥用职权罪免予刑事处罚；何某某犯贪污罪判处有期徒刑 2 年，缓刑 2 年。

（二）不懂业务能否作为国家机关工作人员签订履行合同失职被骗罪的免责理由

反渎实战中，负有特定职责人不能以自己不懂业务作为国家机关工作人员签订履行合同失职被骗罪的免责理由。否则，就无渎职犯罪可查了。例如，河南省鹤壁市郊区检察院查办并起诉的该区粮食局办公室主任刘某国家机关工作人员签订履行合同失职被骗及副局长吴某良玩忽职守案。调查查明，该市郊区粮食局办公会议决定，派主管购销业务的副局长吴某良和办公室主任刘某去东北进购 25 万公斤的大米供应鹤壁春节市场。吴某良因家中有事让不懂业务的刘某先去。刘某在购销活动中，在未调查了解的情况下，盲目签订合同，并随即将 60 万元的汇票交给对方，失职被骗；吴某良不执行局办公会决定，让不懂业务的人员进行购销业务并始终未去东北，致使被诈骗 60 万元。刘某方辩解称：自己主要从事行政工作，业务不熟练；只是起联系作用，不应承担直接责任；已履行了职责，被骗的原因是懂业务的领导没有去，而一再用电话汇报得不到指示。吴某良方辩解称，自己未去东北购米是经粮食局杨某生局长同意的；而且再三叮嘱刘某不见铁路大票不付款；此外刘某付款前并未向其汇报；让刘某去东北购大米是局长办公会议决定的。故吴某不构成玩忽职守罪，该案应适用 1997 年《刑法》第 406 条处罚。法院认为，刘某在履行签订购销合同过程中，疏忽大意，严重不负责任，给国家财产造成 60 万元的重大经济损失，其行为已构成国家机关工作人员签订、履行合同失职被骗罪，应负刑事责任。指控吴某良构成玩忽职守罪证据不足。遂判决刘某犯国家机关工作人员签订、履行合同失职被骗罪处有期徒刑 1 年，缓刑 2 年；吴某良无罪。

这是一起较为典型的国家机关工作人员在购销活动中严重不负责任签订履行合同被骗，致使国家公共财产遭受巨大经济损失的失职犯罪案件。本案是运用 1997 年《刑法》新罪名所判决的刑事案件。首先，在对本案的处理上，适用了 1997 年《刑法》第 12 条有关刑法溯及力的规定，采取了"从旧兼从轻"的原则。根据 1997 年《刑法》总则中第 12 条的规定，刑法对于其施行以前的行为，原则上适用行为当时的法律，不溯及既往。但是修订后的刑法不认为是犯罪或者处刑较轻的，则要按照修订后的刑法处理。其次，在对行为人定罪处刑上适用了 1997 年《刑法》第 406 条规定的新罪名——国家机关工作人员签订、履行合同失职被骗罪。即国家机关工作人员在签订、履行合同过程中，因严重不负责任，致使国家利益遭受重大损失的行为。从本罪的立法背景来看，随着改革开放、市场经济的建立和发展，一些不法之徒利用经济活动中签订合同的形式，大肆进行诈骗活动。而一些国有企业的领导人和业务人员在购销活动中，不问对方资信情况，盲目签订、履行合同，以致上当受骗，致使国家公共财产遭受重大损失。为规范在社会经济活动中签订、履行合同的行为，维护经济贸易秩序，针对在签订、履行合同中由于严重不负重任而被骗，致使国家利益受损的状况，1997 年《刑法》对此作出了明确的规定。从本罪的犯罪特征上看，一是行为人在客观方面实施了由于严重不负责任而在签订、履行合同过程中被诈骗的行为。其表现为未对有关单位调查了解，盲目同无资金或无货源的另一方签订购销合同而被诈骗等方面。二是行为人实施上述行为，致使国家利益遭受重大损失。三是行为人在主观上主要是过失，其应当预见自己的行为可能发生被诈骗的危害结果，由于主观上马马虎虎、疏忽大意而没有预见，或者已经预见而轻信能够避免，严重不负责任，致使国家造成重大经济损失。刘某作为执行签订履行大米购销合同的直接责任人员，疏忽大意，严重不负责任，致使国家财产遭受 60 万元的重大经济损失，已构成国家机关工作人员签订、履行合同失职被骗罪。行为人吴某良虽然作为直接负责的主管人员，但其再三强调刘某不装车，不见铁路大票不付款，主观上并不存在过失，客观方面亦没有签订购销合同，且无玩忽职守的行为。法院认定刘某犯有国家机关工作人员签订、履行合同失职被骗罪，吴某良不构成犯罪，该判决是正确的。

二、经济民生领域渎职犯罪此罪与彼罪的甄别与确定

（一）对具体行为貌似多类罪行交织情形的区分与处理

反渎侦查活动中，常常会遇到乍看起来某些具体涉嫌行为系渎职类犯罪与贪污贿赂类犯罪、渎职犯罪与普通刑事犯罪以及滥用职权与玩忽职守罪行为特征兼具，几类罪名都像的情形，需要办案人员仔细斟酌，认真把握，稳妥处理。

1. 对具体涉嫌行为渎职类犯罪与贪污贿赂犯罪交织情形下类罪和个罪的把握和处理。

（1）对具体涉嫌行为中，渎职类犯罪性质内容与贪污贿赂类犯罪性质部分交织，似乎定任何一类罪名均可情形的把握和处理。在反渎侦查过程中，对于贪污贿赂类犯罪与渎职类犯罪都有一点，都有点像的具体涉嫌行为，要根据有关定案证据所证明的案件事实和危害后果，依法、准确确定行为性质和罪名。例如，天津市宁河县检察院查办并起诉的该县物资局业务科副科长兼县物

资总公司经销公司代经理吴某民挪用公款、受贿被改判玩忽职守案。调查查明，吴某民在任期间伙同该县物资局局长、物资总公司总经理崔某明（在逃），经广东的何某华（另案处理）介绍，由宁河县物资局向广东省荔湾区镇海物资公司发运钢材2000余吨，由何某华代为销售。后因何的私营企业——广东省开平市粤华五金轧钢厂缺少资金，吴某民与崔某明、何某华三人商议后，以宁河县物资总公司经销处和广东省开平市丰钢五金轧钢厂之名签订一份合同。合同载明宁河县物资总公司经销处用何某华负责销售的钢材货款300万元，作为向开平市丰钢五金轧钢厂的投资，由开平市丰钢五金轧钢厂按月息2分支付利息，使用期限为一年。吴某民和崔某明在都不担任原职务的情况下，又与何某华一起利用盖有宁河县物资总公司经销处公章的空白纸，签订和修改延长用款期限的补充协议。何某华为感谢吴某民和崔某明决定借款投资，三人同去澳门游玩，并送给崔某明、吴某民10万元港元。吴某民收受2万元港元，折合人民币14738元。法院判决吴某民犯挪用公款罪判处有期徒刑15年；犯受贿罪判处有期徒刑5年；决定执行有期徒刑19年；非法所得折合人民币14738元，予以追缴。提取、扣押吴某民的人民币40万元、高尔夫轿车一辆、达西亚汽车一辆、摩托罗拉168A手机一部、BP机一部折价发还宁河县物资总公司抵顶被害人合法财产300万元部分损失，其余部分继续追缴。吴某民上诉辩解称，借款给丰钢五金轧钢厂使用是投资，经主管领导同意，并已经实际履行，用款单位是集体所有制单位，故挪用公款罪不成立；吴某民在澳门是从崔某明手里借款2万港元，事后又归还给崔某明，认定犯受贿罪，证据不足以及对追缴的款物处理提出异议。二审法院认为，认定吴某民在国有公司任职期间，以签订合同的形式，将其单位价值300万元的钢材款作为投资，借给广东省开平市丰钢五金轧钢厂使用，至今未能归还，致使国有财产遭受重大损失的事实清楚、证据确实充分。但据此认定吴犯挪用公款罪不妥。因为根据《刑法》第384条第1款规定，挪用公款罪是指国家工作人员利用职务上的便利，挪用公款归个人使用的行为。对于挪用公款给哪个人使用，全国人大常委会《关于〈中华人民共和国刑法〉第三百八十四条第一款的解释》解释为"将公款供本人、亲友或者其他自然人使用；以个人名义将公款供其他单位使用的；个人决定以单位名义将公款供其他单位使用，谋取个人利益的"。本案吴某民出借公款的行为均不符合上述解释中的任何一条，其既不是将公款供本人、亲友或者其他自然人使用，也不是以个人名义将公款供其他单位使用的，更无证据证明是在谋取个人利益。故吴某民的行为不具备挪用公款罪的犯罪特征，不能以挪用公款罪论罪科刑。然而，吴某民身为天津市宁河县物资总公司经销处的代经理，在签订借款合同过程中，严重不负责任，片面听信何某华的介绍，没有认真考察用款单位的企业性质和偿还保证，也未顾及巨额财款的可能流失，其所签合同中亦无有效条款约束对方按时归还。致使300万元国有财产不能归还，造成国家利益遭受特别重大损失。其行为与《中华人民共和国刑法修正案》第2条规定的"国有公司、企业的工作人员，由于严重不负责任或者滥用职权，造成国有公司、企业破产或者严重损失，致使国家利益遭受特别重大损失"相符合，即具备犯国有公司人员失职罪的构成要件。由于吴某民的行为是发生在1979年刑法实施期间，依照《刑法》第12条第1款的规定，应适用1979年刑法第397条，以玩忽职守罪予以处罚。关于吴某民犯贿赂罪一节，因缺乏直接收受贿赂的崔某明供词以及相印证的关键证据，不能确认吴某民是否收受2万元港币和归还，故认定吴某民犯受贿罪的证据不足。原审以受贿罪判处吴某民刑罚，显系不当。确认吴某民在国有公司任职期间，严重不负责任，草率签订投资借款合同，致使国有财产遭受特别重大损失，其行为已构成玩忽职守罪。遂判决撤销该市宁河县法院相关刑事判决；吴某民犯玩忽职守罪，判处有期徒刑5年。

（2）反渎侦查活动中，查办贪渎双料案件时，要严格按照不同罪名的犯罪构成必要条件来加以衡量，妥善处理多罪名案件。确保任何一类罪中的每一个罪名都站得住脚。不能顾此失彼，更不能捡了芝麻丢了西瓜。例如，温州市龙湾区城市管理与行政执法局路灯管理处主任李某，负责全辖区的路灯线路、灯杆灯具、控制箱等城市照明设施管理和维护工作，监督检查城市道路照明设施的安全运行与维修工作。李某接到群众反映称龙湾区状元街道耐宝路与电大路交叉路口水泥路面破损，路灯电缆线套管（钢管）破裂，有触电危险。后李某指派温州市华炬照明成套设备有限公司（以下简称华炬公司）负责人刘某（另案处理）对该路段进行维修处理。刘某组织人员进行维修。因该路段原维修处水泥路面遭车辆碾压破损，导致原路灯电缆线绝缘层破损铜芯外露漏电，加上雨天形成积水，路人邹某骑自行车经过该地段不幸触电倒地后死亡。经鉴定，事故发生的直接原因是华炬公司在维修涉案路段电缆时未按照标准施工，未使用能满足承压强度的保护管，且埋设深度不足。李某在施工前未组织勘察现场，对维修的方案及维修过程未现场督导，且未对隐蔽工程进行检查并及时排除事故隐患，施工完毕后存在监管不到位的情况。龙湾区城市管理与行政执法局与华炬公司签订道路路灯巡查养护承包合同，总工程款为226.8万余元，但该合同未经招投标程序。在工程款未结算前，李某因个人债务压力，向刘某索要2013年路灯养护工程款的10%（约22万元）作为回扣。由于李某时任路灯管理处主任，负责龙湾区路灯维护监督管理、工程验收结算工作，刘某遂同意并经公司股东商量给予该笔回扣。在工程款结算拨付到该公司后，刘某将 22 万元支付给了李某，李某用之还债。龙湾城管执法局决定购买 2—3 辆巡逻车用于单位使用，由李某与华炬公司负责购买，金额为 50 万元，后该款项打入华炬公司账户。而李某明知该款系单位购车款项，属于公款，仍利用职务便利，要求华炬公司将该款转给其个人使用。刘某等人同意并帮助其将该款挪出，并转到李某的个人账户内。后李某将 50 万元款项用于个人银行天涯还贷、炒股。李某方对受贿事实无异议，但对指控犯玩忽职守罪、挪用公款罪提出异议：路灯电缆维修工程已承包给华炬公司，漏电造成他人死亡系华炬公司未按标准施工造成，应由华炬公司负责，且死者的触电死亡结论系初步鉴定意见，不能排除其他死因；华炬公司给予的 50 万元实际系李某向刘某的借款，而 50 万元购车公款不在李某的职责监管范围之内，不属于利用职务便利挪用公款。法院遂以李某犯玩忽职守罪判处有期徒刑 9 个月，受贿罪判处有期徒刑 12 年，合并执行有期徒刑 12 年 6 个月。但法院认为，李某对打入该公司的 50 万元公款并无职务上的主管、管理、经手的权力，该公款处于公司的监控之下，间接（达到）控制该财物的行为，应认定为是利用了工作上所形成的便利条件。李某并非利用职务便利挪用公款。故不构成挪用公款罪。

侦查实战中，在贪污贿赂类犯罪与渎职类犯罪交织状况中，特别是两类犯罪作案手段有交集的情况下，确定具体罪名工作，更应缜密、慎重，力求条理清楚，逻辑结构周密严谨，适用法条严丝合缝，处理结果令所有人服气。例如，河南省三门峡市湖滨区检察院查办并起诉的该市公安局交警支队车辆管理大队正科级民警王某周玩忽职守、贪污案中，王某周在任三门峡市公安局交警支队车辆管理大队（以下简称公安局车辆管理大队）正科级侦查员期间，分管负责机动车销售企业机动车登记服务站工作，系公安局车辆管理大队驻机动车登记服务站驻站民警，其未认真执行公安部《机动车登记规定》第 61 条第（一）项"不按照规定确认机动车和审查证明、凭证的"、河南省公安厅、河南省国家税务局《关于切实做好车辆购置税征收管理工作的通知》第 2 条"公安车管部门要依照《机动车登记规定》严格车辆注册登记审核把关，不符合条件的一律不予办理入户手续""要对车主所持的车辆购置税完税证明或免税证明认证审核，严格把关""涉嫌假冒、伪造的，及时通报国税部门"、公安部《机动车销售单位代办机动车登记业务管理规定》、《河南省机动车销售企业办理机动车登记业务实施办法》等的规定，工作严重不负责任，刻制 6 枚同音不同字的私章，让 6 家机动车登记服务站查验岗人员用其名字和秘钥登录办理车辆注册登记业务，并对其管理的代办站工作人员提交的车辆登记注册相关数据和资料审核不细、把关不严，致使 260 辆机动车使用虚假的车辆购置税完税证明登记注册，国家税款流失 308 万余元。王某周任公安局车辆管理大队正科级侦查员，分管负责机动车登记服务站工作。期间，机动车登记服务站对办理临时牌照每辆车另行收取服务费10元，对每辆车注册登记另行收取服务费50元。王某周每月到机动车登记服务站进行结算。结算后，王某周除将收取的服务费应支付的款项扣除后，采用不记账的形式，将其中的30余万元用于家庭开销支出。法院认为，王某周身为国家机关工作人员，严重不负责任，不认真履行职责，致使260辆机动车使用虚假的车辆购置税完税证明登记注册，国家税款流失308万余元，给国家和人民造成重大损失，情节特别严重，其行为已构成玩忽职守罪；王某周身为国家工作人员，利用职务之便，采用不记账的手段，非法占有公共财物30余万元，其行为已构成贪污罪。王某周犯数罪，依法应数罪并罚。遂判决王某周犯玩忽职守罪，判处有期徒刑2年6个月；犯贪污罪，判处有期徒刑7年；决定执行有期徒刑8年，非法所得30余万元予以没收，上缴国库。王某周上诉辩解称其不构成玩忽职守罪和贪污罪：不存在不履行或不认真履行职责行为，不构成玩忽职守罪。其督导职责只是监督和指导4S店机动车服务站正常开展业务，对机动车登记资料的事后复核是由车管所的计算机管理员、档案管理员以及国税部门共同比对复核完成；发生虚假车辆购置税完税证明能够登记注册的危害后果不是由王某周造成的，是不法分子犯罪行为所致，责任应由他们承担，另外也有公安、国税两部门协作配合沟通不畅等原因，不存在非法占有公共财物的故意和行为，不构成贪污犯罪。额外收取的服务费用于服务站的运营和开支，不属于公共财物，上诉人留的部分钱款没有给4S店结清。机动车登记服务站行使的是机动车登记行为是授权行政行为，其应对自己的行为依法独立承担法律责任。驻站民警没有任职文件，没有规定王某周应对车辆购置税证明进行复核。

本案中，关于玩忽职守构罪问题：第一，王某周的职责。依据公安部《机动车登记规定》，王某周作为驻站民警负有按照规定确认机动车和审查证明、凭证的职责，依据《河南省机动车销售企业办理机动车登记业务实施办法》，各省辖市交警支队车管所是办理机动车登记业务的销售企业的指导管理机关，对业务办理进行监督指导，并具体负责车辆查验、确认数据和资料复核、定期巡查、健全制度等，王某周作为三门峡市公安局车辆管理大队分管机动车登记服务站工作的人员和驻站民警，应当认真履行上述责任。第二，王某周没有认真履行职责，致使国家和人民利益遭受重大损失。王某周主观上认为车辆购置税完税证明是税务部门开具，销售企业和备案人员是登记资料真实性的第一责任人，认为不可能有假，客观上王某周也没有对购置税完税证明真实与否进行复核，致使260辆机动车使用虚假的车辆购置税完税证明登记注册，国家税款流失308万元。第三，国家和人民利益遭受重大损失与王某周不认真履行职责具有因果关系，无论是不法分子伪造使用虚假的完税证明，还是机动车销售企业违规办理，上诉人王某周的职责正是通过认真查验、复核、巡查等监督管理指导行为，防范问题的发生，或者及时查处出现的问题，260辆机动车使用虚假完税证明登记注册，与上诉人王某周不认真履行职责的行为直接相关。综上所述，上诉人王某周及其辩护人所提不构成玩忽职守罪的理由和意见不能成立。关于对贪污罪构罪与否的问题：第一，涉案财物是机动车登记服务站履行公务行为即车辆注册登记工作而公开收取的服务费，该服务费属公款；第二，各机动车登记服务站均及时将款项上交管理机关，即三门峡市公安局交警支队车辆管理大队分管负责服务站工作的民警王某周；第三，王某周采用不记账手段，将30余万元用于家庭开销支出，系利用了职务上分管服务站和经手公款的便利条件。故认为，王某周身为国家机关工作人员，严重不负责任，不认真履行职责，致使260辆机动车使用虚假的车辆购置税完税证明登记注册，国家税款流失308万余元，给国家和人民造成重大损失，情节特别严重，其行为已构成玩忽职守罪；王某周身为国家工作人员，利用职务之便，采用不记账的手段，非法占有公共财物30余万元，其行为已构成贪污罪。王某周犯数罪，依法应数罪并罚。遂判决王某周犯玩忽职守罪，判处有期徒刑2年6个月；犯贪污罪，判处有期徒刑5年6个月；决定执行有期徒刑6年6个月。

（3）在当前贪污贿赂类犯罪基于渎职基础上的作案犯科的特点，尤其是犯罪嫌疑人方辩解称"行为人滥用职权为他人谋取利益，只是基于一个最终犯罪目的，分别触犯受贿罪和滥用职权罪的犯罪状态，系牵连犯"的情形，需要认真把握和稳妥处理。依法形成两个犯罪构成的，必须数罪并罚。但现实生活中，具体情况复杂多样。例如，重庆市某区检察院查办并起诉的该区规划局党组书记袁某滥用职权、受贿案，袁某担任某区公安局消防大队队长期间，利用其负责全县消防安全监督、检查和审批验收工作的职务便利，为他人谋取利益，非法收受开发商现金2万元。袁某在担任规划局党组书记期间，利用其分管党务及执法监察工作的职务便利，分三次收受某公司董事长现金5万元。为此，在该公司开发的楼盘超面积的处罚过程中，滥用职权，违规降低处罚标准，造成国家经济损失50万余元。袁某方辩解认为应当以受贿罪一罪处罚，滥用职权行为是受贿罪的组成部分，不应当另行处罚。袁某的行为不构成滥用职权罪，理由是：袁某为了收受他人好处费，为他人谋取非法利益，对该公司开发的楼盘超面积部分违规降低处罚标准，给国家造成一定经济损失。袁某是因为收受贿赂而滥用职权，是基于一个最终犯罪目的，系牵连犯，只能择一重罪受贿罪处罚。法院认为，袁某作为规划局的主要负责人，在收受该公司董事长贿赂后，明知其开发的楼盘超面积部分违反规定，降低处罚标准，使国家利益遭受重大损失，其行为构成滥用职权罪。但袁某是因收受贿赂而滥用职权为他人谋取利益，是基于一个最终犯罪目的分别触犯受贿罪和滥用职权罪的犯罪状态，系牵连犯。法院判决袁某构成受贿罪，宣告滥用职权无罪。显然，该区法院的判决是错误的。

2. 对"特定职责"人员渎职类犯罪与普通刑事犯罪交织情形具体罪名确定的把握与处理。

（1）工作实践中，在"特定职责"人员涉嫌渎职类犯罪与普通刑事犯罪交织的情况下，要重视尽管涉嫌行为人可能都是拥有职务职责身份所实施的有关行为，但不同行为之间彼此行为性质上有本质的不同，故需要认真区分和落实好谁的责任谁承担的原则，即构成何罪名即按何罪名处理。例如，四川省内江市原副市长李某彬等人滥用职权案，李某彬指使内江市市中区财政、粮食等部门虚构地方储备粮收储计划，协助民营企业内江山山酒业有限公司从中国农业发展银行内江市分行骗取储备粮收购贷款 2.99 亿元；时任该分行行长李某荣在明知企业不具备粮食储备条件和前期贷款资金被挪用的情况下批准放贷，造成较大损失风险。该省高级法院以滥用职权罪、受贿罪和贪污罪判处李某彬有期徒刑 15 年，追缴违法所得 12 万元；以违法发放贷款罪判处李某荣有期徒刑 9 年，并处罚金 12 万元。同案的市中区原区长廖某聪、原财政局长魏某强，以及内江山山酒业有限公司实际控制人代某国也分别被判处 10 年 6 个月至 16 年有期徒刑，并处没收财产 4 万元至 800 万元。

工作实践中，要考虑到尽管行为人确实存在失职渎职的犯罪嫌疑但仍然要根据具体行为的实际情况来甄别或者比对，确定不同罪类的具体罪名来加以应对。特别是当前一些企业并不是实实在在地开展信托投资部门正当的信托投资业务，而是违反金融法规、政策，靠违规提高利率来吸揽资金，扩大经营规模。为谋求高回报，企业老总同意公司把资金高息放贷或投入房地产、股票等高风险领域，致使公司陷入了"高进高出——高出高进"的恶性循环，加上贷款手续不齐全，抵押担保不落实，大量逾期贷款无法追回，造成重大损失的情况下，尤应如此。例如，广东省汕头华侨信托投资公司总经理（副处级）袁某祥非法吸收公众存款和违法发放贷款案，调查查明，袁任法人代表并经营的汕头华侨信托投资公司是一家非银行金融机构，经营金融投资业务。由于违规经营，管理混乱，资产质量差，该公司负债达 13 亿多元，无法正常支付到期存款，出现了严重的支付危机，被停业整顿。期间，该公司的经营运作，违反国家法律、法规的规定，超越公司的经营范围，采用擅自提高利率和非指定委托（假委托）的方式吸收公众存款，通过该公司的营业部、国内部和计财部，公开向社会吸收非指定委托存款共计 591 笔，人民币 675014214 元，存款利息率为月息 9.225% 至 21.5%，远远超过人行的利率规定。袁某祥在审批公司发放贷款过程中，违反国家法律、行政法规的规定，超越公司经营范围，采用所谓"以贷引存"，先发放贷款后补办批贷手续，以高于人行规定的贷款利率发放贷款等方式，同时没有严格按照有关审查贷款的规定，不审查或者不认真审查贷款申请人的有关文件和资信状况就发放贷款。发放非指定委托贷款共计 190 笔，人民币 69145.6 万元和 504.5 万美元。由于贷款手续不齐全，抵押担保不落实，大量逾期贷款无法追回，至案发时共造成贷款人民币 60496.1 万元和 470.6 万美元无法收回的重大损失。汕头市金园区法院以非法吸收公众存款罪和违法发放贷款罪判处袁某祥有期徒刑 17 年。

（2）牢牢把握行为人职务职责身份以及其具体行为的个性特征，根据法律规定，认定罪行性质与类别。例如，北京市检察院第一分院查办并起诉的瑞得（集团）公司办公室秘书罗某、国家外汇管理局国际收支司进出口核销处主任科员于某非法经营，中仪新技术贸易公司总经理曾任中仪英康经营中心董事长、进出口公司总经理常某签订、履行合同失职被骗案，调查查明，罗某受瑞得（集团）公司及北京瑞得科技贸易发展公司的指派，以瑞得（集团）公司的名义，为公司办理进口计算机业务的手续。在瑞得（集团）公司与中仪经纬进出口公司签订委托代理进口协议后，罗某假冒外商签名，在三份外贸合同上外商签名处签字，以此三份虚假外贸合同欺骗售汇银行开具信用证，通过中仪经纬进出口公司从中国银行总行、中国建设银行北京市分行为北京瑞得科技贸易发展公司骗购外汇 447.685 万美元后汇至境外，将境内瑞得（集团）公司自有外汇 365 万美元非法转移至境外。在办理国家外汇管理局规定的进口付汇报审手续时，用报关金额为 250 万美元的 6 张报关单（经鉴定系伪造）及罗某编造的报审金额为 812 万美元的核销表到国家外汇管理局报审了上述三笔所付外汇。于某担任国家外汇管理局国际收支司进出口核销处主任科员负责进口付汇核销报审工作时，当罗某请求其以少报多，用 250 万美元的报关单报审 812 万美元的付汇金额，以逃避国家外汇管理局审查，其违反有关法规，私自将罗某提供的虚假核销表中的数据输入国家外汇管理局的计算机系统内，并在罗某提供的报关单和核销表上盖上"已报审章"，予以报审。常某在担任中仪英康经营中心董事长并直接负责中仪经纬进出口公司工作期间，在代理瑞得（集团）公司进口计算机业务时，为本单位的利益，不按国家经济主管部门有关规定履行职责，在不见外商、不见进口产品、不见供货货主并放任瑞得（集团）公司自带客户、自带货源、自行报关的情况下，代表中仪经纬进出口公司与瑞得（集团）公司签订代理进口协议、签订并同意其负责管理的其他职员签订外贸合同。瑞得（集团）公司利用上述所签虚假合同从售汇银行骗取外汇447.685万美元汇至境外，365万美元被非法转移至境外。为此，中仪经纬进出口公司获取代理费人民币32万余元及102万余元的付款允诺。一审法院认为，罗某身为国有公司的工作人员，无视国家外汇管理制度，以公司的名义，使用虚假外贸合同，向外汇指定银行骗购外汇汇至境外并将境内的外汇非法转移至境外，情节严重，其行为已构成逃汇罪。于某身为国家机关工作人员，不正确履行其外汇监督职责，违反有关法规，为存在明显逃汇等非法嫌疑的报审文件予以核销，客观上掩盖了逃汇犯罪行为，致使国家利益遭受重大损失，其行为已构成玩忽职守罪。常某身为从事对外贸易经营活动的国有公司直接负责的主管人员，为本公司的利益，在签订、履行外贸代理合同过程中，严重不负责任，致使其他公司利用其经手和同意签订的外贸代理合同大量骗购和逃汇，使国家利益遭受重大损失，其行为已构成签订、履行合同失职被骗罪。指控罗某、于某犯非法经营罪的部分事实不清，定罪不当；对罗某逃汇365万美元事实予以确认，认定罗某的行为根据有关司法解释已构成逃汇罪；于某没有与被告人罗某共谋骗汇的故意和行为，认定其系非法经营罪共犯不当，于某的行为符合玩忽职守犯罪的罪状，应构成玩忽职守罪，遂对指控罪名予以纠正。故认定罗某犯逃汇罪，判处有期徒刑2年；于某犯玩忽职守罪，判处有期徒刑2年，缓刑2年；常某犯签订、履行合同失职被骗罪，判处有期徒刑2年，缓刑2年；在案扣押66530美元发还中仪英康进出口公司。于某上诉辩解称，其在履行职责时没有放弃监管，只是采取的方式不当；原判依据的管理规定是在事后才实施，与时效原则不符。常某上诉辩解称，其不是直接负责的主管人员，原判认定其同意别人签订合同与事实不符；其不存在严重不负责任的行为，没有给公司造成实际损失；其行为不属于应受刑罚处罚的范围；其不是公司法人代表，也不是直接负责的主管人员，对他人签署两份合同事先不知道，与瑞得公司签署的三份协议系担保性质的协议，经纬公司全额收回信用证款未受损失；签署504HK合同的用汇系瑞得公司自有外汇非银行购汇；对伪造报关单、核销之事均不知悉，常某的签约行为与罗某的骗汇行为无必然因果关系；签约时不违反当时实行的法规，且其行为不适用骗汇的司法解释；瑞得公司未支付三份合同的相关代理费，经纬公司不存在非法所得的问题。罗某方辩解称，其不是瑞得科贸公司的领导、决策人，工作系受公司指派，未从中获利；罗某取送文件并签名是经外商授权的行为，故认定其"假冒外商签名""欺骗售汇银行""编造外汇核销表"的事实与实际不符。二审法院认为，于某身为国家机关工作人员负责外汇进出口核销监管职责，当罗某请托其用少量报关单核销大量对外付汇时，在其发现6张报关单可疑时不仅放弃查证监管而且将该公司的假核销表录入计算机数据库内并加盖报审章的行为，已客观上掩盖了逃汇犯罪行为，故原判以玩忽职守罪对其定罪准确。常某代表中仪经纬进出口公司与瑞得公司签署委托进口协议并签订涉案的外贸合同过程中疏于审查，中仪经纬公司其他主管人员依委托代理进口协议签订了两份外贸合同，该三份合同及对应开出的信用证合同间接导致对方公司依此骗购外汇和逃汇，虽未对其所在公司造成实际经济损失，但因其失职行为而致使国家外汇流失，使国家利益遭受损失。常某代表中仪经纬公司而非中仪英康经营中心签署的三份委托代理进口协议；中仪经纬的业务人员据此拟制三份外贸合同、开出信用证，故该委托代理进口协议不是单纯的担保性质的协议；常某签署的504HK合同的用汇系瑞得公司自有外汇非银行购汇的理由与一审法院认定的事实并不矛盾；常某签署三份委托代理进口协议、签订一份外贸合同后，其虽对后续行为不知悉，但该协议间接导致骗购外汇和逃汇行为的发生，故不影响其签订、履行合同失职被骗犯罪的成立；常某提出瑞得公司未支付三份合同的相关代理费，中仪经纬公司不存在非法所得问题的成立。罗某系瑞得公司职员，其实施了在虚假外贸合同上假冒外商签字，代表瑞得公司出具订货单，在信用证开立后在部分银行付款通知上签字确认，事后提供假报关单、填写核销表，请托国家工作人员对其参与的逃汇、骗购外汇的数额予以报审核销的行为，显系单位犯罪的直接责任人员。原判认定该节事实，既有罗某在中国银行发出的签名同意承兑的即将付款通知书，亦有罗某填写假核销表及北京市公安局对该核销表所作的文检鉴定书等证据证实。于某身为国家机关工作人员，不正确履行其外汇监管职责，违反本部门的规定，为单位逃汇的报审文件予以报审核销，掩盖他人逃汇犯罪行为，致使国家利益遭受重大损失，其行为已构成玩忽职守罪；常某身为从事对外贸易活动的国有进出口公司的主管人员，为本公司的利益，致使其他公司利用其签订的外贸代理协议、外贸合同逃汇并间接导致骗购外汇的发生，使国家利益遭受重大损失，其行为已构成签订、履行合同失职被骗罪；罗某身为国有公司的工作人员，无视国家外汇管理制度，以公司的名义，使用虚假的外贸合同、信用证合同，向开证银行骗购外汇汇至境外并将企业自有外汇非法转移至境外，情节严重，其行为已构成逃汇罪。遂判决维持北京市第一中级法院有关刑事判决中对常某的定罪部分及罗某犯逃汇罪处有期徒刑2年、于某犯玩忽职守罪处有期徒刑2年缓刑2年、在案扣押66530美元发还中仪英康进出口公司；撤销该市第一中级法院相关刑事判决中常某的量刑部分。常某犯签订、履行合同失职被骗罪，免予刑事处罚。

（3）反渎侦查过程中要意识到，"特定职责"人可能是职务犯罪，也有可能是非职务犯罪。所以，调查人员思维不能简单、机械，形成"条件反射"，认为负有"特定职责"人员，就必定构成渎职犯罪。例如，辽宁省东北金城电子工贸公司总经理、法定代表人兼珠海东北金城房产开发公司总经理戴某铎玩忽职守、非法吸收公众存款案，戴某铎在担任东北金城电子工贸公司总经理期间，经广东省中山市三乡镇时代家私厂经理陈某林介绍，同中山市三乡镇南龙村管理区签订了征地协议，欲开发商住别墅。该宗土地协议面积为 850 亩，其中，以东北金城公司名义同南龙村管理区签订 630 亩征地协议，以东北金城公司下属公司广东金通电子联合总汇名义同南龙村管理区签订 220 亩征地协议。东北金城公司先后支付给三乡镇建设发展公司人民币 4300 万元，支付给南龙村管理区人民币 2106.4 万元，最后实际取得 186.7 亩土地使用权。被告人戴某铎决定将此 186.7 亩土地的土地使用证抵押给当地两家公司，至今土地闲置十余年。在此次征用土地过程中，被告人戴某铎分别以东北金城公司和广东金通电子联合总汇的名义与中山时代家私厂经理陈某林签订协议，后经被告人戴某铎决定，东北金城公司先后向中山时代家私厂支付中介费人民币 1270 万元。法院认为，戴某铎在担任国有公司总经理期间，违反国家金融管理制度，公司由其决定采取用房产作抵押并支付高额利息的手段，向社会非法吸收巨额公众存款，戴某铎作为单位直接负责的主管人员，已构成非法吸收公众存款罪。戴某铎作为国有公司的法定代表人、总经理，在公司征用土地过程中，滥用职权，擅自决定向不具有中介职能的公司支付巨额中介费用 1200 余万元，使国家遭受重大损失；在公司与他人合作经营房地产产生纠纷时，在对方违约的情况下，本应通过正常合法途径解决纠纷，维护国有公司的正当权益，而作为单位主管人员的戴某铎，却不顾国家利益，滥用职权，擅自决定多支付给合作方巨额钱财达 600 余万元，使国家遭受重大损失，其上述行为已构成玩忽职守罪。同时，珠海东北金城房产开发公司在未获得金融监管机构批准其金融机构业务经营许可，不具备吸收公众存款业务资格情况下，向社会不特定的多人吸收存款，戴某铎作为该公司的直接主管人员，决定、授意他人进行非法吸收公众存款，数额巨大，其行为构成非法吸收公众存款罪。遂判决戴某铎犯玩忽职守罪，判处有期徒刑 4 年；犯非法吸收公众存款罪，判处有期徒刑 4 年，并处罚金人民币 10 万元；按照数罪并罚原则，决定执行有期徒刑 7 年，并处罚金人民币 10 万元。

在当前一些比较前沿、复杂的经济领域，同一人或者一批人既犯有渎职犯罪，又可能犯有普刑事犯罪的情形经常发生，需要好好把握，妥善处理。例如，深圳市罗湖区检察院查办并起诉的深圳经济特区房地产（集团）股份有限公司党委书记、董事长叶某保国有公司人员失职、滥用职权；叶某保、顾某内幕交易案，叶某保与吉林省恒河制药集团董事长孙某伟协商，将深房集团拥有的 1850.75 万股吉林制药股份有限公司的法人股（占吉制药公司总股本的

13.64%），以该法人股每股净资产 2.24 元人民币的价格全部转让给吉林省明日实业股份有限公司，并授权委托本公司资产部经理端某与吉林省明日实业股份有限公司签订了股权转让意向书，深房集团收取对方以其他公司名义支付的 200 万元人民币定金。叶某保将该事项提交深房集团第三届第二次董事会讨论。讨论中，与会董事均同意以每股 2.24 元人民币的价格转让吉制药法人股，但有董事为防止公司利益受损，对转让合同文本中第 7 条第 2 款"甲方需将此合同报国资管理部门审批，并须在三个月内办理完审批手续。因审批原因使合同不能执行，甲方在 10 天内将退回乙方已支付款，并赔偿已支付款每日 0.3‰的违约金"提出异议，叶某保坚持保留该条款；会上并有人提出应重视了解对方公司资信情况，但叶某保却在从未派员、未督促派员对吉林省明日实业股份有限公司进行任何考察了解、且未取得深圳市国有资产管理办公室审批同意的情况下，指派端某与吉林省明日实业股份有限公司在深签订了正式的股权转让合同。对方又以其他公司名义迟延支付了深房集团首期转让款 1000 万元人民币。其后，叶某保指派端某办理报市国资办审批手续，指派深房集团董事会秘书梁某接手办理。孙某伟带吉制药董事会秘书郭某来深房集团找叶某保，称受让方吉林省明日实业股份有限公司因向工商部门申请注册未获批准，要深房集团与已获准注册的吉林省明日实业有限公司（以下简称明日实业公司）签订股权转让合同。叶某保遂要梁某通知端某，端某请示叶某保后代理重签了该合同（与之前合同内容完全相同，仅受让方名称更换为吉林省明日实业有限公司），叶某保并指示梁某以受让方为明日实业公司名义准备报批材料。该市国资办批复同意深房集团以每股 2.24 元人民币的价格转让吉制药法人股。明日实业公司以深房集团未能在三个月内办理好股权转让审批手续构成违约为由，向吉林省长春市中级法院提起民事诉讼，要求解除所签订的股权转让合同，要求深房集团返还已收的转让款 1200 万元人民币，并支付该款每日 0.3‰的违约赔偿金。深房集团收到长春市中级法院发出的到庭应诉的通知书后，以本公司已与原告方协商，双方均有意庭外和解，需要一定时间为由，向法院提出延期 20 天开庭的申请；当天，吉林省地王企业有限责任公司按孙某伟的要求，用中国工商银行汇票付给叶某保 300 万元人民币。叶某保将该款转入江西江南信托投资股份有限公司深圳证券营业部（以下简称江南证券深圳营业部），其中 100 万元打入"后某华"的股票账号作为顾某借款炒股的风险保证金，另 200 万元打入"李某"的股票账号作为其妻陈某兰的炒股资金。深房集团再次收到长春市中级法院要求其到庭应诉的传票。叶某保召集公司领导陈某华、彭某店、周某胜与董事会秘书梁某、参加应诉的端某、受委派协助深房集团诉讼的深圳市建设投资控股公司（以下简称建设控股）法律部经理温某金等人就应诉的问题商量对策，并在会上对股权转让合同受让方主体已发生变更、与原告方签订的合同是深房集团并未违约的重要事实只字不提，而只谈市国资办办事拖拉致使深房集团确实违约、法院判决必输无疑、只有与对方实行庭外和解，从而误导其他领导作出倾向于降低股价接受调解的决策。会后，梁某向叶某保陈述深房集团完全可以胜诉的种种理由，叶不予理睬。温某金向带队负责人深房集团总经济师王某昭提出庭审情况有利于深房集团胜诉，不应接受对方提出的调解，应争取由法院作出判决。王某昭在向叶某保的两次电话汇报中，提出温某金庭审辩得不错，请叶某保与温某金通话，叶某保两次拒绝与温某金通话，并指示王某昭就具体调解事宜与公司总经理陈某华商量。经叶某保同意，深房集团与明日实业公司达成将股价从每股 2.24 元人民币降低至每股 1.60 元人民币（总股价从 4145.68 万元降至 2961.2 万元），继续转让吉制药法人股的调解协议。其后，双方再次签订了股权转让合同，明日实业公司付清了所欠余款 1761.2 万元。至此深房集团在吉制药法人股转让中，最终遭受巨额损失人民币 1184.48 万元。吉林地王公司向叶某保索要代孙某伟付给叶的 300 万元人民币，叶某保感不妙，遂要求世邦实业（深圳）有限公司董事长姚某荣帮忙其补签一份长春市高丰贸易有限责任公司委托世邦公司理财炒股的协议，并将落款时间提前至 2000 年 5 月。叶某保又要求姚某荣帮忙与对方签一份委托理财终止协议，以此为由以世邦公司名义先后付给吉林恒河制药集团下属长春市高丰贸易有限责任公司 150 万元人民币，欲了结此事，以掩盖其在股权转让履行职务过程中使用受让方巨额款项炒股牟利的事实。顾某利用叶某保将其安排在深房集团下属深圳市数码港投资有限公司筹备办工作的职务便利，掌握了包括深房集团董事会将就数码港公司正式揭牌一事在中国证券时报作重大事项公告在内的大量内幕信息，遂向西安飞机工业铝业股份有限公司财务负责人张某联系借款 1000 万元人民币。为增强张某出借款信心，在向来深洽谈借款事宜的张某及西飞铝业经营部、证券部经理魏某华介绍了深房集团数码港项目的一些情况后又向叶某保引荐张、魏。叶明知顾某欲向张某、魏某华借款买卖深深房股票仍以深房集团董事长身份向张、魏详细叙说了数码港项目的经营状况、看好深深房前景等，使张、魏最终确信深深房股有重大炒作题材并决定挪用本公司买卖期货的 1000 万元人民币保证金、为期三个月、年息 16%、顾某提供该资金托管公司和 100 万元人民币风险保证金后借给顾某。叶某保接受张、魏要求即与深圳途畅光电有限公司总经理徐某达联系要徐以其公司的名义托管和收受该资金并向徐保证该资金运作绝对不会亏，又联系了江南证券深圳营业部总经理张某，要求其为顾某提供炒股账号与担任炒股资金的监管人。张、魏挪用本公司 1000 万元人民币转到江南证券深圳营业部张某为顾某提供的"叶某军"的股东账户上。顾某将此钱全部买入深深房股票。100万元保证金也转存到张某提供的"后某华"的股东账户上被顾全部买入深深房股票后将"叶某军"账户上的深深房股票全部抛出盈利 78 万余元人民币，除支付西飞铝业借款本金与利息外仍获利 42 万余元人民币。顾某获悉并经叶某保确认深房集团将转让本公司持有的汕头海湾大桥 30% 的股份收回过亿资金的内幕信息后再以年息 16% 向张、魏借款 600 万元人民币用来买卖深深房股票。叶某保联系了深圳市南海洲实业有限公司法人代表孟某洲要求以该公司的名义托管、收转资金并继续以江南证券深圳营业部"后某华"账户内的股票为顾某炒股提供担保。顾某将此 600 万元人民币转入江南证券深圳营业部"吴某玉"的股东账户全部买入深深房股票，但因深房集团董事会将汕头海湾大桥股份转让事项公告太晚而顾某借款期限只签了两个月，不得已将深房股票全部抛出本共亏损 41 万余元人民币，叶某保为其支付了亏损的款数。法院认为，叶某保无视国法，身为国有公司工作人员，在股权转让履行职务过程中，严重不负责任、滥用职权，造成国有公司严重损失，致使国家利益遭受特别重大损失，其行为构成国有公司人员失职、滥用职权罪，并有徇私舞弊情节。叶某保、顾某作为证券交易内幕信息的知情人员，在涉及对本公司证券价格有重大影响的信息尚未公开前，大肆买卖该证券，情节特别严重，其行为均已构成内幕交易罪，且属共同犯罪，叶某保应数罪并罚。叶某保辩解称，叶某保是在向相关领导打了报告之后才向董事会提出讨论股权转让问题；当时有董事对三个月的期限提出讨论；对于考察的问题，其在会后要求陈某华对此公司进行考察，但陈某华表示不必要并说明理由，自己认为有道理就没有再提；至于三个月为什么没有办好批复的问题，是因为当时又出现要求财政部审批的情况；使用 300 万元的问题，当时孙某伟是拿出了几千万元的资金要求深房公司为其理财，自己怕担政治风险就拒绝了，只接受了 300 万元且这并不是无偿的，这在证券市场上是很正常的行为，如果自己有徇私情节那么吉林方面就不会催促还款，孙某伟也不会对深房集团的重组感兴趣；深房集团没有受到巨额损失，深房集团与天骥基金同时持有吉制药股份，在深房集团与明日公司谈此事不久，天骥基金就以每股 1.25 元卖给了吉林的公司，明日公司以此让我们调低价格并以违约为由把我们推上了被告席。深房集团以股票 1.6 元的价格转让可净盈利 1000 多万元并未有任何的亏损，且当时每股 2.24 元的价格并未最后确定。如果价格降低给深方集团造成巨额损失，那么合同现在还可以变更；其透露的信息不属于内幕信息，数码港公司正式揭牌及转让汕头海湾大桥股份是内幕信息的证据并不充分。当时的股权转让是在深房集团严重亏损、资金紧张的情况下进行的。叶某保的这一决定也得到了深房集团上层的支持。股权转让的具体事项是由深房集团的总经理陈某华负责。具体转让过程中的重大事项都是经过董事会讨论的，集体决定的结果不能归责于被告人叶某保一个人，这也没有任何法律上的依据；股价下调是市场调节的结果，并不是因自己个人的原因而使每股从 2.24 元降到 1.6 元，在诉讼过程中吉制药的股票价格在市场上已经下跌，是深房集团和明日公司经过艰苦谈判后才将股价提到了 1.6 元，这并未给深房集团造成损失；股权转让是一项相当复杂的工作，需各方的工作人员相互配合，因此，经过董事会讨论的结果让一个人承担其后果是不公平的；无法提供相关的证据证明叶某保为了牟利收取 300 万元，从而认定其徇私舞弊；不能因被告人未派员对明日集团进行调查而认定被告人失职，未派员调查对深房集团本身并无影响；本案相关的证人证言不可信。如温某金和陈某华的证词相互矛盾，端某的证言前后矛盾，梁某的证言证明其明知第二份合同的事而为什么却未在应诉会议上汇报过。此外，第一份合同虽主体不合适但合同实际上已履行，合同签订的时候也应以第一份合同签订的时间为准，因此，不能认定以第二份合同为由就能胜诉。深房集团当时是为了盘活资产解决资金的困难才转让股份的，合同的条款也是经董事会讨论同意的，因此被告人客观上没有不负责任的行为。渎职犯罪都是结果犯，即给公司造成重大损失的结果，但本案中深房集团并未遭到重大的损失，而且也达到了集体决议股价每股不低于人民币 1.4 元的底线，且至今股票也未过户给对方。其行为不符合证券交易罪的构成要件，叶某保只是在顾某交易深深房股票的时候给其提供担保。指控无事实和法律依据。顾某方辩解称，关于 1000 万元，他当时是判断深深房股票有前景才借钱买的，并没有考虑到什么内幕信息。如果是利用了内幕信息应该是在消息公告前买进在挂牌之后卖出，但是其是在观望了很久才入市的。张某来深圳只有很短时间，叶某保向他介绍的情况和其各大媒体的介绍是一致的，跟张某签合同只签了三个月，如果知道还有一个月就挂牌了那何必借三个月，且利息又很高；关于 600 万元，之所以借 600 万元完全是考虑到春节期间的市场行情和其他什么消息无关，而且这次炒股失败亏损了 40 多万元，这是没有利用内幕消息的最好证明；在侦查阶段的笔录上有很多不实的地方。顾某不构成内幕交易罪：其用 1000 万元炒股不构成利用内幕信息炒股。因为数码港的信息是一个早已被公开并被市场消化了的信息；无证据证明顾某借 600 万元与汕头大桥股权转让有关；借钱炒股不构成犯罪。双方争议的焦点在于：叶某保在吉制药股权转让过程中是否有失职、滥用职权的行为；是否造成深房集团的经济损失，从而其是否构成国有公司人员失职、滥用职权罪。叶某保、顾某是否符合内幕交易罪的主体资格；数码港公司揭牌、汕头海湾大桥股份转让是否属于内幕信息；二人是否实施了内幕交易的行为。法院认为，叶某保时任国有公司深房集团董事长在吉制药股权转让中即公司的法定代表人，应当依法履行主持公司的生产经营管理工作，决定公司的经营计划和投资关系，组织实施公司年度经营计划和投资关系等职责；叶某保在股权转让履行职务的过程中有失职、滥用职权的行为，具体体现在以下几个方面：违反程序批准、授权深圳经济特区房地产（集团）股份有限公司与吉林省明日实业股份有限公司签订股权转让合同书。深办发文件第1条规定："国有企业产权转让必须经过国有资产管理部门或授权的资产经营公司批准""未经批准，未按规定进行资产评估的国有企业产权转让无效，违反规定转让国有企业产权，造成国有资产流失的，一经发现，要严肃查处"。深圳国资办批文有关情况的说明中明确提出："关于股权转让的程序问题：在股权转让未经国有资产管理部门批准之前，产权出让方不得与受让方签定正式转让合同"。本案中，深圳经济特区房地产（集团）股份有限公司与吉林省明日实业股份有限公司的股权转让合同，在签订合同之前未经国有资产管理部门批准，被告人在履行职务过程中在未得到国资办批准之前将该事项擅自提交深房董事会讨论；叶某保在有董事对三个月的审批期限提出异议的情况下没有接受正确的意见，在有董事提出应审查明日公司的资信状况的情况下，没有进行审查就擅自指派员工签订了股权转让合同；在明知受让方主体变更的情况下，擅自指派员工与受让方签订第二份股权转让合同；叶某保在收受了对方给付的人民币300万元后，在董事会上故意隐瞒对方主体变更的情况，即明日实业股份有限公司主体变更致使第一份合同无效，第二份合同履行期限改变，误导董事会作出决定；叶某保在董事会秘书梁某提出有胜诉依据的情况下仍不予理睬。在庭审后，拒绝与温某金通话，没有把握胜诉的最后机会。叶某保失职、滥用职权的行为，具有徇私舞弊的情节。即深房集团就明日实业公司起诉股权转让合同案申请延期审理的当日叶某保收受了对方给付的人民币300万元，随后将该款用于顾某借款炒股的风险保证金和其妻陈某兰的炒股资金。股权转让是一种合同行为，合同行为的收益应当以签订合同时所可能现实预计的收益为准。深房集团与明日实业公司达成的吉制药法人股股价是每股2.24元，后双方达成继续转让吉制药法人股的调解协议，吉制药法人股股价降低至每股1.6元（总股价从4145.68万元降至2961.2万元）。其后，双方再次签订了股权转让合同，明日实业公司付清了所欠余款1761.2万元。至此深房集团在吉制药法人股转让中遭受巨额损失人民币1184.48万元。虽然案发时吉制药法人股并未过户至明日实业公司名下，但根据深圳证券交易所公司管理部的情况说明可以证实，吉制药股权因受让方高管有买卖吉制药股票的情况而未申请正式办理股权转让公告事宜，根据现有法规，受让方高管有买卖吉制药股票的行为不构成股权转让的障碍，只需如实履行信息披露义务。又根据中国证监会《关于加强对上市公司非流通股协议转让活动规范管理的通知》的规定，深房集团与明日实业公司的吉制药股权转让协议可以办理转让、过户手续，因此，是否过户并不影响该股权实际上已归明日实业所有的性质。因此，其辩护人提出吉制药股份的所有权仍属深房集团，谈不上股权转让使深房集团遭受重大经济损失的观点，与事实不符。叶某保的失职、滥用职权行为与深房公司的损害结果之间存在直接的因果关系，其应承担相应的法律责任。虽然本案中的股权转让是董事会集体讨论决定的，但是在董事会成员受叶某保误导的情况下作出的。叶某保多次失职、滥用职权，不仅致使董事会作出错误决定，而且由于他的失职、滥用职权直接导致深房集团主动丧失胜诉机会。这种失职、滥用职权的行为不能归结于公司行为。叶某保应当对其失职、滥用职权行为承担刑事责任。叶某保、顾某符合内幕交易罪主体身份；利用了内幕信息；实施了内幕交易行为，构成内幕交易罪。根据《刑法》第180条及《刑法修正案》第4条的规定，内幕交易罪，是指证券、期货交易内幕信息的知情人员或者非法获取证券、期货交易内幕信息的人员，在涉及证券的发行，证券、期货交易或者其他对证券、期货交易价格有重大影响的信息尚未公开前，买入或者卖出该证券，或者从事与该内幕信息有关的期货交易，情节严重的行为。内幕信息、知情人员的范围，依照法律、行政法规的规定确定。根据1998年《证券法》①第68条的规定："下列人员为知悉证券交易内幕的知情人员：（一）发行股票或者公司债券的公司董事、监事、经理、副经理及有关的高级管理人员……（四）由于所任公司职务可以获取公司有关证券交易信息的人员……"叶某保是深圳经济特区房地产（集团）股份有限公司的董事长，符合内幕交易罪中内幕信息知情人员的犯罪主体。顾某与叶某保基于共同的犯罪故意，共同实施内幕交易的行为，根据共同犯罪的理论，非身份犯罪主体与身份犯罪主体共同实施身份犯罪主体的犯罪，以身份犯罪主体犯罪性质定罪。所以，顾某可以成为内幕交易罪的主体。根据《证券法》第69条规定："下列各项信息皆属内幕信息：（一）本法第六十二条第二款所列重大事件……"第62条第2款规定："下列情况为前款所称重大事件：（一）公司的经营方针和经营范围的重大变化；（二）公司的重大投资行为和重大的购置财产的决定……"同时，《证券法》第62条第1款规定："发生可能对上市公司股票交易价格产生较大影响、而投资者尚未得知的重大事件时，上市公司应当立即将有关该重大事件的情况向国务院证券监督管理机构和证券交易所提交临时报告，并予公告，说明事件的实质。"深房集团投资成立深圳市数

---

① 本法后经过多次修正修订，分别是2004年、2005年、2013年、2014年。

码港投资有限公司，可能对其深房股票交易价格产生较大影响。深房集团的这一重大投资行为是重大事件。在深房集团董事会将就数码港公司正式揭牌一事在中国证券时报作重大事项公告以前，数码港公司正式揭牌一事属内幕信息。知悉证券交易内幕信息的知情人员或者非法获取内幕信息的人员，不得买入或者卖出该证券，或者泄露该信息或者建议他人买卖该股票。顾某将人民币1000万元买入深深房股票后将深深房股票全部抛出，盈利78万余人民币。顾某实施的这一交易行为，是在其向叶某保打听、证实"数码港揭牌"事宜，并利用这信息进行的股票交易。叶某保明知顾某向其打听、证实"数码港揭牌"事宜，并利用这信息进行股票交易，详细告知该事项具体信息，并帮助顾某完成交易行为。叶某保、顾某利用掌握、知悉的内幕信息，共同完成股票交易，共同构成内幕交易罪。此外，顾某向张某、魏某华借款人民币600万元实施了买卖深深房股票的交易行为，即在深房集团所持有的汕头海湾大桥股份转让事项信息公开之前买卖了深深房股票。顾某借人民币600万元炒深深房股票主要是想利用"春节前后股票都会有一波行情"。她也提及深房集团要拍卖汕头海湾大桥股份的消息。但在此时，难以认定这一消息是对深深房的股票有重大影响的内幕消息。因为深房集团董事会研究决定同意"关于授权董事会决定出让我公司持有的广东汕头海湾大桥有限公司股权的议案"，同意召开临时股东大会，审议上述议案。深房集团转让汕头海湾大桥股份的意向买家都没有确定。现有证据不能证明深房集团有转让汕头海湾大桥股份的举措。也就是说，深房集团有转让汕头海湾大桥股份的意向不能算作公司的重大投资行为，即"转让消息"不能视为内幕信息。事实上，深房集团所持有的汕头海湾大桥股份转让事项信息后在证券时报上公告的，与顾某买卖深深房股票的行为发生两者时间相隔较长，而且也没有证据材料证实在此之前深房集团有转让汕头海湾大桥股份的举措。而叶某保也是在顾某借到款项后才知顾某要炒深深房股票。因此，顾某这一次股票交易行为不属于内幕交易。故认为叶某保无视国法，身为国有公司工作人员，在股权转让履行职务过程中，严重不负责任、滥用职权，造成国有公司严重损失，致使国家利益遭受特别重大损失，其行为已构成国有公司人员失职、滥用职权罪，并有徇私舞弊情节，依法应当从重处罚。叶某保、顾某作为证券交易内幕信息的知情人员，在涉及对本公司证券价格有重大影响的信息尚未公开前，买卖该证券，情节严重，其行为均已构成内幕交易罪。叶某保犯数罪，依法应当数罪并罚。遂判决：叶某保犯国有公司人员失职、滥用职权罪，判处有期徒刑6年；犯内幕交易罪，判处有期徒刑3年，罚金人民币80万元。总和刑期有期徒刑9年，罚金人民币80万元。决定执行有期徒刑8年，罚金人民币80万元上缴国库。顾某犯内幕交易罪处有期徒刑2年，罚金人民币80万元上缴国库。

（二）对兼具滥用职权与玩忽职守两大罪名情形的区分与处理

滥用职权罪是 1997 年修订刑法新设罪名。修订前对滥用职权行为的处罚依玩忽职守罪处罚。修订的理由是考虑到滥用职权行为本身的特殊性主要表现在客观方面为滥用职权是故意不正确行使职权或者超越职权，在行为方式上表现为积极作为。玩忽职守是指严重不负责任，不履行职责或者不正确履行职责，在行为方式上表现为消极不作为。所以，单纯从法律字面上好理解。但侦破实践是复杂的，有许多棘手问题需要化解。

1. 正确理解和准确把握渎职各种类罪和具体罪名成立的内在要求。把握和处理好渎职各罪与工作失误的区别是侦破工作的重点内容之一。例如，北京市检察院某分院查办并起诉的中国水利投资公司总经理隋某国有公司人员滥用职权案，调查查明，隋某在担任珠海某发展公司总经理期间，经上级单位中国水利投资公司领导同意在香港地区设立分公司，目的是在香港地区建立一个对外窗口单位，后隋某未向上级单位汇报以个人名义虚设与王某、郑某合伙出资注册成立了香港（中国）某发展有限公司（以下简称香港某公司），自己担任该公司董事长，王某任总经理。后隋某在山西省太原市开办一家餐饮公司，在办理营业执照的过程中，由王某委托律师杨某办理工商登记，因办理合资公司手续烦琐，所需时间长，杨某与隋某、王某商议，以王某之母严某与其共同出资的个人名义办理工商营业执照，注册成立了山西省太原市某餐饮有限责任公司（以下简称餐饮公司），其注册资金为人民币 100 万元，后查明系虚假出资。之后，隋某未向上级部门请示汇报也未通过董事会决议，利用兼任珠海某发展公司、某机械化工公司总经理的职务之便，从其兼职单位及其下属子公司借款，累计投入餐饮公司人民币 278 万元。餐饮公司停业、被工商局注销，隋某所投入资金全部亏损。隋某对公诉机关指控的事实无异议但辩解称其主观上并没有隐瞒事实、欺骗上级单位的故意；其行为不构成国有公司、企业工作人员滥用职权罪，理由：香港某公司是中国水利投资公司授权下，依法成立的公司，隋某曾向中国水利投资公司作过汇报，没有向上级单位隐瞒情况注册香港某公司；山西的餐饮公司虽是以个人名义注册的，但隋某主要是考虑外资公司办理有关证照时间较慢，效率较低，于是就采取了先利用个人名义办理，以后再作调整的策略。且餐饮公司的用房租房协议是以珠海某发展公司的名义与汇通公司签订的；《中华人民共和国刑法修正案》对发生在其颁布实施以前的隋某的行为没有溯及力。法院认为，隋某身为国有公司负责人，以个人名义注册成立餐饮公司，并利用职务便利调用兼职单位资金，注入该餐饮公司用于经营，给国有资产造成一定损失，但其行为发生在《中华人民共和国刑法修正案》颁布实施以前，故该修正案对其行为没有溯及力，不能按照该修正案来追究其刑事责任。故指控被告人犯国有公司、企业、事业单位人员滥用职权罪不能成立。此外，本案现有证据亦不能证实被告人具有徇私舞弊的情节，依照修订前《刑法》第 168 条的规定，隋某的行为不符合徇私舞弊造成破产、亏损罪的构成要件，根据《刑法》第 3 条规定的罪刑法定原则，隋某的行为不构成犯罪。遂宣告隋某无罪。检察院抗诉意见是：一审判决适用法律错误。隋某在担任珠海某发展公司总经理期间，其上级单位中国水利投资公司授权其在香港地区设立分公司，隋某向上级单位隐瞒事实，与王某、郑某合伙虚假出资注册成立了香港某公司。隋某与王某之母严某共同虚假出资人民币 100 万元在山西太原注册成立了餐饮公司，又以同香港某公司合作为由，未向上级单位汇报，利用兼职珠海某发展公司、某机械化公司经理之便擅自从兼职单位调拨资金，投入餐饮公司人民币达 278 万余元。该餐饮公司被工商部门注销，投入资金全部亏损。隋某在成立香港的公司时，没有向上级公司如实汇报以个人名义注册，其用意在于在香港某公司发展壮大后，可能个人把该公司买下来。可见，其成立公司就是为了达到个人目的。在该餐饮公司停业后，隋某并没有采取积极的补救措施，为了掩盖自己严重不负责任造成国有财产流失的事实，编造合作投资协议书，欺骗监事会。虽然一审判决认定了隋某以个人名义注册成立餐饮公司，利用职务便利调拨其兼职单位的资金投入该公司经营，但认定隋的行为发生在刑法修正案之前，故刑法修正案对隋某的行为没有溯及力。属于适用法律错误。隋某从投入资金到营业执照被注销，其行为是一种连续行为，应当以营业执照的注销时间为犯罪终止时间。所以应适用刑法修正案来追究隋某国有公司人员滥用职权罪的刑事责任。二审法院认为，隋某身为国有公司负责人，利用职务便利调拨其兼职单位的资金投入以个人名义成立的公司用于经营的行为，确实给国有资产造成一定的损失。餐饮公司被工商机关注销的时间是 2000 年 6 月 29 日，但隋某造成损失的犯罪行为发生在刑法修正案之前，隋某造成的损失状态的延续，不能视为隋某犯罪行为的延续，所以应认定为隋某的行为发生在刑法修正案之前，按照《刑法》第 3 条规定的罪刑法定原则，隋某不构成国有公司、企业、事业单位人员滥用职权罪。而且现有证据不能证实被告人具有徇私舞弊情节，所以依照刑法修正案颁布实施以前的《刑法》第 168 条规定，隋某的行为也不构成徇私舞弊造成破产、亏损罪。遂裁定驳回抗诉，维持原判。

就本案而言，隋某在担任珠海某发展公司总经理期间，未向上级单位汇报，以个人名义与王某、郑某合伙虚假出资，注册成立了香港某发展公司。隋某在山西省太原市以个人名义开办一家餐饮公司，并虚假出资，后来，隋某未向上级部门请示汇报，通过董事会，利用兼任珠海某发展公司、某机械化工公司总经理的职务之便，从其兼职单位及其下属子公司借款，累计投入餐饮公司人民币达278万元。以上事实皆表明，隋某系超越职权、不正确履行职权。且隋某应当预见到自己滥用职权投资餐饮公司的人民币278万元可能会损失。所以综合本案，应认定隋某的上述行为是滥用职权。隋某的辩护人的辩护意见不能成立。

2. 在当前的反渎侦查实战中，特别是查办发生在经济民生领域的滥用职权犯罪时，一定要明确几点：一是确实有特定职责人明显不正确履行法定职责、超越法定职权做事的行为存在。二是该人超越或者逾越行使的职权确实是其本人所肩负的职责范围以外但却又与此有一定的关联性。三是超越法定职权做事的行为与所发生的危害后果有内在、必然的因果关系。例如，内蒙古自治区某旗检察院查办并起诉的某市某旗公安局局长巴某、副局长王某某滥用职权案，调查查明，某旗公安局破获一起运输、制造、贩卖毒品的案件，并将犯罪嫌疑人段某某（判处死缓）、时某某（判处无期徒刑）、马某某（判处有期徒刑15年）、李某中、李某悦等人刑事拘留。毒品专案组成员将该案情况向巴某作了汇报。巴某决定由王某某担任专案组组长。在讨论该案的会议上，经巴某授意，王某某依巴某之意，决定对犯罪嫌疑人李某中、李某悦取保候审，没收李某悦非法所得5万元，交保证金3万元；没收李某中非法所得4.6万元，交保证金3万元。王某某在巴某的授意下，违规决定将已被公安机关刑事拘留的涉嫌制造毒品的犯罪嫌疑人李某中、李某悦取保候审，每人只收取保证金1万元，致使二人潜逃，至今不能交付审判。巴某方辩称：巴某无罪，其未授意王某某等办案人员违法对李某中、李某悦实施取保候审；巴某滥用职权事实不清、证据不足。理由是：（1）证人原某某、张某证言相互矛盾，不能证实巴某"授意"的事实。（2）证人张某、原某某、王某某均自称是在巴某办公室接到巴某"授意"，但在时间、空间上存在相互矛盾。（3）证人证言与书证相矛盾。原某某、王某某、李某某、张某、卜某某均证实去巴某办公室开过会，时间从10分到40分不等，但上列人员的会议记录上均没有记载在巴某办公室开会。（4）证人李某某、卜某某的证言能证实巴某未授意。王某某对公诉机关指控的滥用职权的事实及罪名予以否认，请求宣告无罪。认为自己无权决定对犯罪嫌疑人李某中、李某悦取保候审，是巴某决定的，自己签字只是走个形式而已。指控王某某犯有滥用职权罪无事实根据，理由是：（1）王某某主观上没有滥用职权的故意，王某某没有希望两个被取保的犯罪嫌疑人脱逃结果的发生。（2）王某某客观上没有犯罪行为。对"二李"取保是巴某决定的，王某某签的字只是执行会议的决定。行政机关实行的是首长负责制，王某某不具有决策的权力。审批表实际的签发日期是星期六，而且是巴某叫王某某办理的手续，这意味着王某某没有批准的权力，只有巴某才具备这个权力。法院认为，巴某、王某某在任某旗公安局局长、副局长期间，不正确行使职责，违反了1988年《公安机关办理刑事案件程序规定》①第64条的规定，即"对累犯、犯罪集团的主犯，以自伤、自残办法逃避侦查的犯罪嫌疑人，危害国家安全的犯罪、暴力犯罪，以及其他严重犯罪的犯罪嫌疑人，不得取保候审"。本案涉及被取保候审的两名犯罪嫌疑人，某市中级法院在判决中已认定其参与制造毒品犯罪，而且涉毒数量大，属严重犯罪的犯罪嫌疑人。而被告人滥用职权，故意对不应取保候审的犯罪嫌疑人取保候审，违反了国家行政机关的正常管理活动，同时致使国家和人民利益遭受重大损失，其行为构成滥用职权罪，系共同犯罪。遂判决巴某犯滥用职权罪处有期徒刑1年，王某某犯滥用职权罪处有期徒刑10个月。

分析本案情况，内蒙古某市某区法院的判决是正确的。滥用职权罪是指国家机关工作人员超越职权，违法决定、处理其无权决定、处理的事项，或者违反规定处理公务，致使公共财产、国家和人民利益遭受重大损失的行为。从立法规定和滥用职权罪的概念看，其具有"口袋罪"的特征。该罪的客体具有渎职罪类罪客体特征，即侵犯的客体是国家机关工作人员职务行为的正当性原则和国家机关的正常管理活动。但就对某一具体的滥用职权行为而言，其客体还包含公共财产、国家或者人民群众的某些特定利益。因此，滥用职权的客体属于混合客体，具有双重属性。巴某、王某某均系国家机关工作人员，其行为已严重侵害了国家机关的正常管理活动，将重大制毒犯罪嫌疑人违规取保，致使两名犯罪嫌疑人潜逃，不能交付审判，使国家和人民的利益遭受重大损失，已造成恶劣的社会影响。巴某、王某某身为公安机关的主要负责人，本应恪尽职守，严肃执法，却在执行职务期间不正确行使职权，违反《公安机关办理刑事案件程序规定》中对严重犯罪的犯罪嫌疑人不得取保候审的规定，滥用职权将严重犯罪嫌疑人取保候审，致使正常的诉讼活动无法进行。巴某身为公安局局长明知《公安机关办理刑事案件程序规定》中规定对严重犯罪的犯罪嫌疑人不得取保候审，但是为了本单位的经济效益，授意王某某等办案人员向"二李"收点钱，违规将"二李"取保候审。王某某虽受巴某授意，但其作为完全责任能力人，明知是滥用职权，有权拒绝执行而不予拒绝，故两人在滥用职权犯罪中系共同犯罪。

又如，河南省三门峡市湖滨区检察院查办的杨某方滥用职权、挪用公款、

---

① 已被2012年12月13日颁布的《公安机关办理刑事案件程序规定》废止。

受贿、玩忽职守，姜某华挪用公款、受贿，杨某锁玩忽职守罪案，调查查明，时任三门峡市国税局票管所所长的贾某年为了让杨某方对其工作多加关照，分四次向杨某方行贿，杨某方共收受贾某年贿赂款 1.2 万元；时任灵宝市国家税务局副局长的谢某珠为了让杨某方对其提拔重用，先后两次向杨某方行贿，杨某方收受谢某珠贿赂款 2 万元；时任卢氏县国税局局长的种某乾为了感谢杨某方对其提拔重用，先后两次向杨行贿，杨某方收受种某乾贿赂款 1 万元；时任三门峡市国税局稽查局局长的李某林为了感谢杨某方对其的关照，向杨某方行贿 1 万元。冯某因经营急需资金，找到杨某方和在三门峡市国顺发展服务中心（简称国顺中心）工作的姜某华提出用自己的两辆轿车抵顶国顺中心的贷款，从中变现，请托他人将其所有的一部奔驰 S320 型轿车和一部桑塔纳 2000 型轿车，抵顶国顺中心在建行黄河路支行的贷款 185 万元，除归还国顺中心 12 万元管理费外，从国顺中心套取 173 万元现金归自己使用。为了感谢姜某华的帮助，送给姜某华现金 5 万元。三门峡市国税局成立的该市国顺中心性质为集体所有制企业，与机关脱钩，自主经营，独立核算，自负盈亏，独立承担中心的一切债权债务，具有法人资格。姜某华退休后作为临时人员在国顺中心工作，月工资 500 余元。自该市国税局下发关于注销国顺中心的通知决定自即日起注销该中心，成立清算小组，清退临时人员。姜某华从国顺中心领取半月工资 260 元。杨某方通过杨某锁认识了三门峡轩普鸵鸟有限责任公司（以下简称轩普公司）总经理卫某普后在明知轩普公司未实际征用其位于风景区人工湖北的轩普公司的 14.6 亩土地的情况下，决定由开发区国税局购买轩普公司的 14.6 亩土地及地上附着房产，并指示金镰宾馆王某育到信托投资公司贷款 150 万元转给开发区国税局。杨某锁受杨某方指示后，作为当时的开发区国税局局长，在明知轩普公司所使用的 14.6 亩土地是租用开发区向阳村，并未办理该土地征用手续情况下，代表开发区国税局与轩普公司签订了购买 14.6 亩土地和地上房屋的协议，协议约定了购买价格为 160 万元，付清办理房地产过户手续等内容。该协议在开发区公证处进行了公证后，经杨某锁签字，开发区国税局分三次向轩普公司支付款项 200 万元，超付款 40 万元。因杨某锁与卫某普联系不上，在卫某普不在场的情况下代表开发区国税局与轩普公司补签了一份《房地产买卖契约》，增加了购买办公小院院外附属设施的条款，追加费用 55 万元，共计 215 万元。后因该土地系轩普公司租用向阳村的土地，且在协议签订前轩普公司已将土地上的房屋向金融机构设定了抵押，最终被法院强制执行归还金融机构贷款，造成开发区国税局 200 万元至今无法收回。杨某方、杨某锁对工作严重不负责任，在明知轩普公司（私营企业）未实际征用位于风景区人工湖北的 14.6 亩土地，即未拥有该处房地产手续，亦未核实轩普公司是否可为其办理房地产过户手续的情况下，盲目与轩普公司签订该处房地产买卖协议，且从签订协议的内容看，在未要求轩普公司办理相关产权过户手续的情况下，即先行支付款项，且未规定相应的制约条款。后在先已支付 200 万元款项后，轩普公司负责人卫某普便下落不明。最终导致国有资产 200 万元无法收回。根据《全国法院审理经济犯罪案件工作座谈会纪要》第 6 条的规定，应认定二人的行为造成公共财产 200 万元的经济损失。该数额已达到最高人民检察院规定的够罪起点数额，即给单位造成直接经济损失 30 万元以上。杨某方收受他人贿赂 5.2 万元，其行为构成受贿罪；杨某方、杨某锁对工作严重不负责任，导致国有资产 200 万元无法收回，造成重大经济损失，情节特别严重；姜某华退休后在国顺中心工作期间，利用职务便利收受他人贿赂 5 万元，其行为构成非国家工作人员受贿罪。杨某方一人犯数罪，对其应当实行数罪并罚。法院判决杨某方犯受贿罪，判处有期徒刑 4 年；犯玩忽职守罪，判处有期徒刑 2 年 6 个月；决定执行有期徒刑 6 年。姜某华犯非国家工作人员受贿罪，免予刑事处罚。杨某锁犯玩忽职守罪，判处有期徒刑 3 年，宣告缓刑 4 年。杨某方、姜某华的犯罪所得款项予以追缴，上缴国库。

3. 特定职责人员是否依规定实施了有效监管是玩忽职守成立与否的关键。负有特定职责的相关国家工作人员明知校车存在安全隐患，仍不采取措施加以有效管控或实施措施不到位，发生重大安全事故的，其行为仍然构成玩忽职守罪。例如，江苏省丰县检察院查办并起诉的该县公安局交巡警大队首羡中队中队长孙某科、副指导员韩某春玩忽职守案，根据《交通安全法》、《江苏省道路交通安全条例》、《公安部关于开展学生接送车辆安全隐患集中排查整治行动的通知》、《江苏省重点车辆交通安全源头管控工作规范》等法律规范的规定，公安交巡警部门对于辖区内的校车等重点车辆实行属地管理、分级负责、重点监控。丰县公安局交巡警大队首羡中队对于辖区内的接送学生车辆具有管控职责。孙某科、韩某春分别任丰县公安局交巡警大队首羡中队中队长、副指导员。根据中队内部分工，孙某科负责中队全面工作，韩某春负责道路的路面管控等工作。孙某科在巡逻执勤时发现洪某持"B2"证驾驶苏 CR1836 号大客车接送首羡中心小学学生超员，根据《机动车驾驶证申领和使用规定》，驾驶大客车须持有"A1"证，但孙某科在收受洪某送的两条香烟后，未对洪某进行处罚。孙某科在没有见人见车、驾驶登记人与实际驾驶人也不符的情况下，没有调查了解即为洪某的车辆建立了档案。该县车管所经查验发现洪某的车辆用来接送学生却未挂靠学校，未纳入教育部门管理，即限其一周内补办手续，在此期间禁止接送学生，并将该情况通报孙某科。后孙某科在明知洪某没有补齐运营校车的合法手续、不得继续运营的情况下，仍未对其进行取缔。教育部门查到洪某违规接送学生，并通知孙某科到场处理，孙某科未按照规定对洪某进行处罚，并收受洪某送予的一条香烟，使得洪某继续违规运营校车，后才安排韩某春向洪某下达了停运通知书。但停运通知书下达后，孙某科并没有认真落实有效监管措施，致使洪某在停运几天后又继续运营，在接送学生途中发生重大交通事故，造成乘坐该客车的 15 名学生死亡、8 名学生不同程度受伤的严重后果。韩某春早知洪某的车辆不符合接送学生的条件，但由于其疏于路检路查，始终未能发现并制止洪某违规接送学生，后韩某春在孙某科的安排下才对洪某下达了停运通知书，但其并未有效落实监管措施，反而收受洪某送予的 300 元购物卡，默许洪某继续违规接送学生，使得安全隐患一直延续。在相关领导询问监管措施是否已经落实到位、车辆是否确已停运时，韩某春以电话询问洪某的方式，轻率地认为其已经停运，疏于管理，致使洪某在接送学生的途中发生重大交通事故，造成严重后果，在全国造成极坏的影响。孙某科方辩称：对于肇事车辆的管理，其做了大量的工作，工作措施也已经落实到位，其不构成玩忽职守罪。其不是玩忽职守罪的责任人员，不存在玩忽职守的心理态度和行为。韩某春方辩称：其在工作范围内依法履行了监管职责，没有玩忽职守的行为，起诉书的指控与事实不符，且证据不足，其不构成玩忽职守罪。一审法院认为，依法行政要求行使职权必须依法进行，相关法律、法规等规范性文件对于接送学生车辆的管控方式、目的、效果作了明确规定，使得管控行为该如何进行有章可循、有法可依。通过在侦查阶段孙某科、韩某春的供述以及证人洪某的证言可以看出，因为甘肃校车事故的发生，接送学生车辆安全问题受社会广泛关注，公安交巡警部门高度重视，多次开会动员，部署专项行动，对于管控要求三令五申。二人作为交巡警，基于职责上的特别注意义务要求，应当知道如何管控涉案校车，且事实上也的确知道。从实际管控的可能性看，丰县公安局交巡警大队首羡中队经过排查，只有洪某驾驶的这辆车是需要重点管控的接送学生车辆，无论从当时全社会对于校车的关注程度，还是从公安交巡警部门上下的警力配置、管控措施规范的可行性看，首羡中队都有能力对该车进行有效管控。但孙某科、韩某春作为丰县公安局交巡警大队首羡中队中队长、副指导员，系国家机关工作人员，并没有按照规范认真履行职责，主动有效管控；即使是在发现洪某驾驶的车辆存在手续不全、洪某无驾驶校车资格等安全隐患的情况下，仍未加以处理。因此，孙某科、韩某春基于职责，能为、应为却不为，严重不负责任，疏于管理，该执行的规范不执行，该处罚的措施不处罚，该取缔的非法营运不及时有效取缔，使得安全隐患一直存在，最终导致发生重大交通事故，存在严重的失职行为。遂判决孙某科犯玩忽职守罪，判处有期徒刑 4 年；韩某春犯玩忽职守罪，判处有期徒刑 4 年。孙某科、韩某春未上诉，公诉机关亦未抗诉。

4. 在查办经济民生领域渎职犯罪侦破实践中，常常遇到的是同一主体既有作为的滥用职权又有不作为的玩忽职守相互交织的情形，对此，一般应当将此行为视为"作为的渎职行为"可以包容不作为的渎职行为，此时一般应以滥用职权罪来考察、评价具体行为。例如，南阳市住宅统建综合开发办公室主任、市住宅统建综合开发有限公司总经理安某申与南阳市银龙科技发展有限公司（以下简称银龙公司）协商，南阳市住宅统建综合开发有限公司与银龙公司合作建设"车南小区"经济适用房项目。安某申在明知这块地是出让地不符合经济适用房占用土地条件的情况下，通过南阳市计委固定资产投资科科长顾某宾申报车南小区经济适用房项目。申报的建筑面积是 10 万平方米、投资计划 5000 万元，顾某宾违反规定申报了该项目。南阳市计划委员会、房管局根据预计投资下发了相关文件，车南小区经济适用房项目被批准的建筑面积为 1 万平方米、投资额为 1000 万元。安某申让顾某宾把建筑面积改成 10 万平方米、投资额 5000 万元。后安某申持顾某宾篡改过的投资计划文件与银龙公司协作开发项目。后经核算车南小区经济适用房项目销售价格较高，安某申就向南阳市房管局局长丁某仓汇报撤销该经济适用房项目，丁某仓表示同意。后南阳市房管局和住房委员会联合签发《关于取消车南小区经济适用房建设计划的通知》。该通知要求"取消车南小区经济适用房建设计划，不再享受经济适用房相关优惠政策，项目单位必须按商品住房开发建设补办相关手续"。此后应由该市房管局和经济适用房开发中心提出处理意见，但由于安某申对该通知是否发送到相关职能部门和项目单位必须按商品住房开发建设补办相关手续的要求没有进行监督和落实，"车南小区"项目没有补办相关手续，造成国家城市建设配套费、人防易地建设费损失共计 680 余万元。安某申方辩解称，车南小区经济适用房建设项目并未造假，办公室没有批准权，该项目被取消后应当追缴的费用是因为其他原因而没有及时收回，不会损失且已经采取了措施；车南小区经济适用房建设项目的申报是市计委的职责，与其职权无关；篡改投资计划文件是顾某宾所为，与其无关；经济适用房建设项目被取消后，应由市房管局和财政局追缴有关费用，其没有监督和落实，只是不作为，但不构成滥用职权罪。法院认为，安某申利用其担任南阳市住宅统建综合开发办公室主任和市住宅统建综合开发有限公司总经理等职务之便，在申报和建设"车南小区"经济适用房项目过程中滥用职权，在该项目被取消后，对项目单位补办相关手续又没有进行监督和落实，给国家造成重大经济损失，其行为构成滥用职权罪，且属于情节特别严重。但指控安某申滥用职权行为给国家利益造成了787.8 万余元的证据不足，同案犯顾某宾因滥用职权造成国家利益损失数额已经生效判决予以认定，因与本案系同一事实，故在没有新证据予以证实的情况下，仍应认定损失数额为 680 余万元。故以受贿罪判处安某申无期徒刑，剥夺政治权利终身，并处没收个人全部财产；犯贪污罪判处有期徒刑 10 年；犯滥用职权罪判处有期徒刑 3 年。决定执行无期徒刑，剥夺政治权利终身，并处没收个人全部财产。本案中，就安某申给国家造成的重大损失而言，既有一系列的滥用职权行为又有不作为的玩忽职守行为，综合起来看，其滥用职权的作为行为可包容玩忽职守的不作为行为，故最终法院以滥用职权罪判处是妥当的。

在这一点上，负有特定职责职权的行政管理人员违反规定，超越职权办事，或者不负责任，糊里糊涂办事，只要给国家或者社会公共利益造成了危害，一般都是构成滥用职权犯罪。现实生活中，也许有人会认为，涉嫌行为人无职责职权情况下所实施的行为当然是超越职责职权的行为，理应构成滥用职权罪。其实不然。从有利于当事人的角度看，涉嫌行为人所实施的无权代理行为，恰恰构成的是玩忽职守罪。例如，河南省淮滨县检察院查办的该县农业机械管理局农机监理站副站长吕某刚、监理站办证大厅负责人杨某忠滥用职权、县农业机械管理局副局长任某玩忽职守案，调查查明，该县农业机械管理局农机监理站站长刘某某（另案处理）与吕某刚、杨某忠在为农用运输车登记上牌工作中，只要求车主提供车辆合格证、购车发票、身份证复印件等证件，而没有按照《道路交通安全法》第 9 条、第 121 条、《车辆购置税暂行条例》第 3 条、第 14 条、《拖拉机登记规定》第 7 条第 9 款之规定，要求车主提供车辆购置税的完税凭证或免税证明手续，在无此手续的情况下就为车主登记上牌；任某身为农业机械管理局主管业务的副局长，没有认真履行监管职责，没有责成农机监理站改正错误，致使四年间登记上牌的 790 辆应缴纳车辆购置税的车辆均未缴纳该项税款，造成国家税收流失 282.5 万余元。吕某刚、杨某忠、任某方辩解，三人均不构成犯罪。法院认为，吕某刚、杨某忠身为国家机关工作人员，在办理农用车登记上牌的工作中，不遵守国家的法律法规，滥用职权，违法违规给农用车登记上牌，致使国家税收损失 282.5 万余元，其行为均已构成滥用职权罪。任某身为主管业务副局长，没有认真履行自己的监管职责，导致上述损失后果的发生，其行为已构成玩忽职守罪。

5. 反渎侦破活动中，易混淆的国家机关工作人员的玩忽职守犯罪与国有公司工作人员失职罪。关键差别在于：国有公司、企业、事业单位人员所行使的是政府委托的"管理权"还是国有公司、企业、事业单位内部的"行政管理权"。前者构成玩忽职守罪，后者构成国有公司、企业、事业单位工作人员失职罪。对此，应予以高度重视，认真区分。例如，北京市东城区检察院查办并起诉的中国新技术创业投资公司海南代表处主任杨某玩忽职守案，调查查明，杨某在任期间，代表中创公司在海南省开展贷款业务期间，未按照贷款相关法规及公司规章制度对借款方的经营状况、资信、还贷能力进行认真审核，且在未要求借款方提供任何有效担保的情况下，先后向海南申华企业有限公司、海南南华企业公司提供贷款资金人民币1300万元、34万余美元（折合人民币189.1万余元），致使上述贷款无法收回，造成国有资产的重大损失。检察机关指控杨某身为国家工作人员，在担任中国新技术创业投资公司海南代表处主任，负责向海南南华企业公司、海南申华企业有限公司发放贷款业务的过程中，不履行或不正确履行职责，在贷前对贷款公司的资信及还款能力未进行相应调查轻率放贷；未按照要求签订贷款合同，抵押合同，以致全部化为风险贷款；在贷中放弃对贷款使用情况的监督审查，导致全部贷款未归还，给国家造成重大损失，其行为构成玩忽职守罪。杨某方辩解称，杨某不具备玩忽职守罪的犯罪主体资格，不构成玩忽职守罪。中创公司规章制度文件，均不是正式下发文件，不能作为定罪依据。杨某的过失责任应止于其被免职处理和中创公司对其做出审计结论时。以法院民事判决书、执行中止裁定书及吊销营业执照的行政处罚决定，认定财产损失没有法律依据。本案已过追诉时效，造成的损害结果应从杨某被免职时计算。法院认为，杨某身为国有公司工作人员，理应对与其职务相联系的公共事务以及监督、管理国有财产的职务活动依法履行职责，而杨某在负责向南华公司、申华公司发放贷款业务过程中，由于严重不负责任，不履行或不正确履行职责，造成国有公司利益遭受重大损失，其行为破坏了社会主义市场经济秩序，构成国有公司人员失职罪，应依法予以刑罚处罚。虽然中创公司所发放的贷款作为债权存在，但由于两家公司营业执照被吊销而使债权无法实现，属于已经造成重大经济损失。杨某的失职行为与重大经济损失系具有直接因果关系的统一整体。虽然杨某在损失确定之前被免除职务，但不能据此免除杨某应承担的责任。鉴于杨某的失职行为造成的损害后果确定于两家公司营业执照被吊销以后，对其追诉期限应从失职行为的损害结果产生之日计算。指控杨某具有失职行为给国有公司造成经济损失的事实存在，但适用法律有误。遂判决杨某犯国有公司人员失职罪，判处有期徒刑2年。

6. 对于"特定职责人"对自己职责范围内、负有特定义务的事宜，知情不举、压案不报、瞒报假报等情形，要甄别和把握特定职责人所实施的是滥用职权罪还是玩忽职守行为，并以此来选择、确定是适用滥用职权罪还是玩忽职守罪更为妥当。

（1）实践中，对于特定职责人明知有矿难等责任事故发生，却对事故发生以及人员死伤、财产损失等情况封锁消息，隐瞒不报，造成恶劣影响的，应以滥用职权罪追究特定职责人的刑事责任。例如，广西壮族自治区南丹县委书记万某忠滥用职权、受贿案中，南丹县龙泉矿冶总厂下属的拉甲坡矿发生特大透水事故，造成拉甲坡矿、龙山矿、田角锌矿井下 81 名矿工死亡。事故发生后的当晚，时任县委副书记莫某龙即打电话向万某忠汇报了事故情况，并告知有 40 余人死亡的消息。当晚万某忠亦将此消息告诉了时任县委副书记、县长唐某盛。次日晚，万某忠经与唐某盛、莫某龙、韦某光密谋后，决定对此事故不按国务院《特别重大事故调查程序暂行规定》上报及组织抢救、调查，而是隐瞒事故真相。万某忠伙同唐某盛授意莫某龙、韦某光督促龙泉矿冶总厂处理好善后工作，防止事故消息泄露。该月下旬，该事故的消息被新闻媒体及上级有关部门关注，万某忠又伙同唐某盛多次向上级有关部门及领导作虚假汇报。直至 8 月初，该事故真相被严肃追查无法隐瞒后，万某忠才交代对事故真相隐瞒不报的经过。南宁市中级人民法院认为，万某忠不正确履行职责，伙同他人违反有关特大事故报告程序的规定，对特大矿山安全事故隐瞒不报，亦不及时组织抢险、调查，造成极其恶劣的社会影响，情节特别严重，已构成滥用职权罪；另外，还构成受贿罪。判处万某忠犯受贿罪，判处死刑，剥夺政治权利终身，并处没收个人财产人民币 50 万元；犯滥用职权罪，判处有期徒刑 7 年；数罪并罚，决定执行死刑，剥夺政治权利终身，并处没收个人财产人民币 50 万元。万某忠的非法所得人民币 268.5 万元，依法没收，上缴国库。

（2）特定责任人在职期间，对工作严重不负责任，不认真按要求履行职责，对于下属利用职权所进行的违法犯罪行为知情不报，听之任之，不采取措施予以制止、修复原状或者补救，造成犯罪隐患不断扩大的，应以玩忽职守罪追究刑事责任。例如，山东省莱西市邮政局马连庄支局邮政代办员徐某（另案处理）因其对象赌博输了钱，在有人前来找她办理储蓄业务时，便为其办理假存单，并将收来的存款据为己有。有储户在拿着徐某开具的假存单取钱时发现了问题，并向相关部门反映。徐某共贪污 50 余名储户存款人民币 270 余万元。调查徐某案件期间发现，莱西市邮政局马连庄支局局长李某早就知晓徐某为储户开具假存单这件事，但当时并没有向司法机关报案。后经下属先后多次向其反映此事后，李某才对徐某行为进行了批评，并以"这么做影响莱西市邮政局马连庄支局的声誉"为由，要求徐某以后不要这么做了，却并没有对徐某采取任何措施。李某辩解称其曾经向市邮政局领导徐某某、孙某和安检部主任姜某做过口头汇报，但该三人均予以否认。法院认为，李某在任期间工作严重不负责任，不认真按要求履行职责，对徐某骗取储户存款，知情不报，造成隐患不断扩大，遂以玩忽职守罪，判处李某有期徒刑 6 个月。在此之前，李某因犯窝藏罪被判处有期徒刑 2 年，缓刑 3 年；因犯非法持有毒品罪被判处有期徒刑 12 年，并处罚金人民币 3 万元。故实行数罪并罚，对其决定执行有期徒刑 13 年 2 个月，并处罚金人民币 3 万元。后李某上诉，二审法院驳回其上诉。

7. 实践中，具体涉嫌行为确实有犯罪故意客观存在，但并不一定就能简单地认定其构成滥用职权罪。因为就滥用职权类罪而言，往往还涉及优先适用法律规定的特殊法条所确定的特殊罪名的问题。同时，要认真把握相关罪名的显性、隐性构罪要素，准确适用法条，确定具体罪名。例如，李某强担任畜牧局草原监理站负责人、王某担任畜牧局副局长（主管草原监理站）期间，部分村民要求承包村周围的草塘，二人在未确定所要承包的草塘是草原还是林地，是否属于经市政府登记造册的未确定使用权的国家所有的草原及土地权属的情况下，超越职权，以草原监理站的名义陆续与 10 名村民签订草原承包合同，将林业局林权证范围内的林地以草原名义发包 374.7 亩，并以草原建设补偿费名义（改变草原用途才收取此项费用）收取人民币 1.7 万余元（已交到畜牧局）。畜牧局草原监理站以草原名义发包林地的行为，导致 158.25 亩林地遭到开垦破坏，被开垦的林地，除 39.9 亩未耕种外，其余某地已全部耕种农作物大豆，给国家造成经济损失人民币 298037.5 元。

对此案的处理存在两种不同意见：第一种意见认为，李某强、王某身为国家机关工作人员，在未查清土地性质和权属的情况下，为了本单位的利益，超越职权，非法批准占用土地，给国家造成重大经济损失，但二人主观上没有徇个人私情和私利的目的，只是为了给单位多收钱，而徇私舞弊又是非法批准占用土地罪的必要构成要件，因此二人的行为构成滥用职权罪。第二种意见认为，李某强、王某身为国家机关工作人员，徇私舞弊，违反土地管理法规，滥用职权，非法批准占用土地，其行为构成非法批准占用土地罪。

根据《土地管理法》的规定，任何单位和个人不得侵占、买卖或者以其他形式非法转让土地，土地使用权可以依法转让。国家为公共利益的需要，可以依法对集体所有的土地实行征用。城市建设用地规模应当符合国家规定的标准，充分利用现有建设用地，不占或者尽量少占农用地。非农业建设必须节约使用土地，可以利用荒地的，不得占用耕地；可以利用劣地的，不得占用好地。禁止占用耕地建窑、建坟或者擅自在耕地上建房、挖砂、采石、采矿、取土等。禁止占用基本农田发展林果业和挖塘养鱼等。根据《土地管理法》的规定，要求征用与占用土地都须经有关部门的审批，并须经过一定的审批程序。因此，负责审批职责的单位就应当严格按审批程序进行审批，对符合条件的予以审批，对不符合条件的坚决不予审批。非法批准征用、占用土地罪，是指国家机关工作人员徇私舞弊，违反土地管理法规，非法批准征用、占用土地，情节严重的行为。征用即指国家依法使用个人或集体的房产、土地等。占用即指对土地事实上的控制、管理与使用。不管是征用土地还是占用土地，土地管理法规都规定了相应的程序和办法。本罪的构成要件是：（1）犯罪主体。本罪的主体为国家机关工作人员，故一般的自然人不能作为本罪的主体，只有国家机关工作人员才能构成本罪。同时，单位也不可能作为本罪的主体。（2）主观方面。本罪的主观方面必须出于故意，即明知自己批准征用、占用土地的行为属于非法，也明知自己的行为会发生危害社会的结果，但为了徇私舞弊为之，并且希望或者放任这种危害结果的发生。过失不构成本罪。需要注意的是，如果占用、征用的有关人员采取欺骗的方法致使行为人不知而认为条件合法而批准的，就不符合明知的要件。（3）客观方面。客观方面表现为徇私舞弊，违反土地管理法规，滥用职权，非法批准征用、占用土地，情节严重的行为。具体来说应包括以下几个条件：一是行为具有行政违法性，即必须违反土地管理法规。二是必须具有徇私舞弊、滥用职权的非法批准征用、占用土地的行为。徇私舞弊，是指行为人出于个人目的，基于私情，为了私利，在土地征用、占用的批准活动中采取弄虚作假、欺上瞒下等方法违法批准征用、占用土地。徇私舞弊表现为应做而不做，应这样做而那么做。滥用职权，即过度地使用自己的职权，表现为超越自己的职权范围实施不应当实施的行为。三是本罪属于情节犯。不仅要有行为，还必须达到情节严重。所谓情节严重，根据最高人民法院《关于审理破坏土地资源刑事案件具体应用法律若干问题的解释》第4条规定，具有下列情形之一的，属于非法批准征用、占用土地"情节严重"：①非法批准征用、占用基本农田10亩以上的；②非法批准征用、占用基本农田以外的耕地30亩以上的；③非法批准征用、占用其他土地50亩以上的；④虽未达到上述数量标准，但非法批准征用、占用土地造成直接经济损失30万元以上；造成耕地大量毁坏等恶劣情节的。第9条规定：多次实施本解释规定的行为依法应当追诉的，或者一年内多次实施本解释规定的行为未经处理的，按照累计的数量、数额处罚。分析本案的具体情况，李某强、王某身为国家机关工作人员，在未查清土地性质和权属的情况下，为了本单位的利益，超越职权，非法批准占用土地，给国家造成重大经济损失；现有证据能够证实村民在承包的过程中没有给过二人钱、物。二人虽然是在朋友或熟人的情况下实施了发包林地的行为，但主观上没有徇个人私情和私利的目的，发包的目的是为了给单位多收钱，因此，应认定二人在发包过程中没有徇私舞弊行为，而徇私舞弊又是非法批准占用土地罪的必要构成要件，所以，二人的行为构成滥用职权罪。

三、经济民生领域特有渎职犯罪罪名的准确把握与认定

（一）对国家机关工作（国有公司）人员签订、履行合同失职被骗罪的把握与理解

国家机关工作人员签订、履行合同失职被骗罪，是指国家机关工作人员在

签订、履行合同过程中，因严重不负责任，不履行或者不认真履行职责被诈骗，致使国家利益遭受重大损失的行为。例如东部某市外经贸局副局长王某带领本市招商引资团赴 A 国招商引资。王某草率与 A 国 F 公司签订市政工程水污染处理合作合同，合同保证 F 公司享有 15% 的固定回报率，王某还指令随团的市国际信托投资公司为该合同作不可撤销担保。该项目在实施过程中被上级主管部门以固定回报率违反国务院相关规定为由予以撤销，为此某市政府赔偿 F 公司 500 多万美元的损失。

1. 国家机关工作人员签订、履行合同失职被骗罪是针对国家机关工作人员在管理、服务经济民生活动中渎职失职而设计的，所以，反渎工作要重视对国家机关工作人员签订、履行合同失职被骗行为的把握和认定。例如，河南省郑州市金水区检察院查办并起诉的该区城市建设拆迁办公室工作人员谷某兵、李某东国家机关工作人员签订、履行合同失职被骗案，调查查明，谷某兵、李某东和孙某君（另案处理）在任期间受指派负责该市市政重点工程商贸北路拆迁补偿工作。三人的主要职责是现场调查摸底测量、汇总概算、签订拆迁补偿协议。在调查摸底及签订拆迁补偿协议过程中，三人对工作严重不负责任，不认真调查建筑物、附属物情况，签订协议未严格要求沈庄村原书记宋某宝以沈庄村一组名义并提供一组账号，致使宋某宝采取欺骗手段将郑州市金程置业有限公司 2002 年征地并补偿过的附属物进行二次赔偿。后宋某宝将骗取的拆迁补偿 166.3 万元贪污。法院以贪污罪判处宋某宝有期徒刑 10 年 6 个月。法院认为谷某兵、李某东身为国家机关工作人员在签订、履行合同过程中，因严重不负责任被诈骗，致使国家利益遭受特别重大损失，其行为均已构成国家机关工作人员签订、履行合同失职被骗罪。根据我国《刑法》第 30 条的规定，公司、企业、事业单位、机关、团体实施的危害社会的行为，法律规定为单位犯罪的，应当负刑事责任。二人受指派负责该市市政重点工程商贸北路拆迁补偿工作中，因对工作严重不负责任，致使宋某宝采取欺骗手段将拆迁补偿款 166.3 万元贪污，不符合法律规定单位犯罪的构成要件。谷某兵、李某东在签订、履行合同过程中，因严重不负责任被诈骗，致使国家利益损失 166.3 万元，属于特别重大损失。遂判决谷某兵、李某东均犯国家机关工作人员签订、履行合同失职被骗罪，各处有期徒刑 3 年，缓刑 3 年。

2. 现实生活中，经济民生运行的复杂性、特殊性等使得如何理解国家机关工作人员签订、履行合同失职被骗罪的客观要件，以及准确区分签订、履行合同失职被骗罪与信用证诈骗罪的不同，还有能否将国有公司的部门经理认定为国有公司直接负责的主管人员等问题，都是侦查工作中常常遇到而又亟待解决的问题。例如，北京市检察院第一分院查办并起诉的中国国际企业合作公司进出口五部副经理兼任香港鹏昌集团公司董事高某信用证诈骗、五部经理梁某钊签订、履行合同失职被骗案，调查查明，高某与香港鹏昌集团公司（以下简称鹏昌公司）的朱某炎合谋后，由鹏昌公司与中国国际企业合作公司（以下简称国企公司）签订虚假的进口合同，据此以鹏昌公司为受益人向中国建设银行北京分行申请开立 22 单信用证，开证金额 1093 万余美元（折合人民币 9051 万余元）、向中国银行北京分行申请开立 2 单信用证，开证金额 94 万余美元（折合人民币 780 万余元）、由中国惠通（集团）总公司（以下简称惠通公司）代国企公司向中国农业银行北京分行申请开立 5 单信用证，开证金额 220 万美元（折合人民币 1829 万余元）、向北京商业银行申请开立 4 单信用证，开证金额 175 万余元（折合人民币 1454 万余元）、由中国燕兴总公司（以下简称燕兴公司）代国企公司向工行北京分行申请开立 2 单信用证，开证金额 1789 万余美元（折合人民币 630 万余元），共计开证金额 1789 万余美元，折合人民币 14539 万余元；由鹏昌公司从香港地区提供虚假的信用证附随单据，将信用证项下资金贴现，用于鹏昌公司的经营活动，除向中国银行北京分行支付人民币 358 万余元外，其余全部损失，未能追回。梁某钊担任国企公司进出口五部经理，在国企公司进出口五部与鹏昌公司签订进口合同，通过中国建设银行北京分行开立 19 单信用证，开证金额 941 万余美元（折合人民币 7791 万余元）；通过北京市商业银行开立 4 单信用证，开证金额 175 万余美元（折合人民币 1454 万余元）的过程中，严重不负责，不认真审查合同真伪、进口是否落实，盲目签约，至使信用证项下资金 1116 万余美元（折合人民币 9245 万余元）被骗，至今无法追回，给国有财产造成重大损失。高某方辩解称：未与朱某炎合谋将信用证用虚假单据贴现，个人也未占有贴现后的款项。其辩护人提出：高某没有信用证诈骗的故意行为，也不是单位犯罪直接实施者，其行为应认定为签订、履行合同失职被骗罪。梁某钊辩解称：签订合同是公司领导决定的，其个人不应当承担责任；其不是公司直接负责的主管人员，没有不负责任的行为，其行为不构成犯罪；将由燕兴公司、惠通公司及高某签订的合同认定在梁某钊的犯罪数额中，没有法律根据。一审法院认为，高某系鹏昌公司直接负责的主管人员，以鹏昌公司非法占有为目的，采用与他人签订虚假的货物进口合同，利用伪造的信用证附随单据将信用证项下资金贴现的手段，骗取巨额资金，用于公司的经营活动，其行为已构成信用证诈骗罪，且犯罪数额特别巨大，造成国有资产巨额损失，属情节特别严重，依法应予严惩；被告人梁某钊系国有公司直接负责的主管人员，在签订、履行合同过程中，严重不负责被诈骗，致使国家利益遭受特别重大损失。关于将由燕兴公司、惠通公司及高某签订的合同认定在梁某钊犯罪数额中没有法律依据的意见成立。指控被告人高某信用证诈骗1756万余美元（折合人民币1476万元）、指控梁某钊在签订、履行23份合同的过程中，严重不负责，造成1116万余美元（折合人民币9245万余元）损失的事实清楚，证据确实、充分，罪名成立，但指控高某、梁某钊的其他犯罪事实，证据不足。遂判决高某犯信用证诈骗罪处无期徒刑，剥夺政治权利终身；梁某钊犯签订、履行合同失职被骗罪处有期徒刑6年；在案扣押的鹏昌公司、国企公司进出口五部公章各一枚予以没收，其余公章与本案无关，由检察机关处理。梁某钊方上诉辩解称：一审法院认定的事实与实际不符，定性不准，其在签订合同时无失职不为，且不负责履行合同，不构成签订、履行合同失职被骗罪；其不是公司直接负责的主管人员，其主观上没有失职的故意，也没有失职的行为，请求宣告梁某钊无罪。二审法院认为，梁某钊在1998年担任国企进出口五部经理，负责五部工作期间，代表国企公司与鹏昌公司签订、履行合同过程中，不认真审查合同的真伪、进口事项是否落实，育目签订合同，严重不负责，致使国企公司信用证项下资金1116万余美元（折合人民币9245万余元）被骗，且造成国有财产重大损失无法追回的事实。梁某钊身为国有公司"直接负责的主管人员"，在签订、履行合同过程中，对工作严重不负责被诈骗，致使国家利益遭受特别重大损失，依法应予惩处。高某系鹏昌公司直接负责的主管人员，以鹏昌公司非法占有为目的，采用与他人签订虚假的货物进口合同，使用伪造的信用证附随单据将信用证项下资金贴现的手段，骗取巨额资金，用于公司的经营活动，其行为已构成信用证诈骗罪。且犯罪数额特别巨大，造成国有资产巨额损失，属情节特别严重。遂驳回上诉、维持原判。

将签订、履行合同失职被骗罪主体规定为国有公司、企业、事业单位直接负责的主管人员，构成本罪的主体是特殊主体，应无疑问。问题在于，如何理解和认定这里的"直接负责的主管人员"。对此，理论和实践中均存在不同理解，基本分歧在于，直接负责的主管人员是否包括单位管理人员之外的其他责任人员。但事实上，直接负责的主管人员作为一个法定专用名词，源于单位犯罪处罚主体的规定，其内涵及外延明显窄于国家工作人员。一是从相关的立法例来看，直接负责的主管人员应当有别于一般的国家工作人员，与国家机关工作人员对应的是国有公司、企业、事业单位的工作人员，而且立法上将后者规定为犯罪主体的也不乏其例，如为亲友非法牟利罪。二是从司法解释的法定性、一致性的角度来理解，应当将作为犯罪主体的直接负责的主管人员与作为处罚主体的直接负责的主管人员作同一理解。一方面，作为单位犯罪中特有的法定称谓，沿用已久，不宜作突破解释；另一方面，刑法规定中先后出现的名词，宜作前后一致之连贯解释。由此，对"直接负责的主管人员"的理解，应当把握以下两点：一是须有管理人员之身份，行使实际管理职权；二是对合同的签订、履行负有直接责任。其中，前者不限于单位的法定代表人，分管副职领导、部门、分支机构的负责人等均属管理人员；后者的着眼点在于对合同的签订与履行有无法律及职务上的职责即职权和责任，不在于是否具体参与合同的签订与履行，尤其不履行或者不正确履行职责的渎职等过失犯罪，要求具有决定、批准、授意等参与合同的签订、履行行为。本罪客观构成上应符合以下三个方面的要件：一是严重不负责任，在签订、履行合同过程中不履行职责，即通常所谓的失职行为；二是后果要件，即失职行为给国家利益造成重大损失之现实后果；三是中介要件，或者说是附加要件，即造成重大损失后果之直接原因系合同对方的诈骗行为。其中，失职行为包括当为、能为、不为三个层面的蕴意，即具有法定或者职务上的避免损失，仍不履行或者不正确履行义务；损失后果指的是现实的、具体的经济损失。可能的、间接的、潜在的或者非经济性的损失一般不能视为这里的损失后果。但不得将因合同对方的诈骗行为直接造成的损失，或者直接的损失对象是第三方，但最终责任将落到该国有单位的损失理解为间接损失。诈骗行为需以构成犯罪为充分之需要，不能将一般的民事欺诈行为理解为这里的诈骗行为，但无须以合同对方已经被法院判决构成诈骗犯罪行为认定本案当事人构成签订、履行合同失职被骗罪的前提，在程序上仅需认定对方当事人的行为已经涉嫌构成诈骗犯罪即可。在本案中，梁某钊作为国企公司进出口五部经理，负责五部的全面工作，进口合同的签订、履行均由其签章负责，属于单位直接负责的主管人员，符合签订、履行合同失职被骗罪的主体构成要件。在系列被骗合同签订过程中代表五部签字、盖章，且合同的签订与履行本属合同行为不可分割的组成部分，保证合同的真实履行，是其职务上的既定责任，本应严格审查合同签订之真伪、监督合同是否依约履行，但由于其严重不负责任，对进口事项能否落实不进行审查，多次与其他单位盲目签订进口合同，向银行申请开具信用证；合同履行过程中对信用证附随单据真实与否不予审查，对进口事项是否落实不闻不问，任由损失频频发生，存在明显的失职行为，合同履行过程中被骗正是其失职所致，致使国家利益遭受特别重大损失，造成了国企公司 1116 万余美元（折合人民币 9245 万余元）的特别重大经济损失，且该损失已无法追回。虽然合同对方系通过信用证实施的诈骗行为，直接的诈骗对象是开证银行，但因银行方不属主合同的双方当事人，且在议付过程中并无过错，国企公司负有偿还银行该部分被骗款项的民事责任，损失最终需由国企公司来承担。同时，合同对方鹏昌公司非但实施了诈骗行为，且业已构成信用证诈骗犯罪。法院虽未追究鹏昌公司的刑事责任，但必须注意到，判决是依照《刑法》第 200 条关于单位犯罪的规定，追究高某信用证诈骗罪的刑事责任的。所以，一审、二审法院判决梁某钊构成签订、履行合同失职被骗罪是正确的。

3. 反渎侦查中，要依据案件具体情况，准确把握法律精神，并将两者结合起来考虑问题，准确确定罪名。在现在的国有银行中除中国人民银行、国家开发银行、国家进出口银行、中国进出口信用保险公司等受国家、政府委托落实执行国家相关政策的银行（公司）以外，其他国有商业银行（公司）工作人员犯有渎职类犯罪的均应以国有公司、企业人员失职类罪追究刑事责任。例如，北京市检察机关查办并起诉的中国出口信用保险公司原总经理唐某昕受贿、滥用职权案，调查查明，中国出口信用保险公司注册资本金 40 亿元，组建初衷是在加入世贸组织参与全球竞争的背景下，通过政策性出口信用保险手段，"扶持"中国外贸企业的国际业务拓展。出口信用保险是一种特殊的保险机制。在国际化背景下，这是唯一被 WTO 允许的出口支持和保障手段。唐某昕利用担任中保财险有限公司副总经理、中国出口信用保险公司总经理的职务便利，单独或伙同下属魏某、妻子刘某宏，先后收受 6 笔贿赂，共计折合人民币 355 万余元。唐某昕在担任中国出口信用保险公司总经理期间，违反国家规定，擅自决定向闽发证券投资 3 亿元用于委托理财，导致部分资金无法收回。唐某昕收受的其余 4 笔贿赂，均为有求于其的业务公司所送。其中一起是，唐某昕妻兄打算购买一套房屋，其通过下属魏某与北方工业公司联系。对方称，现在房屋很热销，自己只是参股开发，无权打折。对方以房屋打九五折的名义，送给其 29 万元现金。闽发证券老总张某伟获悉唐某昕所在单位打算拿出 3 亿元进行委托理财后找到唐某昕，要求接下此单。不久，唐某昕拍板决定闽发证券为理财单位，并将业内通行的 8%—12% 的资金使用费下降为 6%。慈某从中提取了 3% 共计 900 万元的中介费。法院两罪并罚判处唐某昕有期徒刑 14 年。

该案之所以认定为滥用职权罪而非国有公司、企业人员滥用职权罪，是因为中国信保是目前国内唯一承办政策性出口信用保险业务的国有独资保险公司，对中国出口信用保险公司的管理和监督是由财政部、商务部、外交部、保监会等部门共同负责的。唐某昕曾担任该公司党委书记兼总经理一职长达 6 年多。所以，这类公司的管理人员应按国家机关工作人员的渎职犯罪罪名来处理。

陕西省吴堡县检察院查办并起诉的农发行横山县支行驻雷龙湾粮食收储公司管户信贷员张某君、该县支行副行长郭某军、支行信贷部主任董某玩忽职守案被改判具有典型性。调查查明，张某君任农发行横山县支行驻雷龙湾粮食收储公司管户信贷员期间，未每周深入雷龙湾粮食收储公司查账核库，对该公司粮油库存和信贷资金日常使用情况进行全程监督，在该公司粮食大量短缺的情况下也未填制《粮油收购资金重大问题报告单》，提出信贷制裁意见，逐级呈报，致使雷龙湾收储公司违规销售粮食和挪用信贷资金，造成大量资金无法收回的严重后果。农发行横山县支行发现雷龙湾收储公司库存粮食与贷款不相符，该公司经理谎称山西汾阳城关粮站寄存50万斤豌豆，价值110万元。时任副行长的郭某军受行长指派，与职员李甲去山西汾阳城关粮站核查，郭某军未执行异地库存粮油监管的规定致使110万元被挤占、挪用的事实被掩盖。郭某军主管信贷工作，在农发行榆林分行信贷检查组明确指出雷龙湾收储公司玉米短缺、信贷台账有误、山西汾阳寄存豌豆有问题，却未能组织人员查明情况，堵塞漏洞，查找资金去向，采取有力措施督促贷款回笼，也未责成信贷员写出书面报告逐级上报，致使粮食销售款被大量挪用，造成无法收回的严重后果。董某作为信贷部主任在农发行榆林分行信贷检查组明确提出雷龙湾收储公司短缺玉米、信贷台账有误、山西汾阳豌豆寄存问题，并提出整改意见的情况下，一直对雷龙湾收储公司持漠视不管的态度，未检查信贷员记录，实地核查收储公司库存数量、金额，未按规定要求信贷员正确履行职责，对雷龙湾收储公司违规销售、挪用资金的行为未采取任何措施制止并予以回收。三人不履行或不正确履行各自职责，致使雷龙湾收储公司失去信贷监管，先后向"康士福"饲料厂挪用销售款569.1万余元。经该县国有资产局委托评估，该公司仅有固定资产448.99万余元，从而造成120.18万余元贷款无法回收。张某君方辩称，张某君任雷龙湾收储公司管户信贷员，其认真执行农发行的各项规章制度，经常深入企业检查粮食库存、会计账务、销售清单、出库报告，填写信贷员日志。雷龙湾粮站不服从管理以种种理由不做账务，不做出库报告，大量销售粮食，不还贷款，张某君发现后及时向领导作了汇报，造成贷款挤占、挪用的后果完全系雷龙湾收储公司恶意所致，其行为不构成犯罪。张某君在农业发展银行工作系国有公司、企业人员，并非国家机关工作人员，其认真履行职责，发现问题及时上报，主观方面没有过错；客观方面该县国有资产局委托评估报告程序违法，雷龙湾收储公司又偿还农发行贷款300万元，张某君的行为并未造成严重后果，应宣告无罪。郭某军方辩解称，其作为横山农发行副行长受行长李某委派与职工李甲去山西汾阳城关站调查豌豆一事，抽查了库存，核查了仓单，数量与账面相符，同时又安排信贷员继续追踪，之后企业做了销售处理，在雷龙湾收储公司恶意挤占、挪用粮食销售款后，多次向横山县粮食局局长、主管县长、榆林市农发行汇报，榆林市农发行组成工作组进行调查，并将调查结果传阅横山县政府。其认真履行职责，工作没有过失。郭某军并非国家机关工作人员；认真履行职责，主观方面没有过错，客观方面横山县国有资产局委托评估程序违法，雷龙湾收储公司偿还横山农发行贷款300万元，并未造成严重后果，故其行为不构成犯罪。董某方辩解称，其作为信贷部主任在得知雷龙湾收储公司挪用销售款的情况下，安排信贷员深入该公司核实贷款余额、责令企业完善账务、限期追回挪用款项，在上报行领导的同时，又与郭某军副行长向粮食局局长、主管县长多次汇报，没有失职行为。其并非国家机关工作人员，认真履行职责，主观方面没有过错，该县国有资产局委托评估程序违法，雷龙湾收储公司偿还横山农发行贷款300万元，并未造成严重后果，应宣告无罪。法院认为，张某君、郭某军、董某系农发行职工，根据最高人民检察院研究室《关于中国农业发展银行及其分支机构的工作人员法律适用问题的答复》，中国农业发展银行及其分支机构的工作人员严重不负责任或者滥用职权，构成犯罪的，应当依照《刑法》第168条的规定追究刑事责任。故公诉机关指控的罪名有误，应予变更。关于张某君、郭某军、董某认为其主观方面没有过错、客观方面并未造成严重后果、行为与结果之间没有必然因果关系，实际上三人工作具有一定失职行为，立案侦查前已造成国有资产损失之后果，行为与结果之间具有一定的因果关系。认定张某君、郭某军、董某身为农业发展银行工作人员，在粮食收储信贷工作中不履行、不正确履行职责，造成国有公司、企业严重损失，该行为严重侵犯了国家对国有公司、企业的资产管理制度，已构成国有公司、企业人员失职罪。遂判决三人各犯国有公司、企业人员失职罪，均免予刑事处罚。

（二）对滥用管理公司、证券职权罪构成要件的理解与把握

1. 滥用管理公司、证券职权罪是指工商行政管理、证券管理等国家有关主管部门的工作人员徇私舞弊，滥用职权，对不符合法律规定条件的公司设立、登记申请或者股票、债券发行、上市申请予以批准或者登记，致使公共财产、国家和人民利益遭受重大损失的行为，以及上级部门、当地政府强令登记机关及其工作人员实施上述行为的行为。例如云南某市某房地产集团有限公司与贡山县华龙电力开发有限公司发生股权纠纷案。该房地产公司采用非法手段获得了华龙公司的营业执照、行政印章及法定代表人的个人印章等物品和文件，并派人到贡山县工商局办理变更登记华龙公司法定代表人的手续。杨某怀在收受了该房地产公司有关人员贿赂的情况下，放弃职责，未认真审查该公司所提供的申请变更材料，便决定将华龙公司法人代表人进行了变更。杨某怀的行为造成华龙公司诉讼不断，影响了地方经济的发展，破坏了社会主义市场经济秩序，并造成华龙公司直接经济损失136余万元、间接经济损失1200余万元的重大损失。最终，法院以滥用管理公司职权罪判处杨某怀有期徒刑3年，缓刑4年。

滥用管理公司职权、证券职权罪是1997年刑法新增罪名，其犯罪构成可

以北京市工商局执法检查大队副队长王某受贿案得以说明，调查查明，王某在工作中发现华港科技投资管理有限公司的 2000 多万元注册资金系他人垫资，遂决定进行调查，暂缓为该公司发放营业执照，并冻结了公司的注册资金 2180 万元。后 3 名非法垫资人找到平谷工商分局执法队副队长马某并由马某出面分 3 次将 80 万元贿赂款交给王某。王某在此过程中还收受赵某送的 5 万元贿赂款。收到贿赂款后，王某仅按照"无照经营"对该公司进行了处罚，就将 2180 万元注册资金解冻，核准该公司成立，使其"合法"地取得了法人资格。王某方辩解称，其没有受贿也没有滥用职权。一审法院认为，被委托人马某向王某行贿 80 万元，送钱时实际接触王某的只有马某 1 人，也只有马某供述称送给王某 80 万元，侦查机关未能就赃款的去向等问题提供证据，马某的供述属于孤证，不能作为定案的依据。王某收受 80 万元事实不清、证据不足，不能认定。但王某受贿 5 万元及一台摄像机，受贿罪名成立，判处其有期徒刑 9 年。王某上诉。二审法院认为，王某身为工商执法人员，因受贿而徇私枉法，客观上导致巨额注册资金被抽逃等严重后果；且其在归案后及法庭审理期间，拒不如实供认犯罪事实，认罪态度恶劣，应对其给予从重处罚。遂驳回上诉，维持原判。

该罪是特殊主体，即具有管理公司、证券职权的人，具体来说，主要是工商行政管理部门、人民银行、证券管理等有关部门的工作人员：国务院授权批准设立股份有限公司的部门工作人员，或者省级政府主管该项职责的工作人员；各级工商行政管理机关工作人员；中国人民银行主管金融机构设立审批事项的工作人员；国务院证券管理机构的工作人员或者国务院授权审批证券发行事宜的部门工作人员。本案中王某虽然是工商局执法检查大队副大队长，但其工作内容并不涉及有关公司设立、登记申请或者股票、证券发行、上市申请的审批，因而其不具有滥用管理公司职权罪的主体资格。本罪的客观行为仅限于对不符合法律规定条件的公司设立登记申请或者股票、债券发行、上市申请，予以批准或者登记，且涉嫌相关司法解释所规定的危害后果数额标准。故一、二审法院的认定是正确的。

2. 经济民生领域的渎职犯罪查办过程中，行为人主体资格适格与否，是办案工作的另一大难题。这其中又牵扯到三部刑法的延续、交叉以及如何适用的问题。例如，上海市某区检察院以海南港口集团上海某工贸公司经理朱某某、业务员郎某某签订、履行合同失职被骗罪查办、以玩忽职守罪起诉案，比较典型，又具参考意义。朱某某、郎某某在担任海南港口集团上海某工贸公司经理、业务员期间，由郎某某在未认真审查蒋某（另案处理）的具体身份、履约能力的情况下，代表本公司与蒋某签订《合作经营协议书》，内容是上海某工贸公司出资人民币 30 万元和蒋某代表的"贵阳市花香村农贸市场"合作经营食品批发业务。之后，郎某某按照蒋某提供的账号将 30 万元汇出，朱某某未认真审查，即同意签订协议及汇款，后蒋某某未归还 30 万元，而向朱某某、郎某某提出追加人民币 50 万元投资的要求，朱某某同意，郎某某将 50 万元汇至蒋某的私人账户后，郎某某在蒋某未归还上述 80 万元的情况下，在征得朱某某的同意后，又和蒋某在原《合作经营协议书》上约定增加第 5 款，内容是由上海某工贸公司出资人民币 150 万元（含前已汇的 50 万元投资）和"花香村农贸市场"合作烟草批发业务。后郎某某将 100 万元汇出。至今，公司只收回人民币 15 万元，造成重大损失。朱某某、郎某某方均对指控事实无异议。但朱某某方辩解认为，朱某某不是国家工作人员，理由是其原是工人，后因工作表现突出，被单位聘任为办公室主任、科长、经理等职，多次填写了干部任免呈报表。所填写的"以工代干"人员转干审批表格均属上海某实业总公司制作，朱某某从未填写过中共中央组织部统一印制的干部履历表，并经一定级别的部门批准，故朱某某不具有国家工作人员身份，不能成为玩忽职守罪的犯罪主体，因而不构成本罪。郎某某方辩解称，郎某某不构成玩忽职守罪，因为郎某某是工人身份，非国家工作人员，不符合该罪的主体特征。法院认定，朱某某担任上海某工贸公司（全资国有公司）的法定代表人、经理，全面负责公司的行政管理及所有经营活动，郎某某担任该公司的业务员，负责商业贸易交往中的合同签订、合同履行、来往款项收支、债权债务处理等具体业务。期间，郎某某盲目轻信蒋某（因诈骗罪已判刑）的口头介绍，与蒋某签订了 1 份《合作经营协议书》，内容是上海某工贸公司出资人民币 30 万元和蒋某代表的"贵阳市花香村农贸市场"合作经营食品批发业务，合作期为 3 个月。朱某某听取郎某某的口头汇报后，未审查蒋某的具体身份、履约能力、资信情况，即同意合作经营。3 个月后，蒋某未归还 30 万元。朱某某、郎某某前往贵阳市欲实地考察蒋某代表的"贵阳市花香村农贸市场"的资信、经营情况，但两人仅因蒋某借口没空陪同考察就放弃了考察，蒋某则向两人提出追加投资人民币 50 万元的要求，朱某某又轻率答应，回沪后郎某某将公司 50 万元汇给蒋某。朱某某在明知蒋某未归还 80 万元的情况下，仍未进一步审查蒋某的履约能力、资信情况，再次盲目同意郎某某和蒋某在原《合作经营协议书》上增加第 5 款，内容是由上海某工贸公司追加人民币 150 万元（含前已汇的 50 万元投资款）和蒋某代表的"贵阳市花香村农贸市场"合作烟草批发业务，合作期为半年。之后，郎某某将人民币 100 万元汇至贵阳市蒋某的私人账户。后上海某工贸公司只收回人民币 15 万元，尚有 165 万元无法追回。故认为，朱某某身为国家工作人员，由于严重不负责任，致使国有资产遭受重大损失，其行为已构成玩忽职守罪。指控朱某某犯玩忽职守罪罪名成立，但指控郎某某犯玩忽职守罪该院不予支持。因郎某某系非国家工作人员，不符合玩忽职守罪的主体特征，根据从旧兼从轻原则，郎某某的渎职行为不构成犯罪。朱某某曾任上港十区办公室副主任，后填写"以工代干"人员转干审批表，上港十区将其以干部身份报上海港务局备案，后其在组织安排下，在上海港务局下属各基层单位担任领导职务，系正科级干部。朱某某未填写中共中央组织部统一印发的干部履历表，并非其不具备填写的资格，而是由于其工作调动，新老单位衔接疏漏而遗漏填写。此有上海港务局干部处、上港十区组织科的有关证明予以佐证。朱某某负责公司的行政管理及经营管理活动，并对公司的全部经营行为负责，属于国有公司中从事公务的人员，究其身份的实质，从行为时法律上看，是符合最高人民法院《关于办理违反公司法受贿、侵占、挪用等刑事案件适用法律若干问题的解释》① 对国家工作人员的规定，具有国家工作人员身份，系国家工作人员；从裁判时法律上看，也符合《刑法》第 93 条的规定，属国家工作人员。郎某某因是聘用干部，系工人身份，从行为时法律上看，不属国家工作人员。遂判决朱某某犯玩忽职守罪，判处有期徒刑 3 年，缓刑 3 年。

本案中对朱某某构成玩忽职守罪没有明显的分歧，但对郎某某是否构成玩忽职守罪却有很大的争议。第一种意见认为，郎某某不构成犯罪，理由如下：根据本案的具体情况，郎某某的行为符合签订、履行合同失职被骗罪的犯罪构成客观方面的特征，但该罪是新刑法确定的新罪名，对郎某某在新刑法施行前的行为不具有溯及力。郎某某的行为也不构成旧刑法的玩忽职守罪，因为该罪的主体要求为国家工作人员，而郎某某在工贸公司内仅仅担任业务员，不具有国家工作人员身份。郎某某也不具备签订、履行合同失职被骗罪的主体资格，因为该罪的主体要求是国有公司、企业、事业单位直接负责的主管人员，而郎某某在工贸公司不是直接负责的主管人员而只是直接责任人员。第二种意见认为，郎某某构成签订、履行合同失职被骗罪，理由如下：郎某某在港湾工贸公司直接负责合同的签订、履行，180 万元的资金均由其负责汇出，故郎某某属于直接负责的主管人员。旧刑法的玩忽职守罪分解为新刑法的签订、履行合同失职被骗罪和玩忽职守罪等罪，郎某某确有在签订、履行合同的过程中严重不负责任的行为，其行为符合签订、履行合同失职被骗罪的特征；郎某某系国有公司的业务员，具有一定的管理职权，应视为国家工作人员，郎某某的行为也

---

① 已由最高人民法院《关于废止 1980 年 1 月 1 日至 1997 年 6 月 30 日期间发布的部分司法解释和司法解释性质文件（第九批）的决定》（法释〔2013〕2 号）予以废止。

符合旧刑法的玩忽职守罪的特征。总之，无论按旧刑法还是新刑法，郎某某均构成犯罪。根据从旧兼从轻的原则，旧刑法的玩忽职守罪的处刑轻较，因此对郎某某应以旧刑法的玩忽职守罪论罪。笔者认为，郎某某的行为不构成犯罪。首先，郎某某不构成旧刑法的玩忽职守罪。郎某某涉嫌渎职犯罪的时间是新刑法实施之前，依旧刑法他的行为在客观方面符合旧刑法玩忽职守罪的特征，但旧刑法规定的玩忽职守罪的主体必须是"国家工作人员"。最高人民法院发布的《关于办理违反公司法受贿、侵占、挪用等刑事案件适用法律若干问题的解释》第4条对"国家工作人员"作出了明确的解释，即国家工作人员是指在国有公司、企业或者其他公司、企业中行使管理职权，并具有国家工作人员身份的人员。郎某某仅仅是业务员，从事的仅仅是劳务，还算不上行使管理职权。所谓管理职权，是指对人、财、物的调动、决定、使用、分配、处理等行政管理职权。而郎某某只是一个业务员，并不具有行政管理方面的职责权限，他将签订、履行合同之事向公司领导作了汇报，汇出180万元也要事先征得领导的同意。由此可以看出郎某某并不具有管理职权。此外，郎某某也不具有国家工作人员的身份。郎某某没有填写过由中央组织部统一印制的干部履历表。而在当时的司法实践中，判断行为人是否具有国家工作人员身份的主要标准就是看其是否填写过由中央组织部统一印制的干部履历表，而郎某某的聘用制干部的身份是由其上级主管国有公司审批的，并没有列入国家组织人事编制序列，他在人事上是由上级主管国有公司自行管理的。所以郎某某不具有国家工作人员的身份，不符合旧刑法玩忽职守罪的主体资格，所以不构成旧刑法的玩忽职守罪。其次，郎某某的行为也不构成签订、履行合同失职被骗罪。因为该罪的主体要求是国有公司、企业、事业单位直接负责的主管人员，而郎某某在整个事件中不是直接负责的主管人员而只是直接责任人员。所谓直接负责的主管人员是指负有领导责任的人员。负有领导责任人员不仅是单位的领导，而且与犯罪有直接联系。如果不是单位的领导，则不可能成为主管人员；如果与犯罪没有直接联系，则其不负有直接责任。负有领导责任的人员往往是主管本单位某方面工作或某些部门的领导。由此可以认为，郎某某仅仅是公司最基层的业务员，不是单位的领导，在整个事件中只是一个具体的执行者，无权在签订、履行合同事务中起最终的决策、拍板作用。由于郎某某不是直接负责的主管人员而只是直接责任人员，故其不符合签订、履行合同失职被骗罪的主体资格的要求，因而不构成签订、履行合同失职被骗罪。另外，1999年12月25日全国人大常委会通过的《刑法修正案》第2条规定："国有公司、企业的工作人员，由于严重不负责任或者滥用职权，造成国有公司、企业破产或者严重损失，致使国家利益遭受重大损失的，处三年以下有期徒刑或者拘役；致使国家利益遭受特别重大损失的，处三年以上七年以下有期徒刑。"据此，有人认为郎某某的行为符合上述规定，对其可以国家工作人员渎职造成严重损失罪论处。对此，笔者认为值得商榷。综观案情，本案事实上跨越的三部法律：第一部是 1979 年刑法，第二部是 1997 年刑法，第三部是 2012 年《刑法修正案（八）》。根据上述论证，若根据 1979 年刑法和 1997 年刑法，郎某某的行为是不构成犯罪的，根据 2012 年《刑法修正案（八）》，郎某某的行为显然构成国家工作人员渎职造成严重损失罪，但问题是《刑法修正案（八）》能否溯及其生效以前的行为。1997 年刑法第 12 条规定，对该法施行以前的行为，如果当时的法律不认为是犯罪的，适用当时的法律。根据罪刑法定和不溯及既往的原则，故而也不能以国家工作人员渎职造成严重损失罪对郎某某论罪。无论是根据旧刑法还是新刑法，郎某某的行为均不构成犯罪，根据罪刑法定的原则，法院不追究郎某某的刑事责任是正确的。

（三）对国有公司、企业、事业单位人员滥用职权罪主体的甄别与处理

现实生活中，国有公司、企业、事业单位人员存在失职渎职犯罪是客观现象，而且现行刑法对此罪名也有明确规定。侦查实践中，是不是所有国有公司、企业、事业单位人员所实施的失职渎职行为，都按国有公司、企业、事业单位人员失职罪或者滥用职权罪来处理，就不一定了。往往需要根据国有公司、企业、事业单位人员履行具体职责行为的性质来确定具体罪名。实践中，国有公司、企业、事业单位人员所实施的职责行为被认定为滥用职权罪或者玩忽职守罪的情形，亦不在少数。主要区别在于：该国有公司、企业、事业单位人员所行使的职责行为即"管理权"是政府授权还是国有公司、企业、事业单位内部的"行政管理权"。例如，广西壮族自治区旅游投资集团中盛旅游发展有限公司执行董事兼总经理温某洪，利用任贺州市城市建设投资有限公司副总经理、贺泰公路有限公司董事长兼总经理、城市建设投资有限公司董事长兼总经理、贺州市城市建设投资开发集团有限公司副董事长兼总经理的职务便利，在工程项目招投标和支付工程款过程中，收受贿赂 254.4 万元。温某洪所在的贺州市城建投公司是该市政府成立的国有独资企业、投融资平台在重大决策方面执行市政府决定或者报市政府批准同意。温某洪受市城建投委派出任下辖企业贺州市桂东管道燃气责任有限公司董事长兼总经理，负责收购桂东管道燃气有限责任公司股东苏某所持有的该公司 18% 的股权。在没有取得该市政府批复同意的情况下，温某洪代表贺州市城建投公司、桂东管道燃气有限责任

公司与苏某签订了《股份转让合同》，约定转让价格为人民币 203 万元。该市城建投支付了 80 万元股份转让款给苏某。在市政府作出批复"同意贺州城建投公司收购苏某 18% 股份，其账面价值 80 万元"后，经温某洪同意，城建投再次支付 50 万元人民币股份转让款给苏某，致使国家财产遭受重大损失。法院以温某洪犯受贿罪判处其有期徒刑 11 年，剥夺政治权利 2 年，没收个人财产 50 万元；犯玩忽职守罪，判处有期徒刑 6 个月。数罪并罚，决定执行有期徒刑 11 年，剥夺政治权利 2 年，没收个人财产 50 万元。

四、经济民生领域渎职犯罪疑难复杂问题的把握与处理

（一）准确区分、认定及处理"一事不两罚"情形

反渎侦查实战中，经常会遇到"一事不两罚"等情形，需要从查明事实真相和法理依据上，强化具体调查工作，稳妥加以应对。

1. 面对受贿与滥用职权犯罪问题时，要认真考究两种行为的内在逻辑联系与"恩怨"纠葛和时间顺序上的必然还是"巧合"，再作认定。例如，河南省漯河市检察院查办并起诉的该省财政厅原工作人员姬某某受贿、滥用职权案，姬某某收受河南省财政厅下属河南财联印刷二厂承包人孙某某为感谢其帮助承揽到 100 万份政策卡等印刷业务，并继续得到业务上的关照，分两笔所送共计人民币 35 万元，姬某某先后将这 35 万元交给其爱人李某某，供其女儿出国留学使用；收受平顶山市金地印刷厂厂长董某某为感谢其帮助承揽 900 万份政策卡和 1250 万份完税证印刷业务，分三笔所送共计人民币 25 万元，将该款用于日常消费和供其女儿出国留学使用；姬某某收受王某某为感谢其帮助承揽到 1500 万份政策卡印刷业务，分两笔所送共计人民币 5 万元、2 万美元，将该款用于日常消费和供其女儿出国留学使用。姬某某在担任该省财政厅农税局局长兼河南省农村税费改革领导小组办公室综合组组长期间，违反《河南省政府采购管理暂行办法》和《中华人民共和国招标投标法》之规定，在负责政策卡印制过程中，明知必须进行政府采购而不进行政府采购，在未进行市场调查和对承印单位考察的情况下，擅自决定以 0.98 元每份的价格让没有印刷资质的郑州鑫泰恒基纸业有限公司、郑州鑫盾科贸有限公司、河南财联印刷二厂分别承印 1500 万份、900 万份、100 万份政策卡，在政策卡印制完毕后没有采取措施对政策卡质量进行验收、监督。经河南省司法价格认定中心对承印单位印制的政策卡进行价格鉴定，认定的价格是 0.35 元每份，给国家造成直接损失 1566.9 万元。姬某某方辩解称其受贿的行为和滥用职权的行为是相互牵连的，不能一事两罚；在起诉书指控的滥用职权罪中其本人没有决策权；收受

孙某某的钱财但并未给孙某某谋取利益，其行为不属于受贿，收受董某某 25 万元证据不足；收受王某某钱财的行为属于礼尚往来。法院认为，姬某某身为国家工作人员，利用职务上的便利，为他人谋取利益，并非法收受他人钱款，共计人民币 65 万元和 2 万美元，其行为已构成受贿罪；姬某某身为国家机关工作人员，未能正确行使职权，违反规定处理公务事宜，致使国家利益遭受重大损失，其行为已构成滥用职权罪。姬某某一人犯数罪，依法应予数罪并罚。姬某某所提"其受贿的行为和滥用职权的行为是相互牵连的，不能一事两罚；在起诉书指控的滥用职权罪中其本人没有决策权，其行为不构成滥用职权罪""在滥用职权罪中姬某某的行为属于职权行为而非个人行为，姬某某无决策权，其行为不构成滥用职权罪；且滥用职权行为和受贿行为具有牵连关系，即使构成滥用职权罪也应按照牵连犯的处罚原则择一重罪处罚"，姬某某身为河南省财政厅农税局局长兼河南省农村税费改革领导小组办公室综合组组长，其负有管理政策卡印制等公务的职责，但其违反相关规定，在明知政策卡的印制必须进行政府采购而未进行政府采购，且在未对市场及承印单位考察的情况下，擅自决定以每份 0.98 元的价格让没有印刷资质的单位承印 2500 万份政策卡，政策卡印制完毕后亦未对政策卡的质量进行验收、监督，给国家造成重大经济损失，其行为已构成滥用职权罪；姬某某违反相关规定与没有印刷资质的单位签订了政策卡的印刷协议，其滥用职权的行为已经发生，而其收受贿赂的行为发生在春节后，其滥用职权的行为和收受贿赂的行为是两个相对独立的犯罪行为，且由于姬某某滥用职权给国家造成了 1500 余万元的经济损失，依法应按照滥用职权罪和受贿罪对其数罪并罚。遂判决姬某某犯受贿罪，判处有期徒刑 11 年，剥夺政治权利 1 年，并处没收个人财产人民币 50 万元；犯滥用职权罪判处有期徒刑 3 年；数罪并罚决定执行有期徒刑 13 年，剥夺政治权利 1 年，并处没收个人财产人民币 50 万元。姬某某案发后所退赃款 45 万元人民币、2 万美元及上海大众明锐轿车 1 部依法予以追缴，上缴国库。

2. 工作实践中，对于自称已被其他执法机关处理，应当实行"一事不两罚"原则的情形，应当强化调查工作，查细、查深、查透具体情况，看看其他执法机关是因何处理、具体的处理过程及结果，以确定行为人犯罪成立与否。例如，江苏省徐州市泉山区检察院查办并起诉的该市某工商所经检中队队员冯某利、某电缆公司徐州地区总销售孙某平滥用职权案，徐州市质监局稽查支队接到群众举报，称徐州乾通国贸中心工地使用的一批电缆质量有问题，这批电缆价值 90 余万元。质监部门经初步核实后，稽查支队的工作人员赶到施工现场进行检查，并通知电缆公司驻徐州地区的相关负责人孙某平到现场配合检查。孙某平来到施工现场得知质监局稽查人员的来意后，从随身携带的文件夹里拿出一纸文书说："工商部门已经检查过此批电缆，而且开具了查封通知书。"还告诉稽查人员，根据行政处罚法"一事不再罚"的原则，质监局已无权再对此批电缆进行检查。但他拒绝了执法人员查看其手中文件的要求。提到被工商部门查封时，孙某平的神情为何不是慌张，反而是一种如释重负的感觉呢？带着疑惑，质监局稽查人员现场对其中两种电缆抽查取样后回到了单位，并将样品送到相关部门进行鉴定。结果很快就出来了，这是一批不合格的电缆。孙某平长期驻在徐州负责公司电缆的销售业务。他不仅将销售业务搞得红红火火，而且结识了时任徐州某工商所经检中队队员冯某利。其实，在公司电缆刚到徐州时，孙某平就知道了这批电缆存在质量问题，便找到冯某利求教应对之策。冯某利拿出一张盖好章的空白查封财物通知书，告诉孙某平说，流通领域的产品质量问题，工商局也有权查处，根据行政处罚法"一事不再罚"的原则，只要孙某平在查封财物通知书上填写这批电缆的型号、规格、数量等内容，造成已经被工商部门查处的假象，其他部门便无权再进行查处了。但这一纸文书未能阻止质监部门的行动。质监局稽查人员拿到检测结果后，除对已经检测的两种电缆进行查封外，还对工地上的另外三种电缆进行取样送检。检测结果表明，这三种都是不合格的电缆。遂再次对三种规格不合格电缆的库存进行查封扣押。孙某平收到了质监部门的调查通知后，向公司领导汇报了电缆被质监局查处的情况，以及他与冯某利商量好的对策，正在住院的他要求公司派人找冯某利继续实施既定"方案"。公司委派另一名员工胡某芳来徐州处理此事，胡某芳很快找到冯某利。冯某利安慰胡某芳说此事好办，让其准备好营业执照、质检报告、销售合同等相关材料，并强调两点：质检报告的结论一定是不合格的；销售合同的金额要在 10 万元以下。质检报告不合格，他所在的工商部门即有权对其进行处罚，而合同销售额在 10 万元以下，罚款金额就可能低于 5 万元。根据工商部门规定，罚款金额超过 5 万元的案件要经分局案审委研究，而低于 5 万元的，只要向分局法制科报批一下就行。冯某利根据胡某芳提供的材料，伪造了一系列手续和材料，如立案审批表、举报记录、现场检查笔录、告知书等，并顺利完成了审批手续。为了应对不同的需要，冯某利又制作了文号相同、内容不同的三份处罚决定书。还收受了电缆公司人员送给的 1 万元现金及茶叶、香烟、紫砂壶等财物，并应邀到宜兴游玩数日。此时，徐州市泉山区检察院接到该案的举报线索随即展开调查，很快发现该起处罚中存在的诸多漏洞。面对确凿证据，冯某利、孙某平交代了利用虚假处罚决定书来逃避质监部门查处的犯罪事实。但二人对本案的定性提出三点异议：一是由于不合格电缆的数额已达到犯罪的标准，质监部门无权对电缆进行查处，而应由公安机关进行处理，因此，指控其以"一事不再罚"来逃避质监部门检查的渎职犯罪的基础不成立。二是质监部门的罚款是一种行政行为,不是创收手段,因此二人的行为并未给国家造成损失,犯罪的危害后果并不存在。三是将冯某利、孙某平认定为渎职犯罪的共同犯罪,但孙某平不具备国家工作人员的身份,不符合该罪的主体要件。公诉人认为:对销售伪劣电缆行为进行处罚,不存在质监局的行政处罚与司法机关二选一的情形,而是质监局处罚之后,构成犯罪的仍然应当继续追究刑事责任。两人伪造处罚决定书阻却其他部门的惩处,造成应当向国家缴纳的 37 多万元的罚没款流失,是客观存在的事实。孙某平虽不具备国家工作人员身份,但他事先与冯某利商议,共同采取虚构事实、隐瞒真相的手段来实施滥用职权的行为,从而给国家造成重大经济损失,其与身为国家工作人员的冯某利构成共同犯罪。法院以冯某利犯滥用职权罪判处有期徒刑 2 年,孙某平犯滥用职权罪判处有期徒刑 1 年,缓刑 2 年。

(二) 新法条不断涌现背景下的 "从旧兼从轻" 原则的把握与运用

反渎侦查过程中,在对具体涉嫌行为适用法律的问题上,要注意 "从旧兼从轻" 原则的准确把握和运用,稳妥处理案件,避免出现漏洞,尤其是适用法条的失误。

1. 首先要考虑行为人的渎职行为在不同时期刑法规定中,是不是都构成犯罪、构成何罪名;其次再考虑从旧兼从轻的问题。例如,北京市房山区检察院查办并起诉的该区良乡工业管理委员会副主任王某林签订、履行合同失职被骗案,立成工艺品有限公司法人代表孟某立伙同杨某芝先后两次从中国农行北京市分行房山支行贷款共计 600 万元用于出口工艺品,王某林身为房山宾馆的总经理,在没调查、了解立成工艺品公司资质信誉也没有经过房山宾馆集体研究讨论的情况下,擅自以房山宾馆的名义为立成工艺品公司向中国农行北京市分行房山支行贷款提供担保,导致立成工艺品公司从该行骗取人民币 600 万元。王某林身为房山宾馆总经理在没有对该区良乡的 "明福" 酒楼进行审计、评估的情况下即以 232 万元(经评估明福酒楼价值人民币 96 万余元)的价格承租了 "明福" 酒楼,造成房山宾馆经济损失人民币 130 余万元。王某林方辩解否认自己犯有签订、履行合同失职被骗罪;指控的犯罪主体错误,主体应当是被骗单位直接负责的主管人员,王某林的行为不符合本罪的客观要件,担保行为也没有给房山宾馆造成损失;起诉书指控在没有对房山区良乡的 "明福" 酒楼进行审计、评估的情况下即以 232 万元的价格承租 "明福" 酒楼,造成房山宾馆经济损失人民币 130 余万元的指控也不成立,对 "明福" 酒楼价格计算错误。法院认为王某林身为国家工作人员,在没有调查、了解立成工艺品公司资信，也没有经过房山宾馆集体研究讨论的情况下，利用职权擅自以房山宾馆的名义为立成工艺品公司向中国农业银行北京市分行房山支行贷款提供担保，导致房山宾馆遭受重大损失，其行为已构成玩忽职守罪。王某林为立成工艺品公司担保造成房山宾馆遭受重大损失的犯罪事实清楚，证据充分，依据刑法从旧兼从轻的原则，此项事实应按 1979 年刑法第 187 条玩忽职守罪定罪处罚。指控王某林承租"明福"酒楼，造成房山宾馆经济损失的证据不足。遂以王某林犯玩忽职守罪，判处其有期徒刑 2 年。

本案因涉及刑法从旧兼从轻的原则处理的问题，故前一项事实应按 1979 年刑法第 187 条玩忽职守罪定罪处罚。而在没有对"明福"酒楼进行审计、评估的情况下即以 232 万元的价格承租"明福"酒楼，造成房山宾馆经济损失人民币 130 余万元的指控确属证据不足，不过不影响对本案的定性处理。

属于同类情况的还有北京市检察院第二分院起诉的原煤炭工业部社会保险事业管理局局长（原煤炭工业部社会保险事业管理中心主任）王某琪签订、履行合同失职被骗案。该案凸显了正确区分和处理"从旧兼从轻"各种具体情形的重要性。王某琪在任期间，北京时越经贸公司（以下简称时越公司）法定代表人宋某向王某琪提出合作投资国债的意向。王某琪在未对宋某及所在公司和北京海特深科技投资有限责任公司（以下简称海特深公司）做任何资信调查的情况下，即代表社保局与宋某借用的海特深公司签订了国债投资协议，并指令社保局财务人员将养老保险基金人民币 1000 万元汇到中国华诚财务公司北京证券营业部，准备购买国债。因王某琪未对所签协议的履行采取相应的监督管理措施，致使宋某将此款改变用途，上述款项全部流失，给国家利益造成特别重大经济损失。一审法院认为，王某琪的行为已构成国家机关工作人员签订、履行合同失职罪，遂判处其有期徒刑 5 年。王某琪上诉辩解称，其不是国家机关工作人员，且履行了部分职责，不构成犯罪。二审法院认为，王某琪身为国家工作人员，在签订、履行合同过程中，不正确履行职责，致使国家财产遭受重大损失，其行为已构成玩忽职守罪。鉴于王某琪的犯罪行为发生在修改后刑法颁布之前，对其应适用 1979 年刑法定罪处罚；一审法院对王某琪以国家机关工作人员签订、履行合同失职罪判处刑罚，适用法律不当。遂判决撤销一审法院相关刑事判决对王某琪的定罪部分；对王某琪犯玩忽职守罪，判处有期徒刑 5 年。

2. 反渎侦查中，在贪污贿赂类犯罪与渎职犯罪交织的情况下，要根据具体情形确定涉嫌行为是更符合贪污贿赂类犯罪特征还是渎职类犯罪特征，并对此加以仔细推敲和把握，尤其是按照犯罪构成四个要素，结合新旧刑法的规定来加以考究，以准确确定罪名，稳妥处理案件。例如，海南省检察院海南分院查办并起诉的中国人民保险公司海南省分公司白沙县支公司（以下简称白沙县保险公司）经理周某义玩忽职守、挪用公款案，海南财泉物业发展有限公司（以下简称海南财泉公司）经理林某杰因资金不足找周某义，提出向白沙县保险公司贷款。周某义在未经集体讨论的情况下，擅自以白沙县保险公司的名义与林某杰签订《临高角工程合作合同》，规定白沙县保险公司投资人民币300万元与海南财泉公司联合承领临高角三通一平工程，利润分成占20%。周某义以白沙县保险公司的名义，向中国人民银行白沙县支行贷款人民币150万元，贷款期限90日。该贷款转入白沙县保险公司的账户时，周某义未将该款入白沙县保险公司的财务账，就以省公司借调资金为由，叫公司职员欧某茂办理汇票汇款，将150万元汇到中国工商银行海口市分行营业部。周某义又将该款转存入海南财泉公司在中国农业银行海口市分行红旗营业所的账户，由海南财泉公司支配使用。周某义又擅自以白沙县保险公司的名义向中国人民银行白沙县支行贷款人民币300万元，用其中的150万元归还原来的贷款，剩余150万元转入白沙县保险公司的账户，未将该款入白沙县保险公司的财务账，又以省公司借调资金为由，再次叫公司职员欧某茂办理汇票汇款，将150万元汇到中国工商银行海口市分行营业部。周某义又将该款转入其在中国农业银行海口市分行红旗营业所开设的私人账户，交由海南财泉公司支配使用。至今未退还被其挪用的白沙县保险公司公款300万元人民币。周某义方辩解称，其将300万元人民币贷款汇给林某杰做工程，目的是用该贷款产生的利润解决职工的一些福利问题，系为公司的利益，而不是归个人使用，其未将两笔贷款入公司的财务账，是恐其擅自决定贷款、投资之事被省分公司知道后受处分，因此该事没有请示省分公司，事后也不上报给省分公司，其行为不构成挪用公款罪。法院认为，周某义在担任白沙县保险公司经理期间，违反《保险资金运用管理暂行办法》的有关规定，在未获得中国人民保险公司海南省分公司的批准，也未经白沙县保险公司集体研究讨论的情况下，擅自决定以公司名义与海南财泉公司签订《临高角工程合作合同》和以白沙县保险公司的名义申请贷款，并先后分两次各将150万元贷款投入海南财泉公司，由该公司支配使用，造成300万元贷款无法追回的重大经济损失。本案指控的事实发生于1994年，应依照刑法第12条规定的从旧兼从轻原则处理。尚无证据证明周某义个人决定以单位名义将公款用于与具有法人资格的海南财泉公司合作投资工程项目，谋取了个人利益或系为谋取个人利益，依照最高人民法院《关于如何认定挪用公款归个人使用有关问题的解释》① 及全国人大常委会《关于〈中华人民共和国刑法〉第三百八十四条第一款的解释》的有关规定，周某义以单位名义将公款投资与海南财泉公司合作工程使用，不属于挪用公款归个人使用，不符合挪用公款罪的构成要件，不构成挪用公款罪。周某义滥用职权，致使国家财产遭受重大损失，其行为触犯了 1979 年刑法第 187 条之规定，构成玩忽职守罪。指控周某义犯挪用公款罪不当，应予纠正。遂判决周某义犯玩忽职守罪处有期徒刑 5 年。随案移送的诺基亚手机 1 部、交通银行太平洋卡 1 张、建设银行储蓄卡 1 张、身份证 1 张、钥匙 3 把、电话簿 1 本，均发还给周某义。

（三）特定条件下的滥用职权、玩忽职守等渎职犯罪的把握与处理

1. 实践中，要特别重视全面深化改革进程中尤其是国企改制过程中，在具体或者特定条件下的滥用职权和玩忽职守等渎职犯罪的问题。这类问题类型新颖、情况复杂，处理起来比较棘手，需要认真对待。需要注意的是，即使是上级领导或者组织单位依法组织协调、同意、验收过的工程项目等，但并非依此就能确认其中有关人员的渎职、贪污贿赂犯罪是否存在及犯罪能否成立。实践中，无论是国家机关工作人员还是受托从事公务的人员，其特定时期所负"特定职务职责"均具有连续性，其存续、延续期间的职务不会影响职务犯罪的成立。例如，浙江省嘉兴桐乡市检察院查办并起诉的平湖市房地产综合开发公司（以下简称房产公司）负责人钱某其滥用职权案，调查查明，该房产公司原本是平湖市建设局下属的国有企业、在册职工 30 名。该市启动国有经营性事业单位脱钩改制工程、经平湖市建设局上报该市事业单位改革领导小组同意对该房地产公司按事业单位改制为有限公司，由时任房产公司负责人的钱某其、周某弟和其余 12 位股东自愿出资购买，钱某其任董事长。由于房产公司改制时的在建工程"梅兰苑"小区是国家康居工程示范项目，在该市专门成立的"国家康居示范工程建设领导小组"中钱某其任办公室副主任；"梅兰苑"一期工程属国家康居示范小区，故在设计、施工上的标准高于普通住宅小区的标准。该市在房产公司的改制方案中，根据嘉兴信华资产评估有限公司的评估："梅兰苑"高于一般项目成本数据为 5030 万元，可增加的资产（含销售收入）是 3995 万元，将在建工程"梅兰苑"预测增加的成本 5030 万元和增加的资产 3995 万元计入了改制成本，要求梅兰苑一期建成后必须符合国

---

① 已由最高人民法院《关于废止 1997 年 7 月 1 日至 2011 年 12 月 31 日期间发布的部分司法解释和司法解释性质文件（第十批）的决定》（法释〔2013〕7 号）予以废止。

家康居示范小区的要求并通过验收，对不达标的部分经基建审计后由市国资办相应扣减其确定的成本并予收回。钱某其为达到减少公司净资产，从而少支付转让款的目的，以该公司在建工程"梅兰苑一期工程建设成本要高于其他小区"为由，以行贿、请吃喝等手段诱使负责房产改制工作的华某其（平湖市财政局国资科科长）、朱某文（平湖市建设局建设科科长）故意放弃审核、验证的职责，指使陈某东（平湖市信华会计师事务所评估师）、周某弟收集不实材料、数据，编造"梅兰苑一期项目与其他项目对照增加表"，虚增建设成本5030万元。致使转制中造成国家直接经济损失5030万元。朱某文作为平湖市建设局系统企业转制领导小组成员，在房产公司的改制中，接受钱某其的吃请和送礼后，经与陈某东、钱某其、华某其共谋，采用虚增该公司在建的"康居工程"梅兰苑一期建设成本的手段，虚增建设成本5030万元；华某其在依法履行国有资产监督管理职责过程中，徇私舞弊，伙同他人以增加工程建设成本手段减少转制单位的国有净资产，故意放弃审核职责，造成国家直接经济损失5030万元。钱某其、朱某文、周某弟、华某其、陈某东等人的行为均构成了滥用职权罪。钱某其方辩解称，梅兰苑是一个在建工程，是在改制前已经建设施工的项目，是平湖市政府的形象工程、国家的康居工程，平湖市事业单位机构改革领导小组明确要求要通过建设部的验收。其建设的成本要远远高于一般的项目。新增的5030万元的建设成本是经过当地政府批准的，由评估公司依法进行了评估，是经过市改革领导小组讨论通过的，不存在滥用职权的问题。该评估增加的5030万元建设成本，在其后的项目建设中均已实际发生，并没有导致该项目多获利5030万元，整个梅兰苑项目收支基本平衡，并无获利。以评估预测确认的5030万元系转制项目尚未发生的建设成本，进而推定尚未发生的建设成本为虚增成本，认定国有资产损失5030万元的做法，与事实严重不符。钱某其无职无权，又不是国家机关工作人员，不构成滥用职权罪。朱某文及其辩护人提出，其仅负责改制方案的拟稿和起草，对资产评估的实质审核和确认不负有职责，钱某其等人提出增加成本的理由是梅兰苑一期是国家康居工程，建设成本要高于其他小区，并未说是虚增建设成本，何况增加建设成本及调减公司净资产是根据平湖市事业单位改革领导小组的会议纪要进行的。华某其方辩解称，在房产公司改制过程中，自己只是一个副科长，并未与陈某东、朱某文等人共谋过，也未故意放弃相关职责，而是履行了自己的职责。对房产公司的改制自己并没有相应的审批权，也未利用职务之便为他人牟利，检察机关指控其与钱某其、陈某东等人共谋后虚增5030万元没有任何依据。即便想共谋也没有条件和资格，所有的改制方案都是市里定的。周某弟方辩解称，自己根本就不是国家机关工作人员，只是提供了一个（工程）预算，不存在收集不实资料、编造成本增加表、虚增 5030 万元的事实。法院一审判决钱某其犯滥用职权罪，判处有期徒刑 5 年 6 个月；周某弟犯滥用职权罪，判处有期徒刑 3 年。嘉兴市中级人民法院终审维持了原判。

本案争议的焦点是：增加的 5030 万元是虚增建设成本还是预测、预估成本。司法机关认为，钱某其为达到减少公司净资产，从而少支付转让款的目的，由陈某东编造"梅兰苑一期项目与其他项目对照成本增加表"，虚增建设成本 5030 万元，并违规出具了嘉信资评报《评估报告》作为改制时扣减公司净资产的依据，提交给市改革领导小组讨论并获通过，该市《关于平湖市房产公司存量国有资产处置等有关问题的批复》同意从转制净资产中核减 5030 万元，造成国家直接经济损失 5030 万元。故认定如果要求转制公司自行投入的开发成本在转制之时由国家承担，而转制后公司实现的销售收入和利润则由公司独享，无疑是一种损公肥私的行径。钱某其方则认为，房地产企业有别于一般的企业转制，其特殊性涉及在建工程，不是虚增建设成本，而是合理的成本预测和预估；企业改制初期，资产评估初步结论为所有者权益 2516.6 万元，但是这个结论未包括在建工程梅兰苑一期工程。其发现后提出了异议，并提出了合理要求——对在建工程梅兰苑高于一般房地产项目成本进行预测和预估。此要求提出后，平湖市专门召开会议，由市委何副书记主持，参加会议的还有分管副市长、各部门负责人，这次会议还形成了会议纪要认为梅兰苑属国家康居示范小区，设计、施工建设成本确实偏高，同意对梅兰苑一期成本从容积率、绿化率、智能化设施、每户配套设施、建安成本、公建房标准等六个方面进行预测和评估。后委托评估公司对需增加的成本和因增加成本而增加的资产和利润进行了评估。嘉兴信华资产评估有限公司出具的评估报告显示，梅兰苑预估需增加的成本是 5030 万元；因为增加成本投入而增加的资产和利润是 3995 万元，评估结果出来后，该市代市长主持再次召开会议，何副书记、分管副市长和各部门的有关负责人参加了会议。代市长在会上总结道，"梅兰苑一期要严格按照建设部康居示范工程的标准建设，竣工验收后，由审计机关审计，按照 5030 万元这个暂估的数额确认，通过审计后，超过评估价格的自负，不到评估价的部分予以扣回。"这次会议以会议纪要的形式再次同意梅兰苑增加成本的要求，并认可了评估报告；要求梅兰苑一期工程项目建设标准必须符合国家康居示范小区的要求并通过验收，对达不到标准部分经基建审计后由国资办相应扣减其确定的成本并予收回。后梅兰苑通过了国家康居工程的验收，获得了"国家康居住宅示范工程"称号，还获得住宅产业技术推广、规划设计、建筑设计和施工组织管理四个单项金奖。因梅兰苑验收合格审计机关就没有对其审计。司法机关对钱某其出具的政府文件、纪要都是认同的，但在认定国有资产损失数额时只提了评估的 5030 万元，并未提增加的 3995 万元资产和利润。而钱某其犯贪污罪、挪用公款罪主要是房产公司改制时，将房产公司开发的平湖市解放路旧城改造项目的资产作为国有资产剥离上交房管处。平湖市华信会计事务所对该项目的审计报告，认定该项目净资产为 147.1 万余元。其后又陆续收取该项目销售款 144 万元。钱某其、周某弟伙同会计倪某萍故意隐瞒上述情况，经共谋决定侵吞 210 万元作为改制后的出资。其后钱某其分得130 万元、周某弟分得 50 万元、倪某萍分得 20 万元、方某钰分得 10 万元。钱某其方辩解称，房产公司在改制过程中，已按照评估报告确认的国有资产 147万元上缴给房管处。同时，房产公司又向房管处上缴了 26 万元现金，还向房管处移交了住宅房、营业用房及办公用房合计 1800 余平方米（价值 280 多万元），两项合计 300 多万元，已超额将国有资产上交房管处。他们根据改制购买公司股权的需要，先行将收回的应收款项下的货款进行分配使用，不能认定为是贪污国有资产，而且该项目也还存在没有支付的债务。根据《平湖市房地产综合开发公司出让协议》的规定，转让前房产公司的对外债务债权及相关民事责任，由改制后的公司承担。钱某其 4 人将本应归改制后公司享有的210 万元债权私分，侵占了改制后公司的财产权。但钱某其早就买断工龄，已不再是国家工作人员的身份，虽然也是利用职务之便，但侵害的是其他小股东和改制后公司的权益，即便构成犯罪，也只能构成职务侵占罪，即便是国有资产，充其量是个私分国有资产罪。房产公司改制剥离这个项目时，市里对所有的资产都进行了评估、审计，该交的都已经交了，剩下的都是改制后公司的。4 个人占了公司大部分股份，将收回的应收款项进行再分配，即便构成职务侵占罪，也应当计算侵占数额。法院认为，尽管侵吞 210 万元的行为是发生在资产剥离后，房产公司仅就账面上的利润移交给了房管处，后来收上来的 210 万元利润，应当是资产剥离时遗留下来的国有资产，侵吞该款的时间段对涉案款项系国有资产的性质并无任何影响。钱某其在转制完成前担任房产公司的经理职务，其买断工龄、脱离国家事业编制身份，并不影响对其国家工作人员的认定。法院以贪污罪判处其有期徒刑 13 年，以挪用公款罪判处其有期徒刑 6 年。三罪并罚，判其有期徒刑 19 年。

2. 反渎侦查过程中，经常遇到政府已决定一定会办或者必须办的事情或者项目，特定职责人在未完成报批程序、手续的情况下，没有制止有关人员提前开始办理应在该批件下来后才能办理的事，是否构成渎职犯罪的问题。侦查实践中，应依法将此类行为视为犯罪来处理。例如，河南省唐河县市场发展服务中心在该县黑龙镇建设市场需占用该镇村 2 组的部分土地，为此与黑龙镇政府和黑龙村委签订合作协议约定由黑龙镇政府负责办理土地征用和建筑规划许可手续。该镇政府决定将土地征用审批手续交由工作人员穆某照负责向有关部门申请办理。穆某照在该综合市场未经该县政府和有关土地主管部门批准占用土地及未经有关部门批准办理建设工程规划许可证的情况下，已建成房屋 60 间，非法占用耕地 11.11 亩，价值 162.97 万元，致使被非法占用的耕地遭到严重破坏。法院判决穆某照犯滥用职权罪，免予刑事处罚。

3. 反渎侦查活动中，一些国家机关工作人员对村民违法占用耕地行为存在失职渎职犯罪情形，如果以非法批准征用、占用土地罪立案查办，就涉及到依法涉案人员必须是非法批准占用耕地的行为方可构成此罪；如果对此行为按照玩忽职守罪来处理，现行《刑法》及司法解释对造成基本农田严重破坏的行为无相应的立案标准。可以对此类行为按玩忽职守罪来办理。例如，安徽省涡阳县新兴镇土管所所长刘某任职的土管所辖区内有三户村民占用一公路旁边的基本农田建房，刘某得知后前往制止并要求违法建房村民缴纳耕地占用费，收取 3000 元耕地占用费后默许了这三户村民违法占用耕地的行为。附近的村民纷纷仿效，刘某得知后前往制止未果。该村支部书记李某找刘某协商欲以新农村建设为名为该村村民办理建房手续。刘某嘱咐：相关申请材料日期应写在村民建房日期之前。该村村民的违法占地行为被县国土资源局发现并立案查处时，村民非法建设住房已基本竣工。13.46 亩基本农田种植条件遭到严重毁坏。最高人民检察院印发的《关于进一步做好查办危害土地资源渎职犯罪工作的指导意见（征求意见稿）》明确："国家机关工作人员滥用职权、玩忽职守致使土地毁坏，造成土地资源严重破坏，不能复原的，应当按照《刑法》第 397 条的规定，以滥用职权罪或玩忽职守罪追究刑事责任。滥用职权、玩忽职守导致基本农田 10 亩以上毁坏的，就应当追究刑事责任。"法院判决刘某犯玩忽职守罪，免予刑事处罚。

（四）对监管部门（特定职责人员）向社会（人员）外包"执法权"行为性质的甄别与认定

1. 行政执法权是以国家强制力作为保障，确保政府社会治理、市场经济秩序尤其是有效监管得以顺利进行的重要手段与象征。它既是"特定权力"更是"特定义务"，必须由特定主体严格依法、依规开展，按照法定程序认真履职到位。任何外包"执法权"造成严重危害后果的单位决策人、执行人或者执法者个人，都将因对"特定职责"的失职渎职而受到刑事追究。例如，广西壮族自治区贺州市八步区信都镇渔牧兽医站站长姚某，将法定应由自己履职的"检讫"印章交给个体老板陆某，让其代替政府部门执法。导致该镇的私宰肉长期合法上市，最终姚某被追究玩忽职守刑事责任。朝阳市场是贺州市八步区信都镇唯一的农贸市场。陆某在该镇一个食品厂开设屠宰场。每杀一头猪，相关的职能部门应按规定收取的税费为地税、国税、工商管理费、动物检验检疫费、市场服务费。这些费用本应由职能部门收取，但都委托给陆某代收。随着陆某的屠宰场停业，其转而承包了朝阳市场，仍然代替政府部门收取各种税费。国务院制定的《生猪屠宰管理条例》实施后，要求生猪屠宰实行定点屠宰、集中检疫、统一纳税、分散经营。依照规定，上市准卖的猪肉要检疫时，都应由信都镇渔牧兽医站的检疫人员到场检验，对猪肉的要求也比较严格，一定要猪体完整、内脏齐全，检疫过后才盖上"广西肉类验讫"印章。猪肉凭着这章才能合法上市；没有执法部门到场，陆某这个"代言人"既没资格也没办法对猪肉进行检验检疫，更无法对其他私宰肉者"执法"；检疫章是不能由不具有检疫资格的人打印的。姚某的职责是保证居民肉类食品安全，但其放任自己的职责流于形式，不仅没有认真履行对生猪屠宰检疫的职责，而且把职责承包给陆某来履行。贺州市渔牧兽医局认为姚某将"广西肉检验讫"印章交给不具备检疫员资格的人员操作使用，严重违反了检疫条例的有关规定，造成了不良影响。而且其不履行职责的行为给群众食品安全带来极大隐患，影响非常恶劣。另外，姚某还有涉嫌贪污犯罪的行为。法院认为，姚某在担任信都动物防疫监督检查站负责人期间，属于在由政府部门设立的、依法行使行政职权的临时机构中从事公务的国家工作人员。其利用主管的职务之便，通过虚构事实的方法，骗取公款 3.05 万元，构成贪污罪。姚某确有不认真履行职责义务的行为，但这只是造成信都群众长期吃不上放心肉、造成乱收费、造成官潭家畜定点屠宰场停业 1 年 4 个月、造成屠户两次罢市的原因之一，并非直接原因。故指控姚某犯玩忽职守罪不成立。检察院抗诉认为，姚某作为信都镇渔牧兽医站站长，没有将本应由渔牧兽医站保管和使用的标志动物肉质检疫合格上市出售的"广西肉检验讫"印章保管好，交由不具备检疫员资格的个体户承包和使用，时间长达 3 年多。由于姚某不认真履行职责的行为，引起了信都镇群众长期吃不上放心肉、造成收费与税收出现混乱、官潭家畜定点屠宰场停业 1 年 4 个月、屠夫罢市两次的严重后果，其行为与引起的后果完全符合刑法规定的因果关系特征。最高人民检察院《关于渎职侵权犯罪案件立案标准的规定》对玩忽职守罪规定："严重损害国家声誉，或造成恶劣社会影响"的，即构成犯罪。二审法院认定姚某犯玩忽职守罪，判处其有期徒刑 1 年；犯贪污罪，判处其有期徒刑 3 年。数罪并罚，决定执行有期徒刑 3 年，缓刑 3 年。

2. 在当前全面深化改革的大背景下，依法确立并应当得到加强的对社会、市场尤其是民营、自发组织或者单位的行政监管权，不同于行政审批权的相对收缩、转变或者减少，因而必须严格依法、遵规、不折不扣地予以履行。不履行或者履行不到位等不正确履行的，都应受到法律的查处。例如，安徽省淮北市相山区教育局原副局长闫某红及该局民办教育办公室原负责人王某渎职案中，该市同仁中学发生墙体倒塌事故，造成5名学生死亡、4名学生受伤。调查发现，同仁中学系民办学校，由淮北市相山区教育局负责管理、监督、检查。该局对辖区内的教育机构划分片区，建立了领导班子包保责任制。闫某红一直分管该区民教办并作为同仁中学的包保责任人，负责同仁中学的监督管理工作。王某作为民教办负责人，负责辖区内民教办教育机构的审批，以及协助教育局其他科室对辖区内的民办教育机构进行管理。在事故发生前，由闫某红带队、王某作为检查工作主要执行者，多次对同仁中学开展安全专项检查、年检和日常检查。但闫某红、王某在检查工作中严重不负责任，不认真履行安全监管职责，没有及时发现校园安全隐患，未能有效避免围墙倒塌事故的发生，造成严重后果，社会影响恶劣。法院一审以犯玩忽职守罪，分别判处二人有期徒刑4年6个月和3年6个月。

第五章

经济民生领域渎职犯罪疑难复杂问题举要与破解

第一节　对渎职犯罪构成中主要潜在要求和条件的理解与把握

在反渎侦查实战中，"明知"、"原案"和"徇私舞弊"三要素常常被视为具体罪名成立所必备的隐含要求和条件，尤其是"明知"和"徇私舞弊"的存在与否往往事关罪与非罪。

一、是否"明知"事关罪与非罪、此罪与彼罪

工作实践中，之所以说"明知"问题事关罪与非罪、此罪与彼罪，主要是"明知"涉及到反渎侦查中经常遇到的滥用职权和玩忽职守的区分问题。

查处食品监管领域的渎职犯罪案件，从整体情况来看，我国目前的食品安全监管分为四个阶段：原材料、生产加工、流通和食用，每个环节都可能存在渎职犯罪。而根据办案经验，易发生渎职犯罪的主要是食品生产加工环节和食品流通环节。查处该类案件的重点和难点是确定涉案人员主观方面具有"明知"。首先，犯罪嫌疑人往往以"辖区太大，无法穷尽对食品领域违法犯罪行为的查处"为借口，而如果没有客观证据证实监管人员主观上具有"明知"，就难以追究其玩忽职守或滥用职权的犯罪行为，只能按照一般的工作过失予以行政处罚。其次，食品安全领域的案件一般涉及部门多、责任分散、调查取证难度大，渎职点难以确定。故需要将所有涉及食品安全的政府职能部门罗列出来，为加快调查取证的进度，防止各部门之间通风报信、销毁证据，安排人员

分头对有关部门和有关人员进行了走访调查及约谈。缩小范围后仍采取同样的方式进行分头调查，确定涉嫌渎职犯罪的人员。

（一）主客观综合认定方法之释义

对于主客观综合认定问题，法学理论界学派纷呈，莫衷一是。但侦查实战常常是遭遇战、处突战，要求提纲挈领、将复杂的问题简单化，强调工作的及时性和有效性，突出结果和效果。

反渎侦查实战中，应当采取基于事实层面的主客观综合认定方法，具体而言，滥用职权和玩忽职守都是不依法履行职责，但在事实层面的具体表现又有所不同。滥用职权凸显的是不正当行使职权与职责的积极冲突。例如，河南省镇平县检察院查办的该县高丘镇土地所所长张某贪污、滥用职权案，调查查明，张某两次从高丘镇国土资源所会计处领取靳坡村土地复垦款共5000元，因该村土地复垦项目不合格，张某未将此款交回给靳坡村，也不交回会计，占为己有。张某经手收取高丘镇韩营村小学违法占地罚没款2.3万元，只交给县国土资源局2万元，支出招待费1000元后，余款2000元不报账占为己有。张某在任高丘镇土地所所长以来，违反《土地法》及相关规定，超越职权，对违法建房户收取一定费用后默认建房户继续建房，致使国家土地大量流失，并收取费用53.98万元。张某方辩称，张某与他人之间存在经济往来且自己收取的款项不属于公款，张某收取土地罚没款的行为属政府行为，故不构成滥用职权罪。法院认为，张某作为国家机关工作人员，利用职务之便，侵吞公款7000元，又超越职责权限，处理其无权处理的事项，致使国家、人民利益遭受重大损失，其行为已分别构成贪污罪、滥用职权罪。遂判决张某犯贪污罪，判处有期徒刑1年；犯滥用职权罪，拘役3个月；数罪并罚，决定执行有期徒刑1年。玩忽职守体现的是行为人未认真履行职责，履行职责的消极欠缺。例如，浙江省金华市检察院查办并起诉的金华县县委书记王某根玩忽职守案，调查查明，时任金华县县长的王某根未经县委集体研究，就在全县财税干部大会上以浙赣复线金华段的施工中收取营业税和两个税收检查站对过往车辆所载货物征税为例，要求财税干部在财政收入问题上要拓宽思路，并提出"引进税收要重奖"。但对如何引税及在引税中应注意的问题均未做出说明。该县分管财经贸工作的人大副主任黄某根与陈某通对全县11个财税所进行了专门调查，黄某根起草了一份"引税，要谨防碰到高压线"的调查报告，并向王某根和县财政局局长周某平（另案处理）作了全文汇报，明确提出，全县11个财税所辖区内都采取了"引税"的办法，"引税"带来的三大问题。汇报中要求县里按全国人大常委会《关于惩治虚开、伪造和非法出售增值税专用发票犯罪的决定》进行一次检查，对检查中发现有虚开增值税专用发票的，要严肃查处。王某根听取汇报后，指示周某平要财税部门进行一次检查，同时提出"以自查自纠为主，要内紧外松"等。对黄某根提出的将调查材料印发给县五套班子领导，以引起重视的要求不予采纳，相反还发表了"此事的面宜小不宜大，材料不要印发"的意见。该县财税局事后也没有采取有效措施纠正"引税"中的问题。王某根还在县财税干部大会上重提"引进税收予以奖励"的有关内容，从而放任了该县"引税"中带来的虚开增值税专用发票问题的发展。该县税务稽查大队根据浙江省有关部门的要求，对全县"商业流通企业"1 至 5 月份增值税专用发票开票情况及税收情况进行了一次调查，全县 11 个财税所，商业流通企业 85 家，开票金额 20 多亿元，仅交税款 1851 万元。说明有严重涉嫌虚开问题。应县财政局长王某余（另案处理）的要求，县国税局局长虞某法（另案处理）和稽查大队长杨某荣（另案处理）到王某根家作了一次专门汇报，由杨某荣向王某根出示了一份商业流通企业情况表格，并明确告知其中许多是虚开的。对此王某根不仅没有就这一严重问题发表任何处理意见，反而当虞、杨辞行时关照他们要对此事保密，不要到外面讲。进一步助长了虚开增值税专用发票问题的发展。据税务部门统计，自此金华县境内涉嫌虚开增值税发票价税合计猛增到 8 亿多元，价税合计达 40 余亿元，涉及全国 20 多个省市，其中税额 7 亿多元。经协查确认已抵扣税额 6.98 亿元，在税务机关的追缴下，已补税 5.15 亿元，尚有 1.83 亿元的税收没有追回。法院认为，王某根在担任金华县县长、县委书记期间，未经调查研究及集体讨论，即片面提出"引进税收予以重奖"，对基层财税所的工作起到了误导作用，在听取有关人员关于金华县存在严重虚开增值税专用发票的汇报后，未能正确履行自己的职责，既不采取有效措施予以制止，也不组织有关部门进行查处，致使全县发生大范围的虚开增值税专用发票案件，给国家造成 1.8 亿余元的经济损失。对此负有主要领导责任，其行为已构成玩忽职守罪。遂判处王某根有期徒刑 3 年。王某根服判未上诉。

1. 不正当行使职权。具体包括超越职权和肆意用权等。超越职权必须以本人现有职权职责为基础，而不是任意处理与本人职权毫无关系的其他问题，即本来是属于行为人有权处理的事项，但行为人在实体上或者程序上超越了职务上有权处理的限度。主要表现为两种形式：一是横向越权。例如，河南省镇平县检察院查办的该县赵湾水库管理局副局长王某亮、该县赵湾水库灌区管理中心负责人李某波滥用职权案中，该县赵湾水库灌区管理中心负责人李某波以供水公司名义将东干一支渠界内土地和建筑物的使用权转让给王某某、付某某使用。协议签订后，王某某、王某等在支渠种树、供水。因经营亏损，王某某找到李某波协商更改协议想将一支渠明渠改暗渠并在渠道上建商品房出售。李某波同意后给主管灌区管理中心工作的副局长王某亮汇报，并提出王某某要求以赵湾水库管理局的名义与其签订协议。李某波重新草拟了新协议并明确地将一支渠内的国有土地使用权转让事宜写进合同并报主管副局长王某亮提交水库管理局班子研究。王某亮在局班子没有形成正式决议的情况下，擅自在渠道使用权转让合同上签字并将协议日期写成 2008 年 1 月 1 日，致使东干渠一支渠国有农用土地 16715.39 平方米的土地使用权被非法转让，其中 2859.1 平方米被王某某等人非法建成商品房，造成 100 余万元经济损失，引发群众集体上访的恶劣影响。法院认为，王某亮、李某波超越职责权限擅自处理其无权处理的事项，致使国家、人民利益遭受重大损失，二人的行为均已构成滥用职权罪。遂判决王某亮、李某波犯滥用职权罪，各判处拘役 6 个月，缓刑 1 年。二是纵向越权。例如，河南省南阳市卧龙区检察院查办的该区靳岗办事处国土资源管理所所长高某滥用职权案中，在该市天基建材有限公司非法占用靳岗办事处坡桥村许庄组、前桥组 45.923 亩土地过程中，该办事处国土资源管理所所长高某明知该块地未经省政府批准却带着南阳市测绘院的人丈量土地，计算土地补偿标准，并通知村组双方签订土地补偿协议，书写拨款报告，致使 45.923 亩土地被非法占用。高某方辩解，自己是按照党工委、办事处的安排参加天基公司征地工作的，根据主管领导的要求，自己按照土地法规定的补偿标准进行验算和说明。作为一名中共党员、基层工作人员，按照讲政治、服从纪律的原则与党委、政府保持一致是自己的职责和义务。但对上级机关和领导的不当行为，没有进行坚决的制止和纠正，自己负有一定的责任。法院认为，高某在明知南阳市天基建材有限公司占用的土地未经河南省政府批准，仍进行丈量土地、计算土地补偿标准等工作，致使 45.923 亩的土地被非法占用，高某的行为属违反法定程序和权限的滥用职权行为，因其滥用职权的行为造成 45.923 亩土地被非法占用，致使公共财产和人民利益遭受重大损失，其行为已构成滥用职权罪。遂判决高某犯滥用职权罪，免予刑事处罚。

肆意用权是指行为人在职权范围内不按照既定的法律法规或者具体规章制度办事，表现为：违背职权宗旨乱作为，有法不依，有章不循，如行政许可审批程序中对不符合审批条件的对象发放许可证；违背职责有意不作为，如海关人员对应当放行的货物置之不理，或者以各种理由拖延放行，没有积极行使权力，造成刑法规定的损失。在这里，海关人员是否放行是其职权内的事，但放弃职守就变成了滥用职权的表现。

2. 未认真履行职责。具体包括未履行职责和未充分履行职责两种。未履行职责即怠于履职，是指根据职责的要求应作为而不作为，或者擅离职守。又可分为拒绝履行职责和放弃职责。如司法工作人员擅离职守，致使在押罪犯趁机逃跑。未充分履行职责是指行为人在履行职责过程中，违反职责要求，马虎大意、敷衍草率，具体表现为：工作责任心不强，工作不认真细致，履行职责时出现错误，发现问题后采取措施不当等。例如，四川省都江堰市检察院查办并起诉的该市教育局副主任玩忽职守案，调查查明，该市职业中学招生就业处主任万某将申请助学金的学生名单重复粘贴，制作领款人员名单并报送给市教育局，以骗取助学金。市教育局分管学生资助的副主任胥某文"对学生名单没仔细看过"，使得万某侵吞了公共财产 54 万余元。法院认为，胥某文只对名册上的人数和资金数额进行审查，即对所报送的名单未作认真审查，使得万某侵吞公共财产 54 万余元得逞，给国家造成重大经济损失，其行为已构成玩忽职守罪。法院判决万某犯贪污罪，判处其有期徒刑 10 年 6 个月；判处胥某文犯玩忽职守罪，免予刑事处罚。

（二）"明知"在区分滥用职权罪和玩忽职守罪过程中的具体运用

反渎侦查过程中，"特定职责人"在主观故意上是故意还是过失，决定着其行为到底是构成玩忽职守罪还是滥用职权罪。所以，需要认真加以把握，稳妥处理。

1. 特定职责人明知不当或者不可为而为之，不论其动机如何、对结果有无预见、对结果的态度如何，均应认定其行为性质属于滥用职权。例如，辽宁省沈阳市冯某准备在大东区开公司，便通过朋友找到工商所所长张某，在张某的指点帮助下，冯某办理了一个虚假的公司注册地点，并注册成立了两家商贸有限公司。张某授意管理员方某未经核查就办理登记手续等业务。冯某利用虚拟的两公司，在没有真实货物交易的情况下，为陕西两家企业虚开发票，给国家造成损失 162 万余元。张某先后三次收取冯某贿赂共 8 万元，方某先后两次收取冯某贿赂共 1.5 万元。案发后，张某、方某将受贿款全部上缴。一审法院认为，张某、方某的行为已构成滥用职权罪和受贿罪。在滥用职权犯罪中，张某起主要作用，系主犯；方某起帮助作用，系从犯，应减轻处罚；鉴于方某认罪态度较好，受贿赃款已全部上缴，依法判决张某犯滥用职权罪，判处有期徒刑 3 年 6 个月；犯受贿罪，判处有期徒刑 5 年；数罪并罚，决定执行有期徒刑 7 年 6 个月。方某犯滥用职权罪，免予刑事处罚；犯受贿罪，免予刑事处罚。张某上诉。二审法院裁定驳回上诉，维持原判。

2. 特定职责人明知当为或者必须为却不为，对结果有预见但轻信结果可以避免，应属消极不作为，应认定为玩忽职守罪。例如，浙江省奉化市检察院查办并起诉的该市环境监察大队队员曲某玩忽职守、受贿案，调查查明，曲某担任奉化市环境监察大队队员期间,其工作职责为对辖区内排污单位的污染物排放情况进行现场监督检查。但在该段时间内,其在对辖区内东郊铝氧化厂进行环境监察执法工作中存在严重不负责任、未认真履行职责的行为,对该企业采用暗管排放废水、地面严重损毁致废水渗排、超越申报工艺使用铬、镍重金属等违法行为未能及时发现和有效制止,后该企业先后因违法排放废气、废水被奉化市环保局责令限期整改、停产、罚款等,特别是该企业被责令立即停产整治后,曲某依然没有采取有力措施予以制止,反而在"现场监察记录表"上虚报"停产",以应付上级检查,导致该企业违规排放含有重金属污染物的废水对周边环境造成严重污染。后该企业污染环境状况被浙江卫视《问水面对面》栏目曝光,造成了恶劣的社会影响。在该段时间内,曲某先后四次非法收受奉化市东郊铝氧化厂投资人戴某的贿赂款4.5万元,并为其在日常检查、行政处罚罚款金额等方面予以关照。戴某表示由于自身与曲某较为熟悉,在进行相关检查及监管时,曲某会放任不管。该企业被多次责令停产,按照规定在责令停产期间企业是不能再进行生产的,但是由于曲某监管的疏漏,戴某的企业在责令停产整改期间一直继续生产、排污。法院认为,曲某身为国家工作人员,利用职务上的便利,非法收受他人财物,为他人谋取利益,其行为已构成受贿罪;其身为国家机关工作人员,又严重不负责任,不正确履行职责,造成恶劣的社会影响,其行为又构成玩忽职守罪。两罪合并,决定执行有期徒刑2年6个月,扣押的赃款4.5万元予以没收。

3. 明知当为而不为,对结果有预见,但对结果是否会发生持无所谓态度,没有任何其他不正当动机的,仍属消极不作为,应认定为玩忽职守。也就是说,反渎侦查实战中,玩忽职守罪的构成,并不排除由刑法意义上的间接故意构成的可能性。例如,海关工作人员仅仅因为喝酒、打牌等活动而对本应放行的货物未予放行而致使危害后果发生,虽然行为人也违反了规定,但此类行为应认定为玩忽职守。在查办经济民生领域渎职犯罪过程中,一定要意识到主管负责人等事故间接责任人被追究刑事责任的前提条件是,该"特定责任人"在主观故意上属于"明知"和有直接证据存在。例如,广西壮族自治区柳城县检察院查办并起诉的该县交通运输局副局长陶某某、县道路运输管理所所长吴某某、副所长罗某某玩忽职守案。柳城县古砦仫佬族乡上富村村民覃某双驾驶桂B82665号个体中型普通客车,从柳城驶向古砦。当行驶至柳城县古砦仫佬族乡龙美街至上富村路段的独山水库陆场坳时,坠落54米深的山崖。最终造成车上乘客8人死亡、11人受伤。经调查组专家鉴定,事故的直接原因为酒后驾驶,且该车制动性能不良又严重超载。另外,柳城县道路交通管理所在明知柳城县古砦仫佬族乡龙美街至上富村路段存在大量非法营运中巴车,且该路段路况差、非法营运车辆车况差，极易发生群死群伤的情况下，对该县车辆管理所未查处一辆非法营运客车的情况不管不问，致使工作流于形式。柳城县交通局副局长陶某某作为分管该县道路交通运输管理工作的领导，没有组织柳城县道路运输管理所开展打击非法营运工作，特别是知道柳城县境内的非法营运情况日趋严峻，而柳城县道路运输管理所在行政处罚非法营运车辆的车主时，大量存在让被罚车主缴纳部分罚款就不了了之的现象后却没有采取任何措施；在接到柳城县古砦仫佬族乡政府汇报的关于龙美街至上富村路段有 7 辆中巴车无证营运、超员超载现象的函后没有部署落实，没有督促检查。柳城县道路运输管理所正副所长吴某某、罗某某，长期以来不认真履行职责，不认真安排、带领和督促稽查员开展打击非法营运工作，对查获的非法营运的客运车辆不依法处罚，对古砦乡报告的事情不重视，致使覃某双的非法营运行为持续 5 个月之久，最终导致"8·9 特大交通事故"的发生。法院以陶某某犯玩忽职守罪，免予刑事处罚；吴某某犯玩忽职守罪，判处有期徒刑 3 年，缓刑 4 年；罗某某犯玩忽职守罪，判处有期徒刑 3 年，缓刑 3 年。

4. 明知当为而不为，对结果有预见，但出于不正当的动机，对结果的发生持无所谓的态度的，应认定为滥用职权。例如，江西省莲花县国土资源局监察大队大队长彭某某滥用职权案，该队系莲花县国土资源局的二级机构，具有对本县城境内的非法采矿行为进行巡查，发现非法采矿行为后进行行政处罚的职责。彭某某受黄某、王某等人之邀，以其内兄朱某的名义合伙入股刘某的煤矿。后该煤井作为煤矿的副井申报技改期间，超越采矿范围进行非法越界开采。彭某某作为监察大队大队长为了私利，不组织工作人员对该煤井的开采进行检查，并暗示工作人员对该煤井予以照顾，致使该煤井超层越界开采煤量达1686.6 吨，国家资源遭受严重经济损失。本案在审理过程中，存在两种观点：第一种观点认为，彭某某构成玩忽职守罪，因为彭某某作为监察大队大队长对县城境内非法采矿行为有巡查职责，但是其却不负责任，不履行法定职责，致使国家利益遭受重大损失，符合玩忽职守罪的构成要件。第二种观点认为，彭某某构成滥用职权罪，因为彭某某对县城境内的非法采矿有巡查职责，但其却滥用自己的职责，暗示该队其他工作人员对自己入股煤井予以照顾，导致该煤井越界采矿，致使国家利益遭受严重损失，因此应构成滥用职权罪。

分析本案具体情况：（1）从两罪的构成要件进行分析。在主体要件上，两罪的犯罪主体均是国家机关工作人员，包括国家权力机关、行政机关、司法机关、军队、政党中从事公务的人员。在客体要件上，两罪均是侵害了国家机关的正常管理活动。在主观方面上，玩忽职守罪的主观上是过失，而滥用职权罪主观上是故意。在客观方面上，玩忽职守罪表现为违反工作纪律和规章制度，擅离职守，致使公共财产、国家和人民利益遭受重大损失，具体行为包括：不以职守为己任，思想上不重视，态度上不严肃；擅离职守，不坚守岗位，逃避职责义务；不认真执行职责权限或者不认真履行职责义务；不完全执行职责权限或者不完全履行职责义务；其他玩忽职守的行为等。而滥用职权罪则表现为：超越职权，即行为人超越其职务权限，处理了其无权处理的事项；玩弄职权或者擅权妄为，即随心所欲地对事项作出决定或者处理，不正当地行使自己职务范围内的权力；不履行自己的职责等。（2）从两罪徇私的动机上进行分析。对于滥用职权罪来说，徇私是犯罪的动机，徇私的结果正是行为人积极追求的结果，行为人正是为了得到这种私利或使其亲友得到不应得到的利益而滥用职权，也就是说犯罪人为了私利或私情而故意滥用职权；而对于玩忽职守罪而言，徇私仅仅是犯罪的原因，犯罪人因为徇私而未履行法定职责，其目的并非是徇私。彭某某在自己应当履行职责的范围内，明知煤矿有越界开采的情况，但为了自己的私利，不仅自己没有进行巡查，同时也暗示其他工作人员不要履行巡查职责，导致国家利益遭受损失。其主观上系明知，动机是追求自己的私利，客观方面表现为自己不履行法定职责并暗示其他工作人员不履行法定职责。由此可见彭某某的行为符合滥用职权罪的主客观方面的要求。至于说彭某某系不作为，不符合滥用职权罪的滥用，认为滥用就是作为的观点，其实不然，在某些特殊的情况下，如行为人事先已经明知赠送私利者要实施有损于国家利益、社会公共利益的行为，但出于徇私的动机，对于应当履行的法定职责不予履行，造成国家利益、社会公共利益的重大损失。这种貌似玩忽职守但实则是故意不作为的行为，应认定为滥用职权而不能认定为玩忽职守。故彭某某明知他人有违法行为，但为了私利而不履行其职责，应认定为滥用职权。

5. 明知当为而不为，对结果有预见，并人为设置障碍，为结果的发生客观上创设条件，因有具体的作为，且不正当性可以从人为制造障碍得以推定，应认定为滥用职权类犯罪。例如，广东省广州市检察院查办的该省出入境检验检疫局认证监管处出口许可证管理科干部陈某良商检失职、受贿案，东莞富东陶瓷厂向广东出入境检验检疫局申请"输美陶瓷认证"的年度复审时，负责出口质量认证工作的陈某良，以该厂的质量管理体系不符合认证条件为由，拖延办理认证，致使富东陶瓷厂延误了出口时间，被外方索赔款项达400多万元。陈某良利用其负责组织实施出口玩具、陶瓷质量许可证和输美日用陶瓷厂认证管理的职务之便，给予多家出口玩具和陶瓷的企业在办理出口质量许可证上提供方便，并缩短评审安排、资料审核上报和审批发证环节上的时间。先后收受好处费人民币56.05万元、2万港元。该市东山区法院以商检失职、受贿罪判处其有期徒刑14年。

6. 行为人对自己违背职责要求的行为确实没有认知的，不管事实层面是作为还是不作为，均应认定为玩忽职守。没有主观认识也就没有对行为的态度，也就没有对行为正当与不正当之区别，因而排除了认定滥用职权的可能性，即便实施了积极行为的，也应认定为玩忽职守。例如，浙江省金华市婺城区检察院查办并起诉的该区婚姻登记处办事员俞某玩忽职守案，调查查明，方某在一个卖房的 QQ 群里认识了张某，后二人发展成恋人关系。张某和前夫协议离婚时约定房屋出售，所得款项男女双方各一半，前夫搬出去后张某与孩子住在家里，主卧还挂着两人的婚纱照。方某赌博输了 20 多万元，他从张某家的照片上发现自己和张某前夫长得很像。为了拿到抵押贷款，方某伪造了一份假协议："房地产归男方所有，补偿女方 50 万元"。然后将真离婚协议书上的婚姻登记档案部门专用校对章，彩色套印到假的那份离婚协议上。方某拿着假的离婚协议到该市婺城区民政局婚姻登记处，办理无婚姻登记记录证明。方某对婚姻登记处办事员俞某谎称"这个离婚协议书是旁边离婚登记窗口拿出来的，麻烦你帮我再盖一个婚姻登记专用章。"俞某看这份离婚协议上有"此件与存档件一致，涂改无效"的核对专用蓝章，没有多想就帮方某盖上婚姻登记专用章。方某凭借自己和张某前夫长得像顺利办出各种证件，修改了两人的离婚协议，拿着房产证到抵押贷款公司抵押了 90 万元。后方某因犯诈骗罪、买卖国家机关证件罪，被法院判处有期徒刑 11 年 3 个月，并处罚金 10 万元。俞某辩解称："方某给我的离婚协议上有核对专用的蓝章，办理离婚协议书的窗口核对了才会盖章，盖了蓝章就是不需要核对原件了。"该婚姻登记处负责人说，按规定有了校对蓝章就表明是经过核实的，没必要再审核原件。单位一直都是这样操作的，会发生这样的事，主要是方某弄虚作假，欺骗工作人员，用真的校对章彩色套印到假协议书，再拿给工作人员，他们是无法辨别的，这个责任不能归结到工作人员身上。法院认为俞某作为国家机关中从事公务的人员对离婚协议书的审核把关不严，没有与原件核对就盖了章，说明其在工作中不负责任，致使个人财产遭受重大损失，其行为已构成玩忽职守罪。遂判其犯玩忽职守罪，免予刑事处罚。

7. 基于直接故意实施的作为或者不作为，应一律认定为滥用职权罪，但不排除同时构成其他犯罪。例如，辽宁省沈阳市原铁西区城市拆迁办公室拆迁员匡某明在担任拆迁员期间，在该区爱工北街动迁工作过程中，违法对不符合拆迁条件、不应享受拆迁补偿的被拆迁户擅自决定予以验收，并以货币安置形式支付财政资金 285360 元，致使国家利益遭受重大损失。匡某明还利用职务之便，贪污拆迁补偿款 7 万余元、收受当事人贿赂款 5000 元。铁西区检察院以涉嫌滥用职权犯罪对匡某明立案侦查。后铁西区人民法院以滥用职权罪、贪污罪、受贿罪判处匡某明有期徒刑 6 年。

8. 虽然刑法规定玩忽职守也有徇私舞弊的情形，但侦查实践中，凡是存在徇私舞弊情节的，一般都应认定为滥用职权。例如，安徽省宿州市检察院查办并起诉的该省六安市原副市长权某良滥用职权、受贿案，调查查明，六安市原副市长权某良在担任霍邱县县长、县委书记期间，徇私舞弊，滥用职权，在处置霍邱县范桥铁矿探矿权转让过程中，非法干预范桥铁矿转让价格评估，并决定将该铁矿探矿权转让给首矿大昌公司，给国家造成了 5.2 亿余元的经济损失，构成滥用职权罪；利用职务之便收受他人财物，构成受贿罪。法院以滥用职权罪判处其有期徒刑 11 年 4 个月，以受贿罪判处其有期徒刑 5 年，合并执行有期徒刑 14 年 6 个月，并处没收个人财产 20 万元。

9. 反渎侦查活动中，在特定职责人主观故意上，要牢牢把握行为人的"明知"是对自己职务职责等法定内容的明知；注意区分行为人应当对社会知识、生活常识以及情理事理的"明知""知晓"系职业、专业素养要求，与行为人履行法定职务职责时主观心态的"明知"而为或者不为存在本质的差异。如果特定职责人是前类明知，而在具体履职时采取的是过失心态，对其行为应以玩忽职守罪处理。例如，甘肃省兰州市红古区检察院查办并起诉的该市国土资源局西固分局局长、西固区轨道交通征拆指挥部协调办公室副主任、国有土地征拆组组长杨某某滥用职权案，杨某某负责国有土地上房屋征拆工作。王某甲租用兰州市西固区陈坪街道办事处用于经营满意居四合院酒店（以下简称满意居），该酒店经营用房系陈坪街道所有，属于国有资产。后王某甲在原有 378.53 平方米的公房基础上自建了 303.82 平方米的房屋继续经营该酒店。该市轨道交通 1 号线西固段实施征地拆迁工作，满意居被纳入拆迁范围，王某甲得知后为骗取拆迁补偿款与陈某某伪造了总额为 174.2 万余元的虚假装修合同和工程结算书（实际装修金额为 35 万元）。杨某某被西固区轨道交通征拆指挥部任命为协调办公室副主任、国有土地征拆组组长，负责国有土地上房屋征拆工作，杨某某明知满意居属国有土地、其资产归陈坪街道所有，征地拆迁补偿协议应与陈坪街道签订，补偿款应支付给陈坪街道，但其未尽最终把关职责，在付款收据上签注审核同意意见，西固财政局依据协议向王某甲支付了拆迁补偿款 1188.2 万余元。导致王某甲骗取国家装修补偿款 139.2 万余元，非法占有本属于陈坪街道办事处的补偿款 568.9 万余元。案发前，西固区财政局已向王某甲追回损失 188 万元。法院认为，杨某某作为国有土地管理部门负责人及国有土地房屋征收组组长，在国有土地房屋征收时签订货币补偿协议的被拆迁方应当为国有资产的所有人是其应当知晓的业务知识，但在满意居拆迁货币补偿协议签署过程中及付款收据签字时，均未认真审核。杨某某作为国家机关工作人员，在工作中严重不负责任，不履行工作职责，致使国家利益遭受重大损失，其行为符合玩忽职守罪的构成要件，构成玩忽职守罪。指控杨某某犯滥用职权罪罪名不当。杨某某的行为造成公共财产损失达 520.1 万余元，属情节特别严重。法院一审判处其有期徒刑 3 年，缓刑 5 年。

10. 从诉讼的可证明性看，任何被视为犯罪构成的要件，理论上在诉讼过程中都需要控方举证予以证明，除非是不证自明、凭常人情理即可理解的显事实，则无须对故意进行举证予以证明。滥用职权的故意通常表现为间接故意，即对危害结果的发生抱一种无所谓的放任态度；虽然对这种心态难以专门举证予以证实，但个案中的各种"显事实"却能不证自明地锁定这一点。例如，秦某山渎职案中，秦某山在特大森林火灾发生后，受命带领全县消防队员和 5 辆消防车保护贮木场等重点单位，但他却滥用职权占用消防力量和消防工具保护自己的住宅，致使国家和人民利益遭受重大损失。法院以玩忽职守罪追究了秦某山的刑事责任。在该案中，秦某山的主观方面根本无须专门举证即可认定为间接故意，任何属于"过失"的辩解都是苍白无力、不足以立论的，以1997 年刑法的规定衡量秦某山的行为当然构成滥用职权罪。工作实践中，一旦个案行为人对危害结果的心态具有故意和过失两种可能性时，事实上除口供以外也没有其他证据能够证明行为人实施行为时究竟想到了什么，即使行为人抱着"明知而放任"的真实心态支配行为，诉讼中也没有任何有效方法能够确证这一点；而按照谦抑原则退而次之以过失性的玩忽职守罪论，行为人便再无推责辩解之余地了；即使"已经预见而轻信能避免"有所牵强，那"没有预见"而基于特定职责"应当预见"也是对国家机关工作人员的起码要求。如此定罪，虽存放纵犯罪之嫌，但在全面依法治国语境下却属不得不为之举。因为实体法上构成要件之设定，除考虑客观事实及实体法自身的逻辑构造外，还须兼顾诉讼法上证据能否采集、能否完成对"要件"之证明的程序要求。

二、对"徇私舞弊"因素的理解与把握

1997 年刑法取消了原有刑法中的徇私舞弊罪罪名而在部分渎职罪名中规定了"徇私舞弊"的内容。这样就形成了两种发展态势：一是现行《刑法》第 397 条第 2 款中规定的"徇私舞弊"行为属于滥用职权罪和玩忽职守罪的加重量刑情节。二是《刑法》第 397 条第 2 款以外的其他渎职犯罪中的"徇私舞弊"属于犯罪构成所必备的要件，有的尽管法律条文没有写入但却是暗含的、必要的条件。不具备则不构成犯罪。例如，内蒙古自治区包头市昆都仑区检察院查办的该市昆都仑区法院审判员王某霞枉法裁判案，调查查明，王某霞在审理邵某华（日本名为本乡静子，女，在日本国居住）诉杜某离婚一案

时，在未通知到杜某的情况下，将我国驻日本大使馆给昆都仑区法院的公函的回函私自改动，变造内容作为已通知杜某出庭的依据，故缺席判决原告邵某华与被告杜某离婚，后原告邵某华与被告杜某离婚一案，经再审和二审，判决原、被告离婚。公诉人认为，王某霞身为国家审判人员，在民事审判活动中，故意违背事实和法律作枉法裁判，已构成枉法裁判罪。王某霞辩称，公诉机关对自己所定的罪名缺乏依据，其行为不具备枉法裁判罪的四个构成要件。法院认为，王某霞身为国家审判机关的民事审判人员，私自变造我驻日本使馆的公函以证明向当事人送达了出庭通知的行为，违反了《民事诉讼法》的有关规定，但公诉机关以此指控王某霞犯枉法裁判罪，不符合枉法裁判罪的构成要件，因公诉机关指控的证据中没有证据表明王某霞主观方面是出于徇私、徇情，且在犯罪的客观方面也无证据证明王某霞的行为已达到刑法所规定的情节严重。故公诉机关指控的王某霞犯枉法裁判罪证据不足，罪名不能成立。遂判决宣告王某霞无罪。该区检察院不服，以王某霞在民事审判活动中故意违背事实和法律，变造证据，其行为严重影响了审判机关的公平、公正形象，干扰了司法机关的正常活动，剥夺了当事人的诉讼权利，给当事人造成了严重后果，损失无法估量，情节严重，其行为构成民事枉法裁判罪为由，抗诉至包头市中级人民法院。包头市中级人民法院认为，一审认定的事实正确，检察机关及王某霞在该院开庭审理期间均未提出新的证据。故认为王某霞在承办邵某华与杜某离婚案中所实施的变造证据的行为，不符合枉法裁判罪的罪状含义，且未达到刑法规定的犯枉法裁判罪要求的情节严重程度，故裁定驳回抗诉，维持原判。

（一）对"徇私"之"私"的理解与把握

1. 渎职犯罪"徇私"的私，原则上应把握在个人私情、私利上，"徇单位之私"不属于徇私。个人的私情、私利包括贪图钱财、袒护亲友、泄愤报复等，而对于为本单位利益实施的相关渎职行为，应依照《刑法》第 397 条第 1 款规定的滥用职权罪、玩忽职守罪追究刑事责任。

2. 对于单位利益或者小部门、小团体的利益应区分情况具体分析。是否属于徇私，不仅要看形式，还要看实质。对于以单位或者单位内设机构形式谋取利益的情形能否认定为徇私，关键是看为了单位整体利益还是单位中个别人的利益。如果行为人是为了单位成员的集体福利，则应视为单位利益，即使行为人事后按照一定的分配比例从中获取了利益，也不应认定为徇私。如果假借单位名义，谋取利益后在行为人内部私分的，这种情形与徇个人私利并无实质区别，应以徇私论。对于并非为了单位整体利益，而是为了"小集体""小团体"的不特定成员的私情、私利的，即便单位不知情的，一般也不应认定为徇私。

（二）对徇私枉法罪中的"徇情"的理解与把握

反渎侦查实战中，对徇私枉法罪中的"徇情"应理解为徇私情。实际生活中，确实存在一些领导干部说情的情况。但国家机关领导干部说情的情况又是复杂的，对于所谓的"徇公情"应作具体分析。对于因私人关系接受当事人请托以领导身份说情的，应认定为徇私情；对于确实代表单位意志行事的，则不宜认定为徇情。如一些县委、政府盖大章为一些职务犯罪嫌疑人说情、求情或者开脱罪责的，即属此类。

（三）对"舞弊"实质的理解与认定

对于舞弊的性质，司法实践中比较统一，即舞弊不是犯罪动机，而是客观的构罪要件要素。指的是弄虚作假、玩弄职权的行为。反渎侦查实战中，凡是违背事实、违反法律规定所为的一切作为和不作为，都属于舞弊。在反渎侦查活动中，徇私情、徇私利，都属于渎职的"徇私"情节，渎职罪中，很多人都是由于徇私情、徇私利而将自己推进了犯罪的深渊，最终受到法律的追究。例如，广东省深圳市福田区检察院查办并起诉的该区梅林街道执法队三中队负责人冯某、执法队协管员唐某、林某滥用职权案，调查查明，有媒体连续报道称在梅林上沙墓园每晚有超过200头未经卫生部门检疫的生猪被运往这里非法宰杀，数万斤私宰肉从这里流向市场，并称记者举报后却发现执法人员扑空，涉嫌有人通风报信。该区检察院即介入调查，发现该私宰点已存在多时并曾多次被投诉举报，但都能"顽强"生存，虽然曾被执法队暂扣过私宰生猪的违法工具，却安稳度过；接到市民投诉后执法队去巡查，结果却是"未发现有私宰现象"等。凌晨现场举报，私宰点车辆载着生猪和猪肉迅速逃离，执法人员到现场后又是"扑了个空"的原因是，负责该片区的梅林街道执法队三中队负责人冯某，接到举报后不是马上带队去查处，而是一边将行动计划通知协管员唐某等人，一边故意拖延，通过向记者介绍情况、烧水泡茶等行为来磨蹭时间，以便私宰点能尽快撤离。而协管员唐某、林某，均迅速电话联系私宰点，向其通风报信。当执法队来到私宰点现场时，自然已是"人去猪空"。怀疑有人通风报信的消息见报后，心中有鬼的唐某、林某等人甚是紧张，唐某、林某等在一起商量，并商定：将手机中私宰点联系电话的名称改成了唐某的老婆，分别存为"老婆"、"老唐婆"等。最初冯某带队查处了该私宰点，并扣押了一批私宰的工具。冯某的同事、梅林街道办的一位司机过来说情，并要求冯某对该私宰点"多加关照"，作为回报，该司机答应在冯某提拔时会帮冯某"说说话"。考虑到同事关系，兼有这种提拔时有人帮忙的期望，自此，冯某对该私宰点睁只眼闭只眼，甚至经常在接到市民投诉后通风报信。而协管员唐某、林某，都曾被冯某安排到该私宰点执行过守点任务，均很快被私宰点的小红包"搞定"，并答应予以"关照"。自此，守点任务他们会提前离场，对私宰情况视而不见，回去报告也称"没有发现生猪"，对此大家也都心照不宣。

舞弊在渎职罪中主要表现为两种情形：一种情形是刑法分则规定了渎职行为的具体内容，舞弊只是渎职行为中的一部分或者两者直接等同，并不具有超出具体渎职行为之外的特别要求，认定实施了渎职行为即意味着具有了舞弊行为。例如，《刑法》第 402 条规定的徇私舞弊不移交刑事案件罪中，只要行政执法人员"对依法应当移交司法机关追究刑事责任的不移交"，就应认定为舞弊。另一种情形是刑法分则条文没有规定具体的渎职行为，舞弊成为具有特定含义的、具体的渎职行为。属于这种情形的有《刑法》第 405 条、第 418 条等规定。例如，《刑法》第 405 条规定，舞弊是指不应发售发票而发售发票、不应抵扣税款而抵扣税款、不应退税而予以退税等行为。

第二节　对经济民生领域渎职犯罪构成必备节点的把握与理解

一、对涉嫌行为人"特定职责"的把握与处理

反渎侦查活动中，不论是滥用职权罪的不正当行使职权还是玩忽职守罪的严重不负责任、未履行或者未认真履行职责的情形，均必须建立在行为人负有相关职责职权基础之上。如果离开了行为人的特定职责或者说涉嫌行为人根本就不拥有特定职务职责，那么，就不存在涉嫌行为人的渎职犯罪问题。反渎案件中的职务、职权和职责，首先应当是具有一定稳定性，是具有行政隶属关系、管理性质的职务、职权和职责。"特定职责"的另一层意思是，即使引发特定职责人渎职犯罪发生，或者成立的第三人的犯罪有一部分属于特定职责人分管而另一部分不属于其分管，尽管第三人的全部行为均被认定为犯罪，但特定责任人渎职犯罪的认定尤其是刑事追究则只能就其分管部分而言。

（一）行为人是否明知自己特定职责即是否存在主观故意对渎职犯罪成立与否至关重要

如果涉嫌行为人主观上认为其负有"特定职责"但客观上该"特定职责"

并不存在，则罪名不成立。例如，海南省琼海市检察院查办并起诉的该市重兴镇长期分管农业工作人大副主席林某平玩忽职守、滥用职权案，调查查明，该镇新风村大头村民小组组长林某利等人拿着一份土地承包合同，按程序找分管农业的镇人大副主席林某平签字做鉴证，大头村村民决定将村里一块"插花地"租给琼海市人员挖塘养鱼，那块地曾多年撂荒，发展罗非鱼养殖产业又是村民的意愿，林某平遂在这个土地承包合同上签批了"同意，请农经部门办理相关手续"的意见。事实上这块俗称的"插花地"（飞地）归文昌市所有、但又在琼海行政区域内，是上世纪80年代初，琼海市（原琼海县）兴建高某水库造成重兴镇新风村大头村小组农田被淹没，遂将该市所属的长坡镇（原烟塘镇）福石岭村大石头洋72.5亩水田划给文昌市重兴镇新风村大头村小组耕作。大头村将该地发包给琼海市塔洋镇珍赛村的符某裕、许某燕种植槟榔，并与符某裕、许某燕及琼海市塔洋镇瑞美村村民王某强三方签订了承包合同书，由王某强租这块地用于挖塘养鱼。这块地虽然划给了文昌市的田地却仍被琼海市作为"基本农田"编进了琼海市基本农田面积统计数据。而琼海市相关部门从未在该地设置基本农田保护标志，也未将该地为基本农田的情况书面告知重兴镇政府及新风村和大头村小组。文昌从市到村对这块地是"基本农田"皆不知情也未将这块地定为基本农田，而是作为一般耕地使用。《基本农田保护条例》明确规定不能挖塘养鱼，琼海市检察院由此"查明"林某平不认真履行职责，造成国家基本农田70多亩被毁。琼海市法院认定林某平犯"玩忽职守"罪又由于该地在文昌市范围内、从未设置过保护标志，故判决林某平"免予刑事处罚"。该市检察院抗诉。被发回重审。琼海市法院重审后，仍作出其犯"玩忽职守罪，免予刑事处罚"的判决，琼海市检察院再次抗诉。该省第一中级法院认为：玩忽职守罪最重要的特征就是对玩忽职守行为造成的后果在主观上要有过失，在这个案件中林某平不具备主观上的过失，其在审批合同时不知道该地为基本农田。因此，造成该基本农田被损毁的责任不完全在于林某平。故改判林某平无罪。省检察院抗诉认为，作为文昌市重兴镇领导却审批琼海市的土地承包合同，应以滥用职权罪追究林某平的刑事责任。省高院认为：林某平不知道也不能认识到涉案承包合同是否应当由琼海市长坡镇政府审批。该水田划给文昌市重兴镇新风村大头村小组以来，不仅一直由重兴镇新风村大头村小组耕作，而且也一直由文昌市有关部门进行行政管理。故抗诉机关认为林某平明知其无权审批涉案承包合同因而存在滥用职权的故意，缺乏依据。此外，《土地管理法》和国务院《基本农田保护条例》均明确禁止占用基本农田挖塘养鱼，但对一般耕地是否禁止挖塘养鱼规定得并不明确。案发时文昌市的农业政策是大力发展罗非鱼养殖业，在这种政策氛围中，林某平难以认识到一般耕地是否禁止挖塘养鱼。遂驳回抗诉，维持第一中级法院判决，宣告林某平无罪。

（二）甄别具体行为是国家行政管理事务或其他事务以确定"特定职责"之有无

实践中要意识到，作为渎职罪主体的刑法意义上的"国家机关工作人员"或者受委托的准国家机关工作人员，其"职权""职务""职责"的"（管理）公务性"要求更高，本质上就是拥有和实际行使国家公务职权。在实践中，较多地表现为履行国家、政府"管理事务"，具有国家代表性（体现国家权力或者国家派生权力）和管理公共事务的特征。这与贪污贿赂犯罪主体即使从事国有单位内部行政管理事务也可以视为"从事公务"，有着本质的区别。

1. 区别国家行政管理事务与现实生活中社会一般性单位、组织内部行政管理事务、村（社区、居委会）等自治事务，正确认定行为人"从事公务"即特定职责的有无，以免造成瑕疵错案。一般来说，人们对从事社会单位、组织内部行政管理事务也叫"行政管理"，但其实质上与国家行政管理事务相去甚远，不能同日而语、相提并论。例如，广州市荔湾区检察院查办并起诉的该市番禺区石镇海傍村党支部书记陈某文滥用职权、受贿、非国家工作人员受贿案，调查查明，陈某文任广州市番禺区石镇海傍村党支部书记期间，在海傍村出租土地给广州市嘉实物业发展有限公司（以下简称嘉实公司）的过程中，利用职务便利，为嘉实公司谋取利益，并分两次收受该公司法定代表人曾某学贿送的现金共20万元港币。后陈某文向曾某学退回了上述赃款。陈某文在何某香承建海傍村机耕路、厂房、综合楼工程过程中，利用职务便利，为何某香谋取利益，并分9次收受何某香贿送的现金共15万元。陈某文利用职务便利，收受广州市环宇旅行社有限公司番禺分公司负责人陈某光贿送的现金2.3万元人民币，并全部据为己有。陈某文对指控事实没有意见，但辩称其不构成受贿罪和滥用职权罪：所涉案的两块土地都是村民的土地，且经过村民大会决议和公示，陈某文出租该两块土地都是代表海傍村的利益，与政府没有任何关系。陈某文的身份也不是法律规定的从事公务的人员，其从事的不是村的公务而是村的事务；所指控陈某文违规出租土地致使公共财产遭受损失不属实，签订土地租赁合同后，合同双方对出租的价格都是清楚的，且经过合法程序签订合同，村民都是清楚的，且陈某文的行为没有造成村经济损失。法院认为陈某文非法收受他人财物，为他人谋取利益，数额较大，其行为已触犯刑律，构成非国家工作人员受贿罪。关于陈某文的身份问题，现有证据无法证实陈某文在海傍村出租土地等工作过程中是协助政府从事行政管理工作，无法认定其从事的是公务行为，依法不能以国家机关工作人员论，公诉机关指控陈某文犯受贿罪、滥用职权罪的罪名不当。遂判决陈某文犯非国家工作人员受贿罪，判处有期徒刑 3 年 6 个月，没收其违法所得 17.3 万元，上缴国库。

2. 仔细考究、研判案件的每个环节是否存在"证据不足"的瑕疵或者问题。"证据不足"常常是当前和未来查办职务犯罪特别是渎职类犯罪案件过程中经常出现的老大难问题，也往往成为法院不予认定犯罪的笼统说辞。这一现象或者趋势反映了具体案件中主体、客体、主观方面和客观方面等犯罪构成各要素的事实证据或者认定理由不够、不充分或者欠缺的事实。其结果是犯罪无法认定，罪名不成立。例如，辽宁省营口市检察院查办并起诉的该市老边区房产管理处工作人员戴某伟徇私舞弊不征税款犯罪案中的"证据不足"实质意义在于构罪特定主体及其特定职责的不存在。凡此种种都是渎职犯罪现状和发展趋势对侦破工作的警醒，务必对此引起重视。调查查明，该市老边区地方税务局口头委托营口市老边区房产管理处代征契税。戴某伟任该区房产管理处房管股股长期间，该市欢心甸实业公司将其所有的大欢仓储公司（作价人民币 270 万元）整体出售给欢心甸村居民倪某华。欢心甸村会计找到戴某伟要求少花钱办理房照更名手续，并请戴某伟吃饭。戴某伟在未收取契税的情况下，签字同意双方办理了产权变更手续，致使国家税收损失 13.5 万元。戴某伟方辩解称，其不能成为徇私舞弊不征、少征税款罪的犯罪主体；其没有代征税款的法定义务或者职责；其没有徇私舞弊的行为；本案事实不清，损失额无法确定。一审法院判决认定戴某伟犯徇私舞弊不征税款罪，免予刑事处罚。戴某伟上诉。二审法院裁定驳回上诉，维持原判。戴某伟向省高级法院申诉。该院提审不开庭审理后裁定驳回上诉，维持原判。戴某伟向省高级法院再次申诉：老边区地方税务局出具的《情况说明》已经证实委托征收的范围不包括老边区农村发生的房屋产权交易行为；徇私舞弊事实不存在；本案涉及的交易是将大欢仓储公司以作价 270 万元整体转让（包括房产、土地使用权等），原审判决以此为基数计算应征房产契税额，认定其致使国家税收损失 13.5 万元不当；刑法明确规定，只有税务机关工作人员才能构成徇私舞弊不征税款罪的主体，戴某伟不能构成该罪犯罪主体。省高级法院审理认为，老边区地方税务局出具《情况说明》内容是："经向有关人员调查了解，地税局在 2003 年以前委托代征契税是口头协议，委托老边区房产管理处代征范围是在老边区房产管理处办理的老边城区内发生房屋产权交易行为的应征契税，委托老边区城建局村镇办公室代征范围是老边农村发生房屋产权交易行为的应征契税。企业由税务局直接征收。"徇私舞弊不征、少征税款罪是特殊主体，应是税务机关从事税收征收管理工作的国家机关工作人员。戴某伟作为房产管理部门的工作人员，原审之所以认定其构成本罪，是基于税务机关委托其代征契税。从税务机关委托情况看，老边区地税局口头委托老边区房产管理处代征城区内房屋产权交易的契税代征范围是在老边区房产管理处办理的老边城区发生房屋产权交易行为的应征契税；委托老边区城建局村镇办公室代征范围是，在老边区农村发生房屋产权交易行为的应征契税。老边区房产管理处的职责是负责老边城区房产的管理等工作，不负责农村房产的管理工作。戴某伟当时受税务机关委托的应是代征老边区城区房产产权交易的契税。戴某伟受老边区房产处委派临时从事村镇房屋验证登记工作，在办理本案涉及的农村企业房屋产权变更登记时，不具有代征该笔农村房屋交易契税的法定义务。因此，戴某伟犯罪主体不适格。本罪的客观方面表现为徇私舞弊，不征或者少征应征税款，致使国家税收遭受重大损失的行为。本罪的客观方面必须产生"致使国家税收遭受重大损失"的后果，才构成本罪。"重大损失"的具体数额标准，在最高人民检察院《关于渎职侵权犯罪案件立案标准的规定》中规定的立案标准是，徇私舞弊不征、少征应征税款，致使国家税收损失累计达 10 万元以上。原审判决认定戴某伟"致使国家税收遭受重大损失为 13.5 万元"。该数据是将大欢仓储公司整体出让价格 270 万元×5％ 税率＝13.5 万元计算得出。欢心实业公司转让大欢仓储公司所有权买卖协议中载明："土地 1.04 万平方米，建筑面积 5000 平方米，围墙 200 延长米，办公室 110 平方米；该仓储库作价人民币 270 万元整；原一切由该库抵押银行的手续及债务，由欢心实业公司负责办理，交易费等一切费用由欢心实业公司负责。"由戴某伟办理，营口市老边区政府颁发的涉案房产执照中载明："所有权单位是欢心甸仓储公司，建筑面积 4800 平方米。"经办的事项仅限于涉案交易中的房照，其他交易内容如土地与戴某伟无关，而全部交易价款为 270 万元，如扣除土地交易价格等后再计算房屋价格则达不到 10 万元的立案标准。以大欢仓储公司整体交易价格 270 万元为基数来认定戴某伟未收取房屋应征契税的依据不足。因此，认定"致使国家税收损失 13.5 万元"缺乏事实和法律依据。原审判决认定戴某伟犯徇私舞弊不征税款罪，证据不足。遂判决宣告戴某伟无罪。

（三）职权职责存疑、主观故意与实际损失均不存在的情形下犯罪不成立

考量、认定涉嫌行为人职权、职务以及职责的有无，一个很重要的方面，就是涉嫌行为人所实施行为与其本人在特定时期内的职权、职务、职责必须相对应、吻合，以便可以根据行为人的职责、职权确定其行为性质及相关罪名。例如，河南省焦作市马村区检察院查办并起诉的武陟县原副县长常某光滥用职

权案，调查查明，常某光先后任该省焦作市房屋拆迁管理办公室主任、武陟县副县长，时任市拆迁办主任的常某光参与了焦作市迎宾路拓宽改造项目，其中一处加气站被评估为170.78万元。在财政支付给拆迁公司140万元之后，拆迁公司仅支付30.6692万元给被拆迁人，获利109.3308万元。该加气站位于焦作市迎宾路拓宽改造工程的范围内，道路总宽度为108米，开工建设过程中，拆迁办接到了加气站及附属设施的拆迁任务。常某光当时是市拆迁办主任。接手后他们找到了一家评估公司，评估公司与财政局下属的评审中心共同认定该加气站的评估数额为170万元。康某红联系在焦作市拆迁办协助工作的祝某华，询问有没有合适的工程可以做。祝某华的答复是，拆迁工程必须由有资质的公司执行。《城市房屋拆迁管理条例》第10条规定，拆迁人可以自行拆迁，也可以委托具有拆迁资格的单位实施拆迁。房屋拆迁管理部门不得作为拆迁人，不得接受拆迁委托。康某红开始寻找有资质的公司，康某红辗转联系到了焦作市城建房屋拆迁有限公司，希望能借资质参与工程。但对方提出要根据收益的一定比例收取管理费。康某红决定与这家公司合作，并代表公司与市拆迁办签订了协议。拆迁公司获得该项目的价格被压到了140万元，比财政的评估数额少了30万元。但事实上，这140万元并没有完全发至加气站负责人手中。加气站多名负责人均坦言，他们只拿到30.7余万元的拆迁补偿款。康某红所代表的焦作市城建房屋拆迁有限公司在此次拆迁中获利109.3万元。财政评估需要170万元的拆迁工作，他们花了140万元就办成了，为财政节省30.6692万元，且还属于"和谐拆迁"、没有引发矛盾。这笔30万元至今还在财政账上。常某光反复强调拆迁未给国家造成损失，因为国家没多花一分钱。常某光被指控贪污的款项有两笔：一笔是其在担任焦作市拆迁办主任期间，用虚假冒领的手段侵吞公款1.8万元；另一笔金额为109.3308万元，与加气站拆迁项目有关。马村区检察院以常某光伙同康某红假借焦作市城建房屋拆迁有限公司的名义，与焦作市拆迁办签订迎宾路改造拆迁补偿协议，约定拆迁费用140万元。后由康某红支付给被拆迁人共计30.6692万元，余额109.3308万元被非法占有。常某光个人侵吞公款1.8万元。后该检察院以"证据有变化"为由，要求撤回起诉。马村区法院裁定准许。后检察院再次对常某光案提起公诉。与之前不同的是，康某红不再是被告人，而常某光的涉嫌罪名除了贪污罪，多了一项滥用职权罪。认定常某光在拆迁过程中滥用职权，违反城市房屋拆迁管理、招投标等相关法律，与借用拆迁公司资质的康某红签订拆迁补偿协议，约定拆迁费用140万元。对于这笔109万元的获利，这笔钱未进行项目变更、预算调整，造成了公共财产的损失。法院认为，常某光滥用职权，致使公共财产遭受重大损失，其行为构成滥用职权罪；而关于侵吞公款1.8万元的指控，因事实不清、证据不足法院不予认定。故判处其有期徒刑 2 年 8 个月。常某光上诉称，他之前并不知道康某红本人没有资质，也不知道康某红在收到 140 万元拆迁补偿款后，仅以 30 万元就完成了拆迁工作。与涉案加气站地块基本相同的地段土地时价为每亩不低于 65 万元，若仍按此标准计算，加气站所占的 5 亩土地最低出让价格为 325 万元，远高于评估公司估价的 170.78 万元。不管康某红借用的焦作市城建房屋拆迁有限公司支付给被拆迁户多少钱，评估价 170.78 万元不仅未给国家造成损失，反而为国家节省了巨额资金。故其不构成渎职犯罪。按照《城市房屋拆迁管理条例》的规定，为了避免拆迁管理部门"拆管不分"的情况发生，将加气站拆迁工程转交给有资质的拆迁公司负责，是为了更好地履行管理职责，而不是滥用职权。二审法院宣告常某光无罪。

分析本案具体情况，常某光所犯滥用职权罪确实难以成立。原因有三：第一，《焦作市财政项目资金评审管理办法》第 11 条规定，财政部门设立的财政项目资金评审机构负责财政项目资金评审的具体工作，其主要职责之一是负责对财政项目资金的预算编制。这意味着，与项目预算变化关系更密切的是该评审中心而非拆迁办。从所获证据看，加气站的评估价格得到了财政局评审中心的认可。也就是说，检察机关追诉常某光滥用的"特定职权职责"对常某光而言是否存在尚不确定。第二，从案件发生的前因看，迎宾路拓宽改造是政府行为，拆迁办作为拆迁管理部门负责督促整条路的拆迁工作，后因为各种原因交给了拆迁办。按照规定，拆迁办不得从事具体的拆迁业务，但为按时完成拆迁任务，只得以包干形式委托拆迁公司进行拆迁。迎宾路整体拆迁项目没有办理招投标事项，且公诉机关亦没有提供按规定程序进行拆迁所需时间的相关证据。因此，认定常某光主观上具有滥用职权的故意证据不足。第三，一审判决认定常某光造成的损失数额，是依据康某红得到的 140 万元拆迁补偿款，扣除支付给拆迁户的 30.6692 万元后得出的。140 万元来源于财政划拨的 170.78 万元，据此认定造成 109.3308 万元的损失缺少证据和法律依据。

（四）涉及特定职责行使具体涉嫌行为要与引发后果的确切行为相吻合

这是有关职务职责的另一个重要方面。在众多的致损人员和致害因素中，行使特定职责的具体涉嫌行为要与引发危害后果的确切行为能形成对合关系，二者能相互吻合。

1. 在办案过程中，行使特定职责的具体涉嫌行为要与行使该特定职责引发后果的确切行为能对应上，即二者是同一人所为。尤其面对需要经历各方推敲考究的定案证据，办案人员不能先入为主、想当然认为它就是真的或者就是假的，而要逐一进行查证，稳妥认定。例如，贵州省遵义市检察院查办并起诉的该市道真仡佬族苗族自治县县委副书记熊某模滥用职权、受贿案，该院以滥用职权罪、受贿罪指控熊某模在招商引资中违反规定造成国家 586.3262 万元的损失，在受贿罪中列举了熊某模收受 5 笔共计 44 万元贿赂款。该市中级法院一审对公诉方的两项指控不予以确认：一项是熊某模在办公室收受李某红一笔 1.5 万元贿赂，熊某模和李某红的口供对这一贿赂事实不一致，而熊某模当庭出示的护照、机票、研修证书均显示，其因公出国，在日本培训学习。熊某模收受亲弟弟熊某 20 万元贿赂，熊某到庭作证当庭否认其在检察机关所作证言的真实性，故对该项指控不予确认。后认定熊某模滥用职权致使国家遭受586.3262 万元损失，还利用职务上的便利，非法收受贿赂 22.5 万元，最终判决执行有期徒刑 11 年。熊某模上诉至贵州省高级法院，该省高院以"事实不清、证据不足"裁定撤销遵义市中级法院的一审判决，发回该中院重审。关于滥用职权罪的指控称，熊某模担任道真县常务副县长期间，道真县政府同重庆商人李某红签订招商引资协议，利用 19 亩土地建设一栋星级宾馆。李某红的公司将协议中用于修建酒店附属设施的 13.27 亩土地修建商住楼用于出售，熊某模主持召开会议同意将这 13.27 亩土地用途变更，并依据土地挂牌价和土地出让金对李某红的公司进行等额补助。公诉方认为，此举违反了国家相关部委"任何地区、部门和单位都不得以'招商引资'名义减免土地出让金，或者以先征后返、补贴等形式变相减免土地出让金"的规定。而法庭上新出示的证据显示，与李某红公司签订招商引资协议的是时任道真县县长江某，该县政府专题会议纪要显示研究宾馆建设会议的召集人为时任县长江某，这一内容与起诉书上"熊某模主持召开会议"严重不符。熊某模同时提供了只是时任县长江某该年调任走后其于 11 月召集县政府领导开会研究对李某红公司补助事宜会前给县委的请示报告，县人大、县政协领导的会议笔记作为新证据提交，能够证明补助是集体决议的结果。这笔 20 万元的行贿指控正是来自李某红，公诉方指控李某红为感谢熊某模在土地性质变更事情上给予关照，在熊某模办公室送给熊某模 20 万元。重审的开庭现场，重要证人李某林（李某林系李某红的姐姐）出庭作证，指控中的 20 万元行贿款是李某红向李某林借的。从账户中提取的该笔 20 万元用于李某林供职的公司发放工资，造假的目的是怕弟弟李某红再次被抓走。李某林同时向法庭提供了一张 20 万元工资发放的清单，希望证明这 20 万元的去向。遵义市中级法院向熊某模发出刑事裁定书写明：在诉讼过程中，遵义市检察院以证据发生变化为由，向该中级法院申请撤回起诉，该中院裁定准许撤回起诉。后遵义市检察院向熊某模送达了不起诉决定书。

2. 渎职犯罪构成要素中严重危害后果以及紧密因果关系的要求，使得失职渎职行为存在的同时还必须满足严重危害后果确系这些失职渎职行为所致。如果严重危害后果的发生并非这些特定失职渎职行为造成，即使涉嫌行为人存在重大失职渎职行为，也会因涉嫌行为人"特定职责"不存在而不构成犯罪。例如，山西洪洞"黑砖窑"事件中被检察机关立案查办和提起公诉的涉嫌渎职犯罪的有6名公务员，但法院最终认定并判决的只有4人。很显然，与导致该地"黑砖窑""包身工"犯罪猖獗有关的特定职责疏失主要是：洪洞县广胜寺镇派出所警察席某强是分管"黑砖窑"所在地曹生村的"片警"，但直到"黑砖窑"事件案发，他从未到辖区内检查过工作，更未进行过外来人口清查登记；席某强的同事李某负责派出所辖区内暂住人口登记和暂住证发放等工作，他明知"黑砖窑"内有大量外来民工，却在告知承包人要办暂住证后再未过问此事；广胜寺镇工商所副所长郭某民、魏某红负有对辖区内企业、个体工商户进行监督管理以及取缔非法经营的职责，但他们没有对"黑砖窑"进行过巡查，致使"黑砖窑"非法经营猖獗。与此特定职责疏失有关的还有当地劳动与社会保障局的相关人员。而广胜寺镇国土资源所所长卫某、指导员曹某负有依法保护耕地、开展国土资源动态巡查等职责，他们得知"黑砖窑"多次违法取土却未安排查处，只是下达了停工通知并擅自决定罚款了事；因此二人被检察机关以玩忽职守罪立案侦查，但二人的特定职责与"包身工"犯罪并无多大内在、实质尤其是刑法意义上的因果关系。故法院判处卫、曹二人无罪，是正确的。

（五）行使职责涉嫌行为的节点要与特定职责存续的时间段相对应

行使职责涉嫌行为的节点要与特定职责存续的时间段相应，也就是说，出事之处、造成后果等所对应的确实是行为人所具有的特定职务、职责及时间段、点或者说确实与其职务职责及时间段、点对得上或者在此区间内。否则，行为人不构成犯罪。例如，浙江省温州市龙湾区检察院查办并起诉的该市经济技术开发区市政环境保护局综合处副处长周某滥用职权案，调查查明，周某在任该市经济技术开发区市政环境保护局综合处副处长期间与其他犯罪嫌疑人在办理开发区龙湾园区、滨海大道、高新园区等道路清扫保洁及垃圾清运发包工程中，明知开发区龙湾园区（未包括天鹅湖社区、雁湖社区、富春社区）的道路面积经温州市勘察测绘研究院测绘为854766平方米，以为本单位职工谋利益名义滥用职权，指使、伙同承包单位温州市某服务有限公司，采取虚增道路清扫面积方式套取开发区财政拨款 106.47 万元。其中通过认证议标方式发包为期 8 个月的开发区龙湾园区、滨海大道、高新园区等道路清扫保洁承包合同，虚报开发区龙湾园区中社区（包括天鹅湖社区、雁湖社区、富春社区，经检察院委托温州市勘察测绘研究院测绘的面积为 5.689 万平方米）面积 10 万余平方米，套取开发区财政拨款 10 万余元；通过招投标方式发包为期 2 年的开发区龙湾园区、滨海大道、高新园区等道路清扫保洁承包合同中，虚报开发区龙湾园区面积 14.8 万余平方米，并重复计算社区面积 15.7 万余平方米，两项合计 30.5 万余平方米，套取开发区财政拨款 95.9 万余元。之后，陆续从承包方温州市某服务有限公司收取现金 76.7 万元，将其中 26.19 万元作为奖金福利发放给本局职工，另外用于扶贫款、党员、工会活动等开支 16.21 万元，办案中查扣 31.52 万元。周某方辩解称，其并没有参与以上犯罪事实，不构成滥用职权罪：第一，周某始终没有清扫保洁工作的职权。其只是综合处的一名普通工作人员，没有虚报清扫面积的职权，更没有虚报清扫面积。这一时期周某的工作都是根据局领导和综合处领导的安排，委托温州市勘察测绘研究院测绘的面积也是完全正确的。开发区人事局的任职书可以显示周某通过竞争上岗当上开发综合处的副处长，根据该任职书也可以看出周某在这一期间所负责的工作是局里的办公室工作，清扫保洁工作仍由原处长负责。因此，不管周某是普通工作人员还是综合处副处长都没有清扫保洁工作的职权，更没有参与虚报清扫面积。第二，虚报清扫面积早已经完成。该市经济技术开发区市政环境保护局给开发区政府采购办的《关于道路清扫保洁实行定向招标报告》关于拟招标的清算面积就完全和移送审查起诉意见书所认定的虚报清扫面积相同，因此，可以认定虚报清扫面积的行为在 2003 年 1 月 9 日就开始，故意虚报清扫面积此时就已经形成。同时，可以确认的是《关于道路清扫保洁实行定向招标报告》不是周某所为，周某也根本不知道该报告，该报告是原综合处处长起草的。第三，周某一直都没有负责清扫保洁招标工作。清扫保洁招标会议的召集人都是原综合处处长，会议记录可以证实；向社会公布的清扫保洁招标公告的联系人也都是原综合处处长。周某只是作为招标程序的监督人参加了清扫保洁招标会议。故周某没有清扫保洁的工作职责，更没有参与滥用职权虚报清扫面积，移送审查起诉意见书所认定的周某参与滥用职权虚报清扫面积的事实不存在。检察机关对周某涉嫌滥用职权案以周某无罪作不予起诉处理。

（六）行为人存在多种特定职权职责的情形下要甄别确定其利用了何种职责

1. 通过扎实调查工作透过涉嫌行为人表面（字面）职责查清、抓出其实际、实质职责，准确适用法律。尤其是随着政府大批的审批权、审批单位"解甲归田"或者摇身一变成为"红顶中介"组织，更应防止瑕疵案件的出现。例如，山东省淄博市临淄区检察院查办并起诉的该区房地产产权监理所负责人张某玩忽职守案，调查查明，张某作为临淄区房地产产权监理所的负责人"违反国家规定，为临淄区槐堂公司办理《房屋所有权证》、《房产抵押证》""对工作严重不负责任，不正确履行自己的工作职责"，由于张某给槐堂公司的房地产办理了重复抵押，致使槐堂公司从临淄区农村信用社（以下简称农信）抵押贷款 135 万元，给农信造成本息共计 1669545 元无法追回遭受重大损失。张某方辩解称，第一，张某不具有玩忽职守罪的主体身份。政府文件及山东省事业单位登记证书充分证实：淄博市临淄区房地产产权监理所的职责是"为房地产确权发证服务，为房地产交易提供中介服务"，是以对外提供服务为职责的中介机构。而受该市房地产管理局的委托负责临淄区城镇范围内区属以下企事业单位及私有房地产抵押管理的被委托人是淄博市临淄区房产管理处，而非临淄区房地产产权监理所。张某作为临淄区房地产产权监理所的负责人，既不是国家机关工作人员，也不是"在依照法律、法规规定行使国家行政管理职权的组织中从事公务的人员，或者在受国家机关委托代表国家机关行使职权的组织中从事公务的人员"，不符合玩忽职守罪的犯罪主体资格，不能构成玩忽职守罪。起诉书所称"临淄区房产管理处房产产权监理所"根本不存在。第二，给槐堂公司办理两证的是副所长郑某而非张某，张某也未在审批表上签字、盖章，进行审批；郑某也从未向张某请示过。审批表上盖的被告人的个人印章及单位公章均是郑某按照本单位的工作程序进行审批后，由财务人员袁某加盖的。第三，张某不仅没有给槐堂公司办理过房产证、抵押证，而且按照本单位的工作程序及工作人员职责划分，其也没有办理具体业务的职责（包括对具体业务进行审批）。即张某没有义务对槐堂公司的房产证、抵押证进行办理及审批，不可能存在公诉人指控的"不正确履行自己的工作职责"的玩忽职守行为。张某的工作职责范围是负责主持监理所的全面工作，具体业务由各业务负责人全权负责办理。该区房产监理所历任所长都不直接办理各项具体业务的审批工作，各人按责任分工各司其职、独立处理本职工作，所有业务审批表上审批栏的盖章都是由负责该项工作的科室负责人审批后，直接到财务处盖章并以监理所的名义对外签发的。玩忽职守罪并非单位犯罪，应由直接责任人承担法律责任，不应追究单位负责人的直接法律责任。当然只应追究直接责任人的法律责任。而本案被告人并非具体业务负责人，根据淄博市房产管理局关于《淄博市房屋权属登记管理责任制规定》第 5 条的规定，其只承担"直接领导责任"，而非"直接责任"，因而对于本案所涉具体业务办理过程中出现的问题，张某不负直接责任。第四，临淄区房地产产权监理所给槐堂公司办理房产证、抵押证的行为不仅没有给临淄区农村信用社造成损失，反而降低了农信早已贷出资金的风险，保障了其债权的安全。首先，根据王某和杨某的证言证实"农信对槐堂公司的 135 万元债权在此之前早已形成，并因王某无力偿还而多次办理转贷手续。该贷款又到期后，农信为了减少该笔贷款的风险才要求王某办理房产抵押手续。其次，根据本案的事实和法律规定，农行的抵押应依法认定为无效；而农信的抵押是有效的，不存在农信重复抵押的问题。农行办理土地使用权抵押登记时，槐堂公司的该土地使用权性质系划拨取得，尚未办理出让手续，未交纳土地出让金，也没有地上建筑物及其他附着物的产权证明，未经临淄区房管局批准。根据《城镇国有土地使用权出让和转让暂行条例》第 44 条、第 45 条的规定，该划拨土地使用权不得抵押。因而农行的抵押协议是无效的。即使认定农行抵押行为是有效的，其后面的抵押行为也是无效的。从本案来看，农行用槐堂公司的土地使用权作抵押，农信用槐堂公司的房产作抵押，两者的债权总额为239 万 + 135 万 = 374 万元，而当时根据农行、农信办理抵押时提供的土地使用权及房产价值评估报告，槐堂公司的房地产总价值约 460 万元左右，完全符合担保法的规定。综上所述，无论从哪个角度讲，农信对槐堂公司房产设定的抵押都是合法有效的。被告人单位的行为非但谈不上给农信带来任何损失，反而使农信原本没有回收保障的债权提供了有效的担保。至于农信对槐堂公司债权仍未实现的状况，完全是由于农信没有在相关的仲裁、诉讼活动中正确运用法律保护自己的合法权益而造成的，与张某及其单位没有任何关系。第五，本案没有任何证据证明农信对槐堂公司的债权不能收回，不能收回的数额是多少，农信未实现的债权数额与农信由于被告人的行为而造成的损失也绝非同一概念。农信对槐堂公司的债权至今没有实现，但不等于将来不会实现。农信未实现的债权不等于由于张某的行为给农信造成的损失，即由于张某给槐堂公司办了抵押而给农信造成了 166.9 万余元的损失难以成立。因为农信至今未实现的债权与由于张某的行为而给农信造成的损失完全是两个不同的概念，所以，不能将此两概念混同。农信对槐堂公司 1669545 元的债权最终能否收回、能够收回多少、损失多少，至今仍处于不确定状态。如果现在司法机关以这一不确定的事实追究了被告人的刑事责任，那么将来有一天，农信对槐堂公司的债权经过努力全部实现了或者大部分实现了，收不回的部分已达不到玩忽职守罪的数额构成标准，也就是说，张某是否构成犯罪完全根据农信债权实现情况而定，也因此处于一种不确定状态。已生效的该区法院刑事判决书已认定郑某对本案同一事实承担刑事责任，并对郑某辩称其给槐堂公司办理房地产抵押时已经对张某请示过的意见予以否定，没有采纳。因此司法机关不应就同一事实再次追究张某的法律责任。故张某不具备玩忽职守罪的主体资格，不存在玩忽职守行为，不能构成玩忽职守罪。本案也没有任何证据证实由于张某及其单位行为而给农信造成了 166.9 万余元的财产损失。庭审后该院主动撤回对张某的指控，认定"张某不属于国家机关工作人员，其行为不构成玩忽职守罪"而撤销案件。

2. 对于涉嫌行为人担任两种以上职务职责的，要查实、搞清其是利用哪种职务职责进行涉嫌行为的。例如，北京市石景山区检察院查办并起诉的该市第八十职业技能鉴定所（以下简称八十鉴定所）负责人刘某滥用职权案，调查查明，八十鉴定所是依审批合法成立的北京市职业技能鉴定机构之一，其与首钢总公司劳动工资部技能鉴定站为一套机构两套牌子。主要负责编制职业技能鉴定计划，组织实施技能鉴定理论和实操考试等工作，刘某担任该技能鉴定站负责人，实际主持鉴定所的各项工作。八十鉴定所在对北京市石景山区红顺职业技能培训学校（以下简称红顺学校）的 2900 余名外来农民工进行职业技能鉴定过程中，刘某擅自决定将考场管理、组织监考及阅卷工作交给红顺学校自行进行，并同意在红顺学校申报的"外来农民工职业技能培训、鉴定花名册"上加盖八十鉴定所公章。红顺学校并未对这批外来农民工进行培训和考核，仅凭虚假的申报材料通过了劳动行政部门的审批，并获得国家补贴资金 76.12 万元。刘某接到检察机关工作人员电话通知后，主动到侦查机关接受调查。法院认为，红顺学校实际上并未对上述劳务公司提供的第二批外来农民进行培训、考试，仅凭虚假的申报材料骗领了国家的补贴资金。刘某滥用职权让红顺学校自行组织考试、阅卷、报成绩是造成该案发生的最主要原因。刘某滥用职权致使国家财产遭受重大损失，其行为已构成滥用职权罪。遂以刘某犯滥用职权罪，判处拘役 4 个月，缓刑 4 个月。

在全国许多地方电力、供电局都属于企业性质的情况下，北京供电局因身份、职能双重而仍被视为国家机关而判案的。例如，北京市西城区检察院查办并起诉的该市供电局原局长赵某驹玩忽职守案，调查查明，赵某驹在担任北京市供电局局长及其下属单位北京供电实业开发总公司总经理期间，违反有关规章擅自动用本单位供电贴费，以借款的名义，先后通过北京供电实业开发总公司投资北京威克瑞电线电缆有限公司。由于赵某驹未委派有关人员对威克瑞公司进行管理及威克瑞公司经营管理等原因，造成北京市供电局投资款 6400 万元损失。赵某驹擅自为北京威克瑞电线电缆有限公司的银行贷款提供多次担保，折合 5.29 亿余元。由于北京威克瑞电线电缆有限公司在银行贷款逾期未还，法院判决该市供电局承担北京威克瑞电线电缆有限公司不能归还贷款额的 1/2 的赔偿责任。法院认为，赵某驹作为国家机关工作人员，玩忽职守，致使北京市供电公司受到重大损失，妨害了国家机关的重要管理秩序，构成玩忽职守罪。遂以赵某驹犯玩忽职守罪，判处有期徒刑4年。

另外，当前在各地临时机构特别是突击性指挥部众多的情况下，甄别其实施犯罪具体所用何职责较为重要。例如，浙江省苍南县检察院查办并起诉的温州市鹿城区政府党组成员、名城投资集团副总经理、市滨江商务区改建办公室主任、进城口改建工程指挥部原指挥胡某忠滥用职权、玩忽职守、受贿案。调查查明，胡某忠担任该区进城口改建工程指挥部（以下简称指挥部）党组副书记、指挥期间，钱某的一处无房产证、无土地证的厂房被征用，为多占国有资产钱某找到胡某忠要求解除产权调换协议书，改为货币退购。胡某忠违反规定和程序，在钱某的《要求实物协议书解除的报告》上签了字。钱某顺利获得货币退购款1313万余元。而经过估价，该拆迁房产补偿价仅为814万余元，钱某因此多拿了498万余元。有关部门调查钱某的拆迁安置档案时，为隐瞒自己的违规操作行为，胡某忠指使下属工作人员抽掉了拆迁档案中的相关证据材料。指挥部依规划对该市区中央涂片区进行拆迁过程中，按照市政府有关规定，自1998年12月1日以后违法建造的房屋给予每平方米120元的一次性补偿后，一律无条件拆除，在房源许可的情况下，按安置用房评估价给予增购违建部分相等的面积。经评估，该区域拆迁安置新房基准价为每平方米4576元，拆迁安置新房的市场平均价为每平方米1万元。指挥部经办人金某向副指挥卢某芬（已被判刑）提出安置房评估价直接套用安置新房基准价，卢某芬同意后向胡某忠汇报。胡某忠没有核实相关规定，就同意出台下发按新房基准价作为拆迁补偿安置价格的文件。这一决定使2万多平方米违建面积全部能够以拆迁基准价获得评估，形成差价1.2亿余元。所幸文件最后并未付诸实施，差价损失也未实际发生，但所造成的负面影响至今未能消除。温州市木材集团公司员工刘某等人打算将指挥部位于市区的一块面积约为1500平方米的空地租下，搭建仓库出租谋利。根据当时的规定，指挥部出租空置地要经当地政府及土地规划等部门的批准，经指挥部领导班子同意并签订租赁协议，租金需上交财政。但胡某忠违反该规定，擅自将空地出租给了刘某等人，帮助刘某等人大赚了一笔。为感谢胡某忠，刘某等人分3次送给胡某忠干股分红，共计15.5万元。温州某医院因发展需要，欲使用指挥部管理的一块土地作为该医院的扩建用地。在胡某忠的"关照"下，该医院达成所愿。作为回报，该医院先后送给胡某忠价值5000元的购物卡、3万元报销款及2万元现金。胡某忠利用其担任指挥部指挥的职务便利，非法收受他人财物共计23万余元。法院以胡某忠犯滥用职权罪、玩忽职守罪、受贿罪数罪并罚，判处其有期徒刑14年6个月，剥夺政治权利2年，并处没收个人财产5万元。胡某忠违法所得23万余元予以没收，上缴国库。

3. 反渎侦查过程中，涉嫌行为人往往是机关行政职务与企业职能职权重叠、贪污贿赂类犯罪与渎职类犯罪交织，而贪渎犯罪的构成条件迥异，需要透过职务或者行为的外在形式看到具体运行的内在实质，确定涉嫌行为人行使的到底是什么性质的职权，实施的是什么性质的行为，以准确确定具体罪名。例如，河南省息县检察院查办并起诉的该县外贸局局长助理刘某太滥用职权、挪用公款案，调查查明，刘某太以该县外贸局饲料加工厂及县外贸局项目部的名义与息县农机局招待所签订两份"转让农机局招待所位于西大街车站路 4.1 亩土地，转让价格为 30 万元"的协议书。该土地性质为国有划拨性质，未经国资部门批准及评估。刘某太又以其子刘某等 8 户名义与息县外贸局饲料公司签订了该土地转让协议，并以息县外贸总公司名义证明同意饲料公司转让该地，并同意 8 户办理土地登记。在未办理国有土地使用证的情况下，又以 120 万元的价格将该土地转让给高某，建设规划为 B 区，从中谋取私利 30 余万元。经信阳鹏盛房地产估价师测量师有限公司司法鉴定，该土地价值 1413929 元。刘某太在负责息县外贸局资产处置期间，未经国资部门批准及评估，同意以 20 万元的价格将息县外贸局饲料加工厂位于车站路 5 间门面土地转让给高某。经信阳鹏盛房地产估价师测量师有限公司司法鉴定，该土地价值 262500 元。经息县外贸局党委研究，批准同意了息县外贸局路口外贸经营处"关于处理转让职工乱占土地的请求"。刘某太身为分管资产处置的外贸局局长助理，在未经国资部门批准及评估的情况下同意该资产处置。路口外贸经营处以房改的名义将 3004.98 平方米土地转让给 15 户职工、转让款 52000 元。经信阳鹏盛房地产估价师测量师有限公司司法鉴定，该土地价值 248452 元。息县外贸局临河经营处向局党委写出《临河外贸关于院内土地有偿转让给职工建房的请示报告》，刘某太具体负责该资产处置，未经国有资产管理部门批准及评估，同意临河经营处将院内 4847.7 平方米的土地以房改的名义有偿转让给本单位 12 户职工，转让款 504364 元。经信阳鹏盛房地产估价师测量师有限公司司法鉴定，该土地价值 431058 元。经息县外贸局党委研究，批准同意了息县外贸局畜产公司申请处置肠衣室 5 间房屋的请示报告，刘某太在未经国资部门批准及资产评估的情况下，以其家属王某琴的名义与息县外贸局畜产公司签订 5 间房屋、364 平方米土地转让契约，转让价格 1.6 万元。经信阳丰华联合资产评估事务所司法鉴定，息县外贸局畜产公司 5 间房屋价值 28672 元，土地价值 11964 元。刘某太的上述行为共造成国家土地出让金损失 1943563 元。为在息县外贸局饲料公司后院建商品住宅楼，息县永立建筑有限公司职工周某臣向息县外贸局项目部投资 25 万元，刘某太利用其兼任项目部经理的职务便利，将

— 181 —

该 25 万元挪用于营利活动。刘某太辩解称，指控第一起不属实，实际上是 8 家单位以 30 万元买的，其没有从中谋取私利 30 万元，系私人出资购买，是民事行为，而非滥用职权行为；指控第二起、第三起、第四起属实，但不是他经手的，是党委会研究决定的，他只参加了会议；指控第六起不完全属实，他只挪用了 10 余万元，当时没有意识到是犯罪；刘某太非国家机关工作人员，不符合滥用职权罪的主体要件，其按照会议研究决定履行自己应尽职责，不存在滥用职权行为；指控刘某太挪用公款 25 万元不能成立，刘某太不是国家工作人员，主体不适格，该 25 万元不能认定为公款。法院审理查明：第一，关于国有公司人员滥用职权罪问题。根据该县编委文件通知，息县外贸局由原政府工作部门改为经济实体，后称息县对外贸易总公司，且县委组织部发文同意息县外贸总公司（局）党委聘刘某太任息县外贸总公司（局）总经理（局长）助理。刘某太在分管息县外贸总公司（局）资产处置期间，未经有批准权的政府审批、评估及公开拍卖，分别同意将息县外贸系统国有划拨土地，即路口外贸经营处 3004.98 平方米土地以 52000 元价格转让给 15 户职工，息县外贸局畜产公司 5 间房屋、364 平方米土地以 16000 元价格转让给其妻王某琴，息县外贸局饲料加工厂位于车站路 5 间门面土地以 20 万元的价格转让给高某。经信阳丰华联合资产评估事务所、信阳鹏盛房地产估价师测量师有限公司司法鉴定，以上三处土地使用权及房产的价值分别为 248452 元、40636 元、262500 元，合计 551588 元，与实际卖出价格相差 283588 元。第二，关于挪用公款罪。为在息县外贸总公司（局）饲料公司后院建商品住宅楼，息县永立建筑有限公司职工周某臣通过朋友丁某德交给刘某太 25 万元作为前期办理用地手续费用，刘某太将 25 万元交给息县外贸总公司会（局）计代某胜，代某胜给周某臣出具了加盖有息县外贸总公司项目部公章的收据。代某胜将该 25 万元连同刘某太个人钱款 40 万元一起保管，但并未将该 65 万元纳入息县外贸总公司（局）账。由于息县外贸总公司（局）饲料公司后院建商品住宅楼项目没有实施，在周某臣催要下，刘某太分别退给周某臣 5 万元、10 万元。代某胜与刘某太算账，代某胜所管 65 万元经刘某太个人开支后，仅剩余 2380 元，代某胜将账单及尚有 2380 元的存折交与刘某太。后刘某太在周某臣催要下，用高某给付的 120 万元偿还了所欠周某臣余款 10 万元及利息 4.5 万元。关于指控第一起事实，该起土地使用权交易出资人是刘某（刘某太之子）等人，息县外贸总公司（局）及其饲料加工厂并未实际出资，事实上是刘某等人借外贸总公司（局）及饲料公司之名行私买之实，刘某太有假公济私、滥用职权的行为，但并未造成国家利益损失，其行为不构成滥用职权罪。关于指控第四起事实，该起指控的土地卖出价格为 504364 元，而鉴定价格为 431058

元，此宗土地使用权的交易并未给国家利益造成损失。关于指控第六起事实，刘某太将周某臣25万元交给会计代某胜，并以项目部名义给周某臣出具了收据，后又分三次退还给周某臣，在第三次退款10万元之前，经过算账，代某胜所管理的账仅剩余2380元，其余均被刘某太开支，说明其中的97620元已被刘某太挪用，但之前归还的15万元是否被挪用则事实不清，依法不予认定。故认为，刘某太作为息县外贸总公司分管资产处置的经理助理，违背国有公司的资产管理制度，不经批准、评估和公开竞争拍卖，随意处置公司的资产，造成息县外贸总公司直接经济损失283588元，致使国家利益遭受重大损失，且利用职务便利挪用公款97620万元，其行为已构成国有公司人员滥用职权罪、挪用公款罪。息县人民检察院起诉书指控的部分犯罪事实清楚，证据确实充分，但对刘某太滥用职权行为的定性不准确。根据《刑法》第397条规定，滥用职权罪的主体必须是国家机关工作人员，刘某太不符合国家机关工作人员的犯罪主体。参照最高人民检察院、公安部《关于经济犯罪案件追诉标准的规定》，国有公司人员滥用职权造成国家直接经济损失数额在30万元以上的应予追诉，刘某太造成国家直接经济损失接近30万元。刘某太在案发前已归还全部挪用公款。遂判决刘某太犯国有公司人员滥用职权罪，免予刑事处罚；犯挪用公款罪，判处有期徒刑1年，缓刑2年；决定执行有期徒刑1年，缓刑2年。

查办经济民生领域的渎职犯罪往往牵扯众多的学科领域知识、复杂的经济社会运行关系、方式、手段，以及渎职类犯罪与贪污贿赂类犯罪、普通刑事犯罪交织缠绕的情况下，除了需要专业基础知识外，社会知识、行动经验，特别是对具体涉嫌行为的精准把握，对顺利侦破和正确认定犯罪十分重要。例如，四川省成都市某区检察院查办并起诉的该区房管局副局长李某滥用职权、玩忽职守、受贿案，法院以对李某犯滥用职权罪与玩忽职守罪之指控，不符合刑法关于两罪的主体及客观方面的规定为由，裁定指控不能成立。根据《刑法》第397条规定，国家机关工作人员滥用职权或者玩忽职守，致使公共财产、国家和人民利益遭受重大损失的，构成滥用职权罪或玩忽职守罪。而从本案客观事实看来，李某无论是主体方面还是客观方面都不符合这一规定。李某实际上同时具备双重身份，即成都市某区房地产管理局副局长和该区房地产开发公司总经理，由此，他实际上有可能履行两方面的"职权"，其一是作为国家机关工作人员的行政管理职权；其二是作为该区房地产开发公司法人代表的经营管理性职能。刑法关于滥用职权罪和玩忽职守罪的规定表明，只有国家机关工作人员才可能具备刑法规定的这两项罪名中所称的"职权"与"职守"；而国家机关工作人员的"职权"与"职守"，只可能是与国家机关行政管理性活动有关的"职权"与"职守",而并非指包括经营管理性职能在内的其他任何"职权"与"职守",这也正是刑法将主体仅限定于"国家机关工作人员"的原因。刑法所称的滥用职权,只能是滥用国家机关工作人员的职权,即行政管理性职权;玩忽职守,也只能是疏于履行国家机关工作人员的职守,即行政管理性职责。该区房地产开发公司投资成立 K 公司完全是独立法人的经营性事务,李某仅是以房地产开发公司的总经理身份在从事相关活动,其履行的也仅是经营运行性职能,而绝非行政管理性职权。李某自始至终都从来没有利用其作为该区房管局副局长所具备的行政管理职权,从未实施过审批、批示、行政命令或其他任何足以体现行政管理性职能的手段、方法,也就根本不存在逾越职权甚至滥用职权的问题。即使成立 K 公司属于投资方向和投资策略失误,那也不是滥用行政管理性职权,而至多是滥用经营性管理职权的问题。该区房地产开发公司为某投资开发股份有限公司贷款提供担保以及借款给 C 轻工时代装饰公司也明显属于公司内部的经营性行为,均不涉及行政性职权与职责。即使存在审查不严、警惕不高、过于信任对方等问题,那也仅是经营决策者在经营过程中的疏忽,而非国家机关工作人员在履行行政职权过程中的疏忽。起诉书以"未经上级主管部门同意"为由认为李某滥用职权及玩忽职守,是不能成立的。理由在于:房地产开发公司是一个企业法人,自负盈亏,独立对外承担民事责任的。因此,不存在该房地产开发公司的经营业务要经过该区房管局同意或者批准的情况。事实上,该区房管局在该区房地产开发公司的所有对外经营性交往中,也从来没有要求房地产开发公司事先履行报批或者备案等手续。检察机关当庭提供的所有证人证言所涉及的情况全是企业的经营管理事务(如李某作为经理,有权对财务事项签字;成立沃夫玛特公司、向 S 公司提供贷款担保及借款给 C 轻工时代装饰公司是否经公司办公会同意等),没有任何证据证明房地产公司在开展何种经营业务前要经过该区房管局批准,也未出具任何要求房地产公司在做出重大经营决策前需向该区房管局请示、汇报或者报批的文件。李某没有经过区房管局批准从事所指控的行为即使是事实,但这种批准本身就是没有必要的、无依据的,甚至是违法的。众所周知,根据政企分离的原则,行政机关的管理职能仅限于资格审批、宏观调控、政策支持、环境培育、对国有公司的人事任免及对违法行为的监管等,无权干涉企业的经营行为。公诉方出具的李某职权范围的证据中指出:"李某分管开发公司",但这里所指的"分管",也应当仅限于上述宏观意义上的管理,不应当包括对具体经营事务的管理。因此,该区房管局无权干涉作为独立企业法人的房地产公司的经营性行为;而李某作为该区房管局副局长同样无权对房地产公司的具体经营事务施加行政性干涉和影响。公诉人在辩论中称该区房管局对房地产公司要进行具体领导是由于当时的"特殊体制关系",但公诉人没有举出任何证据证明这种对具体经营事项的"主管"职权存在,其所谓"特殊体制关系"的判断无任何依据。至于公诉方所举证言中提到"未经公司大会讨论""未经公司集体研究决定"等,则完全是公司经营决策程序的问题,与行政管理职能或职责的履行无关。不能静态地看待李某所具备的身份,更不能将李某的身份与其履行的实际职权完全分割开来独立看待。从表层来看,李某的确是该区房管局的副局长,具备国家机关工作人员身份。但是更应当看到,在本案所指控的三项行为中,李某从来没有利用其副局长的身份,没有滥用他作为副局长而具备的"职权",也没有疏于履行其作为副局长应当履行的"职守"。其所从事的所有行为,均是独立法人企业的经营性行为。很显然,李某在该三项行为中,仅是以"独立的企业法人的经营管理者"的身份而非国家机关工作人员的身份在从事活动,不符合刑法关于滥用职权罪及玩忽职守罪主体之规定。从客观方面而言,李某并未滥用其行政管理职权或者疏于履行行政管理性职责,与刑法对两罪客观行为之规定也完全不符。故此两项罪名均不成立。

（七）兼有监管和被监管双重身份人员涉嫌渎职行为的把握与处理

近年来,在一些危害生产安全的刑事案件中,"隐名持股人"的话题不断发酵。工作实践中,常常遇到兼有监管和被监管双重身份人员涉嫌渎职行为的把握和处理问题。在危害生产安全刑事案件中,对于身居幕后的"隐名持股人"该如何追责,对于故意隐匿、遗弃事故受伤人员的行为又该如何定罪,2015年年底,最高人民法院、最高人民检察院联合发布《关于办理危害生产安全刑事案件适用法律若干问题的解释》,给予了明确规定。

1. 负有组织、指挥或者管理职责的实际控制人、投资人,或者对安全生产设施、安全生产条件不符合国家规定负有直接责任的实际控制人、投资人,可以认定为相关犯罪的犯罪主体。实践中,某些黑煤窑、矿山业主在生产安全事故发生后,为掩盖事故事实、逃避法律追究,不仅不组织抢救及向相关部门报告,反而故意隐匿、遗弃事故受伤人员,甚至作出堵塞出事矿井、掩盖事故真相的恶劣行为,导致被困人员和被隐匿、遗弃人员死亡、重伤或者重度残疾,社会危害严重。对于上述行为,应依法以故意杀人罪或者故意伤害罪定罪处罚。

2. 严惩相关贪污贿赂和渎职犯罪,明确规定国家工作人员违反规定投资入股生产经营,构成本解释规定的有关犯罪的,或者国家工作人员的贪污、受贿犯罪行为与安全事故发生存在关联性的,从重处罚;构成贪污、受贿和渎职犯罪又同时构成重大责任事故罪或者重大劳动安全事故罪的，应当依照数罪并罚的规定处罚。对于实施危害生产安全犯罪适用缓刑的犯罪分子，可以根据犯罪情况，禁止其在缓刑考验期限内从事与安全生产相关联的特定活动。而对于被判处刑罚的犯罪分子，可以根据犯罪情况和预防再犯罪的需要，禁止其自刑罚执行完毕或者假释之日起3年至5年内从事与安全生产相关的职业。例如，河南省郏县检察院查办并起诉的该县煤炭工业局安监股股长、事发煤矿的实际控制人和老板刘某逊玩忽职守案，调查查明，该县高门垌煤矿位于本县安良镇高门垌村，开采七五煤层属资源整合独立块段矿井。刘某逊于1995年以高门垌村集体名义投资开办矿井，于2001年12月10日将矿井承包给张某某。2004年4月6日张某某又将矿井转包给平顶山市华安公司。2004年6月刘某逊将矿井法定代表人变更为娄某某（刘某逊的岳父，实际未投资）。2005年4月28日华安公司又将矿井转包给陈某某。2008年2月20日娄某某与张某甲、王某某等签署协议，以660万元将矿井出售、首付150万元、每月再付50万元，待款项付清后，变更产权。至事故发生时，张某甲、王某某等共付500万元，此款项均为刘某逊妻子娄某甲所收。2008年2月，按照省资源整合领导小组文件精神，该矿井开始进行技术改造。平顶山市煤炭工业局对该矿井提出的技术改造初步设计予以批复（技术改造后生产能力由6万吨/年提高至9万吨/年）。由于开工备案材料不齐，县煤炭工业局未批准其开工技改。根据《河南省人民政府安全生产委员会关于落实对停产停工整顿煤矿收缴相关证照的紧急通知》的要求，该矿井进行停产整顿，相关证照被暂扣。该县煤炭工业局下发《关于对郏县高门垌煤矿延期整改、维修的通知》，要求矿井对主斜井井筒、总回风上山、副井底、联络大巷等四个地点进行维修，经对维修地点用工核算，每班允许29人下井。并明确规定严禁超范围、超时间、超人员入井，严禁借维修之名组织生产。事故发生前，该矿井共有四个施工地点，分别是一平巷、九平巷、九平巷东巷、108采面。其中九平巷东巷自主斜井向东施工180米，越界开采150米；108采面一直在组织生产、超人员下井。根据郏政办《关于印发郏县煤炭工业局职能配制、内设机构和人员编制规定的通知》，该局安监股的一项重要工作职责是监督检查矿山安全法规和煤矿安全规程的贯彻落实，组织协调全县煤炭系统安全检查。刘某逊作为股长负责该股全面工作，但对高门垌煤矿违规生产的情况一直没有发现并制止。刘某逊等人到郏县高门垌煤矿进行安全检查，因为没有细查，故未能发现该矿超人员下井、偷生产及井下的安全隐患等问题，致使该矿继续违规、违法生产。导致发生透水事故，造成2人死亡、2人受伤的严重后果。根据河南煤矿安全监察局豫南监察分局下发的《关于对平顶山市郏县高门垌煤矿"11·17"透水事故调查处理意见的批复》认定，这是一起责任事故。法院认为，刘某逊作为郏县煤炭工业局安监股股长，负责郏县煤矿的安全检查工作，但刘某逊玩忽职守，不认真履行职责，违反规定经营煤矿，并将矿井层层转包，对高门垌煤矿隐患排查治理不彻底、不认真，致使该矿发生重大透水事故，并造成严重后果，侵犯了国家机关的正常活动，其行为已构成玩忽职守罪。遂判决刘某逊犯玩忽职守罪，判处有期徒刑1年，缓刑1年。本案中，刘某逊具有县安监股股长和事发煤矿的实际控制人和老板双重身份，构成玩忽职守罪没有问题；其对煤矿遵守有关安全生产管理规定从事生产具有监督义务，对本案安全事故的发生具有监督过失责任。但检察公诉和法院判决在实际控制人的监督过失方面均未有所涉及，存在不足。不过考虑到该煤矿已基本转让出去，以国家机关工作人员身份定玩忽职守罪一罪处理没有大的问题。

二、经济民生领域疑难复杂刑法意义上因果关系的把握与处理

反渎侦查实战中，危害后果与行为人特定职责对应关系的紧密程度、吻合度的高低以及有无是重大问题，事关二者之间因果关系的存在与否，以及罪与非罪的问题。也就是说，对渎职犯罪的构成而言，涉嫌行为与危害结果之间不具有任何刑法意义上的因果关系则行为人不构成犯罪。例如，安徽省庐江县检察院查办并起诉的该县工商局汤池工商所公务员张某保、喻某宝玩忽职守案，调查查明，该县汤池镇居民莫某才在没有办理危险化学品经营许可证和营业执照的情况下，在其住处经销氧气等危险气体，该县工商行政管理局汤池工商所负责汤池片监管工作的张某保、喻某宝在日常市场巡查时发现后，告知莫某才必须办理相关证照才能经营氧气等危险化学品、责令莫某才停止经营并对莫某才发出了《庐江县工商局办理营业执照告知书》，后将该告知书存根报县工商局。张某保、喻某宝再次发现莫某才家门面内摆放着氧气瓶又责令莫某才停止经营，但未再向所里汇报。后莫某才在自家门面房前搬运氧气瓶时发生爆炸，莫某才被炸身亡。案发后，张某保、喻某宝在检察机关讯问前主动到该县检察院投案。该县法院认为，张某保、喻某宝身为工商行政管理人员，在其监管责任区内发现莫某才无证无照非法经营危险化学品时，履行了劝告、责令停业、发放办理营业执照告知书等一定职责，但未能按照其工作程序做好巡查记录、实地检查、督促停业，工作中存在不负责的表现。但这种不负责的行为，不是导致莫某才无证无照经营氧气等危险化学品的行为长期存在而未予查处取缔的主要原因。而庐江县工商局、安全生产监督管理局也未能积极正确履行职责，及时采取有效查处取缔的措施，是莫某才非法经营危险化学品行为长时间存在未能被查处的主要原因。故两人的行为与莫某才的死亡之间不存在刑法上的因

果关系，两人行为不构成玩忽职守罪。遂判决：宣告张某保、喻某宝无罪。县检察院抗诉。二审法院驳回抗诉，维持原判。

另外，准确区分涉嫌行为与危害后果之间是直接因果关系还是间接因果关系，涉及此罪与彼罪的确定以及量刑的轻重问题。

（一）涉嫌行为与危害后果之间存在直接因果关系的一般构成滥用职权罪

1. 从经济民生领域渎职犯罪侦查实践来看，具体渎职类犯罪的构成，更多的是基于直接的因果关系。一般来说，行为人滥用职权的行为，如果确已造成国有企业严重损失，致使国家利益遭受重大损失，则认定损失结果的发生与滥用职权的行为之间存在刑法上的因果关系，且一般都是直接的因果关系。例如，中国农业银行太原市某支行营业部副主任赵某滥用职权案，调查查明，该市某集团公司在赵某任职的银行开户并存入 450 万元后，赵某的朋友稽某到该支行购得这家公司支票并伪造了这家公司的相关印鉴和手续。赵某在明知稽某不是该公司人员情况下，介绍其购得该公司支票。稽某携带伪造的该公司支票等相关手续到该支行办理从这家公司账上转款至太原市某绿色产业发展有限公司 448 万元的事项时，因主管副行长不在单位，便由赵某带着稽某到该副行长家中，获得副行长批准转款的签字，后款项被转走。转款之事后被该公司发现。故认定赵某在明知稽某不是本行储户职员的情况下，仍为其提供购买该储户发票凭证的便利，又违规操作，致使稽某票据诈骗行为顺利实施、银行遭受重大损失。该区人民法院对赵某作出无罪判决。该区检察院提起抗诉。中级人民法院裁定撤销原判，发回重审。后区法院判决撤销原判，改为判处赵某有期徒刑 3 年，缓刑 3 年。

结合本案具体情况，稽某实施票据诈骗行为和该银行相关人员赵某审核不严是导致农行某支行遭受重大损失的主要原因，但如果没有赵某上述严重不负责以及超越职权的行为，就不会使稽某的票据诈骗行为顺利实施。因此，赵某的行为与农业银行某支行遭受重大损失之间具有直接的因果关系，已构成国有企业人员滥用职权罪。

以下为另一案例，河南省淮滨县恒威建筑安装有限责任公司将原有的一宗位于该县金谷春大道以南面积为 6079.78 平方米的国有划拨土地中的 6061.4 平方米划拨土地向县建设局申请规划为住宅楼而获准，遂通过挂牌出让方式以 96.6 万元将其中的 3700 平方米划拨土地转为住宅用地，并向县建设局申请办理该住宅地的建设工程规划许可证手续。该县建设局城市建设与风景名胜区管理办公室主任李某宪、负责初审人员林某在办证过程中，没有认真审核相关证件、数据等手续就签字通过，致使恒威公司将 6079.78 平方米土地全部占用，同时还将县国土局未出让的 2379.78 平方米国有划拨土地占用，造成土地出让金损失 62.1 万余元。时任该县建设局工会主席协管城建工作的李某宪、建筑管理股股长的刘某章、城市建设与风景名胜区管理办公室主任的朱某华，在有关单位申办建设工程规划许可证、建筑工程施工许可证等建设手续的过程中，违反有关文件要求，不认真履行审核把关职责，在申请单位未提供人防审批手续的情况下便决定为东湖庭苑等 8 个单位办理了建设工程规划许可证、建筑工程施工许可证等建设手续，导致人防工程异地建设费大量流失，合计 125.6 万余元。其中，李某宪应对其经手办理的 8 个项目造成人防易地建设费流失1256839 元负责、刘某章应对其经手办理的 7 个项目造成人防易地建设费流失1177339 元负责、朱某华应对其经手办理的 6 个项目造成人防易地建设费流失832749 元负责。李某宪辩解称，其办理建设工程规划许可证符合规定，没有滥用职权，人防费其没有义务收取，不构成犯罪；指控李某宪不认真履行职责致使土地出让金流失证据不足，理由是：李某宪在为恒威公司办理职工住宿楼建设用地规划许可证和建设工程规划许可证的过程中完全是依法履行职责，没有滥用职权的行为。恒威公司申请规划占地面积是 6079.8 平方米，县规划主管部门为恒威公司规划 1980 平方米。这一点也说明李某宪认真履行了职务。县国土资源局以出让的方式给恒威公司 3700 平方米国有土地使用权后，剩余2379.78 平方米土地由该县政府划拨给恒威公司作住宅用地。把规划主管部门规划行为看成是恒威公司占用未出让土地的原因，显然不符合逻辑，二者之间没有因果关系。综上所述，在土地出让金问题上，李某宪没有滥用职权的行为。指控李某宪在人防费收缴上有滥用职权行为证据不足，且无法律依据。刘某章方辩解称，其没有导致人防费流失，不构成犯罪；在办理建筑工程施工许可证的过程中没有滥用职权的客观行为；本案损害后果尚未实际发生，并没有给国家造成重大经济损失；假设人防异地建设费有流失，人防异地建设费的流失与刘某章的行为也没有必然的因果关系；刘某章犯滥用职权罪缺乏法律依据。朱某华方辩解称，其没有义务收取人防费，领导也没有要求；按《城乡规划法》第 37、38、40 条的规定，依法履行职权，没有渎职行为；《防空法》规定规划建设部门各自职责范围内负责防空工作，没有规定协助单位人员构成渎职犯罪；违反规定办理证件应由行政监察机关追究行政责任。林某方辩解称，其在办理准建证时没有滥用职权；在为恒威公司办理建设用地规划许可证和建设工程规划许可证时程序合法，符合法律规定；在为恒威公司办理建设用地规划许可证和建设工程规划许可证时，并没有造成土地出让金的损失；退一步讲，恒威公司在以出让方式取得 3700 平方米建设用地使用权的同时又将另外 2379.78 平方米土地占用以建住宅，这也只能说明恒威公司的违法占地行为，与林某没有任何关系。法院认为，李某宪、刘某章、朱某华、林某身为国家机关工作人员，超越职权，违反规定处理公务，致使公共财产遭受重大损失。其中李某宪、林某违法发放建设工程规划许可证，导致国有土地出让金流失 621123 元；李某宪、刘某章、朱某华未严格把关，致使人防易地建设费流失 1256839 元。四人的渎职行为与危害后果之间具有刑法上的因果关系，四人的行为均构成滥用职权罪。遂判决李某宪、刘某章、朱某华、林某各犯滥用职权罪，均免予刑事处罚。

2. 反渎案件的因果关系本身就非常复杂，而现实社会生活的丰富多彩和复杂性，使经济民生领域的渎职犯罪因果关系的认定更加复杂。所以，侦破活动中，切忌办案工作的"大概齐""差不离"等粗制滥造或者"想当然"地胡套乱来。必须严格把握以下两点：第一，特定职责人的不正确履职行为是危害后果发生的众多因果关系之一。第二，特定职责人不正确履职行为与具体危害后果之间形成的是刑法意义上的因果关系。例如，甘肃省嘉峪关市检察院查办并起诉的该市文联主席、文化局局长王某滥用职权案，嘉峪关法院一审判决王某无罪。嘉峪关市关城景区会计吕某英、门票售票员先某和赵某、门票管理员陈某、出纳盛某萍等人截留、套取门票收入 1070 余万元，其中吕某英侵吞 960 万元，先某贪污 38 万元，陈某贪污 29 万元，赵某和盛某萍分别贪污 22 万元、14 万元。吕某英被判处死刑，缓期二年执行，其余 4 人分别被判处 11 年至 6 年不等的有期徒刑。王某在任嘉峪关市文化局局长期间，违反国家有关规定，擅自决定将关城门票交给私人公司印制，先后印制未套印税务监制章的景区门票 120 万张，总价值 5707.6 万元，致使关城门票的印制和领取使用脱离了税务机关的监管，导致关城文物景区门票管理混乱，其滥用职权行为造成国家税款流失 35 万元。王某超越职权，非法印制门票，致使国家利益遭受重大损失，应当以滥用职权罪追究其刑事责任。在法庭上，王某方对指控事实无异议，但辩解认为王某的行为属于行政过失，不是犯罪。王某是在不知情的情况下做的这件事，他没有看到过市地税局转发的《甘肃省地方税务局关于对公园、旅游景点门票纳入普通发票管理范围的通知》。他还声称，该通知只是行业规定，不是法律，不具备法律效力。吕某英等人的贪污案与他印制门票之间没有必然联系。门票印制实行税务监制，只能起到防止税款流失的作用，并不能保证预防贪污案的发生。王某方在法庭上提供了 4 份新证据，证明印制门票是文物景区管理所和市相关部门所做的决定，不是王某非法滥用职权印制关城门票。最终法院对王某宣告无罪。

（二）涉嫌行为与危害后果之间存在间接因果关系的一般构成玩忽职守罪

不少渎职犯罪的构成是基于间接的因果关系。渎职类犯罪中，危害行为包括人积极的作为和消极的不作为。作为犯罪是"不应为而为"，它是以积极的行为违反法律规范。不作为犯罪是不履行以及不正确履行职务，即不尽心、不得力都属于不作为。其中履行职务的不尽心、不得力属于消极的不作为。玩忽职守行为人的行为与危害结果之间的因果关系就是间接的因果关系。例如，四川省成都市检察院查办并起诉的该市温江区国土局地籍科科长舒某某、副局长杨某某滥用职权案，调查查明，舒某某作为该局地籍科科长负责办理国有土地使用权证登记和变更等事务工作，杨某某作为该局副局长分管地籍科工作，负责审签该科报批的土地登记资料。谢某某代表多瑙河公司与原温江县国土局签订国有土地使用权出让合同。双方约定温江县国土局以 85.063 万元的价格向多瑙河公司出让温江县建设路 37 号（以下简称建设路 37 号宗地）面积 7733 平方米（以实际丈量为准）的国有土地使用权。原温江县政府向多瑙河公司颁发了国有土地使用权证。多瑙河公司就座落于该宗土地上的房屋进行了登记并取得房屋所有权证。谢某某出具书面委托书（无多瑙河公司印章），委托于某某"全权代理多瑙河公司销售处理该公司在温江县建设路房地产一处的有关事宜"。于某某在该委托书上书写"请尹某某同志全权代理"。后尹某某代表多瑙河公司与兴城公司董事长李某某签订了土地使用权转让协议，双方约定多瑙河公司将建设路 37 号宗地（7902.2 平方米）以 133 万元的价格转让给兴城公司。之后兴城公司向温江县国土局申请办理该宗土地使用权变更登记。舒某某在没有按相关规定审查多瑙河公司单位和法定代表人证明、地上附着物权属证明等材料的情况下，安排温江县国土局地籍科工作人员，在涉案宗地登记申请表中填写了内容为"建议为温江兴城房地产开发公司办理土地转让手续变更登记"的初审意见，并报分管副局长杨某某审核，杨某某也未认真核实审批表所附材料，就签署"已审核"意见。温江县政府对建设路 37 号宗地进行了土地使用权变更登记，并向兴城公司颁发了温国用国有土地使用证。中央电视台《新闻 30 分》、《今天》等栏目和新华社内参等媒体对建设路 37 号宗地使用权被违法变更登记的情况分别进行了报道后，中共成都市温江区委召开常委会，就原温江县国土局违规办理多瑙河公司土地转让事件进行了研究，决定根据调查核实的情况，若属办理主体要件不具体，按程序依法撤销原温江国土局作出的《关于变更兴城房地产开发公司国有土地变更登记》，并注销温国用国有土地使用证，恢复多瑙河公司温国用国有土地使用证及其使用权，并同意对此事件相关责任人立案进行调查。温江区国土局与兴城公司达成协议（无书面协议），约定由温江区土地储备中心以 280 万元的价格对兴城公司取得的建设路 37 号宗地进行回购。温江区土地储备中心支付兴城公司 280 万元土地转让款。多瑙河公司就建设路 37 号宗地变更登记行政行为向成都市中级人民法院提起行政诉讼，成都市中级人民法院作出行政判决书，认定温江区政府在办理建设 37 号宗地的变更登记时，在未审查多瑙河公司的单位和法定代表人证明、未审查地上附着物权属证明以及未对该宗土地上的房屋所有权予以变更的情况下，为兴城公司变更土地所有权证的具体行政行为违法。判决撤销温江区政府作出的颁发温国用国有土地使用权证的具体行政行为。温江区政府不服，提出上诉。四川省高级人民法院作出终审行政判决书，判决驳回温江区政府上诉，维持原判。温江区政府向多瑙河公司重新颁发了建设路 37 号宗地国有土地使用证。谢某某代表多瑙河公司清算小组与温江区土地储备中心签订协议书。双方约定在温江区政府恢复多瑙河公司建设路 37 号宗地使用权的情况下，多瑙河公司承诺认可温江区人民政府在收回土地期间所发生的费用 180 万元；若温江区土地储备中心成功收购该宗土地，多瑙河公司同意支付 100 万元给土地储备中心；若收购不成功，多瑙河公司则须支付 180 万元给土地储备中心。温江区土地储备中心与谢某某代表多瑙河公司清算小组签订国有土地使用权收购合同。双方约定，温江区土地储备中心以 1500 万元的价格收购多瑙河公司建设路 37 号宗地使用权（7902.2 平方米）及地上建筑物和其他附着物。温江区财政局分别向多瑙河公司清算小组支付 1000 万元、500 万元，共计 1500 万元。多瑙河公司谢某某向温江区财政局支付 100 万元。温江区土地储备中心对包括建设路 37 号宗地在内的共计 46666.1 平方米国有建设用地使用权进行拍卖，成都鸿懋公司以总价 1.95 亿余元（成交单价为每平方米 4200 元）竞拍成交。成都市中级人民法院认为，舒某某、杨某某身为国家机关工作人员，在工作中不正确履行职责，造成恶劣社会影响，其行为均已构成玩忽职守罪。判决后舒某某、杨某某上诉。该省高级人民法院认为本案事实不清、证据不足，裁定撤销原判，发回成都市中级人民法院重新审判。成都市中级人民法院重审认为舒某某、杨某某作为国家机关工作人员，在履职过程中，疏忽大意，未认真审核报批的土地变更材料，致使涉案土地被错误变更，导致政府为收回错误变更的土地而支出 180 万元，对国家财产造成重大损失，二人的行为均构成玩忽职守罪。遂以玩忽职守罪分别判处杨某某有期徒刑 3 年，缓刑 3 年；舒某某有期徒刑 3 年，缓刑 3 年。舒某某上诉辩称：认定其玩忽职守造成重大经济损失 180 万元与事实不符，于法无据。负责办理涉案宗地土地使用权变更登记审查手续的不是舒某某，不应追究其刑事责任。其无罪。杨某某上诉辩称：认定温江区政府通过支付补偿的方式收回涉案宗地，导致政府损失180万元与其行为之间没有因果关系，在案证据不能证明其行为会造成损失，原判证据不足，理由错误。其行为不属于重大过失，不构成玩忽职守罪。本案已过追诉时效，原判适用法律错误。其无罪。舒某某、杨某某及其辩护人提出温江区政府通过支付补偿的方式收回涉案宗地导致政府损失180万元，与二人的行为之间没有因果关系，原判证据不足。该省高级人民法院认为，温江区委常委会会议纪要载明内容证实，中共成都市温江区委决定采用撤销前土地变更登记，注销已办理的国土证并恢复多瑙河公司的土地使用权的方式来纠正原温江县国土局的错误变更登记行为；国家土地管理局颁布的《土地登记规则》第71条规定："土地登记后，发现错登或者漏登的，土地管理部门应当办理更正登记；利害关系人也可以申请更正登记。"根据上述规范性文件的具体规定和温江区委常委会的决议内容，本案纠正涉案宗地被错误登记的途径应当是办理土地更正登记，而温江区政府采用回购的方式来解决温江区国土局错误登记行为所造成的不良影响，既缺乏相关依据也不是唯一途径，故该回购行为造成的损失与二人错误登记行为之间缺乏直接因果关系，只是间接因果关系。且原判认定温江区政府回购涉案宗地是经温江区委常委会决定，亦无相关事实和证据支持。舒某某、杨某某身为国家机关工作人员，不正确履行工作职责致使涉案宗地被错误变更登记，后经国内多家媒体报道，造成恶劣社会影响，其行为均构成玩忽职守罪，但综合全案事实、情节，依法可对二人免予刑事处罚。关于本案已过追诉时效、原判适用法律错误的说法，该案玩忽职守行为造成的损失当时没有发生，应当从危害结果发生之日起计算玩忽职守罪的追诉期限。本案的追诉时效据此应当从二人的玩忽职守行为造成危害结果之日即2005年6月起开始计算。根据《刑法》第87条第（一）项"犯罪经过下列期限不再追诉：法定最高刑为不满五年有期徒刑的，经过五年"的规定，侦查机关于2008年9月对本案立案侦查，未超过追诉期限。遂判决撤销成都市中级人民法院刑事判决书的第一、二项，即"杨某某犯玩忽职守罪处有期徒刑3年，缓刑3年；舒某某犯玩忽职守罪处有期徒刑3年，缓刑3年"；判决杨某某犯玩忽职守罪，免予刑事处罚；判决舒某某犯玩忽职守罪，免予刑事处罚。

（三）对因果链条（因外部因素介入）持续与中断状态所引发后续问题的甄别与处理

反渎侦查实战中，要注意从因果关系关联紧密度来仔细梳理、推敲涉嫌行为人职务职责的存在、延续和消失与否。这个问题既涉及渎职犯罪侦查中罪与非罪的认定同时也与"特定职责"密切相关。

　　从因果关系的角度考察经济民生领域的诸种行为，凡是立法意图禁止的原因力现存或者仍然持续的，不管作用大小，均应认定具有刑法意义上的因果关系。不论近因还是远因、直接原因还是间接原因、重要原因还是次要原因，在渎职犯罪中均应认定具有因果关系。这是渎职犯罪侦查因果关系认定中应把握的一般原则。同时，也要考虑到工作实践中一些特殊情况会使一般原则受到冲击或者挑战。

　　1. 一旦有新因素的"介入"，完全有可能彻底消解、替代或者超越先前行为人所实施的职责行为，使原有因果链条被打破，新介入因素与危害结果之间已然独立形成一种全新的因果链条的情况下，则原有职权职责（行为影响、效力）消失。在此情形下，原来的行为人行为则不构成犯罪。例如，四川省原黔江地区（今重庆市黔江区）公安处交通警察支队车辆管理所警察龚某玩忽职守案，龚某在黔江地区公安处交通警察支队工作时，该支队安排具有医学专业知识的龚某到其下属的地区车辆管理所从事驾驶员体检工作。该车辆管理所下辖的彭水县村民蒋某凡持有的驾驶证有效期届满后，向彭水县公安局交通警察大队申请换证。彭水县公安局交通警察大队对蒋某凡的申请初审后，将其报送给黔江地区车辆管理所审验换证。龚某收到蒋某凡的《机动车驾驶证申请表》后，在未对蒋某凡进行体检，也未要求蒋某凡到指定的医院体检的情况下，违反规定自行在其《机动车驾驶证申请表》上的"视力"栏中填写"5.2"，在"有无妨碍驾驶疾病及生理缺陷"栏中填上"无"，致使左眼视力已失明的蒋某凡换领了准驾 B 型车辆的驾驶证（原已有）。此后，在连续三年的年度审验中，蒋某凡都通过了彭水县公安局交通警察大队的年度审验。后蒋某凡驾驶一辆中型客车违章超载 30 人（核载 19 座）从长滩乡驶向彭水县城，途中客车翻覆，造成乘客 26 人死亡、4 人受伤和车辆报废的特大交通事故，蒋某凡本人也在此次事故中死亡。经彭水县公安局交通警察大队调查，认定驾驶员蒋某凡违反《道路交通管理条例》第 26 条第（九）项"在患有妨碍安全行车的疾病或过度疲劳时，不准驾驶车辆"的规定和第 33 条第（一）项"不准超过行驶证上核定的载人数"的规定，对此次事故负全部责任，乘客不负事故责任。重庆市黔江区法院认为，龚某在蒋某凡申请换证时，未能正确履行职责，致使蒋某凡驾驶证换证手续得以办理，但其效力仅及于当年，此后年审均在彭水县交警大队办理，且现有证据不能确定发生车祸的具体原因，龚某的行为不构成玩忽职守罪。遂判决龚某无罪。该区检察院以判决认定龚某的失职行为与蒋某凡所驾车辆发生的交通事故之间没有刑法上的因果关系错误为由提出抗诉。重庆市第四中级法院认为，根据《机动车驾驶证管理办法》的规定，在对驾驶员审验时及驾驶员申请换领驾驶证时，黔江地区车辆管理所均负有对驾驶员进行体检的义务。驾驶员蒋某凡在申请换证时，龚某未履行对其身体进行检查的职责，其玩忽职守行为客观存在，但其失职行为与"8·20"特大交通事故之间不存在刑法上的因果关系，因此，不能认定龚某的玩忽职守行为已致使公共财产、国家和人民利益遭受重大损失，进而不能认定其行为已构成玩忽职守罪。遂裁定驳回抗诉，维持原判。

分析本案具体情况，龚某的失职行为客观存在。《机动车驾驶证管理办法》第22条规定："驾驶证有效期满前3个月内，持证人应当到车辆管理所换证。车辆管理所应结合审验对持证人进行身体检查。"据此，黔江地区车辆管理所在驾驶员申请换证时，负有对驾驶员进行身体检查的职责。在黔江地区车辆管理所从事驾驶员体检工作的龚某当然负有在此期间对持证驾驶员进行身体检查的职责。即在驾驶员申请换证时，龚某应当按照规定对驾驶员进行身体检查，或要求驾驶员到指定的医院进行体检，并对体检结果进行审查。在对蒋某凡换领驾驶证的申请审核时，在蒋某凡左眼已失明的情况下，龚某既未对蒋某凡进行体检，也未要求其到指定的医院体检，便自行在其《机动车驾驶证申请表》上的"视力"栏中填写"5.2"，在"有无妨碍驾驶疾病及生理缺陷"栏中填上"无"，其行为违反了《机动车驾驶证管理办法》的相关规定，致使不符合持证条件的蒋某凡换领了准驾B型车辆的驾驶证。同时也必须意识到，龚某的玩忽职守行为与"8·20"特大交通事故之间没有刑法上的因果关系。这是因为，《机动车驾驶证管理办法》第19条规定，"对持有准驾车型A、B、N、P驾驶证的……每年审验一次""审验时进行身体检查"。据此规定，车辆管理所须对持有准驾车型B驾驶证的蒋某凡进行一年一度审验，且审验时必须进行身体检查。但无论是体检或审验，其效力都只及于检审的当年度。因此，龚某为蒋某凡出具的体检结论的效力只及于后一年度审验以前。在此之后的各年度审验中，蒋某凡只有经重新体检合格后，方能够通过审验。而在蒋某凡驾驶的客车肇事之前的三个年度审验中，本不应通过审验的蒋某凡却又多次通过了彭水县公安局交通警察大队的审验，这说明在上述年度审验中，从事驾驶员体检工作的有关人员均未按规定对蒋某凡进行身体检查或对体检结果进行审查，同样存在未履行职责或未正确履行职责的玩忽职守行为。因此，认定谁的失职行为与"8·20"特大交通事故之间存在刑法上的因果关系是正确评价龚某的行为性质的关键所在。

在判断行为与结果之间是否存在刑法上的因果关系时，应以行为时客观存在的事实为基础，依据一般人的经验进行判断。在存在介入因素的场合下，判断新介入因素是否对因果关系的成立产生阻却影响时，一般是通过是否具有"相当性"的判断来加以确定的。在"相当性"的具体判断中，一般可以从以下三个方面来进行：（1）最早出现的实行行为导致最后结果发生的概率的高低。概率高者，因果关系存在；反之，不存在。（2）介入因素异常性的大小。介入因素过于异常的，实行行为和最后结果之间的因果关系不存在；反之，因果关系存在。（3）介入因素对结果发生的影响力。影响力大者，因果关系不存在；反之，因果关系存在。当然，如果介入行为与此前行为对于结果的发生作用相当或者互为条件时，均应视为原因行为，同时成立因果关系。

就本案而言，从本案的行为与结果之间的联系看，与"8·20"特大交通事故有联系的因素有三个：一是龚某在蒋某凡换证时的体检失职行为；二是换证以后各年度审验中的他人审验失职行为；三是驾驶员蒋某凡的违章驾驶行为。从行为与结果联系的紧密程度看，在上述三个因素中，最后一个因素是导致事故发生的直接原因，前两个因素不可能单独导致交通事故的发生，其只有依附于最后一个因素，才能产生本案的结果。在不存在第二个因素的情况下，判断被告人的行为与交通事故之间是否存在因果关系并不困难。正是由于其介入在龚某的失职行为与本案的损害后果之间，使得判断龚某的失职行为与损害结果之间是否存在因果关系的问题变得较为困难和复杂。

由于龚某为蒋某凡出具的体检结论的效力只有1年，如果蒋某凡驾驶的汽车在其换证的当年度由于其本人的原因而发生了交通事故，毫无疑问，该损害结果与被告人龚某的玩忽职守行为之间存在刑法上的因果关系，其应对损害结果负责。在龚某出具体检结论之后的年度审验中，蒋某凡能够通过审验，完全是由于他人体检失职行为所致，而非龚某的失职行为所致，因为龚某的体检行为在1年之后已经归于无效。在其后的各年度审验中，相关人员如果认真履行了职责，则蒋某凡不可能通过审验，其当然也就不可能合法地从事驾驶工作，"8·20"特大交通事故也可能就不会发生。就龚某的失职行为和其后的失职行为对交通事故发生的影响力而言，前者对结果的发生在法律上已经不具有影响力。故此，龚某的失职行为与交通事故之间不存在刑法上的因果关系。尽管龚某客观上存在失职行为，可依照其他有关规定予以行政处分，但其行为不构成玩忽职守罪。

2. 渎职犯罪侦查活动中，要把握和尊重社会现实中经济、民事活动运行的基本规律和特点，牢牢锁定涉嫌行为人"外力介入"的实际影响力或者实质效力的有无、轻重，来确定渎职犯罪罪错之别，以免造成瑕疵案件。根据现行民事法律规定，借款合同属于平等民事主体之间的诺成性合同，只要双方的意思达成一致，合同则依法成立。各级国有资产管理部门出具的各式各样的所谓证明材料并不是具体民事合同关系成立的必要条件；依照现有国资企函文的规定，现有各级国有资产管理局已丧失了为国有企业的法人财产设定抵押权进行审批和签署意见的职责职权等。因而，有关部门及其工作人员即使确实在其中实施了乱作为、胡作为行为，但其此类行为与危害后果的发生之间可能完全没有必然的、刑法意义上的因果关系，故其并不构成渎职犯罪。例如，江西省龙南县检察院查办并起诉的该国有资产管理局副局长廖某治、局长蔡某胜玩忽职守案，调查查明，龙南县汽运公司实行国有民营、法定代表人为徐某勇。其向中国银行龙南支行申请贷款 4 万元用于资金周转，并与中行龙南支行签订房屋抵押合同约定中行龙南支行同意以县汽运公司服务大楼作抵押借贷 20 万元给县汽运公司，并根据规模情况，分多次贷给。徐某勇到该县国有资产管理局要求出具以国有资产抵押贷款的许可证明，时任县国资局正、副局长的蔡某胜、廖某治违反《江西省国有小型工业企业试行国有民营暂行规定》第 6 条第（二）项"民营者必须确保国有资产的完整，不得以租赁的国有资产进行抵押"的规定，在没有审查《国有民营合同书》的情况下，经商议后由廖某治执笔，以县国资局的名义出具了一份同意国有民营企业县汽运公司以国有固定资产到中行龙南支行进行抵押贷款的证明，且该证明未限制贷款的金额、次数和时间。徐某勇将此证明交至中行龙南支行，并以县汽运公司服务大楼作抵押多次从该行贷款总计 33.1 万元。由于徐某勇经营管理不善，财务管理失控，贷款到期未还，中行龙南支行遂诉至赣州市中级法院。该中级法院判决由县汽运公司偿还贷款本金 33.1 万元并支付贷款合同约定的利息，鉴于县汽运公司未履行还贷义务，遂裁定对县汽运公司服务大楼依法予以拍卖，以抵付欠款本息。一审法院认为：廖某治、蔡某胜身为国有资产管理部门的负责人，不正确履行职责，一是不全面学习有关法规规章，二是不请示报告，擅自出具证明，违反有关行政规章，致使国家财产遭受重大损失，其行为构成玩忽职守罪。遂判决廖某治犯玩忽职守罪处有期徒刑 1 年，缓刑 2 年；蔡某胜犯玩忽职守罪处有期徒刑 6 个月，缓刑 1 年。廖某治、蔡某胜上诉均辩解称：出具证明时《民营合同书》还未正式签立和公证生效，谈不上审查《民营合同书》的问题；国资局根本无法阻止企业向银行申请抵押贷款、行使企业经营行为；为汽运公司出具同意其抵押贷款证明，自始至终没有违反法律、法规和行政规章；出具的证明与汽运公司巨额财产损失没有法律上的因果关系，从法律因果关系上及从《贷款合同》生效的时间上及出具的"证明"的时间上看，国资局出具的"证明"并不是县汽运公司与县中行之间的《贷款合同》生效的条件，有没有这张"证明"，县汽运公司与县中行签立的《贷款合同》照样具有法律上的效力。二审法院认为，廖某治、蔡某胜在未对国有民营企业的性质及国有民营合同书作认真了解、审查的情况下，违反行政规章及有关文件规定，为实行国有民营的江西省龙南县汽运公司出具证明，同意民营者以国有固定资产抵押贷款，其行为主观上存在过失。但借款合同属诺成性合同，只要双方的意思达成一致，合同则依法成立。首先，民营者徐某勇违反国有民营合同规定，与中国银行龙南县支行签订以国有固定资产抵押贷款合同的时间在前，出具同意抵押贷款证明的时间在后，且抵押贷款合同中无要求龙南县国有资产管理局出具许可证明合同才生效的随附条款。可见，龙南县国有资产管理局出具的证明并不是借贷关系成立的必要条件。其次，根据"民营者个人不得以租赁的国有资产进行抵押"规定，民营者徐某勇代表汽运公司与中国银行龙南县支行签订的贷款合同中的抵押条款属无效条款，处分抵押物是没有法律依据的。最后，依照国资企函文的规定，龙南县国有资产管理局已丧失了为国有企业的法人财产设定抵押权进行审批和签署意见的职权。故两人出具的证明与该县汽运公司的损失之间没有必然的因果关系，不具备犯罪构成全部要件，其行为不构成玩忽职守罪。遂判决撤销一审法院刑事判决，宣告廖某治、蔡某胜无罪。

3. 反渎侦查中，要重视被害人介入行为造成危害后果发生的因果关系的把握和认定。当然，处理此类问题首先要看行为人是否确有滥用职权或者玩忽职守行为；其次，要考察行为人滥用职权、玩忽职守的行为与"执法（审判）对象"之间是否具有刑法意义上的因果关系。值得注意的是，渎职犯罪认定中，给予国家机关公务的合法、公正和有效进行以及公民对此产生信赖的特殊保护，渎职犯罪在行为方式上所体现出的特殊性，对其因果关系的判断较其他犯罪而言也具有特殊性，即不可避免地具有法律拟制的特点，因此在具体考察、认定时应有所变通。即只要渎职行为与危害后果之间具有客观的关联（原因力持续）就可认定为具有因果关系，而不必一定是二者之间存在直接、必然的联系，才可认定为具有因果关系。但在责任追究和量刑时可以酌情考虑。例如，陕西省咸阳市检察院查办并起诉的礼泉县公安局局长白某、该县常务副县长寇某谦、副局长及刑侦队指导员刘某振滥用职权案，调查查明，寇某军（原名白某军）于陕西省财经学校毕业后，在礼泉县阡东镇政府实习期间，与该镇干部刘某锋建立了恋爱关系。二人的恋爱遭到了寇某谦（寇某军的生父）的反对。寇某军同刘某锋到礼泉县石潭乡政府领取了结婚证后，在未告知双方家人的情况下，二人乘火车前往青海省西宁市刘某锋的姑母家。寇某军行前给生父母寇某谦、解某侠写了一封请求谅解和表示道歉的信，并托人在礼泉发出。由于寇某军、刘某锋的不辞而别，致使双方家人多方寻找，刘某锋电话告诉其父刘某安，他和寇某军领了结婚证，已经结婚了。并要求家人到寇家提亲。刘某安夫妇按照其子刘某锋的请求，委托刘某锋的姑父李某强、堂兄刘某赛到寇某军养父母白某才、赵某云家，说明寇某军已同刘某锋领了结婚证，两人一切都好等情况。白、赵二人不相信，说自己做不了主；这事要与寇某军的生父寇某谦商量。后由白某才将李某强、刘某赛领到寇某谦家。李、刘又向寇某军的生母解某侠及在寇家的李某章（本县阡东镇党委书记）等人说明刘某锋与寇某军已领结婚证，两人一切都好等情况，同时请求寇家人同意两个孩子的婚事。李某强、刘某赛等人走后，李某章将刘家来人提亲的情况告诉了寇某谦。寇某谦认为寇某军未到法定结婚年龄，不可能领了结婚证，就是领了也是非法的。寇某谦让李某章等人再次到刘某安家寻找寇某军。刘向李说两个孩子确实不在家，来电话只说领了结婚证，但没说在哪里，并请李从中说话，让寇某谦同意两个孩子的婚事。李某章返回后如实向寇某谦作了汇报。接着，李某章和解某侠接到寇某军打来的电话，寇请求李某章帮她在生父母面前说些好话，让父亲同意他俩的婚事。后李某章将此事也告诉了寇某谦。寇某谦还收到了寇某军出走前给他写的信。后礼泉县公安局局长白某来到寇某谦家，寇某谦向白某说：女儿被刘某锋引走了，硬把女儿留在那里，这是违法的，公安局把这事管一下。白某讲没人到公安局报案，寇某谦说那就叫八一村的寇某军养父母去公安局报案。在场的李某章还向白某提出：公安局赵镇派出所的郭某生是刘某锋的舅父，让郭某生做一下刘某锋母亲的工作。寇某谦安排李某章等人将寇某军的养父母接到县公安局报案。晚上，寇某谦叫李某章等人再次去刘某安家做最后一次工作。李某安去后，刘某安夫妇讲孩子确实不在家，附近亲戚家也找不到。此前来到刘某安家的郭某生也说：咱今晚都在这里，孩子确实不在家，家里人也不知孩子在什么地方，建议尽快到北京、青海（亲戚家）去找。这时李某章给刘某安讲：八一村人已告到公安局了，把孩子送回去，可以叫八一村的人撤诉。刘某安听后说："告就告，无非把我拘留15天"，并说了些难听的话。李某章等人回来后，将上述情况给寇某谦作了汇报。白某向接待报案的陈某清了解情况后，去寇某谦家向寇说八一村人已到公安局报了案的情况。寇也将李某章等人去刘某安家仍未见寇某军的情况告诉了白某。刘某振向白某汇报接待赵某云夫妇报案的情况。白让刘某振把主管刑侦工作的骆某坤副局长叫到办公室。白某向骆某坤介绍情况后，刘某振提出这是一起非法拘禁案件，要查就不能口头传唤，得开传唤证。白某同意后，遂决定对刘某安等人进行刑事传唤。刘某振带领7名公安干警分别将刘某安、郭某芹、李某强、刘某赛4人传唤到县公安局。刘某安、郭某芹经允许上了同一厕所，后被带到刑警队办公室，刘某安倒地口吐白沫，在送医院途中死亡。经法医鉴定，刘某安系久效磷中毒死亡。郭某芹得知刘死后即昏倒，送往医院住院治疗。白某当晚得知刘某安死亡的消息后，即召集副局长、政委骆某坤开会，决定由骆某坤负责继续查找此案的线索。礼泉县公安局刑警队干警对罗某林（刘某安的女婿）进行了传唤。白某辩称：自己当时并不知道刘某锋、寇某军已领取了结婚证，报案材料不能排除非法拘禁的嫌疑,自己没有犯罪的故意;决定立案是同主管刑侦工作的副局长及刑侦队指导员刘某振(提出是一起非法拘禁案)研究同意的,只是未及时填写立案报告表,这是工作中的疏漏;刑事传唤并不是自己决定的,传唤并未违法,自己未签传唤证,不是传唤的直接责任人,并未超越职权范围;传唤不能致刘某安死亡,而检察机关则对其实施非法拘禁、逼取口供;侦查人员未在讯问笔录上签名,其讯问的地点并非在检察院、公安机关或被告人单位、住所地;白某的行为不符合滥用职权罪的构成要件,且当时不能排除非法拘禁的可能性;不存在明知无犯罪嫌疑、明知自己的行为超出职权范围、明知会造成重大损害结果,而希望或放任这种危害结果发生等情形。故应宣告被告人白某无罪。寇某谦方辩解称:当时并不知其生女和刘某锋有恋爱关系,也未干涉他们谈恋爱;刘某锋工作单位礼泉县阡东镇党委书记李某章去刘家找人是职务行为;自己不知晓寇某军和刘某锋领结婚证之事,起诉书指控李某章告诉他两个孩子已领结婚证、刘家来人提亲是办案人的推断;白某来他家是了解情况的,他并未指示管此事;李某章接寇某军养母赵某云去公安局报案及去刘某锋家做工作是李某章的个人行为,也是李某章提出、自己同意的;刘某安说要弄难看是给他娃弄难看,并非如起诉书指控的是对公安机关插手产生很大抵触情绪;寇某谦在得知赵某云等人情绪激愤的情况下,向县主要领导汇报,领导让白某去管;寇某军的养父母白某才、赵某云报案,公安局受理,不是寇某谦的职务所使,不存在把不属公安机关管辖的事指示公安机关去管的情形;刘某安在传唤时服毒自杀,与公安机关职能行为无因果关系,与寇某谦的职权行为毫不相关,建议法庭宣告寇某谦无罪。刘某振辩解称:不知寇某军、刘某锋已领结婚证;自己未汇报案情,以非法拘禁定性和提出刑事传唤不是他的决定,自己只是一个执行者,决策者是局内领导;刘某安死后传唤罗某林并非其安排;刘某安被传唤中的安全应由陈某清负责;寇某军、刘某锋非法领取结婚证不能作为本案的前提;公安机关接到报案后,得知有非法拘禁的可能,决定受理侦查是合法的,传唤也符合法律规定;刘某安死亡不是因传唤所致,二者无因果关系,开传唤证并非刘某振提出,刘某振只是执行命令,不应承担法律责任,应宣告无罪。法院认为,白某、寇某谦、刘某振滥用职权,致使刘某安被传唤后服毒死亡、郭某芹受刺激而住院的严重后果的基本事实清楚,基本证据充分,三被告人亦曾供认。对于争议的三人在客观上是否有滥用职权的行为、主观上有无犯罪故意的问题,三人在得知寇某军、刘某锋领取结婚证的前提下,白某未对报案进行认真审查,在未明确确定犯罪嫌疑人又未办理法定立案手续的情况下,即决定对刘某安等人进行刑事传唤。寇某谦得知其女儿寇某军不在刘家,仍认为刘家人限制了寇某军的人身自由,且在刘某安对公安机关插手抵触情绪很大的情况下，指示公安机关去管不属于其管辖的案件。刘某振在未认真审查报案及立案的情况下，提出传唤并具体组织实施传唤，以致多名公民被公安机关非法刑事传唤。白某身为县公安局局长在寇某谦授意及当事人报案的情况下，未进行认真的审查，也未办理法定的立案手续，而决定将刘某安等 4 名公民作为犯罪嫌疑人传唤。寇某谦作为县常务副县长并主管公安工作，在明知其女儿寇某军与刘某安儿子刘某锋之间有婚姻关系未被非法拘禁的情况下，指示公安机关管不属其管辖的案件，以致公民被非法传唤，刘某振作为刑警队指导员对当事人未进行认真审查，也未办理法定的立案手续情况下，而组织对刘某安等人进行非法传唤。三人行为导致被传唤人刘某安服毒死亡、郭某芹受刺激住院的严重后果。遂判决白某、寇某谦、刘某振均犯滥用职权罪，分别判处有期徒刑 1 年、拘役 6 个月、免予刑事处罚。三人上诉，被该省高级法院驳回。

（四）对实施特定职责过程中"监督过失性"行为所涉因果关系的把握与处理

反渎侦查实战中，往往遇到大量国家机关工作人员"监督过失"情况的现实问题。一般意义上的"监督过失"是指由于职业业务及其他社会生活上的关系，在特定的人与人之间形成的一种监督与被监督的关系。监督者的监督过失行为与危害结果之间既可能有直接因果关系也可能是间接因果关系。监督过失的场合、因果关系具有复杂性，即往往体现为多因一果。此时只要能够肯定监督者确实对被监督者的行为负于监督义务且有履行能力，却没有履行该义务，从而导致了危害结果发生，就可以认定监督者的行为与危害结果之间具有刑法意义上的因果关系，应当就危害结果承当相应刑事责任。不应是非直接因果关系就草率否认其对结果的原因力。例如，重庆市北碚区金刀峡镇财政办公室会计李某泉玩忽职守案，调查查明，李某泉任重庆市北碚区金刀峡镇财政办公室统管会计，同时任镇人事干事和驻村干部，并被安排保管金刀峡镇财政所的公章、镇长和镇财政办主任的印鉴章。镇财政办公室工作人员包括主任杨某建、预算会计王某黎、统管会计李某泉与吴某利、出纳郑某华等人。统管会计的工作职责包括每月与出纳员核对银行存款、库存现金余额等，李某泉负责机关账目，另一统管会计吴某利负责部门账目。金刀峡镇政府在案发时段划拨资金的程序是先由出纳郑某华提出书面或口头用款申请，经镇领导或财办主任同意后由预算会计将款项划入李某泉管理的 028 账户，郑某华开具现金支票后由李某泉加盖印章，郑某华再从 028 账户中取款支付。按照规定，郑某华应将机关支出的单据交统管会计李某泉入账，将部门支出的单据交统管会计吴某利入账。李某泉任职期间，没有按照《会计法》及该镇制定的统管会计职责，认真监督、制约原财政办公室出纳郑某华（另案处理），没有做到每月与出纳郑某华核对银行存款和库存现金余额，并且在此期间也没有及时登记会计账目。由于李某泉在监督出纳郑某华的过程中，不认真履行工作职责，疏于监督，致使原财政办公室出纳郑某华有机会挪用单位公款，截至案发共挪用单位公款共计62.1万余元。郑某华利用为单位交电费、电话费，需要支取现金之机，故意在开具两张现金支票时填写大写金额不顶格，小写金额不加"￥"符号的方式。李某泉在审核现金支票时疏忽大意、审查把关不严，未发现支票填写不规范的问题即加盖了印鉴章，致使郑某华将一张1万元的现金支票篡改为11万元，将一张4700元的支票篡改为6.47万元得逞，继而从单位信用社的账户上多支取了16万元，并携带取出的17.47万元公款潜逃。案发后，郑某华仅缴回赃款6.4万元。李某泉的失职行为，给国家造成经济损失共计71.7万元。

李某泉方辩解称，镇政府给他安排的工作过多，难以专职做好统管会计工作；郑某华蓄谋犯罪，故意不按时交纳入账单据，拖延会计做账对账；金刀峡镇政府财政运行体制存在严重弊端；郑某华挪用金刀峡水厂现金8335.08元和郑某华挪用的现金12.2万余元不应计入他造成的损失；郑某华采用多申请现金后截留的手段挪用公款62.1万余元的部分，是由郑某华蓄谋犯罪、镇财政运营机制存在弊端、镇领导审批不严等多方面原因所造成，李某泉有一定责任，但不应承担全部责任；郑某华挪用金刀峡水厂现金8335.08元，因水厂是自收自支单位，是由另一统管会计吴某利负责做账，故李某泉不应负责；郑某华挪用的现金12.2万余元，系侦查人员案发后从郑某华的抽屉中搜出来的相关单据查实确定的数额，因尚不到其与李某泉入账对账的时间，李某泉不应承担责任；李某泉在郑某华改写现金支票贪污公款17.47万元问题上疏忽大意、审查把关不严，但金刀峡镇镇长、财办主任不按规定管理自己的印鉴章，安排被告人的工作过多，李某泉不应承担全部责任；郑某华改写现金支票贪污公款174700元中有14700元属正常取款，此笔造成的公款实际损失应为16万元。

法院认为，《刑法》第397条规定的玩忽职守罪，是指国家机关工作人员玩忽职守，致使公共财产、国家和人民利益遭受重大损失的行为。本罪的犯罪主体必须是国家机关工作人员。本罪在主观方面必须出于过失，即应当预见自己玩忽职守的行为可能发生使公共财产、国家和人民利益遭受重大损失的危害结果，因为疏忽大意而没有预见，或者已经预见而轻信能够避免。在多数情况下，行为人主观上是一种监督过失，主要表现为应当监督直接责任者却没有实施监督行为，导致结果发生。就本案来说，在犯罪主体上，李某泉作为北碚区金刀峡镇财政办公室统管会计，具有国家机关工作人员的身份。在犯罪主观方面上，李某泉明知应按照相关规定和职责要求认真履行自己的统管会计职责，但因为疏忽大意而没有履行自己的职责，主观上存在过失。在犯罪客观方面上，李某泉作为镇财政办公室统管会计，没有按照《会计法》以及该镇制定的统管会计职责，认真监督、制约出纳郑某华，没有做到每月与出纳郑某华核对银行存款和库存现金余额，在此期间也没有及时登记会计账目。由于李某泉在监督出纳郑某华的过程中，不认真履行工作职责，疏于监督，致使郑某华有机会挪用单位公款。李某泉在审核现金支票时疏忽大意、审查把关不严，未发现支票填写不规范的问题即加盖了印鉴章，致使郑某华篡改支票金额，给镇政府造成了重大经济损失。关于本案系郑某华蓄谋犯罪、镇财政运营机制不规范、领导审批不严等多方面原因造成国家财产损失的辩护意见与查明的事实相符，但李某泉对郑某华贪污、挪用案件的发生负有不可推卸的责任，系多因一果的直接责任者，应按照罪责地位予以量刑。金刀峡水厂是自收自支单位，对账应由另一统管会计吴某利负责，李某泉对该笔金额不负有直接的监管责任，应在计算损失金额中予以扣减。关于郑某华挪用的现金 12 万余元，系侦查机关查办案件而起获，因案发时该笔款项尚未到与李某泉入账对账时间，不宜计入李某泉因玩忽职守给国家造成损失的数额的意见依法予以采纳。李某泉身为国家机关工作人员，玩忽职守，给国家造成了重大经济损失，其行为已构成玩忽职守罪。其玩忽职守给国家造成损失金额应认定为 58.6 万余元。遂判决李某泉犯玩忽职守罪，免予刑事处罚。

三、对经济民生领域涉嫌渎职行为危害后果的把握与难点破解

刑法条文对渎职犯罪罪状表述较为原则，立案追诉标准是依立法解释、司法解释来确定和执行的。渎职犯罪又多为情节犯、结果犯，只有犯罪行为达到了情节严重或者造成重大损失时，行为人才构成相应的渎职犯罪。只有犯罪行为达到情节特别严重或者造成特别重大损失时，才升格法定刑。所以，危害后果在渎职犯罪构成中地位突出，意义重大。但工作实践中精准地理解和适用好法律规定远非易事，尤其是在查办经济民生领域渎职犯罪过程中，难度更大。例如，四川省成都市某区检察院查办并起诉的该区房管局原副局长李某滥用职权、玩忽职守、受贿案中，指控李某在房地产公司向 S 公司的贷款案中犯玩忽职守罪，由于公诉方并未证明已产生危害结果故该案无法认定。《刑法》第397 条对玩忽职守罪的规定以"致使公共财产、国家和人民利益遭受重大损失"为构成要件，但公诉机关并未证明其指控的该项行为已造成实际损害结果。起诉书称房地产公司为 S 公司贷款担保 2300 万元，"现 S 投资开发股份有限公司已倒闭，由房地产开发公司承担连带责任，归还银行贷款"，并据此认

定李某犯有玩忽职守罪。公诉方未提供任何证据证明房地产公司已实际向银行承担连带担保责任，甚至未能证明银行已要求房地产公司承担担保责任，即未能证明为S公司贷款提供担保的行为已实际造成房地产公司的财产损失，故其指控不能成立。同时，依据四川省高级人民法院《民事判决书》认定，房地产公司应当向S公司支付4290万元，同时收回拟出售给S公司的锦昌大厦；案发时锦昌大厦已经收回，而房地产公司应当支付给S公司的4290万元尚未实际支付。即根据该判决书，房地产公司实际上已成为S公司的债务人。如果将来房地产公司代替S公司承担了保证责任，在承担保证责任之后，房地产公司即成为S公司的债权人，有权向S公司追偿。因此，在向银行偿还贷款后，房地产公司即可以依法行使抵销权（无论是在S公司破产前还是破产后。如银行在S公司破产前已经要求房地产公司承担保证责任，根据《企业破产法》的规定，债权人对破产企业负有债务的，可以在破产清算前抵销。则房地产公司有权从应当支付给S公司的4290万元中支出2300万元偿还银行，然后其余1990万元作为S公司的破产财产；如果是S公司破产后银行才要求房地产公司承担保证责任，则房地产公司仍然可以行使一般抵销权，从应当支付给S公司的4290万元当中扣除已经或者应当偿还给银行的2300万元）。总之，房地产公司最终只能用根据前述判决书应当支付给S公司的钱款（S公司自己的钱款）去偿还S公司向银行的贷款。为S公司向银行贷款担保2300万元的行为，在法律上不可能，实际上也没有给房地产公司造成任何经济损失。指控李某在房地产公司借款给轻工装饰公司一案中玩忽职守并造成172万元损失与事实不符。而成都市中级人民法院《民事调解书》显示，"因被告轻工装饰公司等单位欠成都市某协会债务，过街楼街的房产已被本院依法查封。原、被告签订的房产抵偿借款协议书未能实际履行。因原告催收无果，诉至本院。""经本院主持调解，双方当事人自愿达成如下协议：被告轻工装饰公司自愿向原告房地产公司归还借款人民币120万元，资金利息不再计付；被告轻工装饰公司用已付给某乡政府土地征用费人民币117万元的退款归还给原告房地产公司，不足120万元部分，原告不再追索……"从中可以看出，李某在房地产公司赔偿成都市某协会182万元后，便迅速提起了民事诉讼，至少在法律上挽回了117万元的损失。在此以前，房地产公司还以原借款协议为依据，起诉轻工装饰公司，并向成都市中级法院申请了强制执行，虽然后由于当时轻工装饰公司确无财产可供执行而被中院裁定中止执行但直到目前为止，轻工装饰公司并未倒闭、注销或者破产，因此，房地产公司完全可以依据前述民事调解书及在此以前的强制执行申请这两项生效法律文书随时请求法院执行；而轻工装饰公司如以后有财产可供执行，则存在随时履行债务的可能性。因此，在法律上，起诉书指控的 172 万元损失是否已不能挽回处于不确定状态，不能认为实际损失已经最后造成。即使李某在本案中构成玩忽职守罪其造成的损失也应当认定为 55 万元而非起诉书指控的 172 万元（172 万元减去 117 万元）。

（一）对渎职行为所造成经济损失的理解与把握

1. 经济损失必须是实际已造成、确定可计算的财产损失。至于经济损失的表现形式则可以不受限制。例如，辽宁省丹东市人防办计财科原科长宋某明、工程科原负责人郭某福、人房工事管理科原科长刘某在人防工程审批、人防结建费征收等过程中，滥用职权、受贿案，宋某明在任期间违反《人民防空法》和人防管理相关文件规定，在防空地下室结建审批过程中，滥用职权，导致国家人防工程易地建设费损失 1580 万元；郭某福在任期间作为人防办结建审批小组成员，违反法律和文件规定，在人防工程结建审批过程中，先后两次滥用职权，造成国家人防结建费损失 1283 万元；刘某违反法律和文件规定，在人防工程审批、行政执法、人防结建费征收过程中，先后 7 次滥用职权，造成国家人防结建费损失共计 2936 万元。三人均有利用职务之便，收取他人钱财，为他人谋取利益的行为。丹东市中级人民法院裁定三人均构成滥用职权罪和受贿罪，判处宋某明有期徒刑 13 年 6 个月，判处郭某福有期徒刑 4 年，判处刘某有期徒刑 13 年。

需要特别注意的是，目前司法实践中，对经济损失的把握和认定已不再限于最高人民检察院 2006 年《关于渎职侵权犯罪案件立案标准的规定》中所规定的狭窄的"毁损、灭失"范围。这是因为，现实生活中，财产损失除包括事实意义上的损失外，还包括法律意义上的流失，相对于权利主体而言，财产的流失也是一种损失。例如，渎职犯罪行为人特别是执行法官滥用职权将甲的财产所有权违法转移（执行）到乙的名下，尽管财产作为一种客观物质存在，既未毁损也未减少，但同样应认定为已经造成损失。另外，无法实现的债权包括玩忽职守致使超过追诉期限而丧失追诉权的情形，也应当认定为渎职犯罪的经济损失。

2. 工作实践中，不应区分直接经济损失（渎职行为直接造成的财产毁损或者减少的实际价值）和间接经济损失（由直接经济损失引起和牵连的其他损失，包括失去的在正常情况下可以获得的利益和为恢复正常的管理活动或者挽回所造成的损失所支付的实际的、可计算的开支、费用）的理由在于：一是损失的直接与间接和因果关系的直接和间接没有必然的联系。直接经济损失既可以是直接的、必然的因果关系造成，也可以是间接的、偶然的因果关系所造成。二是直接经济损失与间接经济损失实践中很难区分，不易操作。三是间接经济损失的外延不容易界定，计算标准难以统一。渎职犯罪造成危害后果时往往会引起连锁反应，造成一连串的损失，此时将间接经济损失限制在不同环节其损失是不同的，而且事实上也很难统计。由于间接经济损失无法界定，将其作为定罪标准容易造成司法不公。四是区分间接经济损失和直接经济损失而确定不同的数额标准，依据不足。直接经济损失和间接经济损失的危害后果没有明显差异，且刑法只是笼统规定为渎职致使"公共财产、国家和人民利益遭受重大损失"。

上述分析，并不意味着工作实践中要否定间接损失的发生、存在与认定，而是将间接损失有条件地纳入经济损失计算之中，不再予以区分。当然具体来说，对间接经济损失的计入要附一些条件、有所限定。因此，经济损失是指渎职犯罪或者与渎职犯罪相关联的犯罪立案时已经造成的财产损失，包括为挽回渎职犯罪所造成损失而支付的各种开支、费用等。例如，四川省成都高新区桂溪街道办事处治安城管巡逻大队大队长黄某某、巡逻大队中队长郭某某受贿、玩忽职守案（起诉罪名为滥用职权，后法院经改判），调查查明，黄某某、郭某某分别被聘任为成都高新区桂溪街道办事处治安城管巡逻大队大队长和中队长后，黄某某在其办公室收受高某贵、廖某猛行贿款 1.9 万元。郭某某分两次在成都市双流县华阳街道办事处华邑茶楼收受高某贵行贿款各 5000 元。其间，黄某某、郭某某故意不履行应承担的发现、制止和报告乱倒建筑渣土的职责，放任高某贵、廖某猛等人在成都高新区桂溪街道办事处民乐村 6 组的政府储备土地上设立建筑渣土倒场，放任他人倾倒渣土，因此产生清运费用，给国家造成重大损失。案发后，郭某某、黄某某家属退缴了其所收受的赃款。黄某某方辩称：黄某某受贿证据不足；黄某某滥用职权证据不足，黄某某没有国土管理的职责。郭某某方辩解：滥用职权造成损失金额的证据不足；郭某某受贿金额较小，有悔改表现，积极退赃；郭某某所涉滥用职权犯罪是基于上级领导的错误安排和错误指挥所致，郭某某属从犯。法院认为，黄某某、郭某某不具有国土管理方面的职责，但现有证据材料能够证明高新区对建设用地环境治理工作采取的是齐抓共管、专群结合、综合治理的方针，治安城管大队负有对辖区内已征未用土地进行 24 小时动态巡查，发现、制止、报告违法开挖、运输、倾倒建筑渣土的职责。具体分析认定本案造成损失应当考虑两方面证据，一是因被告人的渎职而倾倒的土方量，二是清运这些土方的单价。本案所指造成的损失应当是直接的经济损失，而不应当包含有支付利润的那部分损失。据此判断，黄某某、郭某某因渎职行为给国家利益造成重大损失的证据确实充分，但指控损失数额为 285.7 万余元的证据不足。黄某某、郭某某作为国家工作人员和依法从事公务的人员，利用职务上的便利，非法收受他人财物，为他人谋取利益的行为均已构成受贿罪。黄某某、郭某某放弃职守，不履行自己应当履行的职责，给国家利益造成重大损失的行为，构成玩忽职守罪，依法应当与受贿罪并罚。黄某某、郭某某虽然没有管理国土，审批或者同意他人在政府储备土地上设立倒场、倾倒渣土的权力，但负有发现、制止和报告他人在上述土地上设立倒场、倾倒渣土的职责。廖某猛、高某贵行贿黄某某、郭某某的目的并非想谋得黄某某、郭某某二人的同意，因为他们非常明确的知道，在高新区范围内不可能设立倒场，不可能取得在政府储备土地上合法倾倒渣土的许可，因此，他们的目的是想让黄某某、郭某某二人不要履行他们的职责，或者"睁只眼、闭只眼"。因此，黄某某、郭某某所谓"同意倒土"的行为实质是当对方在辖区土地上倾倒渣土时不去制止和处置，是"当管而不管"，应当履行职责而不去履行，在客观上更符合玩忽职守罪的构成。在主观上，黄某某、郭某某二人虽然对违反规定或法律不履行职责的行为是故意的，但对危害结果所持的是过失态度，即轻信能够避免，正如黄某某所供述那样，觉得那片菜地地势有点低洼，倒几百车土问题不大，因此，主观上也更符合玩忽职守的构成。本案玩忽职守罪属共同犯罪，郭某某虽要服从于黄某某的安排，但郭某某直接负责涉案土地的巡查工作，二人对玩忽职守放任他人倾倒渣土所起作用大致相当，不应区分主从犯，遂判决黄某某犯受贿罪，判处有期徒刑1年6个月；犯玩忽职守罪，判处有期徒刑1年6个月；决定执行有期徒刑2年6个月。郭某某犯受贿罪，判处有期徒刑1年；犯玩忽职守罪，判处有期徒刑1年3个月；决定执行有期徒刑1年9个月。没收黄某某违法所得1.9万元，郭某某违法所得1万元。本案中，不仅包括渎职行为所造成的直接经济损失也包括间接损失，还涉及间接经济损失的涵盖范围及计算方法的问题。由于从测量数据表观察，有大量方格网的平均高程低于基准点高程，也就是说存在洼地，因此不排除部分土方可能就近填补这些洼地，实际清运的土方量可能少于5.24万立方米；对于清运单价，第一次清运招标控制价表显示的综合单价为11.9元，第二次的清运综合单价为39.66元，对于为何形成此种差价也未提供进一步证据进行说明，所以该项清运费所造成的间接经济损失不具有确定性和可计算性，法院不予认可，是合适的。

3. 准确确定计算经济损失的时间界点，因为经济损失本身具有相对性和易变性，且随着诉讼活动的进行，经济损失有可能持续扩大也可能逐渐减少。所以，计算经济损失的时间界点确定为立案时是可行的，也是有道理的。具体来说：一是经济损失的认定应一概以立案时为准，与行为人是否自己挽回没有关系。立案后不管是谁帮助挽回的经济损失，均不能扣减经济损失数额，不影响经济损失数额的认定。二是渎职犯罪尚未立案但与渎职犯罪相关联的犯罪已经立案的，应以关联犯罪立案时已经实际造成的经济损失数认定犯罪数额。三是立案后至提起公诉前持续发生的经济损失应一并计入渎职犯罪所造成的经济损失。四是立案后挽回的损失可以作为酌定从轻处罚的情节。

4. 正确理解债权损失。如债务人因法定程序宣告破产，债务人潜逃、去向不明，或者因行为人的责任超过诉讼时效等，致使债权无法实现的。具体操作时要注意以下几点：一是债权本身不是经济损失，只有不能实现的债权才是经济损失；债权损失的认定不适用于立案时的认定标准。二是债权的范围仅限于民事之债，不能无限扩大。如行政机关在征收各种费用、税费时，以允许缓交、不进行催交等方式致使税费实际上直到被查处时长期未缴纳的，不属于债权损失的范围，其经济损失认定应适用立案时的标准。三是确认债权无法实现的方式可以多种多样。刑事审判可以自行认定，不一定都需要经过民事判决确认。对于生效民事判决确认无法实现的，行为人是否提出申诉，一般不影响经济损失的认定。

5. 涉及合同不能履行实现的债权债务是否应视为经济损失的问题十分复杂，在具体的罪错把握处理上，往往又牵扯到缺少具体经济损失数额的行为能否认定为犯罪的问题。实践中需要慎重对待，稳妥处理。例如，河南省夏邑农业生产资料公司有处房地产早先办理了合法、有效的房屋所有权证，注明的建筑面积为1017.9平方米。该县房地产交易所工作人员鞠某华、董某侠、朱某侠、许某、县建设局副局长姬某里在办理所有权人为该县农资集团恒大公司的房屋所有权证和所有权人为该县栗城信用社第三营业部的房屋产权过户登记时，严重不负责任，没有认真履行职责，随意签发意见，致使本属生产公司所有的房产在原权属登记没有撤销、合法存在的情况下，以过户的形式违规办理所有权人在恒大公司名下，且房屋所有权证中注明的建筑面积增加为1225.05平方米，造成同一处房产上同时有两个所有权人，分别为生产公司、恒大公司。后又在恒大公司与信用社无债务关系的情况下，将该处房产违规过户登记到信用社三部，且房屋所有权证中注明的建筑面积再次增加为1491.85平方米，以以物抵债的形式替粮油公司偿还其在信用社三部的贷款本息206万元。案发后，该县住房和城乡规划建设管理局将信用社三部以以物抵债的方式获得的房屋产权证予以撤销。由于已清偿贷款无法恢复原债务关系，至此造成信用社三部损失200余万元，造成生产公司职工多年多次上访，社会影响恶劣。姬某里方辩解称，夏邑县房地产交易管理所是一级独立的二级机构，有法人代表，职责是依照建设部《城市房屋产权产籍管理暂行办法》办理房屋交易、过户、发证工作。其是城建局副局长分管房地产交易管理所，领导安排房产过户让签字其就签字了，应负一定责任；对房地产交易负责把关不是事实，法律没有明文规定被告人有这个职权；认定给信用社三部造成的 200 余万元的损失无法挽回不能成立，《合同法》规定无效合同产生的后果是恢复原状，粮油公司与信用社的借贷关系可以恢复；签字办证的行为已超过追诉时效。鞠某华、董某侠、朱某侠、许某方辩解称，他们在办理恒大公司房屋产权转移给信用社三部的过程中，只是听从领导安排到现场实地丈量房屋的建筑面积，没有多量，也没有少量，尽职尽责了，没给国家和人民的利益造成重大损失。作为房地产交易管理所人员是事业单位职工，不具备渎职的主体资格，不构成犯罪。法院认为，姬某里是国家行政管理人员，夏邑县房地产交易所是代表国家机关行使房地产注册登记的机关，鞠某华、董某侠、朱某侠、许某等人系在该单位从事具体工作的人员，应视为受国家机关委托代表国家行使职权的人员，均具备犯罪的主体要件。关于本案诉讼时效问题，1999 年 7 月 17 日生产公司将办公楼产权过户到恒大公司，2001 年 5 月 22 日从恒大公司过户到信用社。夏邑县农业生产资料有限公司认为房产权过户违法，于 2003 年 12 月 4 日以夏邑县政府为被告、信用社为第三人向夏邑县法院提起行政诉讼，因原告无诉讼主体资格被驳回。2005 年 5 月 26 日夏邑县生产资料公司破产清算组向夏邑县法院提起行政诉讼，因原告经两次合法传唤无正当理由不到庭，按自动撤诉处理。说明生产公司一直在行使权利，故不应受追诉期限的限制。关于认定给信用社造成 200 余万元的损失无法挽回的问题，从现有证据可以看出，该处房地产的权属从生产公司过渡到信用社名下，经过了从生产公司过户到恒大公司，又从恒大公司过户到信用社两个阶段，且这两个阶段均办理了过户登记手续，除此之外，再没有其他过户登记的行为。而这两次过户登记的产权证由生产公司过户到恒大公司已宣告违法，由恒大公司过户到信用社已被撤销，从法律上来讲，该处房产的权属状况已经恢复到了办理过户手续之前的状态。那么，能否就此认定信用社受到损失呢？首先，信用社虽然由于房地产权证被撤销利益得而复失，但其与粮油公司之间的民事权利义务关系依然存在，其仍有途径进行债务追偿。其次，粮油公司贷信用社款 300 万元，从借款契约上看，没有提供任何形式的担保，恒大公司与信用社既没有借贷关系，也没担保关系，说明信用社在贷款之初就应知风险存在，则其应承担该风险。在信用社放贷给粮油公司时，以及粮油公司与信用社协商抵偿贷款时，粮油公司的资产状况如何，现有证据不能加以证明。因此，不能就此认定五人的玩忽职守行为导致信用社受损 200 余万元。遂判决姬某里、鞠某华、董某侠、朱某侠、许某犯玩忽职守罪，均免予刑事处罚。

（二）对认定渎职行为所造成经济损失的实战把握与操作

1. 关于未依法进行罚款是否能认定为经济损失的问题。反渎侦查实战中，对于涉嫌行为人应当收取的法定税款、财产数额等不收取的，认定为渎职犯罪毫无疑问。但对于特定职责人应当进行罚没的罚款未依法进行罚款是否能认定为经济损失呢？通常情况下没有依法予以罚没的罚款不宜认定为渎职犯罪的经济损失。例如，西部某省某县建设局城建监察大队大队长荣某玩忽职守、受贿案中，荣某在任期间，不认真履行自己的工作职责，对未取得建设工程规划许可证情况下违规建楼的行为仅下达停止违法行为通知书，对应当进行罚没的434705 元罚款未予罚没，致使国家利益遭受重大损失。荣某利用职务上的便利，先后 11 次收受他人所送现金 1.95 万元，并为他人谋取利益，其中 5000元交给会计崔某用作办公费用，余下用于个人日常消费。法院认为荣某严重不负责任，不正确履行职责，致使国家利益遭受重大损失，判决其行为已构成玩忽职守罪，免予刑事处罚；犯受贿罪，判处有期徒刑 6 个月，缓刑 1 年；决定执行有期徒刑 6 个月，缓刑 1 年。

本案涉及的是渎职犯罪经济损失认定中一个较为特殊的问题。荣某尽管定罪但免罚，是因为荣某未能按照国家《城乡规划法》第 64 条进行罚没，但行政罚款与应收未收税款不同，在性质上属于一种行政处罚手段而并非国家获得财政收入的基本保障，所以很难说其属于国家在正常情况下必然获得的一种"利益"。因此，行为人未对他人的行政违法行为作出处罚决定并进行罚没的，很难认定为属于《刑法》第 397 条中的"致使公共财产遭受重大损失"。侦查实战中，对间接经济损失的认定需要有所节制，一般是在通过后续手段也无法补救的情况下，才应考虑予以认定。

2. 关于滥用职权致使银行贷款本息无法收回能否认定为经济损失的问题。这里主要涉及滥用职权行为人为行贿人违规办理《建设用地批准书》作为贷款抵押，致使银行贷款本息无法收回，能否作为渎职行为所致经济损失的问题。例如，东部某省某市检察院查办并起诉的该市国土资源和房屋管理局建设用地科科长黄某受贿、滥用职权案，该市穗联房地产经贸公司法定代表人梁某为方便其公司在某镇征用的土地办理有关用地手续，需要黄某帮忙。遂将自己该市某镇某村的四号地块送给黄某使用并以黄某之弟的名义办理了该块土地的《国有土地使用证》。因穗联公司《建设用地批准书》的土地使用权为该市丰豪摩托车实业有限公司向中国农业银行该市支行贷款 250 万元作抵押担保被该行发现后并要求穗联公司偿还借款或者提供新的抵押物。为此，梁某找到黄某帮忙，黄某在收受梁某贿送的《建设规划用地许可证》和《国有土地使用证》

后，明知梁某提供的用地申请资料不符合办证条件以及未缴付土地出让金，仍违法为梁某办理了《建设用地批准书》、土地抵押登记，并出具了该宗土地已缴纳 67 万余元土地出让金的虚假证明，使该宗土地成为上述借款的抵押物。上述借款期限届满后一直未还。法院以黄某犯受贿罪判处有期徒刑 3 年。黄某上诉，二审法院以黄犯受贿罪改判其有期徒刑 1 年 6 个月，并处没收财产人民币 1 万元。

反渎侦查实战中，应严格区分渎职犯罪行为所"造成银行延误追还贷款的时机"与"造成银行贷款本息无法实现"所涉及经济损失范围界定的问题。本案中，黄某滥用职权违规办理了《建设用地批准书》、土地抵押登记，并出具了已缴土地出让金的虚假证明，对中国农业银行该市支行是否作出贷款决定形成了误导，致使其形式上享有抵押权的土地被该市国土部门鉴定为不符合办证条件，拍卖亦被法院撤回贷款本息已无法通过抵押权实现，且丰豪公司虽未办理注销但实际上已停业多年，确实无力偿还上述债务，穗联公司亦被吊销营业执照。这些事实导致了中国农业银行该市支行至今未收回的贷款本息 415 万余元已基本属于"无法实现的债权"。虽然银行的此项损失并非黄某直接引起，但其滥用职权为他人作虚假抵押的行为，是导致银行损失的一个很重要的原因。所以，黄某对损失后果的发生负有不可推卸的责任，因而可以将该损失作为其渎职行为导致的间接损失，从而可以认定黄某滥用职权犯罪成立，即检察机关的起诉罪名是正确的，法院一审认定错误。

3. 计算经济损失的具体操作问题。此处具体分析以下几种情形：

（1）既没有具体的人员伤亡数量，也没有具体的经济损失数额等量化的损害后果时，这种损害后果能否作为渎职案中的"致使公共财产、国家和人民利益遭受重大损失"的问题。例如，江西省吉安市新干县检察院查办并起诉的该县畜牧兽医局局长、县动物卫生监督所所长、县动物疾病预防控制中心主任刘某滥用职权、受贿案，就是在没有具体的量化损害后果的情况下立案查办的渎职案件，该案所涉及的杨某、彭某二人滥用职权既没有具体的人员伤亡数量，也没有具体的经济损失数额情况下开展调查的。而查办该县财产保险公司勘查理赔员杨某、邓某涉嫌玩忽职守案过程中，各方对犯罪事实部分无争议，但因对该二人的主体身份认识不同而导致该案是构成国有公司、企业、事业单位人员失职罪还是普通玩忽职守罪，办案人员内部也一度产生意见分歧。面对这些难啃的"硬骨头"，办案人员凝心聚力，仔细推敲，认真求证，反复研究和讨论，在充分征求并听取侦监、公诉等部门特别是市院反渎局意见后，法院以玩忽职守罪对有关人员作出了有罪判决。

（2）对于过程复杂、时间跨度大、无法计算经济损失的情况，获取证据以"造成恶劣社会影响"来认定案件的问题。例如,湖南省长沙市检察院查办并起诉的该市芙蓉区人大常委会副主任王某滥用职权,未经村民代表大会同意,伪造大会决议,违规处理集体所有的土地,引发村民大范围长时间集体上访。经调查发现,村民对王某违规处理集体用地的行为强烈不满,导致当地群众长期群体性、持续性地到芙蓉区政府、东屯渡街道办事处上访,并多次到省、中央有关部门越级群体上访达 1.1 万余人次,除了上访,还堵门、拉横幅,造成很多单位不能正常上班。因这 30 亩地出让的过程很复杂,前后长达 5 年,并且在这个过程中,对这块地也实行了多次评估,而每次评估的价值在具体金额上差距也非常大,这就增加了实战操作的难度。办案人员结合所掌握的情况,对王某违规处置东屯渡农场生产安置地导致"造成恶劣社会影响"构罪要件进行侦查取证。取证过程中,为了证明这件事造成的恶劣影响,办案人员分别从以下几个方面入手全面搜集证据:一是对社会管理秩序的影响。包括引起道路交通拥堵次数、时间长短,周围群众围观、拍照、议论、渲染等具体情况,发生冲突及人员受伤的具体情况等。二是对国家机关工作秩序的影响。包括堵门、静坐、喊口号、肢体冲突等过激行为,围堵警车并放气、政府大门交通秩序拥堵等事实情况。三是越级上访造成的影响。从街道、区,到市、省、中央多级、越级上访,影响已经超越了省的范围,给地方形象造成了影响。四是对核实上访的人次进行评判。还收集了大量的证人证言,包括各级信访接待人员、现场处置人员、后勤安保人员、围观群众、上访人员等。此外还有公安出警记录、接警后调查笔录资料、上访接待笔录等相关资料、现场视频资料、现场照片、人员冲突的诊断病历及伤情鉴定等。后王某因滥用职权被判处有期徒刑 2 年,与受贿罪合并执行有期徒刑 6 年 9 个月。

(3)在生产销售假冒伪劣产品案件中,认定犯罪嫌疑人构成犯罪需要"发生重大食品安全事故或造成其他严重后果",而很多时候却无从查证哪些人买了假冒伪劣产品,也无法一个个去联系并观察他们的受损害情况,所以难以认定犯罪嫌疑人构成食品监管渎职罪。对此,首先,应从"造成恶劣社会影响"的角度着手收集证据。如果法院对生产、销售假冒伪劣商品的罪犯作出了有罪判决,那么就可以关注这些案件背后的职能部门是否有渎职行为,起码可以反映出这些国家工作人员未正确履行责任,对人民群众和国家利益造成的影响是很坏的。其次,案件通过媒体报道,舆论一发酵,其社会影响是很恶劣的。最后,应向医学专家和药理分析专家调取假冒伪劣产品所含成分对人身损害的说明,从实害角度分析假冒伪劣产品对人体的损害。

(4)在涉及账目等专业性较强的问题时,可以借助相关专业机构、组织等对具体专业问题进行专业分析,从而达到准确认定渎职犯罪的目的。例如,河南省鹤壁市山城区检察院查办并起诉的该区鹿楼乡中窑头村委会干部韩某、索某、李某滥用职权案，乡民政所所长王某、副所长周某玩忽职守案，区民政局城市低保专管员刘某玩忽职守案时，办案人员特地找到了河南中信达会计事务所进行鉴定，配合该机构的技术人员共同查阅了中窑头村账目、凭证，对案件低保资金的发放使用情况进行全面正确的评估鉴定，最后鉴定机构出具了正式的司法鉴定意见书。因为全村村民平分低保资金，所以认定平分、截留、挪用的 180.9 万余元低保资金为实际造成的经济损失数额。

（5）对于滥用职权造成的间接损失仍然应计入经济损失。例如，河南省周口市中级法院执行局执行一庭副庭长赵某印利用职务之便，在办理该市城市信用社申请执行某商务酒店一案中，利用职务之便，受贿 25 万元；执行判决超越职权，滥用财产保全措施，造成企业停业 6 个月，致使当事人及他人利益遭受重大损失。本案在审理中就是考虑到赵某行为造成的间接损失和恶劣影响而定罪，并以受贿罪、滥用职权罪被数罪并罚。

（三）渎职行为所致经济损失所涉其他疑难复杂问题的处理

1. 关于"恶劣社会影响"可以作为犯罪成立的重要要素的考究。在反渎侦查过程中，不仅是危害性行为造成的直接物质损失是犯罪后果，根据相关司法解释，有时也可以所造成"恶劣社会影响"来认定渎职行为的损失后果。例如，云南省昆明市东川区检察院查办的该区环境监察大队大队长李某坤玩忽职守案，李某坤在任期间，在管理辖区内的排污企业向小江排污过程中，没有认真履行环境监督管理职责，对东川区汤丹片区部分选矿企业违法排污、违法生产行为监管不力，致使部分选矿企业尾矿水、尾矿渣违法外排，流入小江，造成环境污染，小江变白，导致东川"牛奶河"事件的发生。造成"恶劣社会影响"。法院判处李某坤玩忽职守罪，免予刑事处罚。又如，河南省洛阳市涧西区检察院查办并起诉的该市环保局西工环保分局环境监察科正副科长谢某东、孙某伟玩忽职守案，调查查明，二人在日常环境监管过程中，不认真履行职责，致使卫某良（另案处理）在辖区内非法开设的塑料厂在长期违规经营过程中在加工处理一批红色染料的塑料包装袋时，"红水"顺雨水管网流入涧河，致涧河一夜之间被染成红色，酿成"红河谷"事件。法院判处谢某东、孙某伟玩忽职守罪，均免予刑事处罚。

2. 关于渎职行为所致经济损失之外的"其他重大损失"的把握和认定问题。对此需要准确理解法意，切忌机械理解并用于执法办案。《刑法》第 397条规定的"重大损失"含有即使具体渎职行为并未造成经济损失，或者所造成的经济损失数额尚未达到最高人民检察院《关于渎职侵权犯罪案件立案标准的规定》所要求的数额，但如果案件中存在其他可以视为对国家和人民利益造成了"其他重大损失"的情形，同样可以认定渎职犯罪。《刑法》第397条为滥用职权罪、玩忽职守罪设置了"情节一般的"和"情节特别严重的"两档法定刑，并对具体情形作了列举。但并没有穷尽可能发生的其他属于特别严重情节的情形。工作实践中，如果行为人的渎职行为所造成的经济损失达到了立案标准而不属于数额特别巨大，但只要综合案件的其他情节能够认定其在经济损失之外还对国家和人民利益造成了其他损害，仍然可以认定为法定"情节特别严重"情形而适用加重幅度的法定刑。例如，上海市宝山区检察院查办并起诉的该区公安分局高境派出所户籍专管民警秦某滥用职权、贪污、受贿案，调查查明，秦某利用职务便利，在具体负责受理和办理外来人口转本市常住户口申报、变更初审，计算机信息系统户籍人口登记和变更信息输入等户籍管理工作的过程中，故意违反上海市有关"蓝转常"的规定，在明知29户44人没有经过户政部门正常审批程序，且没有缴纳每人2万元人民币城市建设费的情况下，擅自填写《准予迁入证明》并通过计算机信息系统将上述44人的蓝印户口转为上海市常住户口。其间，秦某将陈甲、翁甲、宋某某要求其代为缴纳的城市建设费共计人民币6万元占为己有，并在为郑某某违规办理1户4人"蓝转常"过程中，收受郑某某贿送的4.5万元现金及价值4000元的加油卡一张。一审法院认为，秦某身为国家机关工作人员滥用职权，情节特别严重，其行为已构成滥用职权罪；非法收受他人贿赂款4.9万元，其行为已构成受贿罪；又利用职务上的便利非法占有公共财产6万元，其行为已构成贪污罪，应予数罪并罚。遂以秦某犯滥用职权罪判处其有期徒刑3年，以受贿罪判处有期徒刑2年，以贪污罪判处有期徒刑2年，决定执行有期徒刑6年。扣押在案的赃款10.9万元，其中6万元发还上海市公安局，4.9万元依法没收。秦某以量刑过重为由提起上诉。该市检察院第二分院认为，依据相关文件，滥用职权罪情节特别严重的损失数额应在100万元以上，本案没有达到100万元，不构成情节特别严重，建议二审予以纠正。二审法院认为，秦某身为国家机关工作人员，滥用职权，致使公共财产、国家和人民利益遭受重大损失，情节特别严重，又利用职务上的便利，非法收受他人贿赂款4.9万元，并非法占有公共财产6万元。根据《刑法》第397条的规定，秦某构成滥用职权罪，且情节特别严重。遂裁定驳回上诉，维持原判。

本案中，秦某利用职务便利，故意违反上海市有关"蓝转常"的规定，明知29户44人没有经过户政部门正常审批程序，且没有缴纳每人2万元城市建设费的情况下，擅自填写《准予迁入证明》并通过计算机信息系统将上述44人的蓝印户口转为上海市常住户口。其行为严重扰乱了国家户籍管理秩序，可以认定为对国家和人民利益造成了经济损失之外的其他损害。综合考虑秦某渎职行为所造成的两项后果，完全可以认定秦某的渎职行为"情节特别严重"。一审、二审法院的判决、裁定都是正确的。而公诉机关对此的理解、表达与具体适用差强法意，有待提高。

3. 关于"特定职责人"渎职行为所导致的土地损失计算中的疑难点的把握和处理。反渎侦查过程中，经常遇到渎职行为对各类土地包括耕地、山地以及其他预留地的占有、毁损等情形，处理起来非常棘手。这其中，如果涉及的是国有土地则比较容易处理，国有土地出让金有明文规定，损失额好计算。但如果涉及对不同地区、地段集体所有（个人承包）耕地、山地、林地以及其他预留土地等，损失计算无明文规定的，就需要办案人员对具体情况认真把握，稳妥处理。例如，安徽省泗县黑塔镇党委副书记陈某分管小集镇建设期间，收受开发商贿赂款 1 万元，滥用职权，故意不履行职责，造成 14.808 亩农用地被占用、毁损，国家土地出让金损失达 275.43 万元。另外，陈某利用职权收受贿赂 3 万元。陈某方辩解称，其根据镇领导要求，对开发商的开工行为进行了制止，其不构成犯罪。一审法院认为陈某滥用职权，故意不履行职责，造成 14.808 亩农用地被占用、毁损，国家土地出让金损失达 275.43 万元，社会影响恶劣，情节特别严重，构成滥用职权罪。另外还利用职权收受贿赂 3 万元。遂以滥用职权罪判处陈某有期徒刑 1 年 6 个月；犯受贿罪判处有期徒刑 1 年；合并执行有期徒刑 2 年，3 万元没收上缴。陈某上诉。二审法院认为，陈某虽然曾带领土地、城建等部门让开发商停工，但收受开发商 1 万元后，明知开发商违法用地，却滥用职权，不履行职责，造成 10 余亩土地被占用、毁损，损失重大。本案涉案土地并非国有土地，原判以国有土地出让金作为滥用职权行为所造成的损失数额，进而认定滥用职权情节特别严重不当，应予纠正。遂以陈某犯滥用职权罪判处有期徒刑 6 个月；犯受贿罪判处有期徒刑 1 年；合并执行有期徒刑 1 年 2 个月，3 万元没收上缴。

4. 关于综合渎职行为所致经济损失和其他损失后果，准确认定渎职犯罪情节的问题。《刑法》第 397 条和最高人民检察院《关于渎职侵权犯罪案件立案标准的规定》对具体渎职行为所造成的两种危害后果各自达到何种程度才以渎职犯罪处理作了详尽规定。工作实践中，如果渎职行为既导致了物质性损害后果也引发了非物质性损害后果，即使两者都未达到各自的立案标准，但如果对其综合评价后确有处罚必要的，亦能够作为渎职犯罪处理。例如，河南省焦作市解放区检察院查办并起诉的该区公安分局焦南派出所民警毛某波滥用职权案，调查查明，毛某波在任期间，负责处理王某芬、邓某玲邻里纠纷一案。因王某芬将邓某玲殴打致伤，解放分局对其作出行政拘留 5 日的治安处罚裁决。王某芬不服，向该市公安局提出申诉，市公安局作出复议，决定维持原裁决。王某芬未向法院提起行政诉讼。解放分局焦南派出所在执行中，由副所长张某武、毛某波以及张某军、葛某非（司机）对王某芬强制执行行政拘留。执行过程中，办案人员在王某芬的家中未向其进行告知，也未向王某芬出示执行文书，毛某波、张某军等人将王某芬带到解放公安分局补办行政拘留通知书时，仍未向王某芬告知执行事由。在从解放分局返回途中，毛某波、张某军等人没有采取防范措施，而是让王某芬坐在副驾驶位置上，致使王某芬中途跳车逃跑。毛某波、张某军擒获并重新押解王某芬上车时，王某芬有踢打挣扎等反抗行为，遂将王某芬夹在当中，没有对其使用械具，王某芬仍不愿意配合接受拘留，并探身抢抓车辆方向盘，毛某波即对王某芬实施了拽、拉、按等强制行为。王某芬反抗挣扎并试图侵害毛某波，毛某波随即对王某芬实施了殴打等行为，致使王某芬左耳外伤性耳膜穿孔。王某芬在行政拘留执行完毕后，到焦作市人民医院就诊，先后被诊断为"全身多处软组织损伤""外伤性耳膜穿孔"。经法医鉴定，王某芬损伤程度为轻伤。由此，王某芬长期赴京上访申诉，造成了恶劣的社会影响。一审法院认为，毛某波身为焦作市公安局正式干警，在对王某芬执行行政拘留的过程中，行政执法程序不规范，并违反法律授权的宗旨，不正确履行职责，对被执行人王某芬实施了殴打等行为，造成被执行人轻伤的损害结果，并由此致被执行人长期上访申诉，严重干扰了国家机关的正常活动和声誉，毛某波的行为已经构成滥用职权罪。王某芬要求毛某波赔偿经济损失 68 万元，当庭未能提供相关证据，不予支持；要求焦作市公安局解放分局赔偿经济损失，其不属于刑事附带民事诉讼主体。被害人王某芬在被执行行政拘留过程中，不予配合，存在一定过错。遂判决毛某波犯滥用职权罪，免予刑事处罚，对刑事附带民事诉讼的王某芬的诉讼请求不予支持。毛某波上诉辩解称，认定其殴打王某芬致轻伤的事实不清、证据不足，除王某芬陈述外，没有其他任何直接证据；鉴定结论违反程序，应属无效；其是正常的行政强制执法行为，王某芬的伤不排除他人或自伤的可能；认定其滥用职权违反罪刑法定原则，其没有超越职权的违法行为，王某芬上访不是滥用职权的立案标准，也不是所谓的"恶劣社会影响"；其作为一名警察，正常执行公务，却被王某芬恶意陷害报复。为了大局，对组织的行政处分忍辱负重，事隔九年后，竟被认为是犯罪，实属冤枉。二审法院认为，毛某波在执行职务过程中，执法程序不规范，并对被执行人王某芬实施殴打等行为，造成被执行人轻伤等严重后果，其已经构成滥用职权罪。遂裁定驳回上诉，维持原判。本案中，毛某波身为该市公安局正式干警，在工作期间对受害人执行行政拘留的过程中，行政执法程序不规范，并违反法律授权的宗旨，不正确履行职责，实施了殴打等行为，造成被执行人轻伤的损害结果，并由此致被执行人长期上访申诉，严重干扰了国家机关的正常活动和声誉，属于社会影响恶劣。综合其渎职行为所造成的这两项损害，可以认定毛某波滥用职权的行为已经致使国家和人民利益受了重大损失，滥用职权罪成立。

5. 关于具体重大经济损失数额的确定问题。这一问题，往往涉及罪与非罪的重大分际，需要认真把握。

（1）渎职犯罪损失后果的认定，是指现实的、已造成的后果，而不能是进行发散式思维、做扩大性推断出的结果。例如，浙江省衢州市检察院查办并起诉的该市公安局党委委员、副局长蔡某滥用职权案，该市担保公司员工杨某、吴某和许某为讨债对债务人余某实施非法拘禁行为。下辖江山市公安局立案侦查余某被非法拘禁案，对杨某、吴某依法刑事拘留。该担保公司老板潘某找到时任该局局长蔡某的密切关系人曹某，请曹某找蔡某帮忙对杨某、吴某二人取保候审，并先后送给曹某人民币 3000 元和 10 万元。曹某将潘某的请托事项告诉蔡某后，蔡某即要求负责该案件处理的城中派出所所长饶某为杨某和吴某办理取保候审。饶某经询问得知二人系累犯，并且需要进一步侦查和取证后，遂报告蔡某该二人系累犯，依法不得取保候审。但蔡某依旧多次强令饶某及城中派出所对二人办理取保候审。城中派出所在呈报对二人办理取保候审手续时，时任江山市局法制科副科长姜某、分管副局长汪某在审核和审批时均发现，对杨某、吴某累犯办理取保候审违反法律规定，并分别向蔡某作了汇报，蔡某继续强令办理。该局遂对杨某、吴某二人取保候审。许某到城中派出所投案后，按照蔡某的指示，该所同样为许某办理了取保候审手续。法院以非法拘禁罪分别判处杨某、吴某、许某 6 个月至 2 年 6 个月不等的有期徒刑。检察院办案人员在查清"原案"基础上，认为应从三个方面认定蔡某滥用职权行为的损失结果，即造成恶劣的社会影响的损失形态。一是蔡某违法强令下属对三名累犯办理取保候审，严重破坏了司法公正，严重影响了公安机关的执法公信力，情节恶劣；二是在侦查、审核、审批等多个环节，相关人员明确告知其违反法律的情况下，蔡某一意孤行，强令对杨某等三名累犯办理取保候审，严重破坏了办案人员依法办案、公正执法的信念，挫伤了办案人员的工作积极性，在公安干警内部造成了恶劣影响；三是虽然不能认定担保公司老板潘某等涉嫌共同犯罪人员是因蔡某故意包庇才未受追诉的，但在全案证据尚未完全到位、相关犯罪嫌疑人未到案的情况下，蔡某强令下属对三名在案犯罪嫌疑人办理取保候审，严重影响了对该非法拘禁案件的正常侦查，客观上对依法追究其他犯罪嫌疑人的工作造成了影响，致使他们一直逍遥法外。该市中级法院一审认为，蔡某因接受他人请托，明知违反规定，多次违法强令办案人员对三名累犯办理取保候审，扰乱了公安人员办案程序，其行为严重损害国家声誉，造成恶劣社会影响，已构成滥用职权罪，免予刑事处罚。据此可以看出：法院认定蔡某滥用职权的行为所造成的损失结果，只是采纳了检察机关认定意见中的第一项、第二项，而对第三项客观上导致对应当被追究刑事责任的潘某未被追究刑事责任的结果，并未予以认定。

（2）任何渎职犯罪都不能是间接犯罪或者是利用其他"特定职责人"职权所进行的"转犯罪"，而必须是特定职责人自己直接实施的行为或者其所实施的有着决定性作用行为造成损失的，才构成犯罪。所以，行为损失范围必须局限在行为人自己的直接行为致损范围内，超出这一范围则不会被认定。例如，浙江省玉环县检察院查办的该县公安局林某徇私枉法案，该县公安局玉城街道派出所对玉环快乐电子游戏厅进行检查时查获游戏厅内摆放的具有赌博功能的电子游戏机、扣押存款单和笔记本电脑等物品，并对管理游戏厅的万某、郑某、周某立案侦查及采取刑事拘留强制措施。该案由该局杨某负责办理，林某负责审查。游戏厅股东吴某通过吴某某找到林某和杨某说情，希望对该案免予或者减轻处理，对涉案人员办理取保候审以及不追究已涉嫌犯罪的潘某的刑事责任，对林某和杨某宴请、送礼。另外，吴某又通过局内朱某向林某说情，并对林某、杨某等人宴请、送礼。林某、杨某随后仅对挂名的法定代表人林某某和管理人员王某进行了追诉，违法对林某某等五人变更为取保候审。致使涉案人员发生串供、翻供。林某、杨某采取隐匿证据和事实等违反法律的手段，仅认定该游戏厅开设赌场两个多月共非法获利人民币 8 万多元，使罪重的王某、万某、郑某、周某受较轻追诉，使依法不应当受到刑事责任追诉的林某某受到追诉，后五人均被判处 1 年以下有期徒刑或拘役，并适用缓刑；对明知有犯罪事实需要追诉刑事责任的潘某、吴某等主要犯罪分子故意包庇，使其不受追诉。潘某、万某、吴某等人后来继续开设赌场，非法获利达千余万元。事后，林某、杨某等人又接受吴某的宴请，林某又收受吴某所送价值 1 万元的包一只和衣服一套。

林某方辩解称，林某某是游戏厅的法人代表，有犯罪嫌疑，又主动投案承认犯罪，依法追诉是履行法定职责，不存在使不应追究刑事责任的人受追诉的情形；原案相关涉案人员属于从犯，符合取保候审的要求，没有使罪重的人受到较轻的追诉；对案件未深查、部分证据未移送，是业务和办案水平有限所致；徇私枉法没有达到情节严重的标准。法院审理认为，前案的林某某确系快乐游戏厅在工商部门注册登记的法人代表，在侦查初期有犯罪嫌疑，后又主动投案，且经同案犯指认其参与犯罪，林某、杨某并不明知林某某实属"替人顶罪"，依据当时证据对林某某移送审查起诉，不应作为被告人徇私枉法的事实认定。故对被告人"使依法不应当追究刑事责任的人受追诉"的指控不予支持。认定林某、杨某身为司法工作人员，在查办案件过程中，接受他人请托及宴请并收受财物，故意违背事实和法律使罪重的人受到较轻追诉，对明知有犯罪事实需要追究刑事责任的人故意包庇使其不受追诉，故意采取不恰当的强制措施，致使涉案人员发生串供、翻供，其行为均已构成徇私枉法罪。林某、杨某的行为，不仅使罪重的人受到较轻追诉，还使得应当追究刑事责任的吴某、潘某等人免受法律追究，得以继续实施数额巨大的开设赌场犯罪；故意为他人串供提供便利，客观上造成了林某某"替人顶罪"假案的发生；造成了恶劣的后果，应认定为情节严重。法院的判决是正确的。

四、经济民生领域渎职犯罪所涉疑难复杂问题的破解

（一）涉嫌行为不符合特殊渎职罪名犯罪构成要件情形的处理

反渎侦查活动中，常常会遇到涉嫌行为人的行为特征并不符合刑法规定的特殊犯罪构成要件等情形。面对这些情况，具体操作起来是不是就可以不按犯罪来处理了呢？肯定不是。关键是要采取不同的方法来加以应对和化解。

工作实践中，对于因不具备徇私舞弊要件、不符合特殊渎职罪名规定之行为应依照《刑法》第397条规定的一般渎职罪名玩忽职守罪来化解。《刑法》第397条第2款规定"本法另有规定的，依照规定"。因此，特定责任人员滥用职权、玩忽职守致使公共财产、国家和人民利益遭受重大损失的，如果符合第397条规定之外其他特殊渎职犯罪规定的，应优先以其他法条定罪量刑，即使其他法条在法定刑的设置上更轻缓，也不能以该条规定的滥用职权罪或者玩忽职守罪认定。这是特殊法条与普通法条和罪刑法定原则的基本要求。另外，如果特定职责人实施滥用职权、玩忽职守行为，因不具备徇私舞弊要件、不符合构成特殊渎职罪名要件规定，但依法可成立《刑法》第397条规定的普通渎职罪的，可依滥用职权罪、玩忽职守罪定罪处罚。例如，海南省海口市龙华区检察院查办并起诉的该市公安局琼山分局刑警大队侦破一组组长、刑警大队狮子岭中队指导员（负责全面工作）陈某玩忽职守案，调查查明，曾参与琼山市永兴镇以洪某严（已被执行死刑）为首的"三十二军"故意伤害致人死亡一案的在逃人员劳某杰（已被海口市中级法院判处有期徒刑5年）到原琼山市公安局刑警大队狮子岭中队投案。陈某（时任狮子岭中队指导员，负责全面工作）和林某海共同接待了劳某杰，陈某交代林某海办理该案，并叫林某海向劳某杰制作一份讯问笔录。陈某在讯问人处签名。林某海作完笔录后，根据劳某杰的供述，向陈某汇报称劳某杰交代只是跟着去，没有参与打人。陈

某便让林某海去调取"三十二军"案件的有关材料。林某海只是到原琼山市公安局复印了原"三十二军"案的报捕书,该报捕书上没有劳某杰的名字。陈某将劳某杰案的有关情况向主管副局长陈某山汇报,陈某山口头指示先给劳某杰办理取保候审手续。接着陈某亦交代林某海给劳某杰办理取保手续。于是林某海让劳某杰的妻子肖某珍写了一份保证书给劳某杰担保后将劳某杰放回家。之后,劳某杰案没有任何人展开侦查工作。后该省公安厅督办此案,陈某山让陈某、林某海完善劳某杰的取保候审手续,于是林某海于2001年10月2日通知劳某杰到原琼山市公安局补办完善取保候审手续,并制作了一份讯问笔录(该笔录记录人为林某海,讯问人处空白),同时拟写呈请取保候审申请书由陈某山副局长签批。之后,劳某杰案件材料一直由林某海保管。海口市政法委工作组进驻琼山区后过问此案,才从林某海处找出劳某杰案件材料。劳某杰案搁置2年之久没有开展侦查工作,致使劳某杰长期逍遥法外。一审法院认为,陈某在和林某海接待案犯劳某杰自首后,将劳某杰案交给林某海承办,其已不属于办案人,但其作为原琼山市公安局狮子岭中队的负责人,明知"三十二军"系琼山黑恶势力集团,亦明知劳某杰系该黑恶集团成员之一,因严重不负责任,对劳某杰投案后未采取任何强制措施便决定将其放回家,亦不督促办案人员抓紧时间侦办案件,致使劳某杰逍遥法外2年多,造成恶劣影响,其行为已构成玩忽职守罪。遂判决陈某犯玩忽职守罪,免予刑事处罚。陈某方上诉辩解称,其行为没有构成玩忽职守罪:在劳某杰一案中,其只起到上传下达的作用,具体负责办案的人员不是陈某,决定对劳某杰取保候审的权限也不在陈某,对其以玩忽职守罪立案侦查、起诉是不现实的,也是不公平的。对于劳某杰的担保,也是陈某山局长指示的,陈某只是根据陈某山的指示交代林某海去办。后来补办正规的取保候审手续,其也不知道,也没人告诉他。在海口市政法委整顿工作组进驻琼山之前,他根本不知道什么"三十二军",而原"三十二军"的案件陈某也没有参与过办理,对该案情况根本不了解。将劳某杰放回家是陈某山副局长决定的,取保候审的权力根本不在于陈某,此事办案人员林某海是很清楚的。二审法院认为,陈某在案犯劳某杰自首后,将劳某杰案交给林某海承办,而后却未对劳某杰采取任何强制措施,亦未督促办案人员抓紧时间侦办案件,其作为原琼山市公安局狮子岭中队的负责人,工作态度严重不负责任,致使劳某杰逍遥法外达2年多,造成严重恶劣影响,其行为已构成玩忽职守罪。遂裁定驳回上诉,维持原判。

反渎侦查实践中,特定职责人涉嫌行为方式与刑法规定的特殊渎职罪名不相符的,也可以考虑依照《刑法》第397条规定的一般渎职犯罪罪名处理。例如,陕西省佛坪县检察院查办并起诉的该县西岔河镇林业站站长程某林、该镇林业站工作人员王某玩忽职守案，调查查明，程某林、王某同西岔河镇林业站工作人员汪某银在秒家庄村检查退耕还林工作时，当地村民打算砍伐木耳架，向被告人等询问是否有采伐指标。程某林告知村民有指标，并让村民写申请，每家缴纳 24 元育林基金。秒家庄村 12 户村民将采伐申请和 1800 元育林基金交给程某林。之后，程某林告知王某、汪某银，秒家庄村的采伐申请已交来，让他们把申请收拾一下。根据西岔河镇林业站工作分工，程某林主持全站工作，并实际主管采伐证申报工作。王某负责秒家庄村林木采伐管理等工作。但程某林未在规定的期限内申报办理采伐许可证，也没有及时组织采伐设计。在明知春节前后村民有砍伐木耳架的习俗的情形下，二人未进行检查监管。因被告人的不作为，致使以上 12 户村民及该村其他 4 户村民在没有取得采伐许可证的情形下，无证滥伐其本人自留山内林木 113.754 立方米（蓄积）。另程某林为聘用合同制干部，任西岔河乡（现西岔河镇）林业站站长。王某身份为合同制工人，系西岔河镇林业站职工。程某林方辩解称，因林业站工作人员少，加之当时忙于退耕还林工作，疏忽了采伐林木工作的管理。王某方辩解称，其虽然包抓秒家庄村林业工作，但只分抓野生动物保护工作，无采伐设计、办理申请、审批的职责，采伐申请也没有交给他。林业站与秒家庄村护林员签订有护林合同，林木采伐监管工作由护林员承担，因为护林员未告知秒家庄村滥伐林木的事实，其无从监管。法院认为，程某林、王某身为林业工作人员，违反林政管理制度，未认真履行职责，致使主管辖区内林木被滥伐，滥伐林木折合立木蓄积 113.754 立方米。二人的不作为致使国家森林资源遭受重大损失，其行为已构成玩忽职守罪。遂判决程某林、王某均犯玩忽职守罪，免予刑事处罚。

（二）根据具体情况从有利于侦查破案出发灵活适用法条确定贪渎罪名

职务犯罪侦破活动中更多时候要讲究策略，坚持在法律适用上原则性和灵活性相结合，从便利侦查破案活动的开展出发，根据具体个案实际情况采取灵活方式确定贪渎相关罪名，力求达到工作的最佳效果。

1. 在职务犯罪侦查工作中常常需要根据相关事件的具体情况，灵活选择确定贪污贿赂犯罪罪名还是渎职犯罪罪名来加以应对、处理，以体现自身办好案件所必需的核心侦破能力和争取办案最佳的政治、法律、社会"多赢"效果的平衡和驾驭能力。例如，贵州省贵阳市云阳区检察院在处理该市市委、区委交办的发生在该区某城乡结合部暴力抗拒违法建筑拆迁群体性事件过程中，经调查发现，抗拒拆迁的原因是这些人认为：尽管他们是外地人，预计到本地区很快将划入城区，故与当地人合作抢在该地区征地拆迁之前加盖房屋确实不对，也承认所盖房屋属违章建筑。但他们盖房之前是经该地区城市管理部门及其工作人员同意并发了准盖证的。为了取得准盖证他们还分别给城管所的人送了 3000 元、5000 元或者 9000 元不等的润滑费。既然城管部门发了准盖证那就是政府批准同意他们盖房了。所以，政府现在需要对这些房屋加以高额补偿。据此，该区检察院要查办好该案件，做好打击犯罪、平息矛盾的目的，就需要考虑对城管部门及其工作人员是以贪污贿赂犯罪还是渎职犯罪以及具体何罪名立案才能使求偿者能够接受、案件能够顺利办结。如果以受贿罪立案，送钱人有行贿嫌疑，处在火头上的他们是否能接受并配合查办案件，如果以滥用职权类犯罪罪名立案，则他们容易接受、事件也容易平息。这些都是需要审慎考虑的。故该院在以滥用职权罪对城管部门相关人员立案查办处理后，该事件很快得到了平息。

类似情况比较典型的还有山东省莱西市北部朱耩村储蓄代办员徐某贪污案。本案中，不少村民将积蓄都交给同村在当地一家金融部门任储蓄代办员的徐某进行存款，后来干脆直接将钱交给徐某等方便时再取回存单。后村民徐某明拿着徐某给的存单到莱西市区的储蓄所修改密码，工作人员发现存单是假的，随即报案。调查查明，徐某按照正常的手续为村民办理存款，但后来她在拿到村民的钱后用事先办好的真存单作为原始件，根据需要在户名和金额处粘贴，再用复印机复印出假存单，钱则装进自己的腰包。村民要取钱时，她就拆东墙补西墙地还上，还顺便送上洗衣粉等物品。就这样，十几年时间里，她用这种方式贪污了 270 余万元，受害村民多达 55 户。徐某被该市法院以贪污罪判处有期徒刑 15 年。案件宣判以后，法院在审理和判决过程中也在努力为储户追讨存款，但徐某已将存款全部挥霍，村民到徐某所在的金融部门索赔，得到的答复是徐某早已被清退，该金融部门无赔付义务。索赔无果，村民们开始四处上访。该市检察院想到既然金融部门称徐某早已被清退，可村民依然认定徐某是代办员，这其中是否涉及渎职犯罪的问题。深入调查发现，当初银监会要求撤销代办机构、清退代办员时，徐某所在的金融部门并未按照要求及时清退，也没有进行公告，导致徐某得以继续利用代办员身份伪造、变造银行存单，贪污储户存款，造成巨额损失，该单位三名负责人涉嫌滥用职权罪。对三人立案侦查并多次与该金融部门及其上级部门沟通，最终该部门同意全额赔付村民们存款本金及利息合计 280 万元。这样一来，本案的办理取得了较好的社会效果。

职务犯罪侦破过程中，要注意以下几点：

第一，职务犯罪侦查过程中，经常遇到在具体事实认定上没有任何问题，但在具体行为是构成贪污贿赂类犯罪还是渎职类犯罪罪名，尤其是滥用职权和挪用公款都有擅自用权的情况下，适用罪名莫衷一是。所以需要认真把握，稳妥处理。国家机关工作人员以单位名义擅自将单位资金供其他单位使用，致使公共财产、国家和人民利益遭受重大损失的行为是构成挪用公款罪还是滥用职权罪？国家机关工作人员以单位名义擅自将单位资金供其他单位使用，包括从中没有谋取个人利益，但致使公共财产、国家和人民利益遭受重大损失的，构成滥用职权罪。以单位资金投资，收益用以归还欠款的情形，不能认定为已填补单位损失。例如，余某宝在担任上海市徐汇区商业网点管理办公室主任（以下简称网点办）期间，故意违反《上海市人民政府财贸办公室关于做好公建商业网点接收工作并安排好新居住区商业网点的意见》、《上海市商业网点管理办公室关于上海市市、区商业网点管理办公室财务管理工作办法》等关于网点资金专款专用的规定，擅自将网点资金 660 万元出借给上海捷苑实业有限公司（以下简称捷苑公司）。期间，捷苑公司先后归还徐汇区商业网点管理办公室 274 万元，尚余 386 万元未归还。为了填补借给捷苑公司造成的 386 万元的漏洞，余某宝以其兼任总经理的天南公司的名义与上海天任投资公司签订了 2000 万元的资产委托管理协议，并且约定了一个补充协议，在保证 10% 收益的同时，填补 386 万元的漏洞。最终，通过一系列操作，通过天南公司将 286 万元"归还"了徐汇网点办。捷苑公司也以位于田林东路的网点使用权折价 100 万元抵冲余下的欠款。上海市第一中级法院认为，余某宝作为在行使国家行政管理职权的组织中从事公务的人员，滥用职权违反规定擅自出借资金，给国家造成经济损失共计 286 万元，其行为已构成滥用职权罪，且属情节特别严重。遂以滥用职权罪判处余某宝有期徒刑 2 年 6 个月。

第二，随着国家各种支农、惠农以及其他支持、促进经济社会发展的鼓励政策的出台、实施，各类补助、补贴等批次多、数额大，对于制度内外人员勾结骗取各类补助、补贴的犯罪行为，可从国家对各种直补资金的使用管理运行过程入手，发现农机工作人员与农机销售商相互勾结、弄虚作假、骗取国家农机补贴资金线索的，如果控制了相关行贿人员的，可以贪污贿赂类犯罪罪名立案；如果相关人员在逃且给国家造成损失明显的，可先对制度内相关人员以渎职类犯罪罪名立案。例如，河南省南阳市检察机关查办的下属淅川县财政局经建股股长王某纪、宏发造纸厂负责人史某致利用中央财政设立奖励资金以专项转移支付方式对经济欠发达地区淘汰落后产能给予奖励政策申报中内外勾结诈骗、受贿、滥用职权、玩忽职守的窝案，该县宏发造纸厂涉嫌骗取淘汰落后产能专项奖励资金，个别工作人员可能有渎职行为。办案人员从该县财政部门调取了近三年有关专项奖励资金的申报材料，从中发现"蛛丝马迹"：宏发造纸厂申报 750 万元专项奖励资金，但这笔钱最后拨到了该县宏发纸业有限公司的账户，而且钱到手后宏发造纸厂负责人史某致就销声匿迹。利用技侦平台进行串号分析研判，及时破译了史某致不断变换的手机号码，最终锁定史某致相对固定的藏身之所，遂将史某致抓获。同案犯王某山也被抓获归案，并交代其与史某致商定，由史某致租赁王某山未投产的小厂，租期 5 年、每年 20 万元，利用虚假材料骗取专项奖励资金。史某致将厂名定为该县宏发造纸厂，自己任法定代表人，还伪造了营业执照、税务登记证等凭证。以宏发造纸厂已拆除设备停产为由，向该县财政局申请专项奖励资金。王某山找到淅川县财政局经建股股长王某纪，帮史某致递交了申报材料。王某纪安排单位财务人员负责受理。后来，为转移 750 万元资金，史某致投资 10 万元成立了该县宏发纸业有限公司。这笔钱全部被史某致个人使用，并未用于职工安置、企业转产等法定用途。按照约定，史某致给了王某山 100 万元及尼桑轿车 1 辆。史某致在驻马店市西平县编造虚假企业资料申报淘汰落后产能项目，骗取专项奖励资金 255.8 万元。轻而易举骗取 750 万元专项奖励资金的背后会不会有"窝案"？办案人员收集有关部门涉嫌渎职的证据。根据政策规定，申报专项奖励资金首先须经地方政府确认。为此，办案人员调取了有关确认函的签批件，查明其拟稿人正是王某纪，审核人是该县财政局经检组组长吴某。对吴某、王某纪进行询问，掌握了两人玩忽职守的犯罪事实，还如实供述了收受史某致贿赂的犯罪事实。史某致在认识王某纪后，多次采用请吃、送钱送物、交朋友等手段对他进行拉拢，先后三次向王某纪行贿 2.2 万元。王某纪既没有调查核实申报材料，也没有到宏发造纸厂现场核查，即拟写了县财政局、发改委的联合文件和县政府的确认函。在隐瞒真相的情况下，王某纪让县发改委在联合文件上盖章并获得县领导的签批，最后对材料进行上报。故把史某致涉嫌诈骗犯罪案与吴某、王某纪涉嫌职务犯罪案与涉嫌诈骗的王某山合并处理。办案人员乘胜追击，很快突破负责专项奖励资金审批项目的淅川县财政局领导党某臣在任职期间，涉嫌利用职务之便为他人牟取利益，先后多次收受他人贿赂 80 多万元。还发现，该县发改委工作人员李某波在专项奖励资金申报过程中严重不负责任，涉嫌滥用职权向其主管领导何某虚假汇报，最终造成专项奖励资金 750 万元被骗。该县法院以诈骗罪分别判处史某致、王某山有期徒刑 15 年、3 年；以玩忽职守罪、受贿罪数罪并罚，决定对王某纪、吴某执行有期徒刑 3 年；以玩忽职守罪、受贿罪数罪并罚，决定对党某臣执行有期徒刑 7 年 6 个月。有关上诉均被该市中级法院二审驳回。

2. 工作实践中，经常遇到具体行为性质模糊不清，即具体行为与渎职类犯罪有点像，与贪污贿赂类犯罪罪名也相符合的情形，此种情况下到底构成何罪？需要根据不同罪名的犯罪构成要素来仔细推敲，进行识别，从而做出正确选择。例如，新疆生产建设兵团检察院农二师分院查办交焉耆垦区检察院起诉的该师某团原副团长何某新受贿、玩忽职守案，何某新在担任兵团第二师某团副团长代表该团与库尔勒某榨油坊业主赵某签订并履行"油饼购销合同"期间，在业务往来中，赵某给何某新送去45万元及五粮液酒一箱、红花郎酒一箱、金剑南酒一箱、软中华香烟6条。何某新在团场的家中收受赵某20万元、五粮液酒一箱、软中华香烟2条。又先后三次给何某新送钱，何某新在团场的办公室收到5万元，在团场家中再次受贿10万元，在库尔勒的家中收受10万元。何某新收到赵某所送名烟和名酒均全部笑纳。案发后，赵某交代，他给何某新送钱的原因是，何某新是团场主管农业的副团长，搞好关系可以与团场多签订合同，还可以顺利结账。何某新向临时主管财务工作的团领导提出，当年本团需要办理银行借款，以此进行"倒贷"。团领导同意后安排何某新负责办理"倒贷"事宜，并叮嘱何某新要确保资金安全。因为与赵某来往密切，何某新对库尔勒某榨油坊及业主赵某的资金情况及信用不做任何调查、了解和评估论证的情况下，与赵某签订三份用于银行借款的"油饼购销合同"，借用库尔勒某榨油坊的账户为第二师某团办理借款倒账事宜，并约定到账后榨油坊立即将款全部转入第二师某团账户。何某新在实施"倒贷"操作过程中，对具体经办人员彭某（另案处理）不履行监督检查职能，致使第二师某团向银行所借的2769.35万元贷款，在某榨油坊账户过账期间被赵某挪作他用，用于偿还个人借款，现已无法追回，给第二师某团造成重大经济损失。何某新因赵某涉嫌骗取第二师某团银行借款2769.35万元，向公安机关报案，并如实交代了他与赵某签订购销合同等相关事实。实际上，赵某在外已欠下高额债务，没有能力再偿还第二师某团的贷款。赵某因涉嫌诈骗被公安部门调查且被抓获，团里派何某新到库尔勒市公安局协助调查此事时，何某新获知2700多万元无法追回，开始担心自己受贿的事情被发现，得知赵某被抓、团场2700多万元公款被挪用后，何某新想到了自证"清白"的"招数"。先从收受的金剑南酒、红花郎酒、五粮液酒箱中各取出一瓶酒，分别将人民币10万元、10万元、20万元放入酒箱中，并将酒箱重新封存，想制造出自己并不知道酒箱里面有现金的假象，设法逃脱罪行。何某新给团场副政委打电话称，他看到别人送给他的金剑南酒箱上印有"开箱有喜，中奖率为百分之十六"字样，出于好奇打开酒箱，发现里面少了一瓶酒，有一个黑塑料袋包了一捆钱，他当时很惊奇，打电话给副政委称觉得自己中大奖了，让副政委到他家中去一趟。副政委到何某新家中时，看到那捆"中奖"的钱以及摆在何某新家电脑房里的3箱酒和6条香烟。随后，何某新给团政委打电话说明情况，团政委到他家后，发现这一捆钱有 10 万元，立即要求团纪委人员介入。纪委人员把香烟和酒拉回团纪委，再交给师纪委，还给何某新做了笔录，10 万元交给了财务部门封存。后经纪委部门调查，3 个酒箱里共存放了 40 万元。除了藏在酒里的 40 万元外，还有 5 万元被何某新用于个人消费。法院审理认为，何某新身为国家工作人员，利用职务上的便利，非法收受人民币 45 万元及其他财物，接受他人请托，为他人谋取利益，其行为已构成受贿罪。何某新在担任副团长期间，不正确履行工作职责，在该团办理贷款过程中，与赵某的库尔勒榨油坊签订虚假购销合同，且在办理"倒贷"时不履行监督职责，造成该团经济损失达 2700 余万元，情节特别严重，其行为构成玩忽职守罪，对何某新的犯罪行为应数罪并罚。遂一审判决何某新犯受贿罪，判处有期徒刑 10 年 6 个月，剥夺政治权利 1 年；犯玩忽职守罪，判处有期徒刑 5 年。数罪并罚决定执行有期徒刑 15 年，剥夺政治权利 1 年。违法所得人民币 45 万元及烟酒予以上缴（已追缴）。后何某新上诉，被驳回。

（三）对领导和下级就同一涉嫌犯罪事实刑事责任承担的把握与处理

1. 在反渎侦查实战中，领导不认真履行职责、违反规定要求，或者安排下级人员违反法定程序办理等，却不认真审核、审批相关申请、申报事项内容，造成严重危害后果的，领导与下属均构成渎职犯罪，应受到追究。例如，北京市大兴区检察院查办并起诉的该市工商行政管理局大兴分局鹿圈工商所所长梁某、工作人员赵某玩忽职守案，按照规定，在对营业执照审核时须遵循一审一核制度，而鹿圈工商所只有两人具备一审一核资格，即赵某、岳某，梁某安排赵某一人办理个体登记审核工作，而让岳某去做外勤，因此负责审核的只有赵某一人，但在审核表上签字的却是赵某和岳某。梁某在任期间违反个体工商户变更登记应当一审一核的规定，仅安排赵某（另案处理）一人具体审核办理个体工商户登记工作，且未进行认真监督管理。赵某独自审核办理个体工商户登记工作时，将北京瀛海孟达服装厂虚假的经营场所变更登记申请予以核准，违规发放了经营场所虚假的营业执照。李某、杨某（另案处理）使用该营业执照，骗取北京经济技术投资开发总公司一次性停产停业综合补助费209.7 万余元。法院认为，梁某身为国家机关工作人员，不认真履行职责，致使公共财产遭受重大损失，构成玩忽职守罪，免予刑事处罚。赵某在鹿圈工商所工作期间，独自审核办理北京瀛海孟达服装厂经营场所变更登记时，对申请人的身份未认真审核，未按照《个体工商户登记程序规定》要求申请人提交经营者本人的委托书，将该服装厂虚假的经营场所变更登记申请予以核准，发放了经营场所虚假的营业执照。李某、杨某（另案处理）使用该营业执照骗取北京经济技术投资开发总公司一次性停产停业综合补助费209万余元。赵某不认真履行职责，致使公共财产遭受重大损失，造成的损失数额属情节特别严重，其行为已构成玩忽职守罪。遂以赵某犯玩忽职守罪判处有期徒刑2年，缓刑2年。李某伙同杨某，以虚假的申请材料将王某经营的北京瀛海孟达服装厂营业执照的经营地由瀛海镇西二村某地变更至瀛海镇四合二村养殖区，并利用变更后营业执照及虚假的租赁合同、租赁合同解除协议、放弃协议等材料，骗取北京经济技术投资开发总公司一次性停产停业综合补助费209万余元。杨某因犯诈骗罪被处有期徒刑12年6个月，剥夺政治权利3年，并处罚金1.3万元。李某因犯诈骗罪被判处有期徒刑12年，剥夺政治权利3年，并处罚金1.2万元。

2. 反渎侦查过程中，常常遇到同一单位或者部门的领导和下属因同一件事而构成渎职犯罪，是否构成同一罪名的问题。对于此种情况可以根据各自具体情况依法确定不同罪名，稳妥追究有关人员相应责任。例如，广东省佛山市南海区科技信息局原局长梁某文滥用职权、受贿案中，梁某文在任佛山市科技信息局局长、佛山市南海区经济和科技促进局常务副局长期间，为了帮助罗某某的佛山市新航发动力技术有限公司获取科技扶持资金，指示副局长欧阳某某安排科技管理科科长邓某某协助罗某某进行申请。梁某文应省知识产权局一名副局长的推荐，在未对新航发公司提供的《项目申报书》等相关资料的真实性、投入资金、经济实力和研发能力进行审核的情况下，就审批同意相关请示，向该市南海区政府申请划拨200万元科技经费给新航发公司。南海区财政局曾对上述请示文件提出进行项目现场勘察等意见，但梁某文并未落实这一意见。使新航发公司在不符合条件的情况下获取了200万元科技经费，并已使用了195万余元，致使国家财政资金遭受重大损失。梁某文还利用职务之便，非法收受他人财物价值共计44万元，为他人谋取利益。法院判决梁某文犯滥用职权罪，处有期徒刑3年；犯受贿罪，处有期徒刑7年，并处没收个人财产5万元；决定执行有期徒刑8年，并处没收个人财产5万元。梁某文上诉。二审法院改判梁某文犯滥用职权罪，判处有期徒刑3年；犯受贿罪，判处有期徒刑5年，并处没收个人财产5万元；决定执行有期徒刑6年，并处没收个人财产5万元。而该市南海区经促局副局长邓某海玩忽职守、受贿案，南海区经促局副局长邓某海收到唐某某推荐该省东莞市凯元实业投资有限公司罗某某的项目后，梁某文安排本区公资委属下的高技投公司探讨合作可能性。该高技投公司认为该项目未能继续产业化生产，不同意投资。而后，唐某某又提出帮助罗某某申请政府科技扶持资金。梁某文安排了该局科长陈某（另作处理）协助罗某某成立新航公司，并安排邓某海负责跟进资金申报项目。邓某海在审查罗某某申报时，违反管理规定，不正确履行职责，未核实新航发动力公司技术、资金实力，任由罗某某虚构夸大该公司追加经费等项目；未审查该项目申报书内容的真实性，未到现场核实申报情况。任由项目推荐人唐某某担任专家论证程序的专家组组长，出具建议立项的专家论证意见。该项目经邓某海、梁某文批示同意并上报南海区政府，又经梁某文游说区政府主管领导后，南海区政府同意支持该项目科研经费200万元并拨付款项。因新航公司缺乏科研和经济实力，罗某某将所得经费用于支付租金、服务费等开支。该项目未有任何进展，造成国家财政资金损失200万元。邓某海行为构成玩忽职守罪。邓某海还利用经手、审批科技项目的便利，为广东摩德娜科技股份有限公司等多家企业在申报认定资格、申报项目过程中共收受6人贿赂，共计106万元。法院判决邓某海犯玩忽职守罪，判处有期徒刑1年6个月；犯受贿罪，判处有期徒刑6年；决定执行有期徒刑6年6个月。

3. 反渎调查过程中，许多人提出自己是严格按照上级或者领导的决策、拍板或者指示等要求，贯彻落实的，所以不应受到刑事追究。其实实践中，许多领导决策、拍板或者指示的形成或做出，恰恰是执行人假汇报、隐瞒客观真实情况，误导领导，从而使领导作出不妥决策、拍板或者指示。对于负有"特定职责"的下级人员不认真履行职责，误导领导作出错误决策、拍板，造成严重危害后果的，即使其确实是执行领导决策、拍板或者指示，也应追究下属人员的渎职犯罪责任，以及追究作出相关决策、拍板或者指示领导人员的党政纪等领导责任。例如，海南省海口市秀英区检察院查办并起诉的该市国土资源局秀英分局科员符某玩忽职守案，符某身为海口市国土资源局秀英分局的工作人员，受海口市国土资源局秀英分局指派，担任秀英区宅基地认定小组成员，代表国土局秀英分局协助区重点项目办公室做好宅基地认定工作，并且在其接受国土局秀英分局指派调查核实文森村涉案土地情况时，经实地勘察、了解涉案土地现状后，明知该土地不符合宅基地认定标准，不认真履行职责，不认真审查文森村所提供证明材料的真实性，同意将该土地认定为宅基地，并在相关附表上签名确认，误导领导作出错误决策，造成国家实际经济损失345.4万余元，其行为已构成玩忽职守罪。一审法院判处其有期徒刑4年。符某上诉。二审法院裁定驳回上诉，维持原判。

4. 工作实践中，对于经调查核实证明，确实是完全按照领导的意图、安排执行，从而引发危害后果的情形，要严格依法，实事求是地处理。不能轻易按刑事犯罪追究责任。例如，福建省莆田市某检察院查办并起诉的该市城区国土局工作人员余某某玩忽职守案，福建连饲料实业有限公司（以下简称连公司）向该省莆田市政府提出"申请清理违章搭盖报告"。经过层层批转，城区国土局局长在该信访件上明确批示："通知该公司：个人侵占单位国有土地使用权，应由乡镇或县以上部门调处，不成可以申请法院裁决。"该局章副局长亦在该件仿件批示："转某某落实"。所以，余某某对连公司土地纠纷一事中，只负有落实的职责，而没有处理的职责。余某某向林某调查后，及时向分管章副局长汇报，章副局长指示："属土地产权纠纷，应由乡、镇政府调解，调解不成的，可以向法院起诉。"所以，连公司土地纠纷属土地权属纠纷，不属于土地监察立案范围，对此，余某某并没有任何不履行或不正确履行职务的行为。余某某和同事陈某在日常土地巡查过程中，发现了连公司土地上有人建房，出于职守的需要，其即与陈某进行调查了解，并向业主邹某作了调查笔录，得知连公司非法卖地的事情。在其回单位途中，分管章副局长过问此事，余某某即向章副局长如实汇报了连公司非法卖地、收取土地转让费的事，章副局长又以该宗地系红线内且被法院查封，不属土地部门管理为由，答复"不用去管"。指控"对林某非法转卖土地使用权的违法行为，不向有关领导报告"是不能成立的。根据《福建省土地监察条例》第18条、第19条的规定，土地违法案件立案条件之一为属本部门管辖和经本级土地管理部门主管领导批准后立案。而本案中，余某某向分管领导汇报连公司非法卖地时，分管领导章副局长即明确指示"不用去管"和"在红线内图建房，不属我们管"。故对连公司非法卖地之事没有立案是服从领导安排的职守行为。正是因为分管领导明示不用立案，就不存在制止和查处的事由。指控余某某不制止和查处是没有依据的。余某某忠实履行土地监察职责，发现土地违法事件后及时履行了汇报的义务，在分管领导指示"不用去管"后，亦服从领导意见，是忠于职守的行为，其在履行职务过程中符合法律要求，没有不履行或不正确履行职务行为的故意。余某某行为与林某非法买卖土地没有法律上的因果关系。余某某在落实连公司内违章搭建问题时，林某只反映其公司土地被人侵占而没有村民向其买地建房的事实，指控"余某某在接受林某的宴请和礼品后……此后林某继续非法转卖土地使用权，先后卖掉28.4亩"没有事实依据和证据支持。余某某向邹某了解情况时得知林某已经把大部分划拨的国有土地非法分割卖给村民。本案的事实是林某卖地在先，余某某是在其卖地后村民建房时才发现林某卖地的事实。林某非法卖地，不是由于余某某的"不报告、没制止和查处"行为造成的。所以，余某某的行为与林某非法卖地事实没有法律上的因果关系。需要说明的是，余某某接受邹某的宴请是基于分管领导指示连公司的事不用去管后，基于邹某是其表哥的朋友，且是请教一些用地政策的事才赴宴的。这本身与职务没有关系。余某某叫上懂业务的老同志詹某陪同时，詹某亦明确表态邹某是在红线内建房，不属土地部门管理。余某某亦明确说明土地出让应补办手续及缴纳出让金。余某某接受邹某宴请和礼品并没有违背职守，也不是"不报告、没制止和查处"的原因，更不是林某非法卖地的原因。指控155.84万元非法所得至今无法追缴，给国家造成重大经济损失，是不能成立的：根据国土资源局《国土资源执法监察巡回检察工作责任制》第2条之规定，连公司用地位于省道新文线两侧、新镇所在地周围，市国土资源局监察支队、分局监察大队及新镇国土资源管理所均对该宗地负有巡回检查的职责，而市监察支队从未发现过违章乱建房及买卖土地之事，余某某发现后及时报告，领导指示"不用去管"。指控非法所得款155.84万元缺乏证据，公诉人仅举出28份土地出让协议、收据2份，金额累计52.38万元，以及证明1份。土地出让协议及证明仅能证实合同标的为155.84万元，没有其他收据等证据证实林某已全部获得协议约定的转让款。显然，有证据证实的非法所得款仅为52.38万元，且协议书可以证实的是连公司所得，而不是林某个人所得。指控"无法没收入库"缺乏依据。依据《土地法》之规定，非法买卖土地的，应由县级以上人民政府土地行政主管部门没收违法所得，对符合土地利用总体规划的，没收在非法转让的土地上新建的建筑物和其他设施。该宗土地系由市国土资源局审批，故按程序要求，应由市国土地局对非法买卖土地作出没收非法所得及在非法转让的土地上新建的建筑物和其他设施的行政处罚。本案并无国土资源部门对本案土地买卖问题作出任何行政决定，尚无法认定土地买卖为非法。且非法得款也未经依法程序对林某或连公司进行处罚和依强制措施进行执行。林某及连公司均有财产可供执行没收非法所得的行政处罚，公诉机关指控"林某非法所得人民币155.84万元无法没收入库，给国家造成重大的经济损失"，是没有依据的。余某某在履行土地巡查职责中，及时发现连公司非法卖地之事件，及时向分管领导汇报，分管领导指示"不用再管"，其在履行职责中没有任何差错。林某非法卖地的行为与被告人余某某的巡查行为没有法律上的因果关系，且林某的非法所得系其犯罪所得，应通过追缴或依行政处罚程序进行没收。法院遂判决宣告余某某无罪，当庭释放。

5. 在查办渎职犯罪过程中，对于自称向领导报告过并经领导同意后所实施的"特定职责"行为，要认真调查，加以核实，拿出确切的结果再做结论，以便确定罪与非罪。例如，北京市某区检察院查办并起诉的国家建筑材料工业局国有资产监督处副处长陆某荣滥用职权案，陆某荣为其大学同学吴某松联系，由国家建材局下属的中非矿业集团北京物资公司为吴某松在北京成立公司提供方便。吴某松凭时任中非矿业集团公司总经理杨某华出具的公章、签字等手续，在工商部门申请设立了名义上挂靠中非矿业集团公司北京物资公司的北京中非玻璃供销公司。陆某荣为吴某松经营的中非玻璃公司向华夏银行获取贷款，私自将由其保管的公款人民币 300 万元从工商银行提出存入华夏银行。吴某松以中非玻璃公司名义与华夏银行签订了贷款人民币 200 万元的协议。后陆某荣在未了解落实中非玻璃供销公司资信有无偿还能力及财产担保的情况下，私自违规在吴某松以国家建材局公司管理办公室名义给华夏银行出具的"愿以存在华夏银行的存款 300 万元为中非玻璃供销公司贷款 200 万元的本息进行存款抵押担保"的保证书及已填写的欲与华夏银行签订《借款合同担保协议书》、《华夏银行流动资金借款申请审批表》等材料上加盖了国家建材局公司管理办公室的公章。凭以上担保协议，吴某松所经营的中非玻璃公司从华夏银行贷款人民币 200 万元。由于中非玻璃供销公司逾期未能还贷，经国家建材局及华夏银行追索，仅追回贷款利息 40 余万元及本金 10 万元，另 190 万元本金因中非玻璃供销公司无力偿还，华夏银行从国家建材局存在该行并用于担保的 300 万元存款中直接划扣，用以抵偿贷款本金。陆某荣方辩解称，其行为不构成玩忽职守罪：国家建材局所属机关为下属企业融资提供担保是常有的事，为此，还专门发过文件；北京中非玻璃供销公司是国家建材局直属公司的子公司，以国家建材局公司管理办公室（以下称公司办）名义为其提供担保没有超越权限，而且也向主管领导作了汇报；陆某荣的行为不在最高人民检察院《关于正确认定和处理玩忽职守罪的若干意见（试行）》中所归纳的 64 种玩忽职守行为之列，对其定罪没有法律依据；陆某荣所在的公司办对外开展融资工作，为所属公司提供贷款担保是建材局的统一部署和安排，是公司办和陆某荣的职责所在；陆某荣提供担保的行为与国家建材局被银行划扣 190 万元的后果之间没有直接的因果关系，一则在签订借款合同的过程中，华夏银行明知陆某荣所在的单位是国家机关，不能作为担保人，仍与其签订担保协议，根据法律规定，该担保条款应属无效。华夏银行不通过法律程序就强行划扣国家建材局的存款，是一种违法行为，这是造成国家建材局经济损失的直接原因。二则国家建材局在得知华夏银行非法划扣其银行存款后，完全可以通过法律程序起诉华夏银行，挽回自身经济损失，但国家建材局一直未向司法机关主张自己的权利，这是导致国家建材局经济损失的一个重要原因。一审法院认为，玩忽职守罪在客观上的主要表现之一必须是发生了致使公共财产、国家和人民利益受重大损失的危害后果。然而陆某荣的行为给本单位的公共财产造成多少经济损失不详。首先，国务院办公厅发布的《关于严禁行政机关为经济活动提供担保的通知》及最高人民法院作出的《关于国家机关能否作经济合同的保证人及担保条款无效时经济合同是否有效问题的批复》中均明确规定，行政机关不能为企、事业单位的经济活动提供担保，经济合同中以国家机关作为保证人的，其保证条款应确认为无效。其次，陆某荣违反有关规定，擅自以其所在单位的名义提供担保，是造成国家建材局190万元公款被划扣的直接原因，陆某荣有不可推卸的责任；另外，华夏银行作为金融机构，对国家机关不能作为担保人的规定同样是明知的。但华夏银行在与北京中非玻璃供销公司签订贷款合同时，仍同意由不具备保证人主体资格的公司办作为担保人，向北京中非玻璃供销公司贷款人民币200万元，明显违反了国家有关规定，对由此产生的贷款风险及损失亦负有责任。在担保条款无效的情况下，华夏银行作为金融机构，在自身负有一定责任的基础上，不经法律程序即强行划扣国家建材局在该行的190万元定期存款的做法，将经营风险和财产损失完全归责于对方，于法无据。所以在借、贷和担保方均有过错、担保条款又无效的情况下，国家建材局对华夏银行的贷款损失应承担多少的责任，应先通过相应的法定程序予以确认。因为是否造成重大损失是构成玩忽职守罪不可缺少的要件，只有依法确定了国家建材局应承担的经济损失数额后，才能确定陆某荣的行为是否构成犯罪，并追究其刑事责任。在没有依法确定陆某荣的行为给公共财产造成多大损失的情况下，检察院对陆某荣犯玩忽职守罪的指控基本事实不清、主要证据不足。遂判决陆某荣无罪。该市某区检察院抗诉提出：陆某荣身为国家机关工作人员，利用职务之便，未经批准，私自动用局长基金为他人担保贷款，给国家建材局造成重大经济损失，其行为构成玩忽职守罪。原审判决对本案事实定罪不准，适用法律错误，请求依法改判。陆某荣方辩解称，局里文件规定可为下属企业担保；其是在征得领导同意后才进行担保的；未动用局长基金做担保，其行为不构成犯罪；陆某荣的行为与建材局的损害后果不存在法律意义上的直接因果关系。二审法院认为，陆某荣提出局里文件规定可为下属企业担保及担保系请示部门领导后的辩解，因陆某荣的领导冯某镛、汪某光等人均证实不知道陆某荣用本单位的300万元存款为中非玻璃公司的华夏银行贷款提供担保，陆某荣亦无相应证据证实曾请示过领导，而且国务院办公厅明令禁止行政机关为经济活动提供担保，陆某荣也未能就此提出内容相反的文件。陆某荣方提出的国家建材局的损失与其行为没有直接因果关系的辩解和辩护意见，因陆某荣仅凭与吴某松为同学关系，对中非玻璃供销公司的资信状况、经营能力不进行调查了解，且明知国务院已禁止行政机关为企事业单位间的经济活动提供担保，仍在不经请示领导的情况下，将本单位公款300万元从工商银行转存至华夏银行，为吴某松名为全民所有制、实为个体的公司提供担保，致使国家建材局遭受重大损失，陆某荣对此负有不可推卸的责任。陆某荣身为国家机关工作人员，为徇私情，利用职务之便，违反规定，将其保管的公款为他人作抵押，造成巨额公共财产损失，其行为已构成玩忽职守罪。一审法院判决陆某荣犯玩忽职守罪的基本事实不清、主要证据不足错误，宣告陆某荣无罪不当，应予纠正。遂判决：撤销原审判决；陆某荣犯玩忽职守罪判处有期徒刑2年。

（四）对不同部门、不同环节人员就同一涉嫌犯罪事实刑事责任承担的把握与处理

工作实践中，对不同部门、不同环节人员就同一涉嫌犯罪事实的责任承担的调查，要根据不同的犯罪构成考察、推敲各自罪错与否，结合起来通盘考虑追责问题。例如，河南省三门峡市某区检察院查办并起诉的该市商业贸易局局长柴某旭、市建设委员会城市总体规划办公室主任季某军、市国土资源局执法监察科工作人员张某华滥用职权、玩忽职守案，该省三门峡市商贸局下属的食品总厂依法破产，时任副厂长的崔某敏购买破产企业，并以破产财产作为注册资本，成立了自己任法人的绿源公司。市土地局与绿源公司签订了土地使用权出让合同，确认土地用途为工业用地。崔某敏没有按照协议约定组织生产、安置职工就业，而是在原食品总厂院内搞商品楼开发。市建委停止了有关手续的审批，并责令崔某敏停工。崔某敏找到柴某旭，柴某旭在明知崔某敏没有安排80名职工上岗、绿源公司建住宅楼没有征得80名职工同意的情况下，指使商贸局办公室人员拟制了内容为"市绿源食品有限公司已对职工妥善安置，经职工大会讨论，同意其呈建项目开工建设"的致市建委的信函，经柴某旭审阅后加盖商贸局印章交给了崔某敏。市建委收到商贸局信函后，时任市建委城市规划科科长的季某军明知绿源公司住宅楼土地为工业用地，应当依法办理土地用途变更手续却未变更的情况下，复审同意，为绿源公司住宅楼核发了建设工程规划许可证，准予建设。原食品总厂职工向市土地局举报，市土地局指派该局执法监察科工作人员张某华办理此案，通过调查，市土地局先后给绿源公司下发了停工通知、行政处罚告知书、行政处罚听证告知书，责令绿源公司交还土地，并处以10万余元罚款。期间，张某华多次接受崔某敏方的吃请。停工通知下达后，绿源公司仍然继续施工，张某华没有采取或提出采取足以制止绿源公司施工的有效措施，致使两栋商品楼先后面向社会公开出售。一审法院以滥用职权罪分别判处柴某旭有期徒刑1年、季某军有期徒刑1年3个月；以玩忽职守罪判处张某华拘役5个月。三人不服，提出上诉。二审法院认为，柴某旭身为三门峡商贸局局长，在明知绿源公司未按合同履行破产企业职工安置义务的情况下，指使他人以商贸局名义向市建委出具虚假证明，促使市建委对绿源公司违法审批手续的完成；季某军身为市建委原城市规划科科长，本应依法行政，却明知土地用途未依法变更，擅自复审同意绿源公司建设住宅楼，致使绿源公司违法用地行为得以顺利进行；两人的行为已经构成滥用职权罪。鉴于二人犯罪情节轻微，可不判处其刑罚。张某华在接受单位指派查处绿源公司

土地违法行为案件中，有接受绿源公司方吃请的不廉洁行为，但基本履行了工作职责，宣告张某华无罪。

（五）对行为人因不能"预见"而没有履职等主观缺失情形的把握与处理

1. 查办经济民生领域渎职犯罪过程中，经常会遇到需要查办骗取、侵占、挪用国家各种补贴、补助和其他鼓励资金等犯罪背后的渎职犯罪问题。这其中，很多是"特定职责人"确实存在失职渎职而构成渎职犯罪。但也有些确实是因行为人不可能"预见"且没有履行有关"职责"，属于主观故意缺失的情形，对此则不能认定行为人具体行为与危害结果之间存在刑法意义上的因果关系，也就不能按犯罪处理。例如，西部某市某区某人力资源和社会保障局工伤生育保险科科长佘某滥用职权、受贿案，某煤业有限公司的采煤工李某在井下采煤时因矿难死亡。该公司没有为李某办理工伤保险，为骗取保险，遂以伪造的投保手续到区社保局为李某办理工伤保险，并向该区人力资源和社会保障局申请工伤认定。佘某和同事周某赴事发地调查，在事故单位的安排下，只对做伪证的目击证人一人取证，未认真调查核实死亡时间和死亡原因。二人接受了事故单位的宴请并分别收受 1000 元现金，佘某即做出工伤认定，致使事故单位骗保得逞，造成社保局工伤保险基金被骗 40 万余元。佘某采取同样的方式违规做出工伤认定，致使事故单位骗保得逞，造成社保局工伤保险基金被骗 45 万余元。佘某在工伤认定以及本单位作为被告人的行政诉讼中，利用职务上的便利，为他人谋取利益，共计收受他人财物 1.83 万元。佘某方辩解称，佘某不构成滥用职权罪。佘某对该煤业公司伪造工人死亡时间、参保材料的行为并不知情。工伤认定中，佘某和同事一同调查核实，并到派出所调取了死亡证明书、事故报告书等材料。这些材料均符合《工伤保险条例》中工伤认定条款和相关法规的规定，佘某按法定程序履行了职责，没有滥用职权的主观故意和客观行为。死者的工伤认定与工伤保险金被骗没有刑法上的因果关系，被告人所在的人社局工伤生育保险科只是做出工伤认定书，不具有对工伤保险待遇资格进行审核和发放工伤待遇保险金的工作职责。佘某在工伤认定中没有为他人提供帮助；价值 5300 元的手机和 1 万元现金应当属于劳务报酬，而不是受贿款；佘某分两次收受的 3000 元红包已经退还。不应当以犯罪论处。法院认为，佘某在工伤认定中的职务行为未违反或超越法律规定的权限和程序，并且工伤认定与工伤保险待遇的支付不存在刑法上的因果关系。遂判决佘某犯受贿罪，免予刑事处罚。

2. 侦查实战中，"特定职责人"确实无法预见的情形是极个别情况，大部分情形是"特定职责人"实实在在存在失职渎职的故意、过失以及行为。因而必须按犯罪处理。例如，陕西省安塞县4个尿毒症家庭的成员因亲人患尿毒症、无力承担巨额治疗费用，铤而走险，购买假发票骗取新型农村合作医疗住院患者费用补助共计43万元。法院认定6人以非法占有为目的，购买伪造的住院资料及住院医疗费用结算票据，骗取治疗费用补助，数额巨大，其行为已构成诈骗罪。遂分别判处曹某、韩某、罗某、李某、白某、白某某3年至5年5个月不等有期徒刑，其中，李某、白某、韩某、罗某分别缓刑3年至4年。延安城乡居民医保一体化和大病保险补助实施后，只要在市内定点医院住院，都在报销范围，而延安市内的医院基本都是定点医院。曹某、白某、刘某、罗某等先后使用在西安购买的伪造的住院病历、发票等虚假材料，在安塞县城乡居民医疗保险经办中心办理医疗报销。所持的假发票和假材料由该县城乡居民医疗保险经办中心票据审核员郝某文审核通过。郝某文作为国家机关工作人员，在审核本县在外住院患者的新型农村合作医疗费用补助过程中，不认真履行审核住院手续以及票据真伪的职责，致使部分参保住院病人及其家属利用伪造的发票病历等材料，骗取经其审核的医疗补助款共计45万余元，司法机关虽已追缴其中8万余元，但直接经济损失达36万余元，其行为已经构成玩忽职守罪，免予刑事处罚。

经济民生领域渎职犯罪侦查模式发展趋势前瞻与侦破方法探索

职务犯罪人员一般都是"两面人"，有如存放时间长的鸡蛋往往有着光亮的外壳，里面到底发生了什么，得靠"捅破"外面表皮破壳加以察看，才能得到真情实据。反渎侦查作为职务犯罪侦查工作的一部分，实际上要求更高，其类似工业生产等活动过程中广泛应用的"无损探伤"技术尤其是"探伤原理"在司法活动中的借鉴和运用，是在不损坏工件或原材料"原始"工作状态的前提下，对被检验部件的表面和内部实际情况进行医学无影灯聚焦，展开"外科手术式"检查、测试，力求全面掌握腐烂、病变部位，获知客观真实情形、事实真相的一系列活动。

第一节　发挥信息化办案机制在
侦查破案中的实质作用

当前形势下，置身于反渎侦查这样重要的岗位，在国家强制力保障下，办案人员要像一名伺机而动的猎人，以围猎的战略视野和格局，依托侦查信息化、系统性和精细化办案运行机制，开展对涉嫌渎职犯罪人员的有效围猎或者定点清除行动，真正使这种实战活动名副其实、劳而有功。

一、信息化破案应成为改革创新举措和侦破能力提升之首选

社会转型期的反渎侦查面对的是犯罪作案的新特点、新趋势，工作对象的全新特质，以及侦查机制的调整、改革和有效运用迫在眉睫等参考指数。因此，在侦查机制和办案方法技巧都面临更新、调整的大背景下，信息化办案是

机制改革创新和侦破能力建设的重中之重，具有"一两拨千斤"的功效。

（一）大数据时代信息化办案体系要走新路子，迈入新境界，成为办案主打

1. 把信息化查案作为职务犯罪侦查转型升级的主打产品，让其成为反渎调查主渠道、常规路子和新常态。

（1）从思维、态度和思想上真正认识到把信息化办案嵌入职务犯罪侦查的重要性和迫切性。随着空间技术、网络技术、通信技术和计算机技术突飞猛进，信息化查案自然而然成为引领侦查改革的重要源头，推动侦破战法创新的力量支撑，赢得未来反渎办案的制胜利器。作为实现特定侦破目标的非常规手段，是出奇制胜的决定性力量。其所具有的"全域、远程、联动、精确"等特殊工作机理、独特效能、崭新方式，是推动侦查改革之开路先锋。

现代侦查是高科技密集的信息化侦破活动，必须适应时代的特点和侦破模式的变化，由数量规模型向质量效能型转变；由人力密集型向科技密集型转变。解决侦破活动中结构性"短板"是侦查改革的当务之急。从长期侦破实践来看，侦破战斗力的强弱，并非主要取决于侦破构成要素的强项，"短板"很可能是其致命的败因。当前，反渎侦查工作是一个系统工程，要真正实现侦查模式外延拓展和内涵提升并举，其本身建设与其所担负的任务还有一些不相适应的地方，主要是信息感知力较弱，获取途径缺乏，关联传导、集成发酵、智能开发以及智慧性运用尚未起步，多种力量联合作战能力有待提升，战略威慑力不足，反渎工作的压倒性态势尚未出现等。这些问题若不及时解决，将影响反渎核心侦破能力的形成与提升。在思想认识、思维观念上，需要将信息化办案作为侦查工作最具先进性、导向性的前沿阵地，成为增强侦查工作自身底气、布局未来可持续发展强大推动力和实质影响力的主抓手。真正起到抢占侦破"制高点"，占领"主阵地"，把握影响力和"话语权"，形成未来侦破优势和常规形态。

（2）在侦查实战中，在资源信息内联外引上，要结合一切可用资源和内外优势，强化与相关部门工作上的协商、协作、协同；信息交流上的情报共享和信息交换，各方联动，尽最大可能推动制度内外、系统内外资源和力量同心同向行动，同向发力。依托信息网络实现多体系的有机融合，将分布于多维空间的信息模块编程编组，统一构建全维预警、立体侦查、内外结合，攻坚化险体系。逐步形成横向齐头并进发展、纵向分工协作，形成合力，突出效果的侦查破案大格局。要提高工作的系统性，在规划理念和方法上不断创新，综合考

虑功能定位、行业特色、实战需求、便利建设管用等多种因素，加强对侦破工作内容维度的立体性、融合的协调性、效果的整体性、路线脉络的延续性等方面的规划和管控，通过千百万经典案件的留存与传承，留住当代职务犯罪侦查工作特有环境、特色、风格等带有脉搏、"基因"性质的根本。湖北公安云存储着 3000 类 30000 亿条大数据，相当于 2610 个国家图书馆的藏书量；自主研发的 86 个实战模块，可实现海量信息"一键式挖掘查询、一站式分析比对"，提升了精准高效打击力度。例如该省检察院收到群众举报反映武汉一家公司经理程某向随州国土部门负责人行贿 6 万元，专案组人员在公安、通讯、银行、招投标管理等侦查信息平台上获得 100G 海量数据，用两天时间完成了传统模式下需两个月才能获取的材料；通过数据交叉比对，用半天时间完成了传统模式下需要 1 个月才能完成的走访调查；根据话单分析、视频监控，精准锁定包括程某在内的 4 名行贿、受贿嫌疑人并实施抓捕。经深挖，还将线索拓展到襄阳、十堰等 6 个地市，35 天内立办职务犯罪案件 23 人。

（3）强化主体责任与实战性，突出侦查情报信息获取、分析运用、作用发挥的主导地位，展示"撒手锏"力量，围绕特定攻坚、数据运用、信息攻防、网络隐身作业、远程隔空作战、精确快速运行等精准发力，着力推进调查远程化、隐身化、高效化、"定点清除"精确化的落地生根，力求实战效果。职务犯罪信息化办案综合体系有别于诉讼监督其他信息化系统，其做法主要在于：借助于大数据、云计算等信息技术的优势与成功运用，有效开展智能导侦活动。从发展方向上，认识、尊重、顺应职务犯罪侦查发展特点规律，让信息化办案作为"定点清除行动"的"伽马刀"，特别是让涉案信息对精细化初查、侦破方向确定、突破口的选择、侦查攻坚等都能展开精确制导，成为反渎调查主渠道、常规路子和新常态，释放侦查转型升级发展新动能。在操作细节上，要厘清具体内容，强化具体做法，实现侦破点、线、面及空间继承、集约化解与高效推进。加强各门类管理数字化、智能化平台建设和功能整合，建设综合性管理数据库，朝着侦查信息、专业知识、规则规定和技能要领智能化进发，智慧应用方向发展。要融合总量与容量、盘活存量、做优增量、提高质量，在点上做攻坚，面上求突破，着力提高侦破工作发展的持续性、针对性和合适程度与有效性。一是结合具体行业不同生态链、生存状态以及相关涉嫌行为轨迹情资，建设和利用好集涉案信息搜索、捕捉、查询、取证等行动性特征明显的情报信息收集、传导系统。二是对涉案信息进行有效保存导流、关联整合、挖掘获取、分析研判、深度开发利用，破译信息存储单元，解读寓意与折射，解密核心意思意境，透视所获信息真实内含，寻绎单独信息的特殊含义与线索。以便为下一步或者潜在侦查方向提供导引，为突破口选择、攻坚克难、成功突破案件打下基础。三是发挥抱团效应是关键环节，也就是建设和运用能进一步集群发酵，自动关联、组合、推导、生成等集成、发酵的综合智能系统。包括暂时存在分歧、不能形成共识等类信息。例如，山东省安丘市检察院运用"大数据"为基础的侦查情报信息技术推进智能化办案，建设了集侦查信息采集系统、侦查信息查询系统、侦查取证系统、辅助办案系统和情报信息研判于一体的侦查情报信息中心。包含建设局、房管局、市场监管局等职能部门情报信息协查数据库的计算机房，有计算机信息取证塔、计算机取证分析软件、话单分析软件等侦查装备，以及该院自主研发的职务犯罪讯问辅助系统，构建起了侦查信息采集、信息查询、信息取证、情报研判、侦查指挥、侦查监督七大系统为基础的侦查情报信息综合应用平台，并与省、市院侦查指挥调度系统、情报信息系统、市院同录中心实现了互联互通。组成对情报信息的收集、整理、存储、分析、研判团队，并且建章立制，规范运作，确保了情报信息技术工作严格依法、规范有序开展。充分利用侦查情报信息快速查询涉案人员房产、金融、通信等信息85次，进行手机、计算机取证36次。在查办该市18名交警系列受贿窝串案中，该院侦查人员利用手机话单智能分析平台，经过对犯罪嫌疑人话单分析比对，挖掘出犯罪嫌疑人的密切联系人、生活规律、行动轨迹、多话单共同联系人及可能聚集地等信息，据此绘制了涉及40余人的案件联络图，从而缩小了侦查范围，提高了办案效率。

2. 信息化查案是基于对渎职犯罪结果的特征充分认识、有效把握和运用。没有犯罪结果的客观、现实存在，就很难认定犯罪。必须以嫌疑现象、线索、信息、证据为引导，重在实战方式的创新。

（1）增强自身悟性、敏感性以及闻风而动的行动力特别是工作活力，让信息化查案体系建设承载侦查感知内容，加强侦查监视、信息传递能力，实现全维情报获取；提供全时信息支援区块，包括分析研判、甄别比对、识别锁定与定位、融合判读海量数据力量；重点发展功能集约集成发酵，多维发力，能一定程度提高工作结论或者导引等智能、智慧模块。真正依赖智慧信息查案系统的引导，即时获取、固定涉案证据尤其是危害后果的证据，以便证实犯罪、认定案件，避免时过境迁物是人非，事实证据灭失。

（2）全力推进完善和有效运用类似"指南针"或者办案路线牵引图的办案情报信息智能外脑系统，让智能外脑查案系统契合得查案需求，把现有海量信息与办理个案的个性需求统一起来，把具体用户及其侦查破案所需恰如其分地加以搜索连接、关联识别和迅即传递。基本原理是，根据办案人员在办案系统客户端上点击的行为定制过的通道或者关键（类）词，分析你是谁、你可能的查案需求，从而给你不断推送这类材料的有关内容，甚至自动生成某些可能的结论以供参考。帮助查案人员快速获取其所点击事项的确切内容或者相关结果。这样，彻底改变过去涉案信息的"堆积效应"做法以及具体获取途径，建立和运用芯片式智能导流、甄别分辨体系，保证社会生活、工作信息情资在大幅度向移动客户端（手机、电脑和其他电子产品）转移情形下的侦查破案活动的顺利、有效开展。加速组建和运用各类"办案超市"，实现办案信息资讯和有效情资证据的"一点通"。促使办案人员能便利进入移动互联网进行相关情况信息的采集、过滤、分析、发酵和运用"半成品"的自动生成作用。具体来说，即建立侦查智能数字信息平台体系，通过要查阅什么行为，想搜索什么内容，就感兴趣之点，通过设置关键词，定制自己的频道，然后就是智能机器每天在后台云计算展开情资大搜索，扒取所有有关信息，形成各种焦点凝结，并能就相关情资信息通过计算机系统进行集成处理，做简单定性表达和及时反馈、推送至调查一线，可以非常精准地向调查人员推送出正在找寻、感兴趣的内容。例如，河南省襄城县北汝河段被划定为饮用水保护区、列为河砂禁采区，大量抽砂船却在每年汛期过后到北汝河上采砂，不仅影响了北汝河的生态环境，而且给防汛工作造成了负面影响。河南省襄城县检察院通过涉嫌情况信息综合研判，敏锐地发现这种现象背后可能存在严重的渎职犯罪，遂决定开启渎职犯罪调查活动。针对大量砂垛分布在北汝河两岸，有的砂场老板一边抽砂一边卖砂，有几个砂垛正在消失。如果砂垛都消失，那么砂资源管理相关工作人员涉嫌渎职犯罪的最有力证据将会消失，案件也无法继续查办。为了及时固定证据，办案干警及时赶赴抽砂现场，对北汝河两岸 40 余垛砂逐一测量、勘验、拍照，拿到了第一手证据材料。其中以地处三县交界的丁营河段尤为突出，负责管理该河道、查处非法采砂以免国家砂资源被盗采的北汝河砂资源管理办公室丁营中队中队长王某友进入了办案人员视线。经调查掌握，王某友故意不履行应当履行的职责，在明知北汝河襄城县段全面禁止采砂的情况下，违法以罚款名义收取本辖区非法采砂户现金后，允许非法采砂，致使本辖区河砂被非法开采 21.17 万立方米，给国家造成直接经济损失 1058 万余元。另外，王某友还利用职务便利，非法索取、收受采砂户钱物，为非法采砂户谋取利益，先后非法索取、收受采砂户钱物 15 次，共计 4.6 万元。法院认定王某友犯滥用职权罪、受贿罪，决定执行有期徒刑 1 年。

（二）充分发挥行政执法和刑事司法衔接机制在反渎破案中的作用

1. 新的历史阶段的反渎工作，要全面贯彻落实"两法衔接"机制，强化沟通协调和密切合作，使之成为反渎办案信息、线索的重要来源和调查办案的重要推手以及协作配合的主要途径，并且力争把这类借势和借力活动的作用发挥到极致。例如，根据线索甘肃省白银市警方在景泰县寺滩乡大庄村一处独立的农家院内查封一制毒加工厂，一举破获"8·21"特大制贩毒案件。抓获王某国等涉案犯罪嫌疑人 10 名，当场缴获吗啡成品 5590.9 克，半成品 712 公斤；查获罂粟粉 162.5 公斤；缴获毒资 150 余万元；同时查获一批作案和制毒工具。制贩毒的王某国、刘某先等 12 人分别被判处死刑、无期徒刑、有期徒刑。该省景泰县和白银市检察院经过对这起制贩毒背后隐藏的渎职犯罪案件认真分析研究，发现法院认定的"8·21"特大制贩毒案中，制造毒品的原料是来自条山中药公司。调查掌握到条山中药公司经理、副经理、经理助理等人在本公司采收"百号"蒴果期间，没有认真履行自己的监管职责，造成 143 公斤"百号"蒴果非法流出，这才致使王某国、刘某先等人用其制造大量吗啡毒品并流入社会。故以甘肃农垦条山集团中药材种植有限公司高管陈某、伍某某、王某某涉嫌玩忽职守犯罪进行立案侦查。省高院、省药监局、省农垦总公司协调调取、固定相关证据，突破了条山中药公司陈某、伍某某、王某某玩忽职守的关键证据。问题是条山中药公司作为省农垦条山集团的子公司在性质上属于国有企业，按照 1997 年刑法对于玩忽职守犯罪主体的规定，国有企业的工作人员不属于国家机关工作人员，初看起来，陈某、伍某某、王某某不能被认定为玩忽职守罪的犯罪主体。但是结合相关立法解释和司法解释，刑法意义上的国家机关工作人员的认定原则上采取"特定职责论"。按照该解释，又根据国家药品监督管理局《罂粟壳管理暂行规定》，国家指定甘肃省农垦总公司为罂粟壳的定点生产单位，其他任何单位和个人均不得从事罂粟壳的生产活动，甘肃省农垦总公司每年 8 月底前应将罂粟壳总产量经甘肃省药品监督管理部门审核后，上报国家药品监督管理局。所以，甘肃省农垦总公司是受国家委托代表国家机关行使职权的国有企业，而陈某、伍某某、王某某是在受国家机关委托代表国家机关行使职权的组织中从事公务的人员，符合玩忽职守罪的主体，在本案中构成玩忽职守罪。陈某、伍某某、王某某因犯玩忽职守罪被景泰县法院判处 8 个月至 1 年不等的有期徒刑。

2. 仔细推敲、准确认定适格主体，发挥"两法衔接"机制作用，细致初查掌握核心证据，选准突破口揭开事实真相，有效侦查破案。例如，辽宁省沈阳市检察院查办了大东区房产部门工作人员在公有住房出售过程中，中介人员与房管所工作人员相互勾结，伪造、变造虚假身份证件和工龄证明，套取侵吞房改款的渎职犯罪案件过程中注意了以下几个方面：

第一，多渠道收集信息、准确认定涉案人员。查办的大东区房管所是隶属于区房产局的事业单位，其所长有的是行政干部，有的是工人，还有的是从其他单位或岗位借调的人员，身份比较复杂。通过查阅、查询大量资料确定公有直管住房的产权归政府所有，房管所工作人员系受政府委托管理和出售公有住房，符合渎职犯罪主体身份的要求。但仍然没有掉以轻心，仔细推敲每个房管所从所长到资料员、勘查员、卡片员、房管员是否都符合犯罪主体要件要求。市房产局下发的《关于直管住房房改售房工作的有关规定》，明确提出了"三级审核制度"，即房管员、分公司（房管所）和区局三级审核。后大东区房产局依据市房产局房改工作的有关规定，制定了本辖区内房改工作中相关工作人员的工作职责及工作程序，其中规定住户购买现住直管住房时，须到房屋所在地房管所提出申请，同时提供如下要件：国有直管住房租赁证；居民身份证原件及复印件三份；户口簿；职工工龄证明。房管员负责受理、核实房屋自然情况、承租人和租金缴纳情况的准确性，并对住户提供的要件逐一核对、详细核实，确认合理性，对房改价格进行初步测算，填写《公有直管住房房价测算表》和《出售公有住房协议书》并签字。复核时，卡片员首先核实租金缴纳情况，资料员核实房屋承租人的真实情况以及房屋自然情况的正确性，并对房改要件再一次进行核对，确认合理性，按照房改政策认真测算房价，分别在测算表及协议书上签字。房管所所长对上述要件审验合格后签字。区房产局负责房改工作人员和房管科长在审批前，再次核实测算的准确性和要件的合理性，无误后签字并在协议书上加盖公章。最后由住户交房改款，资料员负责办理房证。从整个房改办理流程可以看出，房管所所长、房管员、资料员按照岗位职责对房改档案的真伪都具有审核职责，而卡片员只对房改房屋的租金及物业费缴纳情况进行核实，对房改审批手续的真实性没有审核职责，最终卡片员因不符合犯罪主体要件被排除在外。这样初步确定了涉案人员范围。

第二，发挥"两法衔接"机制作用。通过摸排，梳理重点中介人员，将他们移交公安机关按照伪造证件犯罪处理，从中了解他们从受理房改件到最后办理房改手续所经历的各个环节的情况，也就是如何与房改工作人员相互勾结串通，利用伪造、变造相关身份证件减少房改款，造成国家重大经济损失的情况。据中介人员交代，一般情况下，在住户找到房管员要求办理房改时，房管员首先会正常计算出住户应交房改款，住户往往要求房管员给予照顾，少交房改款，这时房管员就会将中介介绍给住户，住户基于对房管员的信任，认为找中介会从中得到照顾，便将房改事宜委托给中介办理。中介人员在得到住户房改所需的相关资料，并收取正常应当缴纳的房改费用后，便对住户的户口簿、身份证、工龄证明材料进行伪造、变造，将住户（一般是夫妻双方）的年龄改大、工龄改长，这样按照假身份证、假工龄核算下来的房改费用大大少于按照真实年龄、工龄计算的房改费。为了使假房改手续能够审批通过，房屋中介会根据办理房型大小和房改金额给房管员 500 至 1500 元、资料员 200 至 500 元、所长 500 至 1000 元、产权权属中心工作人员 500 元不等的"好处"。而工作人员在收受"好处"后，一般不认真查看相关手续的真伪，即使查看了发现明显是造假的痕迹，让中介拿回去，中介会再递上造假痕迹不明显的假件，审批人员即给予通过。多数情况下，各环节审批人员不再检查手续的真伪就会直接审批通过。这样住户所交的正常房改款的剩余部分皆被中介占有。

第三，细致初查掌握核心证据。查清相关渎职行为所致损失数额是工作重点，需要从房改档案入手。先摸清情况，再核定损失。经调查发现，房改初期造假房改档案的情况比较少，大规模的造假行为大致发生在最近几年，于是将工作重点放在中介交代的这几年的房改档案上，并分三个步骤进行。一是调取档案。首先将中介交代的这几年房改档案作为调查重点，到市区房产局调取这一时间段内所有的房改档案，将这些房改档案上的户主姓名、身份证号码、参改房屋住址、房改单位及经手人等信息录入微机，形成表格，并按年度、住户进行分类。二是甄别真假档案。带着制作的信息表格到公安局户政处调取参加房改住户的真实身份证号码，再与表格中录入的身份证件复印件显示号码进行核对，将原件和复印件不符的初步确认为假房改档案。三是逐一核对。初步确认的假房改档案涉及的户主年龄层分布不均，户主个人的情况各异，有些住户下岗在家，可以按照房改档案中的地址找到，有些住户则白天上班，晚上才能回家，有些住户的房改房屋已经动迁。面对这些复杂的问题，在公安机关的配合下，在辖区内设立固定的取证工作点，由区分局将辖区内发现的假房改档案住户名单分派到辖区派出所，由管片民警上门寻找住户通知到工作点接受询问，制作询问笔录，而后又发动街道、社区配合找人。在向房改住户取证过程中，除了询问房改住户的基本情况外，还询问了住户当时办理房改手续的详细过程，比如找何人办理的房改手续、提供了什么证件等细节。对于找来的户主本人对办理房改事宜不知情的，作了记载并且约定时间由代理该户主办理房改手续的人（一般都是直系亲属）前来接受询问。

本案中，中介人员在房管所工作人员实施渎职行为过程中起到了重要的作用，他们基本了解整个案情。基本摸清房管所房改人员渎职情况后，办案人员详细分析房改售房工作整体运作模式，从各房管所选取了管理住户多、办理的假房改档案数量多、在岗时间长、审批程序脉络清晰的大东区房管二所工作人员作为突破口。最先接触二所原所长李某福，此人最初一口咬定自己没有任何违规审批行为，而面对干警调取的一米多高的房改档案，其在测算表和协议书上的签字清晰可辨，铁证如山，其心理防线彻底崩溃，将其在任房管所所长期间与中介相互勾结，收受好处费后滥用职权违规审批 60 余份房改手续的事实全部交代。经过艰苦的取证过程，证实原所长李某福、资料员富某、房管员任某兰等人都与房屋中介相互勾结，违规审批出售公有住房手续的情况十分严重，小小的房管所涉嫌渎职的人员竟然如此之多，这着实令人震惊。随着案件的突破，案情越发清晰，四所原所长葛某，房管员刘某美、盖某钢等人也相继到案。损失结果计算主要是依据房改住户的询问笔录，到劳动局调取住户的档案，有些住户户主所在单位倒闭或已经下岗，则以劳动局为主查找托管档案；无档案可查的，则复印其退休证、社会医疗保险证等，后由劳动局工作人员根据住户及配偶的身份证明等材料开具两人的真实工龄证明。再由市房产局测评人员根据这些房改住户真实的身份证和工龄证明及一些相关材料重新核算该房屋的房改费用，并从中减去假房改档案中的房改费用发票所示金额，即是该房屋在房改中少缴纳的费用，也就是给国家造成的单笔经济损失。将这些伪造的房产档案录入微机制成电子表格，详细记载户主姓名、房屋地址、审批人、审批时间，以及每个房屋应缴纳房改费数额和实际缴纳房改费数额，这样这些伪造房改档案给国家造成的经济损失就一目了然，案件侦破水到渠成。

3. 渎职犯罪案件的外围调查工作基本都是在被调查人的"眼皮底下"展开的，实践中可以根据检察机关的职能特点建立机制制度，整合内外部力量形成侦查破案合力。具体而言，在对涉案情况信息线索展开外围调查、秘密取证过程中，可以利用刑检、控申、民行、公安、法院等机关或部门名义、办案阶段甚至手法以及业务特点掩饰调查、隐蔽意图，使初查工作化难为易，事半功倍，让知情人或嫌疑对象在不明就里的情况下，放任甚至于"自觉配合"调查取证，使调取书证、物证及其他原始证据工作变难为易，使整个侦破工作顺风顺水。例如，湖北省襄阳市襄州区检察院在查办白某志玩忽职守案时，在公安机关讯问刘、白时，办案人员将讯问提纲、意图与公安办案干警沟通，请公安提审，反渎侦查干警记录，把握讯问方向、隐蔽反渎意图，使讯问对象不经意间主动交代执法部门来检查例行程序，主要是搞好接待，这便证实了白某志犯罪的客观方面，与工人和销售人员的证词相呼应，最终成功侦破案件。办案效果非常好。

对不正常现象、荒唐事不能放过，要施谋用计，暗度陈仓，发现犯罪端倪，借力打力，查获犯罪真相，侦破案件。例如，广西壮族自治区南宁市和上林县检察机关抓住该县政府将土地"卖"给房地产开发商不但没有拿到国有土地使用出让金反而还要倒贴钱的荒唐事、反常现象做文章，经摸查发现，一宗土地竟拍了 3088 万元，项目开发完毕后尚有 2988 万元国土出让金难以收回。究其原因，是当年政府没有财力征地拆迁，就将这些工作委托给房地产开发商。开发商以此为由不缴纳国土出让金并要求项目开发后与所花费用核销，政府同意。但项目开发完毕后开发商竟称花费4100余万元，高于竞拍价1000余万元。"开发商为什么这么牛？"了解得知这个项目叫寨柳庄旧城改造项目占地106.87亩，开发商是该县龙盛房地产投资开发有限公司董事长兼总经理覃某革。办案人员找相关部门了解情况，得知当时该县几家地产商拖欠国土出让金1.25亿余元，导致一些重大项目无法推进，遂请民行部门介入，帮助催缴。被相关部门采纳并提供了一份欠缴国土出让金清单。办案人员找开发商了解情况并到县国土局收集材料，发现拖欠原因有三：一是政府的原因，即土地挂牌出让后开发商没能拿到地；二是开发商则以各种理由故意拖欠；三是个别公司还存在其他原因。对于第一种情况，该院督促相关部门尽快履职。对于第二种情况，办案人员劝开发商尽快缴纳，否则该院将督促起诉。存在第三种情况的主要是龙盛公司，其没有缴纳国土出让金就拿到了《国有土地使用证》等相关证件、办理了相关手续。办案人员建议相关部门在全县范围内开展"清理拖欠国土出让金行动"，明修栈道，暗度陈仓，即民行部门介入催缴、调取相关资料，反渎部门同时跟进调查是否存在渎职行为，调阅了该公司账目及国土、住建等部门一系列审批、发放证件的相关材料，发现相关部门官员存在明显渎职行为，办案人员借力打力首先询问了龙盛公司董事长兼总经理覃某革，其承认在开发寨柳项目过程中，其公司存在向相关国家工作人员行贿的行为。面对南宁市两级检察院的介入、调查，覃某革压力陡增，上林县检察院果断以单位行贿罪对其立案侦查。覃某革陆续交代了其公司向多名国家干部行贿的事实：该县政协副主席兼寨柳项目协调小组副组长韦某龙、国土局局长韦某茂、副局长李覃其、黄某远，住建局局长李某发、副局长谢某政，房管所所长覃某文受贿、渎职等系列案随之浮出水面。龙盛公司副总经理李某才也因单位行贿罪落网。南宁市检察院以受贿罪对韦某龙立案侦查，以滥用职权、非法低价出让国有土地使用权、受贿罪对韦某茂立案侦查，并指定邕宁区检察院以滥用职权、受贿罪对李某发立案侦查；上林县检察院以滥用职权、受贿罪对李某其、黄某远和谢某政立案侦查，以受贿罪对覃某文立案侦查，以单位行贿罪对李某才立案侦查。龙盛公司欠缴国土出让金的内幕逐渐被揭开：龙盛公司以3088万元中标寨柳项目，县国土局与该公司约定竞标时缴纳的竞买保证金抵作国土出让金，且在合同签订120日内分3期付完全部3088万元国土出让金。龙盛公司无力支付，覃某革找韦某茂、李某其沟通，请求国土局先为其公司办理《国有土地使用证》，以便到银行抵押贷款，并以公司先行垫付的拆迁补偿费等冲抵本应支付的国土出让金。二人为该公司办理了《国有土地使用证》并与其签订缴纳国土出让金合同补充协议，约定该公司用拆迁补偿款等冲抵国土出让金。这其中，韦某龙对龙盛公司遇到的任何困难都积极帮助协调处理。龙盛公司为获取更大利益，向县住建局打报告，请求将寨柳项目建筑容积率从2.0 提高到 3.5，局长李某发明知该公司没有补交国土出让金，且县政府尚未同意审批的情况下，安排副局长谢某政等人给其办理了相关手续，并重新核发了《建筑施工许可证》等证件。龙盛公司在商铺抵押和商品房预售过程中，因为县房管所所长覃某文的帮助，该公司很快成功办理了证件手续和一房二卖预售登记等事项。为表示感谢，覃某革经与李某才商量，先后送给韦某茂价值12 万余元的房子 1 套、12 万元现金，李某其 8 万余元建筑材料、2.9 万元现金，李某发 60 万元好处费，谢某政价值 36 万余元的房子 1 套、10 万元现金，韦某龙价值 48 万余元建筑装修材料、109 万元现金，覃某文好处费 18 万元。龙盛公司通过虚报、冒报等方式，将征地拆迁款等费用提高到 4100 余万元。该县政府组织国土、建设、财政等部门复核这一费用，时任国土局规划股股长的黄某远是复核成员之一，覃某革、李某才商量后送给他 1 万元。李某其因滥用职权和受贿罪被判处有期徒刑 14 年，韦某龙、韦某茂、李某其、李某发、谢某政和黄某远因受贿罪、滥用职权等罪名被判处 6 年 6 个月至 14 年不等的有期徒刑；覃某革、李某才因单位行贿罪被判处有期徒刑 3 年和 2 年。

二、结合反渎案件特点，把"以事立案"制度落到实处

（一）依靠"以事立案"机制把反渎侦查真正做成自主性、控制型侦查

紧紧把握不同领域"此事与彼事"的不同特质，使反渎"以事立案"机制得到有效落实，作用与时俱进有新的发挥。自 20 世纪末以来，全国检察机关一直在试图以侦查一体化、"行政执法和刑事司法衔接""以事立案"和信息化侦查等办案运行机制或者办案模式为基础，使职务犯罪侦查工作始终立足于高地，形成俯瞰态势，对现行或者潜在的职务犯罪形成"显而易见的挑战"和冲击，特别是起到掌控全局的效果。

当今时代，反渎侦查需要实现自身的华丽转身，建立和追寻反渎侦查的核心灵魂。从社会大众普遍认知看来，反渎侦查反应快、远近皆宜、难易均可，意味着能破案，也一定程度上可以视为作风硬朗、实力强大、能力水平较高。但单凭能否破案来表述一支侦查队伍显然是低水平也是不全面的，特别是不能完全概括社会现实生活所迫切要求的"控制型侦查"的特点和全貌。从"控制型侦查理论"观之，"掌控权"是指阻止对方运用某一领域、部位同时保障己方自由使用这一领域、部位的能力。这其中包含两层意思：一是防止或者不

让对方使用这一领域、部位；二是己方可以自由使用这一领域、部位。按照这样的理论或者标准来衡量目前的职务犯罪侦查工作，不能不说其离"控制型侦查"标准还有相当的距离。当前职务犯罪侦查系统确有能力侦破各领域、各类型的贪渎案件，但这并不意味着现在已经实现了"控制型侦查"的目标。真正意义上的"控制型侦查"不仅仅要能在某一领域侦破犯罪、将犯罪人员斩下马来，还要在这些单位、领域持续地起作用，让工作成果生根开花，有能力做好后续协助查漏补缺、堵塞漏洞，建立各种制度，扑灭、应对和化解未来新的犯罪苗头、危险和挑战，起到斩草除根的功效。这样一来，职务犯罪预防及其相关工作才能成为接近"控制型侦查"不可或缺的部分或者说重点行动之一。当今的职务犯罪侦查已经朝着"控制型侦查"的目标走出了一大步，但不可否认的是，现在只是走在了驶向目标的路上，却仍然需要持续的加油、发力。

（二）"以事立案"在反渎侦破活动中的有效做法之举要

随着依法治国方略的全面推进以及尊重与保护人权在国家宪法和刑事诉讼法中被明文规定，以往职务犯罪侦查中"以人立案"即先找到犯罪嫌疑人取得口供，固定证据后再立案侦查，形成事实上的"先破后立，不破不立"的做法已再不适用当今时代潮流与法律规定，往往影响侦查时机和案件的侦破。反渎办案迫切需要变传统的"以人立案"为"以事立案"办案模式，只要有证据证明存在犯罪事实尤其是危害后果出现，即使犯罪嫌疑人尚未确定也要立案侦查，启动查办活动。

1. 结合初查，以事立案，查询锁证，对号入座，确定涉嫌行为人，侦破犯罪。例如，吉林省四平市检察院查办的伊通县民政局原副局长石某、最低生活保障工作办公室原主任王某、伊通镇原副镇长陈某和民政助理高某玩忽职守案过程中，接到举报反映伊通县有干部家属吃低保现象，通过初查发现存在一些问题，围绕是否存在违法发放低保金的问题以事立案后，调阅伊通县财政局财政供养人员名单并与享受低保人员名单进行核对，发现不应享受低保待遇的财政供养人员及家属有 88 人，其中有的是机关干部，有的是机关干部的亲属，违法发放低保金达 30 多万元。办案人员查阅了低保户银行详单核对多头领取或重复领取低保金情况，发现有 20 多人没有档案资料或者有档案资料但无审批手续却在享受低保，涉案金额高达 30 多万元。调阅该县工商局、税务局档案与低保档案，核对发现有 109 名个体工商户享受低保待遇，其中有开大型超市的经理、基层农村信用联社的负责人以及开连锁店的老板等，涉及违法领取低保金 26 万元。调阅该县车管所机动车档案、查询吉林省机动车信息网并与低保档案核对，发现有 10 个享受低保金的家庭供养机动车 16 台。其中一位房地产开发商的妻子住豪宅、开奥迪 A6 车却也享受着低保待遇。查明了相关事实后，依据民政部和吉林省的法律法规来锁定渎职犯罪的直接责任人。根据发放城市最低生活保障，需要经过符合条件的群众提出申请，所在街道民政助理、乡镇主管领导进行初审、公示后，再报民政局城市低保办公室，由低保办主任指派工作人员进行入户调查等资格审查后，再由城市低保办公室主任或民政局主管副局长审批后方可进入低保金发放程序。办理低保手续工作人员声称履行了严格的审批程序，那么实地入户调查不符合审批条件的人就难以蒙混过关了。正是因为相关环节的责任人员对工作严重不负责任，导致低保金被违法发放，结合档案，对号入座，锁定了伊通县民政局主管城市低保工作的副局长石某、伊通镇主管民政工作的副镇长陈某等 4 名渎职嫌疑人，查明石某和王某在民政局工作期间，不认真履行职责，在审批过程中组织入户核查不到位，审批后不严格按规定进行动态管理，致使伊通县不符合低保条件的 384 人，违规领取低保金 142 万余元，给国家造成重大损失。陈某担任伊通镇副镇长分管伊通镇低保工作，高某作为民政助理负责伊通镇低保审核、发放等工作期间，二人不按规定对申请人入户核查和定期复查，致使不符合低保条件的 272 人领取了低保金，其中高某玩忽职守造成经济损失 101.3 万余元，陈某玩忽职守造成经济损失 85.6 万余元。后法院追究了四人的刑事责任。

2. 以事立案，做好"由果寻因""按事找人"工作，深挖案件真相。一般先从复杂的案件事实或者所造成的危害后果出发，按照后果来追溯原因；其次是查找与案件有关部门的法定职责，查明特定职务职责的承担人员；然后查清责任人员的实际执行情况。主要包括法规政策证据、主体资格证据、行为证据、损失后果证据、因果关系证据、关键性证据、补强证据。例如，吉林省双辽市铁西区检察院接到举报反映国营双山鸭场实施危房改造的国家专项补助资金被人套取骗走，分析成案的第一步就要围绕"不符合危房改造条件的人员领取补助资金，给国家造成经济损失"这个"果"来寻"因"、找"人"。办案人员先查封了危房改造申请表等证据，核对危房改造对象身份，从中发现违规发放危房补助资金问题。经核对发现不应享受危旧房补助资金的人员既有机关的干部，又有学校的教师。查阅危房改造申请档案、户口和房屋改造前后照片，核对是否存在重复领取危房改造补助资金情况，发现利用一栋房屋同时申请两份危房改造补助资金的情况非常多。重复办理重复领取危房改造资金双山鸭场有 20 余户、双辽种羊场 20 余户，违规发放危房改造补助资金总额 60 万余元。还调查了鸭场和羊场所有农户的土地证和房屋产权证，经核对发现有 100 余户房屋超面积的人员领取了危房补助资金。为了证明相关责任人行为和造成后果之间的关系，办案人员调查核对了大量与危旧房改造对象相关的各类书证，经过分析研究，最后把嫌疑人锁向了在辽河垦区双山鸭场主管危房改造工作的副场长宋某、负责危房改造具体工作的国土资源所所长魏某、双辽种羊场主管危房改造工作的副场长王某、负责危房改造工作的国土资源所所长魏某等8人，由于这8人违反程序规定、不认真履行审核职责，致使不符合危房改造条件的上百户农户领取国家专项补助资金，造成直接经济损失数百万元。考虑到大多数证人都是违规领取了危房改造补助资金的受益者，直接告诉其骗取补助资金的严重后果和应受刑罚惩罚性，被询问人难免会有很大的顾虑，因得到了好处或担心自己受到牵连而不愿作证或者影响证言的真实性和客观性，故在对相关证人进行询问上，采用了"以案掩案"的询问方式，在询问相关证人时没有过于强调其通过隐报、瞒报等手段掩盖自己实际家庭收入、骗取补助资格的后果等情况，而是侧重于告知被询问人被告人渎职所造成的严重后果，使他们打消了顾虑，如实作证，使案件得以突破。法院以玩忽职守罪追究了8名相关责任人的刑事责任。

3. 在反渎工作中，针对大量渎职犯罪举报线索是出自举报人道听途说或主观臆测、实质性东西不多等特点，必须借助于初查程序对其进行筛选过滤、关联比对、补充完善，从中找出有价值的情况信息线索与有力证据以及可突破之处，利用逆向推断法，以事立案，对查办系统性渎职犯罪案件特别有效。例如，山东省兰陵县检察院了解发现该县农机局开展了一项玉米机收保护性耕作秸秆还田项目。实施这个项目必须由收割机大地块收割才能完成，而到十几个乡镇走访调查得知，该县玉米种植实际情况是小地块、分散性种植，不适于机收，询问过的几十家农户都没有机收，也没见收割机进过玉米地。依此初步判断相关农机合作社可能涉嫌造假。在没有掌握太多证据的情况下，展开合理性怀疑，相关农机合作社上报玉米秸秆还田共多少亩？大约会虚假套取多少资金？上报材料的审核过程都有谁参与？他们分别应负怎样的责任？经过一番认真论证后，果断运用逆向推断法立案。有人弄虚作假，就会有人虚报冒领补贴款，最后所有疑点都集中在某农机合作社法人代表孟某某身上，办案人捋着线索逐一调查核实，在证据面前，孟某某终于承认其与推广站站长赵某某、副站长刘某某共谋成立了建军合作社套取玉米秸秆还田补贴款后私分的犯罪事实。又根据验收表上验收人系副局长徐某某的签字，而徐某某作为分管该项工作的业务副局长也负有不可推卸的责任，同时也对其立案调查，并将其绳之以法。随着案件调查的深入，县农机局局长周某某也被立案调查。同时还抓获其他参与人员2人，共为国家挽回直接经济损失130余万元。

第二节 查办经济民生领域典型案件的方法技巧

凡具体行为、具体言论有失正义的官员多半都存在贪渎腐败问题，这已经成为了社会大众的思维定式，也是反复得到验证、屡试不爽之不二规律。社会现实生活中，一场不期而至的事故、灾难、群体突发事件等对职务犯罪特别是渎职犯罪人员来说，其常常先期"毫无征兆"，或者没有"招谁惹谁"甚至前一天还在主席台上作报告，第二天就被查办，完全可以称之为紧接着、伴之而来的次生性灾害，似乎更是对相关失职渎职人员长年积累下来的必还之债的"因果报应"，或者说是"歪打正着"也不为过。这种意想不到的机会，将公众注意力吸引到了特定地域、行业或者环节部位，使那里立刻"鼓包"起来，以致到了不治不行的地步。事实上造成了一种耐人寻味的现象，即在舆论聚光灯照射之下一种搭眼球效应便车的情形经常出现，成为反渎侦查可借之势、可用之力。

一、查办为社会犯罪人员充当"保护伞"类渎职犯罪案件的做法

（一）以"原案"为基础，密切追踪，掌控线索，主动出击，抓住关键

广东省肇庆市检察院立案查处非法盗采河沙犯罪背后的德庆水务局局长杜某荣等6人"保护伞"犯罪案过程中，办案人员首先获悉本市公安机关先后侦破"3·06"德庆非法开采河沙危害环境案和"3·25"封开非法开采河沙破坏生态案、抓获40名犯罪嫌疑人信息后认为：该非法经营系列案件的涉案金额巨大、涉案人员众多，背后很可能存在相关部门人员充当"保护伞"的情况。据此密切跟踪该系列案，一方面加强与公安机关沟通联系，弄清盗沙团伙采沙详细情况；另一方面详细了解开采河沙监管方面法律法规，确定所涉及的监管部门和相关人员的职责，为下一步工作做好充分准备。经过与公安机关沟通了解到：邓某强等人以非法取得的西江相关标段河沙开采权作为出资，合伙在西江流域非法采、售河沙过程中，雇用大批人员设立主管、开单、调度、杂工等多个工作岗位，同时雇用14艘抽沙船作为采沙作业工具，在西江河道流窜作业，严重超越标段关于采沙范围、采沙量、作业工具、禁采时间的有关许可规定，非法开采西江河沙达2000多万立方米，销售金额高达8.2亿元。同时，详细收集《中华人民共和国河道管理条例》、《广东省河道采沙管理条例》、《广东省省管河道采沙现场管理办法》、《水政监察工作章程》以及近年来广东省水利厅关于采沙监管的相关文件，熟悉掌握了河道采沙招投标流程、

现场监管制度和水政监察人员职责等。了解到，西江河道的采沙许可由省水利厅进行公开招投标；河道所在地的市、县水务部门和监理单位对采沙行为要24小时驻点监督，在标段开采前、开采中、开采后要对标段进行实地测量，并要通过签署《广东省河沙采运管理单》（四联单）对运沙船的运沙行为进行监管。如严格按照上述规定监管，不可能超量开采如此多的河沙，该案背后极可能存在"保护伞"的情况。该非法开采河沙系列案件涉案金额巨大、涉案人员众多、开采时间较长，监管部门涉及多个地区、多个部门。将对象锁定在负有直接责任的德庆水务局和封开水务局，通过初查了解到德庆县水务局局长杜某荣被多次举报调查仍屹立不倒，具有很强的反侦查能力。在办案初期，调查工作遇到很大的困难，一方面由于侦查方向的不同，公安机关在办案中对于沙站送钱的情况只是轻描淡写地进行了讯问，在没有证实的情况下并没有进行深究，这使得采沙人有了充分的心理准备和辩解，对于送钱的情况坚决否认；另一方面因为杜某荣曾经多次被相关部门调查，具有很强的反侦查意识，外围调查其银行、房产、证券等资料的过程中均没有太大的收获。因此查证杜某荣的经济问题陷入困境。办案人员得知公安机关在搜查的过程中发现了"沙站"一个记录本记录了给相关人员好处费的情况，故一致认为该案只有渎职、贿赂"一案双查"才能成功。故对杜某荣传唤的同时，将副局长覃某文、水政监察大队大队长江某清、水政水资源股股长陈某勇等4人同时传唤调查。杜某荣到案后只承认自己有领导责任而拒不承认有失职渎职责任。针对杜某荣避重就轻的态度，加大对覃某文、江某清和陈某勇的分化瓦解，从侧面证实了杜某荣在收取采沙人好处后放任、纵容邓某强等人的违法采沙的行为，还证实了杜某荣私设小钱柜非法收取王某等5人缴纳的70多万元"资源管理费"后纵容王某等人在西江河道长期无证采沙的事实。至此，杜某荣充当上述沙老板违法采沙的"保护伞"的情况已是铁证如山，杜某荣也只能承认自己对于西江非法盗采河沙具有不可推卸的责任。对于杜某荣能在较短的时间内取得突破的原因，一是攻其不备，在杜某荣没有心理准备的情况下将其传唤到案进行讯问；二是断其后路，在传唤杜某荣的情况下，将覃某文、江某清和陈某勇一同讯问，既从侧面证实了杜某荣的责任，又避免了杜某荣利用江某清等人托关系说情。针对遇到的侦查难题进行认真分析研究，确定从三方面进行突破：一是以收钱较少的覃某文、江某清和陈某勇等人为突破口，从侧面查证杜某荣的经济问题；二是进一步扩大外围调查的力度和范围，全面调查杜某荣近亲属的经济状况及其社交网络；三是利用非法开采河沙案件移送审查起诉的时机，通过采沙人委托的律师、公诉人对采沙人做工作，争取采沙人的配合。在强大压力下，覃某文、江某清和陈某勇先后交代了收取沙站好处费的情况，也交代了杜某荣收取沙站大额好处费的线索。要突破杜某荣，需要更多的证据，因此将主要精力放在了外围的调查中，经过奔赴多家银行查询以及公安机关的协助，发现杜某荣儿子的账户曾经走过一笔 200 万元的资金，根据这一资金来龙去脉的走向及杜某荣日常的社交网络，发现了德庆数名私人老板与杜某荣存在千丝万缕的经济联系。立即将上述老板传唤到案，在询问中最终证实了杜某荣将大笔资金通过他人账户借给私人老板放高利贷的事实，至此，杜某荣的经济问题浮出了水面。最终被追究刑事责任。

（二）巧施对策快速突破，斗智斗勇深挖细查，智慧破案

广东省茂名市电白县检察院立案查处该县交通运输局原副局长陈某鉴等 3 人为交通运输行业欺行霸市犯罪团伙充当"保护伞"案件时，察微析疑分析认为，一个欺行霸市的犯罪团伙为何能够非法经营并盘踞一方作恶实施违法犯罪行为长达 5 年之久，迅速从市公安局查办的冯某玉团伙犯罪原案入手，深入分析其背后的利益链、关系网，特别是从行业管理部门入手调查，查明刘某富利用其担任电白县交通运输局综合行政执法局沿海执法组负责人、岭门客运站站长职务之便参与团伙犯罪是典型的欺行霸市"保护伞"。由于该犯罪团伙成员达成攻守同盟，刘某富到案后，对其利用国家机关工作人员身份为冯某玉犯罪团伙充当"保护伞"的犯罪事实矢口否认。其他团伙成员供述刘某富在犯罪团伙中的作用时也轻描淡写，调查工作一时陷入僵局。针对此情况办案人员及时调整对策，第一，加强外围调查，固定关键证据。办案人员兵分两路调取证据。一路前往工商、质量技术监督等部门调取登记注册资料、机构代码等书证，掌握岭门客运站不具有独立民事主体资格，刘某富代表岭门客运站与犯罪团伙首犯冯某玉的妻子谢某清签订承包经营的《协议书》是非法、无效的。一路赴广州、东莞、深圳、江门等地走访专线客运车公司、司机和乘务人员，掌握了刘某富带领冯某玉犯罪团伙成员以交通运输局执法人员的名义到站外路面巡查，对过往的车辆实施"处罚"或敲诈勒索的犯罪事实。第二，寻找突破口，伺机切入。经过对每个犯罪团伙成员的家庭、履历、学历等情况分析，决定将谢某清作为案件的突破口。办案人员以动之以情、晓之以理的思想教育和政策感化击溃了谢某清心理防线，供述了刘某富组织社会闲散人员假借执法的名义，对过往客运车辆实行敲诈勒索的犯罪事实。第三，乘胜追击，瓦解同盟。缺口打开后，办案人员将目标转向该犯罪团伙其他成员。为了打破犯罪嫌疑人对关押环境的适应心理，由该市公安局协助将该犯罪团伙的其他成员提押到指定的办案地点，给他们制造心理上的压力感和恐慌感。在审讯中故意透漏有人已经供述了刘某富充当"保护伞"犯罪事实的信息。在观察到对方出现犹豫神色后，适时讲述

"树倒猢狲散"的道理，讲明法律政策。攻守同盟完全瓦解，案件侦查工作取得突破性进展。刘某富在大量的事实和充分的证据面前，终于交代了其为冯某玉犯罪团伙充当"保护伞"的犯罪事实。通过对举报线索的排查，发现本县交通运输局原局长陈某鉴、交通管理总站负责人黄某波等人有收受贿赂、渎职犯罪的重大嫌疑，接触陈某鉴和黄某波后，两人均对于渎职犯罪事实予以供认，但对于受贿事实却矢口否认。调查工作兵分三路开展：一是由协调小组负责与茂名市、电白县公安机关专案组协调，提审冯某玉犯罪成员。通过巧妙运用审讯策略，冯某玉供述了其向陈某鉴、黄某波行贿的犯罪事实。二是由外围调查小组调取书证和证人证言。通过分析，办案人员大胆推测陈某鉴作为交通局副局长，除冯某玉外，应当还有其他车站承包人向其行贿。通过对其他举报线索的排查，查证了陈某鉴收受其他车站承包人贿赂的犯罪事实。同时，通过财产查询，发现陈某鉴的存款远远超过其正常收入，更坚定了办案人员对陈某鉴具有其他受贿行为的推测。三是审讯人员从省委、市委部署"三打"的态度和决心开始分析目前全省的"三打"高压态势，劝告黄某波不要因自己的"小问题"牵连到哥哥，祸及全家，放弃哥哥会救人的幻想。黄某波供述了其在收受冯某玉贿赂后对岭门客运站执法检查采取走过场形式的犯罪事实，同时还检举了其分管领导有渎职和受贿行为。在全面掌握陈某鉴犯罪证据后，审讯小组实施突审。在强大的证据面前，陈某鉴彻底交代了收受冯某玉等客运站和运输企业老板贿赂，在执法检查中放纵岭门客运站非法经营的犯罪事实。

当前一些地方一方面是经济发展混乱、社会治安形势恶劣、环境污染、矿产资源和水土流失严重以及损害民生民权民利的情形时有发生等现象一般都有各种形式的保护伞"罩"着；而另一方面这些地方的检察机关却无犯罪线索来源，处于无案可办的境地。对此检察机关应当更多地从自身方面查找原因，看看到底是上级院的支持、指导、配合不够还是本级院的思想、作风、能力、水平有问题。对当地存在的犯罪、自身存在的问题视而不见，不加以重视本身就是失职渎职。"己之不正，难以正人"，古今皆然的道理。广东等省是稀土大省，而稀土是工业的维生素，每吨可卖到 20 余万元、最高时可达 40 余万元，黑市交易曾高达每吨 70 余万元，这刺激了不法商人进入稀土行业链而走险，无序开采、盗采现象大量存在。国土部遥感资源卫星系统通过卫星图片检测到佛冈有 100 余处非法稀土盗采点，广东省、全国储有稀土的地方都在坚持打击稀土盗采，但为何屡打不止？因为有"保护伞"在收受贿赂、通风报信、放纵盗采。佛冈县委县政府组织"铁拳"打击非法盗采行动之后，"保护伞"们使出浑身解数"保护"自己"罩"着的矿点，使得所有的矿点老板一下子消失了。时任该县石角镇国土资源所所长的黄某洪带着摧毁大山尾非法开采稀土矿点的命令后在半天时间里首先通风报信告知对该矿执法行动已经开始，然后命令手下何某制作一张假的《责令停止违法行为通知书存根》以证明该矿已经被摧毁，再带领两名下属来到矿点拍摄虚假照片：先命令人拍摄钩机钩住浸泡池池边的动作，并找到一个废弃的工棚，拍摄钩机将其钩倒的照片，又杜撰报告汇报其摧毁该矿点的全过程且当天下午拿着这些虚假的材料和"摆拍"的照片向领导复命。可当执法督察队经过该地时发现，该矿不仅没有被摧毁，反而扩张了。高岗镇国土资源所所长何某志每听说镇政府组织人员要对矿点进行打击前都无一例外地向矿点老板们"汇报"，如果遇到没有"收拾干净"的矿点老板，他和他的下属们便会做做样子，对矿点做简单的处理，但不影响其继续采矿。数年来，佛冈屡次打击稀土私采矿点但经常死灰复燃。屡禁不止的盗采行动背后肯定有"保护伞"，该县检察院办案人员基于这个判断依法介入案件调查。一方面盯住已抓获的矿点老板，另一方面联络执法督察队希望从矿点老板、工作人员口中钓出"大鱼"。恰逢朱某展、邓某厚两名矿点老板被抓，办案人员从中掌握了两人大量的行贿证据，随后将时任高岗镇副镇长李某新、国土所所长何某志、执法人员范某华、该县公安局森林分局高岗派出所所长朱某针抓获。矿点老板们透露，一般他们会采取过年过节送钱、找中间人送钱等方式拉拢主管领导，一来二去，建立其自己的"保护伞"。李某新利用其主管该镇城建规划、国土资源和打击非法开采稀土矿的职务便利，收受非法开采稀土矿点老板及相关人员贿赂 37 万元。何某志受贿 9.5 万元，范某华受贿 1.1 万元，朱某针受贿 1.5 万元。在大山尾非法开采稀土矿点，检察干警也抓获了两名充当"保护伞"的人员。一人为石角镇副镇长廖某华，他利用主管该镇国土资源和打击非法开采稀土矿的职务便利，收受 4 万元贿赂，保护矿点老板。另一人是摆拍照片的国土资源所所长黄某洪，其收受了矿点老板贿赂 4 万元。该县从此风平浪静，再无私挖乱采现象。

（三）理出线索，扎实初查，靠证据让犯罪嫌疑人"四面楚歌"、成为孤岛

广东省江门市检察院在办理该市公安局提请批捕的陈某民、李某权等涉嫌强迫交易、寻衅滋事犯罪案件过程中，发现了新会区海洋渔业局等执法部门涉嫌渎职、受贿的线索，经分析认为，这是一条涉及公安、渔政多名执法人员与非法采砂团伙相勾结，造成河砂被大量偷挖、社会影响极为恶劣的窝案线索，线索真实性及可查价值较高。一是安排专人负责收集、整理线索材料及相关法律法规，制定周密的初查计划和行动方案；二是针对现有线索材料单一，多份陈某民非法采砂团伙成员笔录仅粗略提到该团伙有与相关执法部门疏通关系但

并未指出具体部门和人员姓名，而该团伙非法采砂水域不固定导致侦查管辖存在争议情况下，调查人员先找准调查方向开展秘密调查，通过审查陈某民团伙非法采砂原案材料，提审陈某民团伙多名在押犯罪嫌疑人，询问采砂船主，以及查阅相关法律法规和职责规定后，掌握到一个由新会围垦水利、派出所、渔政等部门抽调人员组成的河砂管理联合执法队涉嫌为陈某民团伙通风报信、充当"保护伞"及收受贿赂的重大情况，其中新会区银湖湾派出所民警廖某伟有涉嫌渎职、受贿重大嫌疑；还发现新会海洋渔政大队在监管执法中没有依法查处陈某民团伙非法采砂船只的情况，其中新会区渔政执法大队的大队长邓某辉存在重大嫌疑。随即围绕联合执法队成立时间、牵头部门、人员构成、职责、执法方式，及新会海洋渔政大队行政执法情况展开新一轮调查，逐渐掌握了关于涉案水域管辖权的资料，调取了新会围垦联合执法点的人员组成等情况及渔政部门近年来行政处罚的卷宗材料，考虑到陈某民团伙欺行霸市案件仍在办理过程中，主动与市公安局刑侦支队协调调取了原案案卷等重要材料，进一步夯实了证据基础，为开案做了充分准备。

为了确保案件顺利突破，采取多名嫌疑对象同时到案、各个击破的策略，根据陈某民团伙成员的供述，通过分析研究案情，选择了渎职、受贿嫌疑较大的银湖湾派出所民警廖某伟和广东省渔政总队新会大队大队长邓某辉作为切入点，进行重点突破。由于陈某民团伙 20 多名成员早前已经被公安机关立案查办，因此该河砂管理联合执法队的多名被调查对象出现了明显的串供现象，对于渎职问题含糊其词，审讯一度陷入"瓶颈"，但通过敏锐观察发现被调查对象的细微心理变化，及时调整审讯策略，斗智斗勇，运用证据，锁定涉案对象的职责，使其供述不攻自破，突破了廖某伟和邓某辉滥用职权犯罪事实。借助审讯，新会区崖门口河砂管理联合执法队违反巡逻监管职责，没有依法及时查处非法采砂违法犯罪活动的事实进一步清晰。办案人员一鼓作气，进一步查清涉案人员背后的贪贿类犯罪问题，邓某辉供述了其收受贿赂 3 万元的情节，廖某伟也供述了其收受贿赂的犯罪情节，其共从陈某民团伙中收受贿赂共计 9 万元，其中廖某伟本人分得 4.3 万元，新会区银湖湾派出所所长李某培分得 2.7 万元，银湖湾派出所民警冯某铭和新会渔政大队郭某仪各分得 1 万元。李某培、冯某铭和郭某仪均承认了收受贿赂的情节。至此这起涉及公安、渔政执法人员渎职、受贿犯罪 5 件 5 人职务犯罪系列案件圆满落幕。

二、依据反渎案件和侦查特质，采取不同对策和办法，获取、固定客观证据以侦破犯罪

反渎案件的结果犯性质特别是涉案证据的多重依存性或者说间接性特征决

定了侦破渎职犯罪案件活动的两大特点：一是相对于贪污贿赂类案件，反渎案件的侦破和认定过程中对口供等言词证据的依赖性要低得多。这一客观情况与许多人经常提到的职务犯罪案件的认定对言词证据依赖性极强、离开言词证据寸步难行的提法并不相符。二是通过有效运用好"两法衔接"机制、纪检和检察相互移送机制以及检察机关内部部门间协作制度等内外机制，尤其是重视运用行政执法机关办案中所获取的证据以及对"原案"所涉情况信息资讯等的借鉴参考、开发利用，就有可能获取到侦破相关案件所必备的足够证据。所以，反渎办案活动要把破案的工夫下在获取案件相关的客观证据上，重点是对外围基础证据的获取、分析研判和有效利用上。

（一）把握不同罪名特质，做好外围证据获取，强化对策运用

1. 过去不少人认为职务犯罪案件主要靠言词证据破案、定案，其实，正是因为渎职类犯罪的结果犯性质、犯罪结果的明面化，使得反渎案件调查过程中对言词证据的依赖恰恰不如贪污贿赂类犯罪案件那么强烈。所以，反渎调查人员有时要把自己当成量体裁衣的"裁缝"，善于理解、研究具体罪名或者相关案件的个性特点，吃透整件衣服的设计思路、量身定做技术，灵巧运用侦查谋略与对策的意识和办法以侦破犯罪。尤其对徇私枉法等客观证据、鉴定检测证据较为充足的执法司法类渎职犯罪的查办更要如此。例如韩某和两名朋友酒后到北京市丰台区四合聚友的棋牌室内"扎金花"，认为另一名"扎花人"刘某出老千，两人发生口角，便授意朋友孔某强殴打刘某，刘某眼眶、鼻骨骨折，离开棋牌室时还被孔某强抢走了2万元。刘某拨打了"110"报警，案件被某刑侦支队立为抢劫案。韩某得知刘某报案后，害怕受到刑事处罚，就去找刘某谋求私了，并找人问能不能撤案并找到曾经在受理该案的派出所警察陈某平让其帮忙将这起抢劫案撤销。该派出所所长邹某远收受贿赂3万元后接受请托，当着陈某平的面召集该案承办民警李某、副所长吕某到其办公室一起商议刘某被抢劫案的案情和撤销的方式。后李某按陈某平的要求给被害人及证人制作了内容虚假的撤案笔录材料，联系刑侦支队协调撤案的事。后该抢劫案被撤销。后这起案子被其他部门发现并移送给该区检察院，距离抢劫案发生和撤案已有16个月，为案件侦破带来极大难度，很多细节无法客观还原，很多证据材料也无法查找，仅仅有刘某报案时的笔录，当时的一些电子证据也因为时间长而被删除、覆盖。但该抢劫案立案以及撤案都保留着比较完整的法律文书，虽然刘甲作为刘某被抢劫案的主管队长并不是案件的具体承办人只是负责领导和审核工作，这些立案和撤案的文书也都不是刘甲自己制作的而是他指使下属进行操作的，但有一点是清楚的，这些人都不否认受贿。所以，本案在办理过

程中，在调取到以上全部客观证据后，办案人员将主要精力用于突破、获取犯罪嫌疑人的口供以便从不同角度证实徇私枉法犯罪的成立。第一次对邹某远、李某、陈某平询问时，三人都对自己涉嫌的犯罪问题避重就轻甚至拒不回答。邹某远利用自己从警近30年的经验与办案人员周旋，承认自己将案件承办人和两位副所长召集到办公室商讨案情是违反办案纪律，但拒不承认受贿和指使他人做虚假笔录的事情。办案人员抓住他辩解的漏洞追问，他就回答"我没想过这个问题""记不清了"。转而对与邹某远关系紧密的李某进行谈话，李某开始不指认邹某远的犯罪事实，办案人员就给李某看邹某远将撤案责任全篇推托给他的笔录，这激起了李某的反感心理，促使他详细交代了在邹某远办公室商讨撤案的全过程。全案得以侦破。

2. 扎实初查获取证据，有针对性地化解辩解，准确选择突破口，灵活适用适宜罪名，扎实稳妥推进破案。反渎侦查活动中，在办理徇私枉法类渎职案件时，往往都有大量的客观证据可资获取运用，但办理这类犯罪案件，最为棘手的是涉案调查对象反侦查能力强，侥幸心理和抵触情绪重，且口供突破和固定难度大是普遍现象，所以，需要在初查阶段便重视获取客观证据，以便为立案侦查和破案认定等活动打好基础。例如，重庆市检察院第一分院在办理张某虎、李某宇案时，办案人员虽然在接到移送线索时已经存在一些基础证据，但在审查线索材料后并没有草率上案，仓促立案，而仍然扎实做好初查工作，着重获取相关的外围证据，为下一步立案侦查工作打下了良好基础。制订具体书证收集计划，包括两名犯罪嫌疑人的主体材料、职责材料、办理田某川涉嫌伤害案的原案材料、案发后田某川等人被追究伤害罪刑事责任的案件材料等办理徇私枉法案件的必要书证。立案侦查后，关键又抓好两个方面的工作：一是针对对方辩解花大量时间和精力有针对性地收集相应书证，堵死案件后续可能涉及的漏洞，不留死角，铲除后患。针对李某宇在讯问时提出自己不是"流金岁月"案的承办人，在该案发生后，案件也没有交到其手中进行处理，其对案件侦查不负有责任。对此，办案人员获取到了"流金岁月"斗殴案发案后出警派出所记录的接出警登记表，表上明确记载了将该案移交涪陵区公安局刑警六大队李某宇处理；还根据这一书证上记载的情况走访了解了当时出警派出所的相关人员，证言进一步证实了在"流金岁月"案案发当天，李某宇全程参与处理了该起案件，其企图逃避责任的辩解不攻自破。另外，对于张某虎提出辩解在案发后，受害人张某没有做伤情鉴定，不知道其受伤情况如何，所以他也不知道田某川是否构成犯罪，因此不存在明知田某川是犯罪人而对其进行包庇枉法的辩解。办案人员获取到了张某虎本人的工作笔记本，其中明确记载了"流金岁月"案的承办人六大队民警徐某向其汇报该案的情况，结合徐某本人和其他民警的证言，证实徐某在向张某虎和李某宇汇报"流金岁月"案案情时，已经向二人说明受害人伤情十分严重，还提取了张某的病历，张某虎、李某宇二人清楚地知道受害人当时被伤害至失血性休克，已经达到重伤标准，张某虎提出的不清楚田某川是否构成犯罪的辩解纯属无稽之谈。正是全面而有针对性地收集了大量客观证据，才使本案在相关案件启动非法证据排除程序的特殊背景和情况下，也能够最终顺利地定案并移送起诉。二是精心选择案件突破方向和侦查策略。根据徇私枉法类案件中犯罪嫌疑人的行为往往与受贿、滥用职权、玩忽职守等行为相互交织，需要仔细分析、认真研究，精心选择案件的突破方向和侦查策略的特点，强化对策应对。在接到线索后，办案人员认真分析了现有的证据材料，发现其中既涉及张某虎和李某宇徇私枉法包庇他人的事实，也涉及二人收受他人钱财的事实。是以徇私枉法罪作为案件突破方向还是以贪贿受贿罪作为案件突破方向，还是以两个罪名同时作为突破口展开侦查，办案人员紧紧依靠公安机关所获取到的基础材料为出发点，发现虽然徇私枉法的具体行为和细节二人供述并不具体，但基本的事实和情节二人口供较为一致和稳定；而关于受贿的情节，涉及收受金额不大，收钱与帮忙时间间隔较长，且二人供述不稳定，反复较多。故又对张某虎、李某宇二人进行了讯问，在接触过程中出现了两个难点，其一是由于张某虎、李某宇二人身份特殊，反侦查经验丰富，在徇私枉法的一些细节和关键问题上避重就轻，侥幸心理很强，企图逃避查究；其二是两人对受贿的情节十分抵触，特别是张某虎对收受田某川钱财的事实矢口否认。综合以上情况，经分析认为，基于两人的特殊身份，两个罪名同时突破难度较大，不如利用二人力图回避经济问题的心理，声东击西，集中力量突破固定二人徇私枉法的渎检罪名。在确定了突破方向和侦查策略后，在审讯两人过程中，抓住其害怕因经济问题被追究刑责的心理突破固定其徇私枉法的行为和情节，特别是在固定张某虎徇私的主观心态上，加大对其经济问题的攻势，逼问其和被包庇的犯罪分子田某川之间的经济往来，张某虎在百般否认的情况下，办案人员突然抛出其枉法包庇田某川不受刑事追究的客观事实，张某虎为了回避其经济上的嫌疑，主动供述了其与田某川系多年好友，从小在一个院里长大，关系非同一般的情节，为固定其主观上徇私情打下了牢固的基础。结果证明，选择佯攻反贪罪名、实取渎检罪名的侦查谋略取得了很好的效果，特别是对于取证难度相对较大的徇私主观方面的犯罪构成要件，取证相对顺利。三是灵活调整办案思路，灵活适用适宜罪名推进办案。徇私枉法罪构成要件要求较为严苛，在最高人民检察院《关于渎职侵权犯罪案件立案标准的规定》中，要求有以下行为的才立案追诉：对明知是没有犯罪事实或者其他依法不应当追究刑事责任的人，采取伪造、隐匿、毁灭证据或者其他隐瞒事实、违反法律的手段，以追究刑事责任为目的立案、侦查、起诉、审判的；对明知是有犯罪事实需要追究刑事责任的人，采取伪造、隐匿、毁灭证据或者其他隐瞒事实、违反法律的手段，故意包庇使其不受立案、侦查、起诉、审判的；采取伪造、隐匿、毁灭证据或者其他隐瞒事实、违反法律的手段，故意使罪重的人受较轻的追诉，或者使罪轻的人受较重的追诉的；在立案后，采取伪造、隐匿、毁灭证据或者其他隐瞒事实、违反法律的手段，应当采取强制措施而不采取强制措施，或者虽然采取强制措施，但中断侦查或者超过法定期限不采取任何措施，实际放任不管，以及违法撤销、变更强制措施，致使犯罪嫌疑人、被告人实际脱离司法机关侦控的；在刑事审判活动中故意违背事实和法律，作出枉法判决、裁定，即有罪判无罪、无罪判有罪，或者重罪轻判、轻罪重判的。但事实上，在很多反渎案件中，从常理常情来看，涉嫌行为确实是徇私枉法的行为，而对照立案标准规定，这些行为却往往并不典型，因此以徇私枉法罪进行追诉就存在一定困难。具体侦查活动中如何处理这类行为，关键是要在调查过程中灵活调整办案思路，避免教条化运用追诉罪名。针对有关人员为犯罪嫌疑人家属帮忙，泄露案情和办案过程中的相关材料的行为，办案人员分析研究适用徇私枉法和帮助犯罪嫌疑人逃避处罚等罪名对其进行追诉，而根据在侦查过程中收集的客观证据和认定的案件事实，认为以上述罪名强行追诉确实存在一定障碍，因此调整了侦查方向，以故意泄露国家秘密罪来评价和追诉。对在办案过程中将讯问犯罪嫌疑人的同步录音录像资料泄露给犯罪嫌疑人家属的行为，一方面依法追究了犯罪嫌疑人渎职行为的刑事责任，另一方面也有效防止了案件办理节外生枝，保证了整个案件的顺利处理。

（二）摸查扯线，查询锁证，明察暗访，施谋用计

反渎案件的具体特质使得反渎侦查活动的开展应当做到"固定两头，中间突破"。其中"固定两头"，一头是特定职责人在履行职责过程中所实施的渎职行为，即涉及犯罪事实真相的外围、客观证据；另一头是涉嫌行为引起的严重危害后果或者恶劣社会影响。"中间突破"是指查找到涉嫌行为与危害结果之间存在的内在、必然的逻辑机理或者关联、关系，并使之得到固定、采信和认可。而实现途径是摸查扯线，查询锁证，明察暗访，施谋用计，把反渎办案做成实质意义上的侦查破案活动，体现当今反渎侦查的真正水平。

1. 结合反渎案件特质，借助于检察内外部协作机制，集成各方合力，对涉嫌线索顺藤摸瓜，层层剥皮，步步深入，查获犯罪。例如，广东省广州市海珠区检察院畅通与纪检、院内各部门线索移送、经验做法借鉴渠道，根据公诉

科移送的线索，自侦部门查办涉及生猪及猪肉制品流通领域系列案过程中，通过提审在押犯，传唤缓刑犯，了解到这个行业失职渎职贪污腐败的特点，获取和发现了很多有价值的衍生线索，确定调查切入点。用网络、实地查看、化装侦查等方式开始摸查该市肉制品屠宰、流通等环节的主要参与者，结合自侦部门以前查办过的相关案件，对线索进行筛选分析，从肉制品生产、流通负有监管职责的工商、检验检疫以及畜牧兽医等政府职能部门的失职渎职、贪污受贿上下力气，重点锁定该市花都区屠宰场的老板毕某某、刘某某、陈某某三个人，接着通过电话查询、跟踪定位、蹲点守候和隐蔽拍摄等手段，摸查毕某某、刘某某、陈某某的活动规律、交往人员的基本情况后，对涉案人员展开抓捕，迅速破案。

2. 主动出击，获取线索，以智取胜，查破犯罪。对涉嫌渎职犯罪的情况信息线索要敏感，然后摸查扯线，查询锁证，明察暗访，侦破犯罪。例如，黑龙江省佳木斯市检察院在查办下属富锦市财政局三江契税分局局长宋某滥用职权案过程中，该市反渎工作人员在同学聚会时，得知该市建三江买房可以不交契税；经咨询权威专业部门获知，依规定无论何地办房证都要交契税，不交契税就不给办理房照，且契税有明确的规定不允许减免。这使该工作人员意识到这其中很有可能存在渎职犯罪。办案人员便装到建三江房产交易大厅暗访没有发现任何问题，所有办房证的人都在大厅契税征收窗口拿完整手续交契税费用，再约定时间取照。假装家庭困难请免交或少交契税费用，得到的答复是不交契税不予办理。但此次暗访获知：每周都有一两天的时间下班以后，契税窗口的工作人员都已经下班离开，而办理房产的人员并不着急下班，有半个小时左右的时间好像都在加班，且其每次加班都有几个人来办照，来办照的人多数是开车来的；富锦市财政局三江契税分局每年征收契税的额度与建三江每年房产开发的数量严重不符。可以得出的结论是：交易大厅每天来办房证的有十多个人，业务量并不大，无须加班办理，而每次加班的时间都有几个人拿着手续来办证，其目的可能是避开契税征收人员；从这些来办房证的人都开车大致可判断他们经济状况不错，所办理的房照涉及契税额度肯定不小，最大可能性是门市房。调取建三江房产科所办理的房产档案审查每本档案内是否有契税完税凭证，无契税证的分为商户楼和住宅类，按照房产档案内的房产价格及契税税率核定其应交的契税税款。发现有500余册房产档案中无契税完税证，涉及金额340余万元，其中大部分属于商服类房产。同时发现，富锦市财政局契税分局的征收人员有少征契税的舞弊行为，所采取的手段是不按房产的实际价格征收契税，多数是按房产价格的一半或者少于一半的金额征收，共查出有600余册房产档案涉及少征税款160余万元。办案人员要求建三江房产科及富锦市财政局契税分局的有关人员进行自查并且制定自查表，其自查的情况显示与办案人员调查结果基本一致。再交富锦市财政局复核证实了建三江房产科有关人员经办的 500 余册房产证照是在 340 余万元契税未缴纳的情况下办理的，严重违反了国家《契税暂行条例》关于先缴纳契税后办理产权证的规定；也确定了该市财政局契税分局的有关人员在无权减免契税的情况下采取变通计价金额的手段少征契税 160 万余元的事实。接着，办案人员对涉案单位的主管领导以及涉及未交少交契税办照的有关人员调查取证，再接触调查对象对相关证据加以固定，从而证实：建三江建设局房产科科长常某、证照受理经办人尹某滥用职权，在为其亲友、同学、领导等办理房证过程中违法犯罪；该市财政局契税分局局长宋某等三人也犯有滥用职权罪。后宋某等均受到刑事处罚。

3. 带着疑问，施谋用计，秘密调查，智慧办案，靠所获取的信息证据，捅破各类补贴中渎职犯罪薄薄的"窗户纸"。例如，河南省光山县检察院工作人员发现该县相关领域的资金补贴管理存在漏洞，随即以预防职务犯罪调研的名义，从县财政局调取了近年来所有的国家补贴资金明细表，并将相关文件及数据建立专门的信息档案，集中专业团队对这些政策数据进行研究分析，通过周密调查发现，国家实行的农村公益性电影放映政策规定，农村公益放映要求每村每月免费放映一场电影，放映补贴全部由国家下拨，作为放映员的劳务补贴，该县每年专项补贴款就有 40 余万元。然而，多年来农村各地根本无人实际放映过这些露天的公益电影。那么，这些国家资金下拨后上哪里去了？带着这个疑问，办案人员秘密走访了多个乡镇调查取证，证实该县近年来的公益性放映只是走个过场，有的村甚至根本就没有放映过，远远达不到国家规定的要求。对于农村公益电影放映，国家有相关的政策规定，即要求先组建专业的放映队，电影放映后，凭放映回执上报到市财政，然后按放映情况下拨补贴资金，用于补贴电影放映员。而该县近几年不仅没有足场的放映，更没有组建专业的放映队，那么这些补贴是如何领回来的？这笔款下拨给该县文化局后又如何使用？办案人员兵分三路展开初查：第一路到市文化局、文广新局调取多年以来相关的放映记录及回执资料，了解相关政策，检查拨款凭证；第二路到各乡镇进行群众走访，实地调查，进一步了解电影放映的真实情况；第三路深入调查所谓的电影放映员，探究补贴资金的发放和领取情况。最终查明：信阳市电影放映院线公司光山服务站缺乏有效的监管机制，该公司在电影放映场次补贴上基本处于自管自用，并没有按照要求组建专业的放映队，而是靠上报虚假材料先后套取国家资金达数十万元，并且在套取后再次截留放映人员的相关补贴，完全把这块补贴当成了"自留地"。这桩涉及套取国家专项资金的贪腐案件露出了冰山一角。这是一桩有组织、有分工的集体腐败窝案。为有效打开案件侦查的突破口，办案人员立即到涉案的县文化局调取相关资料，在摸底排查、充分掌握相关证据后，对原县文化中心主任、农村电影公益放映服务站光山站站长何某江以涉嫌滥用职权罪立案侦查。光山站从信阳市电影放映院线公司领取补贴资金 60 余万元，擅自改变放映员补贴标准，截留 28 万元用于单位经费开支。信阳市电影放映院线公司的相关证据被调取，抽调专业人员组建调查小组对涉案账目进行调查核对，查明公司共违规截留专项补贴资金达 200 余万元，用于私分、单位开支、挪作个人或其他单位使用。院线公司经理陈某宇面对铁证，如实交代了其伙同公司会计张某贤及包工头詹某，采取虚开工程发票、虚列工程支出的形式套取国家放映补贴资金 120 万元，以用于公司 7 个股东分红及借给张某贤个人和其他单位使用等犯罪事实。信阳市广电局电影管理科科长祝某因涉嫌玩忽职守罪被立案侦查并刑事拘留。信阳市、县两级广电局的相关人员均主动到案作证，几个股东也积极提供证据，电影放映院线公司其他人员也主动交代问题。法院以陈某宇犯滥用职权罪、贪污罪数罪并罚，决定执行有期徒刑 5 年，其他人也被作出有罪判决。

4. 反渎侦查过程中确实应当严格依法、严肃司法，除恶务尽，但并非事事处处都表现出的是"不是你死就是我活"的活计，许多时候着实是"狭路相逢勇者胜"的单赢战，但更多时候查与被查双方是可以双赢的，换位思考、为对方着想、说理劝服、人性化办案等常常成为案件侦破和办案质量好、效率高的不二法宝。第一，"讯问之王"诞生、成长和漫步徜徉在基础工作先行的"攻心战"中。例如，湖北省武汉市检察院工作人员在查办该市某区法院执行庭原副庭长周某滥用职权案进入攻坚阶段却进展不顺，周某是司法人员，对检察人员侦查方法、路子一清二楚，突破其口供难度可想而知。办案人员显然不能急于求成，办案人员沉稳地抛出几个问题试探周某的心思。周某的回答从表面上看思路清晰、无懈可击，但焦急的心态还是被办案人员捕捉到了，即周某十分想知道"身边人"的情况，如有没有同伙被抓，有没有人会对他出手相救。找到了周某的"软肋"，有针对性地设置问题，一个个抛出。经过艰难博弈，周某最终交代了其在一起执行案中利用职权故意低评标的物价值，让其朋友低价获得标的物的犯罪事实。第二，不少看起来强势的人其实心理更脆弱，找到犯罪嫌疑人的"软肋"，打"情感牌"是取得关键性口供的一个秘诀。例如，武汉市院调查该市东湖技术开发区管委会原副主任、光谷建设投资集团原董事长沈某渎职案时，副厅级干部沈某的几名部下此前已被抓，他知道自己被调查的问题是什么，肯定已经做好了心理准备，想好了应对措施，一连几次的讯问沈某都避重就轻。办案人员与沈某拉起家常，不谈问题谈成绩，对沈某身体表示关心。最后才话锋一转，剖析沈某犯罪的危害，触动其灵魂。在办案人员的感化下，沈某主动坦白其在担任光谷建设公司总经理兼东湖开发区土地储备中心主任期间，滥用职权，将当时最低价值2940余万元的17.22亩土地，以425万元转让给他人，给国家至少造成2500万元损失；在担任光谷建设公司总经理、东湖开发区管委会副主任期间，利用职务便利，为他人谋取利益，受贿300多万元的事实。第三，犯罪嫌疑人也是普通人，只有他信任你，才会把事实告诉你，争取犯罪嫌疑人的信任是破案成功的诀窍。例如，武汉出租车"刹车门"事件主要犯罪嫌疑人唐某主动要求办案人员提讯自己。中央电视台播出的《每周质量报告》，揭露了武汉市1.26万辆出租车高价低配、刹车系统存在隐患的行业黑幕。主要犯罪嫌疑人武汉市客运出租车管理处原处长唐某到案后不愿开口。办案人员认定一些官员心理素质好、反侦查能力强，不会轻易认罪，遂先后找当事人、知情人、证人谈话100余人次，收集有关书证材料310余份。要让对方开口说话，就得自己说点他想听的话。又根据了解到的情况旁敲侧击，从案子的外围情节剖析，适时释放一些对方关心的问题，从心理上引导，争取对方的信任。不久，唐某主动提出要办案人员提讯自己，最后将自己受贿90.5万元、滥用职权的犯罪行为和盘托出。

5. 查办税务人员渎职犯罪案件要根据犯罪思维定式和行为的连续性等作案特点规律，巧用谋略，侦查破案。例如，湖南省衡阳市南岳区检察院在查办该区地税局前任局长尹某耕、后任局长赵某新滥用职权案过程中，摸查地税局相关情况，发现地税征管人员在片区内的酒店、商店、宾馆、娱乐场所消费不付钱而擅自以税相抵的违法情况，还了解到地税局存在乱收咨询费以及随意改变税收方式将正规的征管收入改作级差收入，以获取高额返回等违法现象。把工作重点放在与地税局关系密切的纳税大户上，重点在纳税户中寻找选择与地税局有过节或者对立面，让其能够为我所用并利用其特殊社会关系为办案人员提供准确而重要的信息。从某金融部门负责人处了解到地税局领导在建办公楼和职工集资宿舍楼过程中，为维护单位小集体利益以及职工个人利益，滥用职权与承建单位该区二建工程公司经理黄某明、南岳镇建筑工程公司董事长旷某道、经理旷某林相勾结，暗中擅自将上述两单位应缴的税款70余万元用于抵销所欠的工程款的犯罪线索。同时获取了该局所建办公楼、家属楼造价特别高，尹、赵很有可能有受贿行为的情况。虽然办案目标是查尹、赵的渎职犯罪，但办案策略是找黄某明、旷某道让其交代向地税局领导行贿的问题，要求其把与地税局结算家属楼工程的情况回忆清楚，并结合整个工程造价、工程款的支付以及工程款的使用去向逐一查清楚，以证实是否从中开支费用用于行贿。旷某道为了推脱其行贿问题不经意透露了地税局以税抵工程款的事，办案人员抓住不放，掌握了尹某耕等为解决家属楼工程职工集资资金不足的困难，经与旷某道以及镇建筑公司经理旷某林多次协商后，擅自以镇建筑公司应缴的48万元税款抵消家属楼所欠工程款的问题。找到黄某明后其痛快地交代了向尹、赵各行贿2万元，以及二人为解决办公楼资金不足的问题，与其协商并实施以二建公司应上缴的22万元税款抵销其所欠工程款的全过程。尹某耕承认自己收受旷、黄2.8万元的税收以及为单位小集体利益和全局个人利益而与赵某新策划、实施以承建单位应缴的70万元税款抵销所欠工程款的全部事实和经过。再找赵某新时其拒不承认，办案人员把赵某新将所有责任推给尹某耕的情况告知尹某耕，尹某耕很生气，将赵某新与其秘密商量的过程以及赵某新具体实施的情况全部说出，并说自己卸任局长后以税抵工程款的事主要由赵某新负责与对方联系处理的情况。再找黄某明、旷某林，他们均证明赵某新会同尹某耕或者单独找他们协商，办理以税抵工程款之事。分析赵某新作为分管局长抵税之事应该会通知财务、具体经办人员以及征管、稽查部门负责人。找到他们均证实尹、赵曾层层打招呼要求他们不要管该区二建公司及镇建筑公司的纳税问题，以及赵某新不仅是以税抵工程款的积极参加者同时也是主要组织实施者的情况。办案人员还查实该地税局采取以咨询费抵税、以消费抵税和无原则的送"人情税"，给国家造成损失100余万元。该区法院以滥用职权罪分别判处尹某耕、赵某新有期徒刑1年和3年。二人均未上诉。

6. 查办发生在各地救助站中的渎职犯罪要从损害后果逆推或者反推负有特定职责的岗位和人员，再查其特定职权、职责范围及其具体行使、履行职权、职务和职责的情况，即是否严格依法、依规履行职责、拥有职权与所履行职责是否严丝合缝、是全部履行还是部分履行，从而证实犯罪行为事实存在与否，罪名成立与否。例如，四川省渠县检察院在查办发生在新疆的智障人"包身工"犯罪事件背后的渎职犯罪过程中，发现该县城西乡曾某全自上世纪90年代主动拿钱搞了一个渠县残疾人自强队救助残障人士、帮助他们生活。县政府非常支持，有时候也帮助他申请一些救助金，改善自强队的物质条件、解决残障人士的温饱问题。自强队越搞越大，曾某全就把这个自强队作为了牟利手段，把一些残障人士派去附近的工地、工厂打工赚佣金，有些不太严重的残疾人或者体力较好的智障人士被他利用赚钱。后把自强队残障人士分批次带到湖南、新疆等外省去承包工程，收入惊人。这些智障人士承担的新疆吐鲁番托克逊县一家化工厂承包工程不仅待遇极差，还受到施工方的殴打、虐待，高危岗位竟没有任何防护，影响非常恶劣。这背后存在严重的渎职问题：智障人"包身工"到底是谁批准的？自强队的行动是由谁负责监管的？这种类似人口买卖的生意如何能够瞒天过海？经调查掌握到，自强队与渠县救助站安置基地有勾连，因为很多残障人士是首先由救助基地进行安置、管理的，曾某全与救助基地的负责人杨某义建立联系以后，二人商量过让救助基地将有劳动能力的智障人员输送到自强队共同牟利。虽然双方在价格上没能谈拢，但杨某义既然有这个意向，说明也有可能自己组织智障人员外出务工牟利。办案人员分成两个小组分头办案，一组彻查民政部门的渎职问题，另一组调查杨某义的问题。从历史文件上看，渠县救助安置基地的前身是渠县麻风病医院，后改为渠县救助安置基地，为全额拨款的事业单位，杨某义全权负责该基地利用智障人士牟利，与罗田村一名村级公路承包人合作带了 5 名智障人到工地干活，每人每天 20 元，工资全部纳入杨某义腰包；又把 5 名智障人送到报恩乡一砖厂，每人每天 10 元，干了 4 个月，拿了 6000 元报酬。利用残障人士为自己谋取私利，不仅没有履行自己的职责照顾残障人士，反而使他们的境况更加恶劣。尽管杨某义一直态度很强硬，但证据是实实在在的，人证、物证都有。杨某义被以滥用职权罪判处有期徒刑 3 年。

（三）抓住涉嫌关键节点或关键证据做文章，讲究侦查艺术，精雕细琢

反渎侦查办案过程中，要强化思维、态度、文化和智慧对侦查活动的支撑引领作用，突出各类"软实力""巧势力"等在具体调查工作的占比、作用发挥和有效运用，把侦查工作真正当成一门艺术来做。

1. 侦查直觉或者说预感，是人的一种创造性心理活动和认识对象的能力，其特点是不经过严密逻辑推理而获得对事物的认识。理论上讲，其被看作一种神秘的、与逻辑思维和实践不相容的非理性的认识能力，但司法实践中，侦查直觉在侦查破案活动的侦查方向、侦查思路、侦查谋略和关键时刻的判断上，起着相当重要的作用。反渎侦查活动中，侦查经验思维的存在，决定了直觉在侦查破案中的客观存在。直觉不是逻辑推理而是一种创造性思维，广泛存在于侦查特定群体中。作为一种思维方法，其属于在侦查实践中的经验方法，而不是一种论证结论合理性的推理方法。它是调查人员的经验和对案件的敏感，这种敏感是职业性的、专业性的知识的长期积累和对证据真实性的不断追求而产生的。对于侦查专家来说，异常准确的直觉，一部分来源于他多年来所从事的（职侦、刑警）侦查职业经验的积累；另一部分是专家个人与众不同的地方，这就是人们常说的灵感。常年战斗在侦查一线的专家的直觉是不能用常理去解释的。人们往往难以明白侦查专家那种独有的、具有穿透力的视角，那种他可以看到而其他人看不透的案件因素，将这种纷繁的因素简化、缩小、提炼成为精准的思路，并确定为整个案件侦破的主方向。

对于反渎侦查来说，办案直觉往往是破解蹊跷，是侦破案件的关键。所

以，应当尽量将其发挥到极致。例如，贾某某等 10 人采取伪造住院发票、医药费用清单、出院小结等手段，先后 17 次骗取巢湖市城乡居民合作医疗管理中心报销医保资金共 78 万余元案由安徽省巢湖市公安局侦查终结，移送巢湖市检察院审查起诉。巢湖市检察院反渎人员得知此案的大概情况后，根据从事多年办案直觉，感觉此案其中必有蹊跷：在短短两个月之内作案 17 次，作为该市城乡居民合作医疗管理中心的工作人员就一点没有察觉吗？该中心的工作人员有没有渎职行为？调查人员带着疑问进行了深入调查，发现该中心的工作人员杨某、李某某，对贾某某等人提交的各种伪造的报销手续，未进行任何的审核便为其办理了报销手续，明显违反相关强制性规定。而韦某某作为该中心分管大厅审核工作的负责人对该中心工作人员违规审核情况没有采取任何纠正措施，且其本人在从事审核工作中亦同样违反规定，致使该中心被贾某某等人在两个月内骗取医保资金 78 万余元，给国家造成重大经济损失。该三人均被一审法院作有罪判决。另外，杨某在被采取取保候审刑事强制措施期间，居然还利用其从事医保报销审核员的职务便利多次重复报销。杨某在复核定点医疗机构报送的患者报销医药费用材料（患者医药费用在定点医疗机构已报销）时，多次将已报销的部分患者医药费用材料抽出，然后将抽出的已报销的患者报销医药费用材料录入系统进行审核，其本人通过审核并打出报补单据交给财务重复报销 40 万余元，被以贪污罪补充追究刑事责任。

2. 把握和选准具体案件"突破口"往往是侦破工作成败的分水岭，也是从业人员素养、能力和水平的大考验。所谓"突破口"也就是"切入点"，即某项工作的着手点或者第一着墨处。案件突破口是指侦查破案过程中，案情中关键性的、用以撕开案件口子的线索、疑点、证据以及其他情况信息。突破口是侦查破案工作的起点、切入点，是破案工作的第一落脚点，也是侦查破案的桥头堡或支撑点。反渎侦查破案中，对案件突破口的选择十分重要同时难度也很大。如果突破口选得准、选得好，侦查破案工作就会事半功倍，势如破竹；如果案件突破口选得不准，就有可能使侦破工作陷入被动，甚至走入死胡同。选准案件突破口就像破解笼罩在案件表面的层层谜团，看似有形却又无形，既需要调动自身的全部潜能，自觉地以理性的、崭新的视角审视各种犯罪信息；也需要吃透案情，透过各种现象的掩饰洞悉要害，掀起盖头，看到里面的本质；还需要抓住案情焦点及关键之处，一刀砍入，入木三分，真正使刀法、尺度、力度和切入点都恰到好处。例如，北京市丰台区检察院在查办该区东管头村的拆迁过程中，有人为多获得拆迁补偿而进行虚假迁户。展开调查一起分家析产民事调解案引起了注意。该案主要标的是东管头村的一座农宅，案件原告刘某将郑某诉至法院，要求对这座农宅所有权进行分割，但是双方却在起诉当天就达成和解协议。怎么这么快达成和解？这不符合分家类诉讼案件的一般规律。顺着这一思路，经调查发现刘某与郑某并非亲属，二人拿到民事调解书后将刘某夫妇户口迁入郑家，据此获得拆迁补偿110万元，属于利用虚假诉讼的方式虚假迁户，而且整个诉讼过程中还存在几名公职人员滥用职权的行为。通过深挖细查，最终成功立查渎职案件5件5人。

反渎侦查活动中，最难的工作常常是调查切入口的把握和选择。不能放过任何蛛丝马迹且需要寻踪觅迹、顺着线索找证据，最终侦破案件。例如，山东省兰陵县检察院在查办该县农场场长兼县农垦实业总公司董事长赵某滥用职权案时，赵某拒不交代问题。办案人员及时转移了侧重点，通过多次做其妻子的思想工作，得到她的配合，从赵某平时不去居住的老房子里起获了分别藏在四个屋角瓦底下的4张存折。顺着这条线索，挖出了赵某利用担任县农场场长兼县农垦实业总公司董事长职务便利，多次非法收受他人所送钱、卡、物，价值共计112万余元，贪污公款44万余元的事实。口子撕开了，遂以查赵某的贪贿为方向，查明赵某滥用职权，在小麦直补、综合补贴申报过程中和小麦、花生等良种供应过程中，弄虚作假，通过虚报供种数量、小麦种植面积等方式，多次套取国家相关财政补贴，用于生产经营、发放职工奖金，给国家造成严重经济损失的犯罪事实。一审法院判处赵某犯滥用职权罪、贪污罪、受贿罪，数罪并罚被判处有期徒刑18年。

3. 查办滥用职权特别是超越职权审批事项犯罪必须先确定行为人的职责或者职权范围，以判断其滥用权力与否。要想方设法解决因滥用职权行为而引发危害后果的问题。例如，河南省上蔡县检察院在查办该县建设局长邱某滥用职权案过程中，先期了解到，上蔡县蔡都镇居民赵某龙于2005年春节前带着相关法规、文件到上蔡县建设局，找到邱某让其为自己办理金土地上蔡分公司出租汽车经营许可证。邱某以甲方上蔡县建设局的名义和乙方郑州市金土地出租汽车有限公司签订一份合同书，同意乙方在上蔡县投放200辆出租车，并为金土地上蔡分公司办理了出租汽车经营许可证。后邱某又为金土地上蔡分公司办理了30份车辆运营证。金土地上蔡分公司的出租汽车上路运营后，上蔡县县委书记杨某泉召开会议要求邱某将其为金土地上蔡分公司审批的出租汽车经营许可证予以作废。上蔡县建设局下发了《关于作废金土地出租公司经营许可证的通知》，导致金土地上蔡分公司的出租汽车司机多次集体上访，严重扰乱了正常的工作秩序和社会秩序，造成了恶劣的社会影响。办案人员分析，就城市出租车的审批、管理，各级交通、建设部门分别发布过不少部门文件，找到最权威的有关文件致关重要。最终查到2004年《国务院对确需保留的行政审批项目设定行政许可的决定》规定，县级以上政府出租车行政管理部门实施出租车"三证"的核发，国务院的规定效力是高于建设部和交通部的，同时也符合《行政许可法》的规定。因此，建设部门和交通部门对出租车都有管理权，具体由县级以上政府来设置规范。上蔡县编委报道文件规定县交通局是全县出租车的管理机关，从而解决了县建设局不具有这方面职权这一关键问题。办案人员围绕出租车司机集体上访、冲击国家机关、严重扰乱全县客运市场秩序等三个方面进行调查，收集接访证明、会议研究记录等相关书证；收集有关职能部门制作的文字图片、录音录像等相关证据；收集工商、税务、交警等职能部门的证明材料以及公交、三轮车司机的证人证言等。全面收集固定造成恶劣社会影响方面的证据，使证据形式多样，具有广泛性、代表性和说服力。还收集邱某明知县建设局没有出租车管理权限的证据，又突破了邱某个人指令给金土地出租汽车公司颁发经营许可证后，指使局办公室主任伪造党组会议记录的事实。后经上蔡县法院和驻马店市中级法院判决，撤销了上蔡县建设局作出的《关于作废金土地出租公司经营许可证的通知》。法院以邱某犯滥用职权罪判处有期徒刑3年，以挪用公款罪判处有期徒刑2年，合并执行有期徒刑4年。

4. 充分发挥行政执法和刑事司法衔接机制作用，以所查办的普通刑事犯罪为基础，借力用力，互相补充，相得益彰。

（1）要有强烈的职业敏感性来发现线索，探究关联，讲究谋略，与行政执法机关协作配合，做实查案基础，推动活动开展，有效查破犯罪。例如，广东省肇庆市检察院查办高要市银城肉类加工场非法经营病死猪犯罪案件背后相关监管部门工作人员玩忽职守犯罪系列案件过程中，获知本市公安局经侦支队在高要市南岸镇马安路段捣毁一个非法肉类加工场，侦破了以廖某华、梁某斌为首的犯罪团伙长期非法收购、加工、销售病死猪肉的特大刑事犯罪案件，抓获团伙首要分子廖某华、梁某斌及多名骨干成员报本院审查批捕。办案人员敏锐意识到该案背后很可能存在相关监管部门失职渎职犯罪的问题。经审查发现廖某华、梁某斌犯罪团伙以经营"高要市南岸银城肉类加工场"为掩护，从该市南岸镇周边地区的农户、养殖场和过境的生猪运输车辆大量收购病死猪，在其设立的地下工场分解切割后，运往本市诚隆水产有限公司冷库内冷藏后销往佛山、江门、中山以及肇庆市端州城区等地，从中牟取暴利；还发现该团伙在开始活动的初期就申领到《卫生许可证》、《动物防疫合格证》和《工商营业执照》等食品加工行业必备证照，而公安部门掌握的证言、书证和现场勘查资料却显示银城肉类加工场并不具备从事食品加工的基本的卫生、防疫和其他生产技术条件，且查获现场与登记地址不符。可以认定相关执法部门在生猪屠宰、加工、销售等环节存在监管失职的可能性非常大。从廖某华、梁某斌团伙生产、销售伪劣食品案切入，迅速摸清基本案情，由外到内，先掌握、固定外围证据，再接触相关执法部门的监管人员，把查处该案背后隐藏的渎职犯罪案件作为突破口。加强与公安机关经侦支队联系沟通，详细了解案情，复制、固定公安机关已经掌握的相关证据，并就侦查方向、讯问要点、证据制作形式和犯罪数额统计等问题，提出了公、检两家协作联动的具体方案和措施；另外取得有关证照的申办过程及相关部门监管缺位的第一手资料，堵住相关执法部门的后路，为突破执法部门渎职人员打好基础。初步查明：廖某华、梁某斌团伙为开办"高要市南岸银城肉类加工场"，由梁某斌与高要市诚隆水产有限公司负责人签订一份虚假的场地租用协议，梁某斌以该协议作为经营场所证明，分别向高要市卫生监督所、高要市动物防疫监督所、高要市工商局城西工商所申领《动物防疫合格证》、《卫生许可证》、《工商营业执照》。高要市卫生监督所、动物防疫监督所、工商局城西工商所在未经现场核查的情况下草率核发有关证照。廖某华、梁某斌等人在领取有关证照后，就把活动地点转移到城郊马岸地段一个隐蔽的地下工场，从事违法犯罪活动，在近两年里，没有任何执法监管部门上门检查，甚至证照逾期没有年检，有关部门都没有作出任何处理。办案人员与肇庆市公安局经侦支队联系会商，向经侦支队建议应着重查明病死猪肉及制品的销售数量、贩运渠道和影响范围，经侦支队将该团伙多名负责收购的在逃人员抓捕归案，进一步破获一个设在佛山市南海区罗冈永利市场的病死猪肉销售窝点，抓获接收廖某华、梁某斌团伙供货的销售商赖某某，查明了该案的作案手法、组织分工、活动范围、规模以及危害程度，收集了充足的证据，该市卫生监督所、动物防疫监督所、工商局城西工商所相关执法人员在审查核发证照、日常巡查监管环节存在严重玩忽职守行为，并造成严重社会危害的基本事实已经浮出水面。证照审核发放问题上，不同部门的经办人员均坚称是按规定执行了现场核查，但对银诚肉类加工场的位置、朝向以及场内生产加工设备状况等却不能作出大概的描述；在日常监管问题上，也都表示按规定的检查内容和次数进行了巡查，并对场内工作人员作过询问调查，与廖某华、梁某斌团伙成员交待犯罪活动为避人耳目均在夜间进行、且早就把加工场搬离诚隆公司转移至马安地段的地下工场等事实严重不符。至此，涉案人员进行串供以隐瞒其失职渎职犯罪意图已非常明显。经深入研究，详细分析各个涉案人员在案中所处的地位、作用和实际作为，决定对罪行严重的涉案人员进行立案并采取拘留措施，施加心理压力；对于罪行比较轻的涉案人员则不采取拘留措施，以教育说服为主，以达到分化其攻守同盟，各个击破的目的。制定有针对性的讯问策略，决定以姚某英为突破口加强法律政策教育说服工作力度，对其详细说明利害关系，并施加一定的压力。其坦白交代了在检察机关初查期间城西工商所所长朱某文为逃避法律责任、对抗审查，组织该所巡查员罗某初、姚某英和法制员苏某某制作虚假巡查登记表、伪造当事人签名和订立攻守同盟的犯罪事实。办案人员遂趁热打铁加大对朱某文的审讯力度，在事实和法律面前，朱某文彻底交代其违反相关规定在银诚肉类加工场的证照审核发放以及日常巡查中存在的失职渎职行为，并在廖某华、梁某斌犯罪团伙案发后，为逃避法律责任、对抗审查，组织相关人员制作虚假巡查登记表、伪造当事人签名和订立攻守同盟的犯罪事实。其他涉案人员也相继供述了失职渎职的犯罪事实。高要市工商、卫生监督、防疫等负有监督管理及核发证照职责的部门相关工作人员玩忽职守案共有 5 件 5 人移送法院起诉后均作出了有罪判决。

（2）以已经或者正在侦办的普通刑事犯罪案件为基础或者背景，在破解关键环节上下功夫，抓住突破口获取关键证据，侦破犯罪案件。例如，湖北省襄阳区检察院获知该区公安分局正在查处刘万某、白志某涉嫌生产、销售伪劣商品案后，认为刘万某、白志某涉嫌民生领域犯罪背后很可能存在渎职犯罪行为，遂主动前往了解掌握了白志某在该起涉嫌生产、销售伪劣商品案中所起的作用和具体行为，发现白志某更多的是涉嫌渎职犯罪。同时要求公安机关将白志某案移送。在认真分析了公安机关侦查的刘万某等涉嫌生产、销售伪劣商品全案的材料，查阅了相关法律法规，认为白志某在该案中不仅不履行法律规定的追究职责，还参与其中，是一种放纵制售伪劣商品犯罪行为。调查重点进行以下工作：一是确定白志某的主体身份。白志某所在单位土肥站是农业局下属事业单位，主要提供土壤肥料方面的技术服务，而非国家机关性质。农业局执法工作主要由农业局机关所属农业综合执法大队为主体进行，对市场种子、农药等方面进行监督管理，查处违法行为。本区对肥料执法没有列入农业综合执法大队而是单独委托给土肥站，由其进行执法管理。区农业局与土肥站签订的委托对化肥执法委托书中载明了委托依据、委托的权限、期限等内容。土肥站指定白志某等 4 人专门对肥料进行监督管理，并为 4 人办理了农业厅颁发的行政执法证件。根据全国人大常委会《关于〈中华人民共和国刑法〉第九章渎职罪主体适用问题的解释》的规定，白志某是在国有事业单位中行使国家行政管理职权从事公务的人员，应以国家机关工作人员论，符合渎职罪主体身份的规定。查明白志某的职责范围，白志某作为受农业局委托的行政执法人员其主要职责是：对本行政区域内的肥料生产、经营和使用单位进行监督、检查，查处违反《肥料登记管理办法》的单位和个人的违法行为。白志某案件所违反的是《肥料登记管理办法》第 5 条规定：未经登记的肥料产品不得生产、销售和使用；以及第 7 条规定：县级以上地方政府农业行政主管部门负责本行政区域内的肥料监督管理工作。二是选准突破口和获取关键证据。表面上看，从刘万某等涉嫌生产、销售伪劣商品一案原案材料中，看不出白志某是否"明知"刘万某等人造、销假化肥行为，白志某也一直否认刘万某等人的化肥是假化肥。但刘万某等人口供指认白志某知道且低价购买假化肥后进行销售，但这一点在公安机关所获材料中并未得到证实。检察人员提审了刘万某，取得刘万某供述：农业局执法人员白志某等人知道生产的产品不合格，土肥站检查前打电话说要来看看，然后送给他们一点管理费；白志某还给其提供样品包装后让专门为其生产。同时找到其他证人证实白志某听说市工商局查押刘万某假化肥后，赶去为刘万某说情。刘万某以生产、销售伪劣商品罪被判有期徒刑 3 年；苏玉某等 3 人被判处有期徒刑 2 年，缓 2 年。根据初查计划，采取先以事找人，重点初查，后以人找事，环形初查，从而突破案件。鉴于白志某拒不认罪，办案人员从外围入手，以白志某与刘万某有经济利益（刘万某笔记上记录白志某欠货款 9 万多元）这个客观书面认定，打消刘万某怕白志某打击报复的思想顾虑，采取政策攻心，获取刘万某的证词，另多方查找刘万某工厂已解散的员工，证实白志某每次来厂检查实属走过场，例行程序，其妻也经常来厂拉化肥，曾安排一名工人帮白志某妻子印制"嘉凌江"牌包装袋；刘万某进一步证实，后来白志某也提供过"嘉凌江"牌包装袋，要求刘万某按此生产。白志某均明知的行为，再到各销售网点查证白志某和刘万某销售的化肥品种一致等情况，形成证据链，筑牢白志某的主观故意和明知的犯罪事实。所查处的 100 多吨化肥通过有关技术鉴定，均属于不合格产品。三是查证客观涉嫌行为的存在。白志某带人到该企业进行检查发现刘万某未办理生产许可证，并抽查了"沃尔嘉"复合肥，经检测为不合格产品，遂向刘万某等人发出了整改通知书和督促限期办理生产许可证通知书。但刘万某仍未办理生产许可证，白志某等人又对该企业进行多次巡查时不认真检查，也未再进行化验，故未发现其制假行为，并以刘万某生产"白包"为由，不再要求其办理生产许可证，致使刘万某等人制假行为得以继续，直至案发。最终该区法院判处白志某犯玩忽职守罪，免予刑事处罚。

（3）利用"两法衔接""院内部门联动"机制摸清外围、基础情况、确定侦查方向，采取措施落实，查破节能减排财政补贴监管活动中的渎职犯罪串案。例如，上海市崇明县检察院接到反映崇明县长兴化工厂厂长茅某根在该县长兴镇经济发展办有关工作人员的帮助下骗取上海市产业结构调整专项补助资金 500 余万元的举报线索，同时获悉茅某根已到县公安局自首，交代了其骗取本市产业结构调整专项补助资金犯罪、已被公安机关以诈骗罪立案侦查。经分析研究认为，如果离开相关国家机关工作人员的帮助茅某根不可能顺利骗得 500 余万元国家产业结构调整专项补助资金，其构成重大刑事案件背后很可能存在资金审批监管人员的渎职犯罪。充分发挥院内职侦、侦查监督尤其是审查批捕、公诉联动机制。在茅某根诈骗案的审查逮捕、审查起诉阶段，即对该案背后可能涉及的渎职问题进行关注，复印了全部案卷材料，详细询问了公安机关办案过程中掌握的相关情况，并适时讯问茅某根，掌握其申报产业结构调整专项补助资金在乡镇一级是由长兴镇经济发展办陆某国经办等外围、基础情况，据此获知茅某根诈骗手法是伪造该厂年度的能耗发票（即节能减排专项补贴资金的申报主要依据），隐瞒了该厂早已处于停产状态的事实。而该镇经济发展办作为主管乡镇经济发展的部门，负责对乡镇各厂、企业的管理、监管职能，不应当对该厂的经营状况一无所知，故初步判断作为负责审核该厂节能减排专项补贴资金申报工作的该办主任龚某甫、工作人员陆某国二人涉嫌渎职犯罪的可能性较大。另外，前期调查中办案人员还获知该镇年度申报专项补贴资金中实际停产的企业不止长兴化工厂一家，还有上海申兴造纸厂等企业。此外，该项补贴工作在县级层面还涉及负有审核职责的县经委和县统计局，这两个部门的有关人员在此过程中是否也可能涉嫌渎职犯罪，有待进一步查证。因而考虑进一步扩大调查视野，将其他有类似情况的企业以及负有相关审核职责的单位均纳入调查范围。事后来看，这对突破本案起到了至关重要的作用。接着，为了弄清相关政策法规、有关部门的职责分工和专项补贴资金的审批流程，办案人员首先从县档案馆调阅了本市有关产业结构调整、节能减排工作的所有文件资料，组织对《上海市节能减排工作实施方案》、《上海市产业结构调整专项扶持暂行办法》、《上海市节能减排专项资金管理办法》等文件进行了认真研读学习。同时多次赶赴本市经委负责本市产业结构调整工作的产业结构调整办公室取得该办工作人员的理解与支持，详细了解本市产业结构调整工作的基本情况，弄清了申请产业结构调整、节能减排专项补助资金的基本流程。通过上述工作，进一步确认了乡镇经济发展办对企业申报资料负有审核把关的具体职责。第一时间赶赴相关单位调取材料。在调取材料的过程中发现了一份由该镇政府出具的用于向县统计局说明长兴化工厂、上海申兴造纸厂年度没有能耗的情况说明，而这份情况说明恰恰与办案人员从该县经委、市经委调取的由长兴乡政府出具的、说明两厂年度有能耗的情况说明相互矛盾，由此进一步确定了前期研判中确定的两个方面：一是该县统计局相关审核人员在这过程中也可能涉嫌渎职犯罪；二是本县长兴镇涉嫌骗取产业结构调整专项补贴的企业不止长兴化工厂一家，本案的案值由最初线索材料举报的 500 余万元上升至 1300 余万元。同时，这份材料在以后的侦查过程中成为有力驳斥犯罪嫌疑人龚某甫、陆某国以不知情为由推卸责任、辩解的关键证据，从而使二人认罪服法。从而查明龚某甫、陆某国在该镇相关企业申报产业结构调整补助资金过程中，陆某国在明知该镇长兴化工厂、申兴造纸厂已处于停产状态，所上报的年度企业能耗统计表严重不实的情况下，仍违规审核上报，并出具了虚假的情况说明；龚某甫在工作中严重不负责任，放弃监管审核职责，致使两厂的虚假申报材料得以上报，导致两厂骗得国家产业结构调整专项补助资金1300余万元。法院以玩忽职守罪判处龚某甫有期徒刑1年，缓刑1年；以滥用职权罪判处陆某国有期徒刑1年6个月，缓刑1年6个月。龚某甫上诉被裁定驳回。

5. 针对拆迁补偿过程中职务犯罪的显著特点，即多发生在受委托"从事公务"的相关开发公司或者村委会等自治组织人员之中，且最容易发生贪渎犯罪交织的情形，在侦查中要有针对性地采取措施，有效化解问题。

（1）查清主体资格证据，这是证实行为人确系受委托的"特定职责人员"的证据。例如，北京丰台区检察院查办丽泽金融商务区控股有限公司副总经理张某、原丽泽开发建设有限公司拆迁部部长张某某等7人受贿、滥用职权、行贿、玩忽职守案过程中，调查查明，该区政府授权北京丽泽开发建设有限公司作为丽泽金融商务区南区部分地块及代征地的土地一级开发实施主体，可办理规划、核准、征地、拆迁等各项前期手续。北京丽泽商务区拆迁涉及4个村：三路居村、东管头村、马连道村、菜户营村。在丽泽拆迁过程中，负责测绘的公司是北京浩宇天地测绘股份有限公司，该公司项目负责人姚某是张某的朋友，故张某推荐该公司参与招投标，负责这4个村集体企业房屋测量工作，实际上并没有经过招投标程序。张某原来是宛平房地产开发公司的副经理，在开发晓月苑等住宅项目征地开发过程中，也是邀标这家测绘公司负责测量。除了收受测绘公司姚某给予的5万元外，张某还分别收受两家单位高管给予的总计6万元贿赂款，为对方在拆迁定价及索要工程款事项给予帮助。张某身为北京丽泽金融商务区控股有限公司副总经理，在负责东管头村、三路居村、菜户营村的拆迁工作中，不认真履行职责，对拆迁过程中可能发生的伪造拆迁材料等问题轻信能够避免，未要求审核人员对拆迁材料的真实性进行审查，且未对审核人员进行有效的监督和管理，致使大量伪造的残疾证、出生证明、结婚证、工商营业执照等证件被违规审核通过，造成国家拆迁补偿款损失共计77万元。张某某任丽泽开发建设公司的拆迁部部长，负责丽泽金融商务区南区拆迁管理工作，在负责对丽泽商务区拆迁材料进行审核的工作中，利用职务便利，接受4人的请托。在明知拆迁户提供的拆迁材料存在虚假成分的情况下，指使当时的拆迁部部长助理孙某涛违反拆迁政策，对拆迁户的拆迁资料予以审核通过，并签订拆迁补偿协议书。事后，张某某接受请托人员给予的好处费共计23万元，并将其中的10万元分给孙某涛。还帮助一家工程公司协调与保安人员的关系，收受贿赂款2万元。陈某找孙某涛说其舅妈家在东管头村面临拆迁，想让他照顾，孙某涛说自己做不了主，让陈某去找张某某。当陈某提出通过增加安置人口的方式为其舅妈家多要点儿房子和补偿款时，张某某没有回绝。张某某把孙某涛叫过去，当着陈某的面说了此事。后在审核协议时，孙某涛对比安置人口表格发现陈某亲戚家虚增了 4 个户口、3 个残疾证，去找张某某说了情况，张某某让孙某涛通过审核。后陈某到张某某办公室用档案袋装了 5 万元现金给张某某，张某某从里面拿出 2 万元给了孙某涛。陈某还单独给过孙某涛 3 万元。北京丽泽开发建设有限公司拆迁部工作人员张甲的职责是按照公司规定的拆迁政策审核拆迁补偿协议、户口登记表、户口本复印件、产权人身份证复印件等，如果房屋出租经营的还要审核营业执照，村民家中有残疾人的还要审核残疾证。但张甲却对审核工作不予监督和制约。审核组组长孙某涛、拆迁部部长张某某、公司副总经理张某都只是级别上的规定，没有二次审核、复查等任何形式的监督措施。审核中，张甲只对拆迁材料盖上章就可以通过了。张甲还利用职务便利，接受村干部刘某的请托，违规审核通过了对方家里的虚假拆迁材料，造成国家拆迁补偿款损失共计 16 万余元，收受刘某给予的贿赂款 1 万元。该市春地征地拆迁有限公司（受北京丽泽开发建设有限公司委托负责丽泽商务区部分地块的房屋拆迁工程）丽泽项目部项目经理吴某选与张甲合作，利用张甲负责审核丽泽商务区拆迁材料的工作便利，使 5 户存在虚假成分的拆迁材料违规审核通过。事后吴某选又伙同张甲，从北京市春地征地拆迁公司的工作人员潘某明、姜某进（犯非国家工作人员受贿罪，判处有期徒刑 2 年）等人处收受贿赂款共计 26 万元。吴某选的受贿利用了其与张甲在拆迁之前就比较熟，因为张甲的媳妇是她干女儿。拆迁员找吴某选"请示"给拆迁户虚假增加安置人口后，吴某选会事先和张甲说帮忙过一下件，意思就是让张甲审核人口时都给通过。吴某选第一次找张甲违规帮忙，吴某选没明说好处费的事，但张甲心里明白现在没有白帮忙的事，肯定会给他好处。事成后吴某选给张甲分钱，依旧不提是什么钱，虽然没有明说，张甲也应该清楚吴某选给他的钱就是村民给的好处费，他俩都心知肚明。原北京市春地征地拆迁有限公司工作人员潘某明在本案中受贿金额最高，他收受拆迁户给予的钱款共计 93 万元，仅将其中 33 万元给了吴某选和张甲等人。法院以犯非国家工作人员受贿罪、行贿罪判处潘某明有期徒刑 9 年，并处没收财产 4 万元；以受贿罪和玩忽职守罪判处张某有期徒刑 8 年，并处没收财产 4 万元；以张某某犯受贿罪、滥用职权罪，孙某涛犯受贿罪、滥用职权罪判处有期徒刑 6 年 3 个月，并处没收财产 3 万元。法院以张甲犯受贿罪判处有期徒刑 8 年 6 个月，并处没收财产 4 万元。判处吴某选犯受贿罪处有期徒刑 6 年，并处没收财产 3 万元。

（2）摸清拆迁、补偿运行程序以及相关政策规定，尤其是落实途径和方法，抓住加补、骗补的部位或者失职渎职易生的漏洞，主要是确定涉及土地、附着物的征用、补偿等大量政府事宜范围不能有疏漏，抓住城中村拆迁通用"潜规则"，利用虚假诉讼落户做文章，侦破贪渎犯罪案件。

当前，一些地方拆迁补偿过程中的假户口、假家庭成员得补情况的实现有两个环节必不可少：一是通过公安的虚假迁移、出证或者法庭的虚假诉讼、调解达成协议；二是相关管理方明知造假骗补而故意放任不为。反渎调查工作也要围绕这两个环节展开。在上述案件中，北京市丰台区检察院对一封举报某派出所对某金融商务区被拆迁人马某骗取拆迁款的问题不予追究所涉渎职问题匿名信，经调查似乎并不存在渎职行为，但办案人员在查办案件过程中却发现这个金融商务区的拆迁项目在征地拆迁补偿中存在漏洞，查询该市检察院公共信息系统筛查发现拆迁款在 500 万元以上的 91 户拆迁档案中，仅假户口、假残疾、假营业执照三项，就给国家造成经济损失 2000 万元，涉假率竟达 60%。按照拆迁规定，东管头村每个被拆迁人可以获得补偿现金 30 万元至 50 万元，并可以享受低价购买 63 平方米回迁房的优惠，总计一个户口补偿价值高达 200 万元至 300 万元。但是东管头村拆迁时户口已经冻结，要想将户口迁入村里，只能通过法院生效判决，拿着法律文书来落户。村民刘某原来居住在父母留下的院落内，早年因住房紧张他和哥嫂共同出资在院内加建了 8 间房，父母和哥哥相继去世，房屋由嫂子郑某和刘某居住，刘某后来也搬离了院落。后来刘某起诉郑某要求分家析产、自愿达成协议：院内 2 间房屋归刘某，其余房屋归郑某一方。表面上看，这是一起分家析产纠纷案件，没有什么破绽，实质上却是一起虚假诉讼。因为刘某与郑某并不是亲属关系，只是朋友关系。该村拆迁时，刘某和郑某商量通过分家析产的方式将刘某的户口迁入郑某家，以期获得拆迁安置补偿款，故在起诉中谎称他与郑某是亲属关系，并在起诉当天就达成调解协议。拿到民事调解书后，刘某便将户口迁到郑某家里并获得了拆迁补偿款 110 万元，其中的 55 万元给了郑某。利用虚假诉讼落户几乎成了城中村拆迁的一条"潜规则"。4 起虚假诉讼共将 8 个人户口迁入该村。公职人员利用自己的职权很容易迁入户口，那些没权的村民则办假证骗补，假结婚证、假出生证可以虚增户口，假残疾证、假工商营业执照可以骗取补偿款。该村村民安某通过关系找到土地开发商拆迁部工作人员孙某军表示想给亲戚家增加几个户口，孙某军说自己做不了主，得找拆迁部副部长张丙，安遂找到张丙，张丙表示只能通过结婚证和出生证明增加户口。后安某将一个装有 5 万元档案袋放到张丙办公桌上，张丙拿出 2 万元给了孙某军。安某将资料 3 个假残疾证、假营业执照交到拆迁部，安氏姐弟两家在分别有 4 个户口基础之上分别在自己家中各增加了 2 个假户口并且签订拆迁协议。根据拆迁规定，一个残疾证可以多补偿 3 万元，一个营业执照可以多补偿十几万元。该村有一户村民觉得拆迁补偿不合理，就办了好几个假证，包括结婚证、户口本、出生证明、残疾证，能办的几乎都办了，并顺利通过审核并签订拆迁协议。拆迁审核主要有两大关口，第一关是拆迁公司，第二关是开发公司。按照规定，开发公司审核拆迁资料应经过拆迁部审核组工作人员、审核组组长、拆迁部领导，最后是开发公司主管领导审批。但是城中村拆迁难度很大，被拆迁户想争取最大利益，拆迁公司这边又希望尽快拆迁完毕，否则影响工程开发进度。为了尽快谈拢拆迁补偿方案，拆迁公司不自觉地做起放水工作，默认或纵容被拆迁户造假骗取补偿。拆迁公司负责东管头村拆迁项目经理吴某选从 5 户村民虚假材料违规通过审核中收取村民给予的"好处费"。村民伪造证明牟利，拆迁公司充当捐客疏通关系，村民获得额外利益，拆迁公司的人也不白忙活，拆迁工作顺利推进，可谓"一举多得"，但受损的是国家利益。有的村民没钱行贿，就等拿到了补偿款后去送钱。姜某作为拆迁公司工作人员，负责与被拆迁户商谈拆迁补偿方案，无权审核通过材料，便找到吴某选"说情"，并由吴某选出面让开发公司通过审核。姜某在与一个被拆迁户商谈时，户主提出想多得些补偿，这户人就办了一个假营业执照和一个假残疾证。之后，户主送给姜某 6 万元，姜某则将其中 3 万元行贿给吴某选。法院以受贿罪判处吴某选有期徒刑 6 年；姜某犯非国家工作人员受贿罪、行贿罪，被判处有期徒刑 2 年。公司对审核工作没有监督和制约，虽然拆迁部审核组工作人员上面有审核组长、拆迁部长、公司副总经理但这只是级别上的规定，没有监督程序。公司副总经理口头提过要严格审核但只是流于形式，没有二次审核、复查等监督措施。其实，如果将村民提供的户口与户籍登记表进行一一比对，很容易看出是不是虚假的；营业执照通过工商局网络平台核实，也能立刻知道真假。审核工作在管理和制度上存在缺陷和漏洞，审核员被攻关，审核组长、拆迁部长违规通过审核，遗憾的是开发公司主管领导也没有认真履行审核职责，这些都最终造成了造假成风的严重问题，致使大量拆迁资金和回迁房被骗，国家利益严重受损。5 名法官和民警利用自己的职权与被拆迁户勾结、枉法裁判。还有辖区内某派出所民警王某、王某利，将自己的户口迁入被拆迁地的村民家里，在拆迁时享受拆迁补偿安置，找到了一名人民陪审员，希望通过关系，伪造与拆迁地村民的亲属关系，在法庭上作虚假的分家析产调解。该陪审员请托庭长利用在法院分案的权力将案件分配给法官罗某审理。这几人共同办理了一起虚假诉讼案件。这名庭长给自己制作了一份内容虚假的民事调解书，将自己儿子户口迁入被拆迁范围。以上人员均被判刑。

（3）查办拆迁领域渎职犯罪案件往往需要运用"合并处理"办案机制，

以查明相关的其他类型的犯罪作为基础，查实行为人身份，把握具体运行程序，证实渎职犯罪，认定案件。例如，北京市东城区检察院查办并起诉的在地铁六号线、地铁八号线拆迁职务犯罪案中，合并处理了评估人员、拆迁员、被拆迁户等涉嫌出具证明文件重大失实罪、非国家工作人员受贿、非国家工作人员行贿等相关犯罪事实，从而查清了面积认定错误的来龙去脉，发现拆迁中采取征收补偿的方法主要是跟住户逐一商谈拆迁，具体由各拆迁员包干到户，设立最后期限及奖励机制，原则上在政府指定的价格内与住户签订补偿协议，拆迁工作的不透明、补偿标准的不一致，主要表现为决策制定的规则过于笼统，其中对于如何认定住户困难、如何确定补偿数额等，都简单地将责任推给集体决定；补偿标准不够明确，具体采用"一事一议"方式进行补偿；拆迁进度完全依赖于拆迁员的"谈户"情况，审核监督流于形式等。不公开、不透明的拆迁流程的弊端：一是使得拆迁一线工作人员虽然职位不高，有的拆迁员甚至就是拆迁公司为了某个工程临时聘用的社会闲散人员，但其权力不小，承担着入户调查、审核材料、现场丈量、面积测算确认、谈判、汇报、发放拆迁补偿款等工作职责，熟知拆迁政策和流程，掌握拆迁现场的实际情况，在拆迁补偿安置方面有很大的话语权。二是往往谁坚持到最后谁的补偿就高，并最终导致所有的住户都想方设法找借口拖时间、托关系，甚至为了多要补偿，不惜重金买通拆迁人员，大肆行贿政府官员，重金买通拆迁人员，与其相互串通多要拆迁补偿款的情况时有发生。三是一线拆迁人员如房管员、拆迁员的渎职及相关犯罪突出，拆迁过程中的渎职犯罪成为经济民生领域渎职犯罪多发区。商谈模式方案在非正式房面积认定及困难补助标准制定，内审组资料审查及档案留存，拆迁公司入户调查及人员选用，评估公司出具报告及确定面积等诸多方面存在漏洞，尤其是资料审核、面积确定、实际补偿等关键环节运行中，被拆迁户和拆迁方往往处于对立面，一旦涉及利益输送或者受到私情缠绕和影响，就有可能为渎职及相关犯罪留下可乘之机，容易成为渎职犯罪的高发环节。北京王府井置业投资有限公司平某玩忽职守案中，最初线索反映的是举报人因家庭内部对拆迁款项的利益分配争议而举报其他家庭成员行贿拆迁人员、伪造拆迁资料、骗取拆迁款项的情况，办案人员初查发现被拆迁户承租的直管公房在拆迁中存在虚增自建房补偿面积的事实。在认真细致地分析研究取证和多次讨论的基础上，办案人员确定了以面积审核职责为突破入口，寻根溯源，查找出造成该房屋面积虚增、多获得拆迁补偿款来龙去脉的办案思路，分析了该房屋自建房面积实测涉及的单位主体，决定以代建单位、拆迁公司、评估公司三方在此项工作中各自的职责作为调查取证的切入点，结合《国有土地上房屋征收与补偿条例》、《北京市政府投资建设项目代建制管理办法（试行）》等相关政

第四章　经济民生领域渎职犯罪侦查模式发展趋势前瞻与侦破方法探索

策文件规定，通过调取该房屋的拆迁档案、询问相关人员等大量的取证工作，明确了拆迁流程及面积实测各方的职责、作用，确定了房屋面积核定是导致被拆迁房屋面积虚增的关键环节。四是随着科学技术的进步和信息社会的发展，网络已经普遍进入人们的生活，运用网络资源和信息平台是拓宽发现、查找拆迁领域案件证据的重要途径，登录相关单位的门户网站（页），获取该单位的工作职责、分工情况、工作流程、人员情况、行业特点、专业术语、行业相关政策法规等信息，并据此分析犯罪行为可能发生的环节、采取的手段，有利于提高侦查工作的效率，为顺利侦破案件创造条件。地铁六号线、地铁八号线拆迁渎职案中，平某是代建单位北京王府井置业投资有限公司的工作人员，而该单位是一家国有企业，单就平某的国有企业工作人员身份而言，并非在渎职犯罪的主体范围内。办案人员经解剖、解读《北京市政府投资建设项目代建制管理办法（试行）》、东城区政府相关会议纪要等文件，调取拆迁实施方案的草案及正式稿、地铁六号线、地铁八号线拆迁审核流程图、代建协议等多份书证，反复对比、核实，查证了该公司受区政府委托履行代建职责的情况，研究分析全国人民代表大会常务委员会《关于〈中华人民共和国刑法〉第九章渎职罪主体适用问题的解释》内容，通过对法规条文的学习研究及案件情况的分析判断，确定了平某属于在受国家机关委托代表国家机关行使职权的组织中从事公务的人员，符合渎职犯罪的主体要件。调取拆迁范围的测绘图、涉案人员的银行账户明细、犯罪嫌疑人黄某的假结婚证、黄某姐姐的假诊断证明原件、拆迁档案中的特殊困难补助审批表、胡某的低保档案材料，分析论证这些证据材料中的细节，证明了黄某和胡某行受贿犯罪的主观动机和目的，对案件侦查工作的顺利开展起到积极推动作用。查明被拆迁人黄某受委托办理其姐黄某某承租房屋的拆迁补偿事宜，为牟取高额拆迁补偿款，黄某向拆迁员胡某行贿款 10 万元，对该房屋非正式房面积负有审查职责的北京王府井置业投资有限公司工作人员平某和评估公司工作人员王某不认真履行职责，致使该房屋非正式房三方认证面积虚增，黄某非法获取拆迁补偿款 200 余万元。

（4）结合当前社会发展情况、行业领域系统性操作运行的共性特点和规律甚至特定人群作案"潜规则"等趋势，以网络式、数字化经营为主要方式、途径或发展方向，将前后情况信息线索加以关联比对、补充完善，注重多环节、多角度、多层次地经营改良，并对现有情况信息线索进行分析研判、打磨运用，加强查处力度的同时拓展办案的范围和广度。广东省中山市检察院查办隐藏在省道 S268 中山境内沙古公路横栏段拆迁工作环节中的渎职腐败系列案件 5 件 5 人、挖出涉案人员 12 人就是例证。省道 S268 线中山市沙古公路路线全长 18.76 千米，总投资接近 9 亿元，是该市西北出口的快速干道，也是该市公路网主干线的重要组成部分，该院之前办理过发生在该市拆迁办梁某受贿案，案件办结后在整理资料时，办案人员又发现沙古公路在征拆过程中存有多处疑点，办案人员首先通过网络搜索、期刊检索的方法搜集全国各地查处的30件至50件拆迁领域渎职犯罪案件。凑巧的是，该省佛山检察机关也查办过江肇高速公路高明段系列贪腐窝案，一条24公里长的高速公路，有近50人涉案犯罪。在对大量已经查出的案件进行仔细整理、关联比对、经营拓展后，办案人员对此类案件的发案规律、作案手法等作了全方位的揣摸分析，摸清拆迁过程各环节的利益输送的部位、环节和途径、方式等问题，更加坚定了一个想法：发生在其他地方的拆迁领域渎职犯罪，同样也可能发生在中山。通过调取外围资料并进行深入分析，案件基本上有了明晰的轮廓，进一步确定了侦查方向和目标嫌疑人。在调查过程中，办案人员又遇到了目标厂房拆迁发生在5年以前，而沙古公路早已完工通车，实物证据亦已"灰飞烟灭"等难题，遂从拆迁前中介机构的测绘资料着手调查，而测绘公司并未按规定对测绘过程进行录像，无法还原厂房拆迁之前的情形。为了准确掌握目标厂房拆迁前后的实际情况，办案人员调取了拆迁地点在规划建设时到拆迁完成后这段时间内的三份资料，一是卫星遥感图片，二是1：10000地形图，三是Google地图照片。通过成功调取、甄别比对、分析研判相关材料，真实地还原了沙古公路拆迁前后的历史图貌，一目了然、豁然开朗。结合沙古公路施工路线图，办案人员对拆迁前后的历史图片进行了认真详尽梳理，发现沙古公路拆迁过程中，确实存在虚构补偿面积的问题。故以虚构补偿面积为突破口对案件进一步深挖扩线。办案人员注意到沙古公路一家灯饰配件厂的厂房拆迁补偿过程中，评估书中记载的设备除一个玻璃炉不能搬迁以外，其余设备都是可以搬迁的。按正常估价，一台玻璃炉的市场价格仅有十几万元至二十万元，但该厂的机械设备补偿款却高达240多万元，这明显不正常。顺藤摸瓜查明，当地裕祥村村支部书记黄某某、村委会副主任梁某某等多名村委会领导干部滥用职权，违法向拆迁户多发放了300多万元的拆迁补偿款，收受贿赂款100多万元。全案大获全胜。

6. 针对反侦查"高手"和"夹生饭"犯罪线索等具体特征，量身定制办案"行头"，抓住"突破口"不撒手，斗智斗勇，全力促成"零口供"犯罪案件的认定。例如，天津市塘沽区检察院收到该市公安局塘沽分局缉毒大队原大队长李某涉嫌徇私枉法、刑讯逼供、非法拘禁、故意伤害犯罪的举报信，摸查了解到，十多年来群众对李某各方面的反映就很多，连一些吸毒人员对李某的意见都很大。当时，社会上流传着一个有名的段子：逢年过节，李某就会带人到一些有吸毒史的人的家中，问他们是不是复吸了，即便有的人被强制性戒过毒，李某依然从人家中搜出他已经准备好的毒品进行栽赃，然后借机收受好处才肯罢休，吸毒人员都很怕他。本院根据群众反映也查了很多次，因李某多年从事公安工作，手段隐蔽，反侦查能力强，再加上被害人畏惧李某的淫威，不愿配合检察机关的调查工作，不愿讲出事实，也不愿作证，致使李某的违法犯罪行为几经调查均无法查实。但分析这么长时间来群众的议论、举报绝不会是空穴来风，李某违法犯罪的可能性很大，只不过缺乏清晰的事实证据为依托，时机还不成熟。确定专人对李某的涉案线索加强摸底调查、汇总收集、关联比对与李某相关的情况信息线索时，摸索到一条与李某密切相关的重要线索：塘沽公安分局戒毒所的协警杨某严因强奸女戒毒人员被李某打了一顿后放回老家。办案人员分析判断认为，如果该情况属实，李某就可能涉嫌徇私枉法的渎职犯罪，即可以此为突破口，查证李某涉嫌其他犯罪的事实及证据。照此逻辑向前推，要证实李某涉嫌徇私枉法，必须先查证杨某严在戒毒所强奸女戒毒人员的事实成立，因此，杨某严就成了此案突破的关键人物。为此，办案人员安排了一个饭局邀请了武警天津某部队的政委，该政委和杨某严是老乡关系，从该政委那了解到，杨某严正是其介绍到李某那里工作的，现在在山东。另外，办案人员接触了两名可能被强奸的女戒毒人员，她们在劳教场所有顾虑、不敢讲，想办法把她们带到外面做思想工作后她们陈述了在戒毒所被强奸的经过，这等于是获得了杨某严涉嫌强奸的证据。但杨某严已被李某轰回老家，只有对杨某严立案侦查并将其抓获，才能锁定李某的涉案事实。如果此事由公安机关立案就可能惊动李某。遂根据法律和司法解释的规定报请天津市检察院批准以国家机关工作人员实施的其他重大犯罪指定由塘沽检察院对杨某严立案侦查。为了不使李某有所察觉，办案人员放弃了网上追逃的手段，采取了其他手段摸查杨某严有可能躲藏的地方。临近新年，觉得杨某严在老家过年的可能性很大。新年还没过完，办案人员顶风冒雪到了山东省荷泽市，在当地检察机关和公安机关支持下找到了杨某严在农村的老家将其抓获，杨某严交代了自己犯罪经过：在戒毒所工作期间，杨某严的工作就是每天在戒毒所负责看守，巡逻的时候，他发现某个房间只有一名女戒毒人员就进去强奸了她。犯罪之后，女戒毒人员向李某告了状，李某仅仅打了一顿杨某严后，就私下里把杨某严放了，还威胁女戒毒人员不准再提这事。至此，办案人员已经获取充分证据证实李某涉嫌徇私枉法犯罪，一起沉寂多年的特大渎职侵权犯罪开始浮出水面。但李某从警20余年在天津市塘沽区是一个很有影响的人物，背景复杂、作风霸道、社会关系面广，直到案件侦破后到审判阶段，他一直都是"零口供"，拒不认罪。为了获取更多案件线索，初查阶段通过各种方式广泛联系有关知情人员，甚至从公安民警茶余饭后的闲谈中获得线索信息，注重与他们交心，启发他们的正义感；还有发展"内线"，通过"潜伏"性质的调查，获取李某涉嫌犯罪情况信息线索；在侦破杨某严强奸案后，注重从李某的日常活动中去发现其犯罪的蛛丝马迹，为了防止引起李某警觉，不断更换办案车辆，甚至自己掏钱租出租车在饭店、洗浴中心门前等候李某。通过跟踪，办案人员发现李某隔三岔五前往天津市东丽区，这一现象很反常。经过秘密调查，原来是李某为防止自己违法行为暴露，将一名被自己在办案过程中打成重伤的吸毒人员安排到了东丽区居住，同时李某对其恩威并施，既经常给这名被害人送一些财物养伤，又威胁被害人不准对任何人透露现在住址和被打的事实。李某被刑事拘留后拒不配合，办案人员有选择地向社会发布李某被抓并已被公安局开除的消息，在社会上引起了很大的震动，随后不断地有人向检察院打来电话核实。等消息得到确认后，慢慢的有群众要求与办案人员密谈，一些跟案件有关的人开始站出来作证，有被害人指证李某把自己的胳膊打"折"了，甚至还有被害人家属反映李某把被害人的脾给摘了，性质相当恶劣。李某所犯非法拘禁罪，当时只有被害人的陈述，李某否认，幸好看守所的门卫大爷认真负责，每天谁来了，几点几分来，几点几分走，都有详细记录，小小的门卫记录本明确记录了李某多次涉嫌超时非法拘禁的事实。尽管李某自始至终拒不供认，但整个办案过程，办案人员严格依法文明办案，保证证据的客观性、真实性。同时，整个证据锁链具有完整而严密的闭合性，充分还原了李某徇私枉法、刑讯逼供、非法拘禁、故意伤害等违法犯罪事实。最终李某被作出有罪判决。

7. 依靠做好外围基础性工作，摸清系统运行明、暗规则，选准突破口，推动侦查，智破涉及金融证券等复杂因素犯罪案件。例如，浙江省宁波市检察院查办该市住房公积金管理中心主任王某章、顾某泉、总经济师陈某甫滥用职权、受贿案过程中，根据匿名举报该市房地局原领导滥用职权，将住房公积金存入非银行金融机构，造成住房公积金近亿元损失的线索先行摸查了解，发现确实有将用住房资金购入的2亿多元记账式国债委托天一证券做国债回购理财的客观事实，后因天一证券违法、违规经营造成严重亏损，致使资金链断裂，天一证券宣告破产。住房公积金中心委托天一证券做回购理财的2亿多元国债，因天一证券破产而无法赎回，最终被中国证券登记结算有限公司上海分公司平仓处置，造成重大损失，天一证券已经进入破产宣告程序。这说明中心管理的住房资金遭受了重大损失，这里是否存在渎职犯罪，还须弄清三个问题：一是中心组织机构的性质是什么；二是住房资金是什么性质的资金；三是造成资金损失，中心是否有违法、违规行为存在。初查秘密进行，决定不到相关单位了解而是利用互联网进行网上初查，收集相关资料，从获取公开的文件、规定等明规则入手查清所需信息。掌握到经该市政府批准成立的市住房基金管理中心性质为"全民事业单位"，而该市政府文件批转的《宁波市住房资金管理暂行办法》规定，该市住房基金管理中心的主要职责是："代表市政府负责住房资金筹集、使用、管理和归还等日常工作，并接受市财政和审计部门的指导、监督和审计。"住房资金的主要来源包括市财政用于公有住房建设、维修和管理的投资拨款；公有住房出租、出售收入；市直管公有住房出租收取的租赁保证金等三个部分。该市住房基金管理中心更名为市住房资金管理中心。住房资金以后也改称为"住宅共用部位共用设备维修基金"，用于市区公有住房出售后形成的共用部位共用设施维修。后该市住房资金管理中心新增了住房公积金管理、使用等职责，增挂该市住房公积金管理中心牌子与住房资金管理中心一套班子、两块牌子。该市政府颁布的《宁波市市区深化住房制度改革实施方案》规定："住房资金必须专款专用，严禁挪作他用"，"对闲置资金可以购买国债，可以通过金融部门发放委托贷款，在保证安全前提下实现增值。"建设部、财政部颁发的《住宅共用部位共用设施设备维修基金管理办法》规定："维修基金应当在银行专户存储，专款专用，为了保证维修基金的安全，维修基金闲置时，除可用于购买国债或用于法律、法规规定的其他范围外，严禁挪作他用。"国债回购交易，是指证券买卖双方在成交同时就约定于未来某一时间以某一价格双方再进行反向成交的交易，是一种以有价证券为抵押品拆借资金的信用行为。其实质内容是证券的持有方（融资者、资金需求方）以持有的证券作抵押，获得一定期限内的资金使用权，期满后则须归还借贷的资金，并按约定支付一定的利息；而资金的贷出方（融券方、资金供应方）则暂时放弃相应资金的使用权，从而获得融资方的证券抵押权，并于回购期满时归还对方抵押的债券，收回融出资金并获得一定利息。这实际上是一种实物抵押借款，在做回购期间，账户上的国债只被登记质押，当不能按时归还借款时，质押的国债就会被中国证券登记结算公司自动平仓。本案中住房公积金中心将其持有的记账式国债以3%的收益借给天一证券，天一证券则用借来的记账式国债作抵押从资金贷出方融来资金从事经营活动，期限届满后将资金归还对方并赎回国债。这实质上是天一证券用从中心借来的国债为其融资作担保，当天一证券资金链断裂时风险立即产生。这一行为本身已经违反了该市政府和财政部、建设部关于住房资金管理相关规定，可以确定为一种变相挪作他用的行为。而根据《证券法》的规定"券商不得融资融券"，天一证券以委托理财名义进行融资融券本身也是非法的行为。通过相关证据收集与分析研判，弄清了中心是受该市政府委托代表其管理住房资金的组织；住房资金是公共资金，其管理、使用有明确的文件规定；用住房资金购买国债是合法合规的行为，但将购入的国债给券商用于融资是违法、违规行为；中心违规将其持有的国债给天一证券做回购是造成国债损失的主要原因。由此基本证实中心2亿多元的国债损失中，相关人员有渎职犯罪事实存在，需要追究刑事责任。从表面看，此笔国债委托理财是该中心为了追求住房资金的收益最大化却好心坏办了事，由此造成重大资金损失。如果纯粹以渎职犯罪对相关人员追究刑事责任肯定会被外界误认为相关责任人员是好心办错事，是改革过程中的失误，会获得不明真相人们的"同情"，给办案带来不必要的阻力。经对全案进行分析后认为，中心相关人员违规将巨额国债给天一证券做融资质押，他们难道只为了公家3%的收益去担这么大的风险？这背后可能存在谋取个人利益或者利益输送的问题，所以必须查清金融、证券等部门在融资、引资过程中有没有利益输送的"潜规则"，并针对潜规则去挖掘可能蕴含其中的贪渎犯罪。把查案的视线从查渎职犯罪扩大到既查渎职又查渎职背后的贪污贿赂类犯罪上来。从对天一证券破产审计的审计报告进行全面细致的梳理后发现，中心委托天一证券做国债回购的固定回报是3%左右，而同期天一证券给其他单位的回报是7.7%。既然从该市审计局关于《宁波市住房资金管理中心2003年度财务收支审计意见》中可以看到当时的审计意见曾明确指出"维修基金的国债多次进行委托理财，存在一定的风险"，那么明知有风险还将2亿余元的维修基金多次进行委托理财且回报率不及他人一半（只有他人的38.96%），这种做法非常反常，很有可能存在利益输送的可能。如果确实存在利益输送，那么又是通过什么途径输送？怎样输送？为弄清这个问题，办案人员通过金融部门了解到银行及非银行金融机构的工作人员，如果把资金拉到本单位存储，可得"揽储奖"。奖金一般是根据存贷差额按比例提取，利息低、存期长，奖金就多。如果存入的资金数额大且存储时间较长，存款方如有特殊要求（如利息回扣或其他经济利益），金融机构在有利可图的前提下也可以满足存款人的要求。资金支出一般都是以发奖金名义把现金发给拉入存款的员工，由员工再将钱分给存款人或存款单位；也有通过金融部门的三产，以咨询费、服务费名义将钱转给存款人或存款单位。这样在金融部门的账面上一般是看不出"揽储奖"这一支出的具体情况和运行、流向的，有的是由员工直接把资金以奖金名义领出，有的是员工拿来可以充抵费用的发票报销现金，还有的是存款单位直接拿发票来报销。得到"揽储奖"的员工是否把钱分给存款单位的相关人员，领导一般也不过问，目的是防止监管部门检查，同时也可以规避单位行贿。除非与存款单位的领导有特殊关系，为拉住存款，员工在得到奖金后或过年过节时总会去送点礼，如果得到的奖金数额很大，直接送大额现金也是存在的。金融部门吸储过程中潜规则的存在，更坚定了认定中心相关人员在国债回购理财中存在贿赂犯罪的信心。天一证券为中心进行国债委托理财，实质上是一种变相地融资吸储行为，且数额大，总计有2亿余元，时间长达4年，而给中心的固定回报率不及他人一半。为此，办案人员把查清贿赂犯罪作为案件的突破口。查明天一证券解放南路营业部原主任胡某是拉入国债做委托回购的具体经办人，因该业务，公司先后奖励他现金 1300 万元左右。找胡某谈话调查，在确认胡某有重大行贿嫌疑后即对其以涉嫌行贿犯罪立案侦查，在传唤后对其采取刑事拘留强制措施。刑拘后胡某交代了为保证中心的国债长期给天一证券做回购，先后多次送给中心原主任王某章、顾某泉，中心原总经济师陈某甫及市房地产局原局长现任市国土资源局局长邵某德巨额现金的行贿事实。因该案发生时间长、损失数额巨大，有 2 亿多元，而在案发后的三年多时间里，没有任何组织或个人公开举报，也没有任何这方面的信息在媒体或内部文件中出现过，说明相关责任人员在案情爆发前后做了充分的准备。为此，办案人员在初查保密工作中重点抓好两点：一是在公开的初查中隐藏查案意图。因该案的举报内容非常简要，再加上初查时天一证券公司已经进入破产清算，账册、文件等资料都已经移交给清算小组，相关知情人分散在宁波、上海、杭州等地，给秘密初查带来极大难度。为此，把秘密初查的重点从形式上的隐蔽转到查案意图的隐藏上来。当时发现，原天一证券高管胡某定、林某生等 5 人因涉嫌非法吸收公众存款罪，被提起公诉后法院还在审理之中。立即与海曙区检察院联系，请他们以需要借阅案卷名义，把已经移送法院的 12 卷案卷借回来，复印了案卷中与国债回购有关的所有资料及相关人员的通信地址、电话等信息。在向天一证券原高管及具体经办人了解国债回购流程及造成中心国债损失原因时，尽量避开与中心的联系。在向清算小组调阅账册、破产审计报告等资料中，不仅调取了中心与天一证券的相关交往账户资料，还调取了其他国有企事业单位与天一证券的资金往来资料，使被谈话对象摸不清楚办案人员到底要查什么，配合调查查账的清算组人员也弄不清查账的真正目的。二是办案信息外部隔绝，内部透明。在查案过程中，外界了解、打听案情不可避免。为做好保密工作，把查案中取得的进展明确告诉参加办案的同志，同时明确要求办案人员在外界打听、了解案情时，哪些内容可以公开，哪些内容必须保密，保证案情不从内部泄露，使外界弄不清查案的真实意图。要求办案同志以统一的口径回答外界的了解和打听，同时要求全体参与办案的同志，对相关人员的说情、打听案件的情况必须及时报告，使指挥人员全面了解内外情况，做到知己知彼，使查案更具针对性和隐蔽性，不放过任何一个可疑线索。确认中心相关人员存在重大渎职犯罪嫌疑决定查渎职背后可能存在的受贿问题后，为弄清贿赂资金的来源，先后找天一证券原董事长、总经理等 6 名高管调查了解，都无法证实有权钱交易的存在。到清算小组查账，发现账册浩瀚，无从下手，查看清算小组整理出的支出明细账，也看不出哪笔是办案人员需要的，哪笔与案子有关。在到清算小组多次查账未果情况下，在清算小组查看天一证券内部考核文件时，无意中发现了一张《受托资产咨询费核算清单》，支付方为天一证券，承受方为天通投资咨询有限公司，其中有"受托资产金额 7020 万元和 1 亿元"两组数据引起了办案人员的关注，因为中心委托天一证券做国债回购的三笔国债中，其中两笔也正好是这一数据，遂即调取了这份单据。次日到工商、税务及开户银行调查"天通投资咨询有限公司"相关资料后发现，该公司从成立到息业，除从天一证券先后 6 次汇入现金共计 610 万余元外没有其他收入来源。立即请清算小组会计协助要求帮助查清汇入"天通投资咨询有限公司"的这 610 万余元资金对应科目，查清了这 610 万余元资金与中心委托理财的国债有直接的关系，并且还在清理"天通投资咨询有限公司"账目中发现，天一证券先后汇入"海光投资咨询有限公司"现金 6 笔共计 760 万元，该资金从对应科目看，也与中心做委托理财的国债有直接关系，并提供了汇入"海光投资咨询有限公司"资金的详细资料。通过对上述两家公司从业人员情况进行全面了解后发现，这两家公司的法人代表一个是胡甲，一个是唐某，都是年过 65 岁的退休人员，且是夫妻俩，他们其中的一个儿子叫胡某，曾是天一证券解放南路营业部主任。而胡某也就是天一证券与中心签订国债委托理财协议的联系人。找到原天一证券融资业务部负责人了解证实，在与中心的国债回购业务中，其公司相关人员确实有"引资奖"存在，奖金的比例在 2.5% 左右。至此，基本弄清了"天通投资咨询有限公司"和"海光投资咨询有限公司"是专门为提取2 亿余元国债的"引资奖"而开设的公司，天一证券共发出"引资奖"为1300 万元左右，"引资奖"的提取人应该是解放南路营业部主任胡某。在确定胡某有重大行贿嫌疑后，没有立即正面接触胡某，而是先分析接触胡某后可能出现的问题，有针对性地做好准备。通过清算小组、银行、税务对上述两公司资金进出情况及最终去向逐笔进行核实；对上述两公司完税情况、税的种类进行了核实；对胡某的工作经历、为人、社会关系、家庭、经济收入、财产等进行全面了解；对中心相关人员的情况进行全面了解。在认为可以通过初查解决的证据全部到位后，才正式找胡某谈话调查，他不知办案人员已经全面掌握了上述情况，负隅顽抗。对胡某以涉嫌行贿犯罪立案侦查、依法传唤、刑事拘留，促使胡某如实交代了为保证中心 2 亿多元国债长期供天一证券做回购，先后送给中心前任主任王某章现金共计 27 万元，后任主任顾某泉现金共计 12 万元，中心总经济师陈某甫 9 万元以及送给分管住房维修基金的市建设局原副局长现市国土资源局局长邬某德现金 20 余万元的行贿犯罪事实。至此，为王某章、顾某泉、陈某甫玩忽职守、受贿大案的突破铺平了道路。弄清国债回购流程，还原国债流失过程，证明玩忽职守罪行。在对犯罪嫌疑人王某章、陈某甫、顾某泉的初始审讯中承认了受贿犯罪的事实，而对渎职犯罪有两个辩解，一是中心做国债委托理财是为了使维修资金保值、增值，委托天一证券做国债回购虽然不合规定，但委托协议到期后，当时做回购的国债都在中心的户头上，没有任何损失，同时为防止天一证券擅自挪用中心国债而发函给天一证券，明确告诉其"不得擅自挪用中心的国债"；二是交易所国债回购实行"席位联合制"，客户债券托管实行的是券商主席位下的二级托管，券商挪用客户国债，而客户根本无从知道，最终造成2亿多元国债损失不是他们的责任，是早期记账式国债和国债回购业务中存在的制度性漏洞，责任在天一证券。办案人员经请教证券专家后也无法完全反驳他们的辩解。为此，办案人员专程到上海找光大证券公司和中国证券登记结算公司的专家请教。在他们的指导下，通过对上海证券交易所《关于全面指定交易制度后国债及国债回购交易有关事项的通知》、《上海证券中央登记结算公司关于实施全面指定交易后有关证券托管事项的通知》、《关于无纸化国债用于国债回购业务的通知》、《上海证券交易所国债回购交易业务操作简介》等十个有关记账式国债买卖和国债回购文件的认真学习和研究，终于彻底弄清了无纸化国债质押式回购交易的流程是：交易所国债现券和回购实行"席位联合制"，各客户债券托管实行的是券商主席位下的二级托管，即中国证券登记经结算公司—券商—客户。回购交易具体做法是：首先将证券账户中的国债折算成标准券登记在公司的主席位上，然后以证券公司的主席位为单位进行交易申报、交易、撮合、结算，在此过程中，客户证券账户中的无纸化国债仍然可以按账户进行交易申报、交易、撮合、结算，不受影响，标准券与国债之间不建立一一对应的关系，在最后清算时，以券商为单位实行清算，即一家会员不论在交易所有多少个席位，在清算时，所有账户都将归入统一的法人账号进行清算，只要主账户不存在欠库行为，不会追究子账户是否欠库。这种主席位下的二级托管方式，为证券公司挪用客户国债进行回购提供了技术上的可能，而法人清算制度又不会及时暴露其挪用行为。但是，当券商资金链断裂，未能偿还到期购回款时，其擅自挪用的客户国债也会被中国证券登记结算公司根据相关规则而平仓，从而造成客户的损失。券商挪用客户国债，如果其资金运转正常，一般情况下对客户不会带来近期风险，如果券商经营不善或证券市场熊市，对客户的风险就随时可能发生。对券商擅自挪用国债的行为，客户一般不易发现，但只要到上海中央国债登记结算有限责任公司或中国证券登记结算公司查询，就可以立即知道是否被挪用，并可以采取有效的防范受损措施。还发现建设部针对当时一些地区住房公积金管理中心存在国债委托理财中因券商倒闭造成重大资金损失问题下发了《关于对使用住房公积金购买国债情况进行自查自纠的通知》，明确指出"国债在委托理财中存在金融机构违规操作的风险隐患并造成资金损失的高危风险"，并且要求"凡违反规定与金融机构签订委托理财协议的，管理中心应依法立即与金融机构解除或修改协议"，"定期通过中央国债登记结算有限责任公司和中国证券登记结算有限公司的查询系统对本国债账户余额情况进行复核查询"，"对国债账户余额情况进行检查，已到期的国债应尽快兑付，及时收回资金，防止金融机构利用本账户内资金或国债从事融资或者融券的证券交易活动"。中心收到通知后仅仅决定中心与天一证券签订的国债委托理财合同到期后不再续签。回购协议终止后仅向天一证券发出"关于进一步加强已购国债管理"的函，要求对方"严禁挪用中心持有的国债"，却未按照通知要求到中央国债登记结算有限责任公司和中国证券登记结算有限公司的查询系统对国债账户余额情况进行复核查询，也没有要求天一证券注销其国债账户的回购登记，根本没有采取过防范国债被挪用的实质性措施。而天一证券当时处于资金极度紧张期，中心与其终止委托理财协议后，也没有主动注销国债回购登记，还是继续将中心持有的国债用于做回购。天一证券资金链发生断裂，为防止中心国债变现，造成天一证券席位爆仓，擅自将中心账号冻结，中心在操作变现时才发现账号被天一证券冻结。此时，如果冻结的账号解冻，中心已经拿不到资金，只能带来天一证券提前爆仓。天一证券因资金缺口无法弥补，被迫宣告破产，被其用于回购质押的中心 2 亿余元国债，被中国证券登记结算公司处置出售。由于中心与天一证券存在正常经纪业务外的合同关系，经专家鉴定，中心国债账户不属于客户证券交易结算资金所对应的账户，属委托理财账户，不能优先受偿，进入破产清算程序处置，从而造成 2 亿余元国债资金无法收回。全面弄清了国债回购流程、回购过程中存在的风险、风险产生的原因和预防风险的措施，还原中心国债流失过程后，再次提审犯罪嫌疑人时就不再被他们的狡辩所迷惑，面对事实，犯罪嫌疑人终于承认，因其玩忽职守，不认真履行职责，致使中心持有的 2 亿余元国债无法收回，给公共财产造成重大损失。查明：违反住房维修基金管理规定，先后多次将用住房资金购入的记账式国债 2 亿余元委托宁波市天一证券股份有限公司做国债回购理财，后因天一证券倒闭，造成直接经济损失 2 亿余元；同时在委托国债回购期间，他们分别收受天一证券解放南路营业部主任胡某巨额贿赂。法院以王某章犯玩忽职守罪判处有期徒刑 3 年 6 个月，犯受贿罪判处有期徒刑 11 年，合并执行有期徒刑 12 年 6 个月；以顾某泉犯玩忽职守罪判处有期徒刑 3 年 6 个月，犯受贿罪判处有期徒刑 10 年，合并执行有期徒刑 11 年 6 个月；以陈某甫犯玩忽职守罪判处有期徒刑 3 年，犯受贿罪判处有期徒刑 10 年 6 个月，合并执行有期徒刑 11 年 6 个月。

8. 具体侦破工作中往往需要围绕特定行业、部位展开精细化初查，掌握工作中的运行程序、特点规律，化解工作中的具体难点难题，侦破渎职系列案件。例如，河南省周口市检察院查办该市商务局市场体系建设科科长董某某等30 余人的渎职犯罪串案过程中，发现该市共批准 13 家承办企业建设农家店4700 余家、配送中心 11 个。通过对照承办企业准入条件要求提供的证明材料，掌握到在所调查的 10 家承办企业仅有 1 家报送的材料是真实的，其余 9家承办企业均存在不同程度的伪造、变造证明文件和证件复印件的情况；而商务部门工作人员在实际审核、验收过程中往往睁一只眼闭一只眼，不按国家商务部文件规定办理，不对企业提供的证明文件的复印件原件进行审核、比对，地市级商务部门则是普遍不按照规定审查资料的完备性、真实性。造成不具备条件的企业取得了承办企业资格，在后期实施过程中不认真监管，对承办企业配送中心验收过程中不认真审核。让这些承办企业有机可乘，大量套取国家补贴资金，仅周口市已经查明的被套取资金高达 1900 多万元。在解读政策的过程中，第一个吸引眼球的就是"配送率"。从文件规定上看，自始至终都在着重强调"配送率"。如果围绕商务部实施该项工程的主要指标"商品配送率"去查证，查案将走入死胡同，因为配送率的可变性太大，是一个弹性指标，商务部门又没有制定切实可行的核查办法，无法满足刑事诉讼的证据要求。应当如何解决这个问题？通过认真分析以上文件并研究其办理要求，发现国家商务部设定的承办企业准入条件要求的是具有较强实力的大型承办企业。可实际发现，这些实力较强的企业一般都是在城市中经营大型商超的企业，一般不愿意做农村超市这种建设周期长、投入精力大、收入效益不高的项目。这样一来，各地为了完成建设指标，就选择了一些实力不强的企业，甚至一些根本没有实际从业经验的企业也加入了承办企业队伍。办案人员根据这一情况，结合文件规定调整了工作思路，重新制订了调查方案，从核实企业的承办企业资格申报材料、项目验收申报材料、实际经营情况、固定资产情况入手，全面展开该类案件的侦查工作。另外，针对被套取的国家资金应如何认定为经济损失？刚开始办案人员认为只要是不符合承办企业条件、采取虚假报批的手段获得的补贴资金就可以全额认定为经济损失。但在进一步的侦查过程中，发觉虽然企业承办资格有问题，但这其中的部分资金的确按照规定使用了，故在后期认定的时候就只认定了没有按国家规定使用的部分资金（该市自项目实施以来共获取国家补贴资金 3800 多万元，查证 9 家有问题的承办企业涉嫌套取国家补贴资金 1900 多万元）。

9. 确定调查思路，精选突破口，抽丝剥茧，巧施谋略，一举侦破假福利企业背后渎职犯罪案件。例如，江苏省连云港市连云区检察院工作人员在工作中获知该市开发区某福利企业存在只缴纳残疾人职工保险而未实际安排残疾人职工上岗和支付工资，从而骗取增值税退税的情况。凭借敏锐的职业嗅觉和丰富的工作经验，认为这种情况绝非个别现象，在这些企业非法获得福利企业资格和骗取退税的过程中，相关职能部门工作人员很有可能存在渎职犯罪的嫌疑。确定执行"找准一个职务犯罪高发、多发的单位（领域），找准其中一个重点部门，部门中找准一个关键嫌疑对象，围绕嫌疑对象找准一个突破口"的初查思路，即先从外围入手，吃透民政、国税两部门在福利企业资格年审、退税审批等工作环节的相关政策、制度规定，查清辖区内福利企业是否符合政策规定的标准，而后再确定突破口。为了避免"打草惊蛇"，调查人员采取异地取证、声东击西等措施隐蔽侦查意图。首先是避开本辖区的相关职能部门，从市民政局福利中心调取了开发区福利企业名单，并收集有关福利企业的法律法规、政策规定等，认真学习研究，详细掌握了福利企业退税相关法律法规及监管程序。由此，掌握了在福利企业退税过程中，福利企业的资格认证、年审、变更以及决定退税环节易发渎职犯罪，如果把关不严，负有监管职责的民政部门、税务部门相关岗位的人员可能涉嫌渎职犯罪。接着商请公安机关配合，以公安机关查办虚开增值税发票案的名义到开发区国税局秘密调取了辖区内9家福利企业退税申请资料，并通过资料中的残疾人职工名册找到部分残疾人职工了解这些企业的有关情况，经过对50余名残疾人职工的调查，调查人员了解到辖区内9家福利企业中有6家只为残疾人职工缴纳"五金"而没有实际安排残疾人上岗工作，也没有按照标准发放工资，而这种情况与民政部《福利企业资格认定办法》中规定的福利企业认定条件严重不符，上述6家企业几年来骗取增值税退税金额高达700余万元，因此，民政、国税部门相关工作人员很有可能存在渎职犯罪的行为。掌握了上述情况后，决定对连云港市开发区国税局、社会事业局相关人员以事立案侦查。选定某化工厂为突破口后，侦查人员随即开始正面接触该厂厂长孙某某。孙某某很快交代了该厂申办福利企业的详细过程，以及与国税、民政部门工作人员的交往情况。孙某某被突破，牵出了本案的三个涉案人物——开发区国税局负责退税初审的顾某华、负责退税复核的钱某、民政部门的程某传。结合前期初查过程中了解到的情况，即顾某华、钱某在开发区国税局连续几年测评中名次均位列他人之后，更有诸多其受贿、索贿的传闻，由此推测钱、顾二人具有渎职、受贿犯罪的重大嫌疑。顾某华为国税局税源一科副科长，负责退税申请的初审，遂确定顾某华为犯罪嫌疑人并对其进行传唤。到案后，顾某华心存侥幸不肯交代问题。为了突破其心理防线，办案人员采用声东击西的讯问策略，避开滥用职权犯罪问题转而以讯问其经济问题实施突破。这一招果然有效，顾某华的心理压力陡然增大，侥幸心理逐渐消除，心理防线开始瓦解，交代了其与多家企业的不正当经济往来。其中，与旺隆化工厂的经济往来情况与孙某某所交代的情况基本吻合。调查人员乘胜追击迫使其交代了在福利企业申请退税审核工作中，接受福利企业贿送的款物，明知不符合条件而予以审核批准的行为。这样顾某华滥用职权的犯罪事实骤然清晰起来，为假福利企业系列案件的查办打开了良好局面，以此为基础迅速拓展战果，确定开发区国税局税源一科科长钱某为犯罪嫌疑人，后钱某交代了滥用职权造成国家损失 120 万元的犯罪事实；确定开发区猴嘴街道办事处民政助理程某传为犯罪嫌疑人，程某传交代其滥用职权造成国家经济损失 170 万元的犯罪事实；开发区社会事业局王某辉到案后交代了其玩忽职守造成国家经济损失 150 万元的犯罪事实。这样查明顾某华受贿 13 万元、钱某受贿 17 万元的受贿犯罪事实以及发现国税局税源三科科长王某鸿受贿犯罪。法院以顾某华犯滥用职权罪判处有期徒刑 3 年、犯受贿罪判处有期徒刑 5 年，决定执行有期徒刑 6 年 6 个月；钱某犯滥用职权罪判处有期徒刑 1 年，犯受贿罪判处有期徒刑 6 年，决定执行有期徒刑 6 年 6 个月；王某鸿犯受贿罪被判处有期徒刑 5 年 3 个月；程某传免予刑事处罚。

三、充分发挥现代信息技术手段在职务犯罪侦查破案中的作用

随着现代科技的飞速发展和信息革命时代的到来，职务犯罪侦破工作可资利用的其他领域的情况信息尤其是测绘数据的条件和机会将越来越多，所以，需要在思维观念、行动意识和取证破案方式上调整思路，开拓创新，打开破案的“天窗”。

（一）运用“信息大数据”工作法开展精细化初查、系统化破案

1. 江苏省启东市检察院充分运用“信息大数据”工作法，努力实现案件初查精细化，即在案件初查过程中，首先通过收集并建立服务对象信息数据库，将涉案职能部门所涉及的利益影响人的信息、涉案单位相关人员的信息及其家庭、财产、社会人情网信息等一一涵括在数据库内以便分析排查。与此同时，在上级检察机关所建法律法规数据库的基础上，根据各个时期的工作重点，及时收集补充各级政府的相关文件，自行建立文件数据库；同时，注重数据信息的运用，利用手机恢复软件全面充实“大数据”内容，为侦查办案提供信息支撑和服务。在该市海渔局工作人员黄某滥用职权、受贿线索的初查阶段，调查人员坚持数据引路的工作思路，即在建立并完善启东市近年来的高效设施农业项目数据库、高效设施渔业项目数据库、渔业柴油补贴明细数据库的

基础上，从中收集了相关文件 50 多份，以及全市 12 家渔业公司和 100 多家农民专业合作社的相关信息，并建立数据库，同时通过手机数据恢复软件，导出了黄某的联系人信息 300 多条。又在此基础上，通过比对黄某及其妻子、父母银行卡大量的交易数据、比对涉案的养殖合作社养殖区域近年来的百度地图、谷歌地图的卫星图片等，终于掌握了与案件相关的大量翔实信息，为该案顺利突破奠定了坚实基础。"你父亲的银行卡上显示 2011 年 9 月进账 10 万元，这笔资金是从哪来的?""这个养殖合作社养殖区域面积明明是 400 多亩，可是你帮他们项目申报 700 多亩是怎么回事?""你们局里的文件明确要求渔业科科长要对申报项目的养殖面积、新建池塘面积进行实地勘查，你是如何勘查、如何验收的?"面对调查人员一连串的提问，黄某开始时还辩称不知情，但当调查人员拿出运用手机数据恢复软件对其手机恢复后产生的话单资料逐一指出其狡辩之处后，黄某终于放弃了抵抗，承认："虽然到检察院之前已经准备了很多托辞，但是面对如此翔实的数据资料，无话可说……"法院以受贿罪、滥用职权罪数罪并罚判处黄某有期徒刑 1 年 6 个月。

2. 职务犯罪侦破过程中，测绘数据往往"会说话"，应该加以有效运用。简单地说，航测地形图是通过飞机利用遥感技术所测得的某一地区的地面或者地质影像，可获得地面 0.05 至 0.5 米高分辨率影像。航拍图能够清晰地表现地理形态，作为真实地面现状证据使用因而被广泛应用于军事活动、交通建设、水利工程、生态研究、城市规划等方面。其在普通刑事犯罪、反贪渎侦查中作用亦非同一般。例如，辽宁普兰店市检察院在侦破一起特大贪污案件时，就成功运用航测地形图于办案之中，突破并最终认定了这起"零口供"案件。该市某社区书记宁某某承包的建材厂被动迁达成协议的同时，其以在动迁中作表率的名义于当日就将建材厂的建筑物全部拆掉，该厂的所有会计资料被人焚毁，2012 年该厂厂址被淹没在库区水位之下。群众举报宁某某利用假房照贪污国家动迁补偿款，该院着手调查却因动迁物灭失，使调查工作陷入僵局。书写假房照的王某供认在该厂被动迁前宁某某找其在空白房照上书写了面积为 1383 平米、时间为 1994 年 3 月的假房照并得到好处费 1000 元。但该建材厂原有建筑物到底是多少，宁某某究竟骗取了多少国家的钱，让办案人员费尽了脑汁：所有行政部门留存资料中均没有该厂建筑面积的记载。办案人员历尽辛苦搜集到普兰店市 2010 年 8 月城区及郊区 1：500 航测数字化测图中关于建材厂的建筑物所有数据：房屋面积 356.24 平米，简易房面积 198.4 平米，房子坐落位置一清二楚。证实宁某某伪造合同、骗取贪污国家动迁补偿款 355.7482 万元。大连市中级法院终审判决宁某某有期徒刑 14 年。

（二）运用卫星图片恢复历史原貌，打破"僵局"，查获贪渎犯罪

在一些偏远的农村地区或者是没有纳入到城市规划的区域一般是没有航测图的。在这些地方办案，一般可以利用谷歌地图的影像资料。这是谷歌公司开发的一款虚拟地球仪软件，它把卫星照片、航空照相等布置在一个地球的三维模型上。该软件于2005年向全球推出，每隔一段时间就会更新数据，以往的数据仍可以查到。用户包括办案人员通过一个下载到自己电脑上的客户端软件，免费游览全球各地高清晰度卫星图片。利用谷歌地球软件可以将某一地块或者建筑物面积准确测算出来，周边布局情况不接触目标现场也可以通过软件观察到，对职务犯罪侦查工作起到意想不到的效果。

1. 根据渎职犯罪的结果犯性质，利用卫星图片在恢复历史原貌、重构"第一现场"中的作用，解构、定位当时各种角色具体位置，回复、确立"在场感"，精算、精准各种损失结果、数量，破解渎职犯罪案件侦破、认定过程中最难的问题。例如，江苏省常熟市检察院接到一封匿名举报信，举报该市宜农有机肥料有限公司（以下简称宜农公司）总经理郭某辉利用其妻舅葛某担任常熟市土壤肥料站站长的便利关系，骗取有机肥料补贴款110余万元、太湖水污染治理项目资金130万元。由于举报具体事项语焉不详，而且时间跨度大，不能根据举报信按图索骥，办案人员决定从资金流向入手初查分析，既然65万元专项资金没有用于申报项目建设，那么项目是如何获批又如何实施建设的？暗访宜农公司，再调取宜农公司扩建项目的申报材料，通过现场查看和申报内容进行比较，初步确定宜农公司有无虚报建设内容和规模。出乎意料的是，当办案人员到达宜农公司时，现场竟然是一片平坦的麦田。向村民了解后得知，该片麦田原来是一家养猪场，场内有一家有机肥生产厂家早就已经被拆除，当时沙家浜镇政府曾对拆除厂房进行了补偿。办案人员调取了宜农公司拆除补偿资料，拆除图纸显示公司整体拆除时场地面积为2300平方米。又前往财政局调取公司扩建项目的申报材料，发现宜农公司当时的项目申报材料中称，公司申报扩建9000余平方米的建筑，申请拨付首期资金65万元。这时遇到的问题是，拆除图纸只能反映拆除时场地面积，却无法说明申报扩建项目时原有场地上已有厂房设施和申报项目后新建的厂房设施。办案人员就想到了利用谷歌地图还原宜农公司申报项目时的场地面积和厂房设施布局。通过比对，卫星地图显示的公司面积也只有2000余平方米，且厂房、车间等建筑设施布局一目了然。这样，就通过地图截图获得了宜农公司申报项目前后的场地面积和建筑设施等物证资料。最终使骗取资金人员和渎职犯罪人员受到了法律的严

惩。可能有人会说，此案中可以利用审讯获取口供突破该案即可，何必如此劳神。但是，倘若只有口供，这个案子不一定能定罪。根据以往的办案经验，光有口供，没有证据，犯罪嫌疑人到了法庭上可能翻供。所以，实际办案中，必须有证据，防止翻供。

2. 征地拆迁领域，拆迁工作人员与社会人员相互勾结，通过虚列房屋面积或抢建违建房等手段骗取、套取征地、拆迁补偿款现象非常普遍。实践中，检察机关在查办该领域犯罪时，因时过境迁，拟征用的土地和房屋早已被征用和拆除，各种历史原貌难以恢复，渎职及相关犯罪物证、书证难以固定，且涉嫌骗取国家拆迁补偿款的人员多为当地黑恶势力、宗族势力，短时间内突破此类人员口供也较困难。为此，工作实践中，采用证据固定法来恢复被征用土地和被拆迁房屋的历史原貌，戳穿各种虚列房屋面积或者占用农用地、抢建违建房骗取征地拆迁补偿款的骗局，从而找到案件切入点，一举打开查办征地拆迁领域犯罪的局面，非常重要。

工作实践中，可以采用"四位一体"证据固定法，即利用谷歌卫星图片、1∶2000 地形图、遥感影像图和国土资源卫星遥感监测图片四种证据，互相印证、互为补充，恢复被征用、被拆迁的土地、房屋历史原貌，从而查获相关犯罪的方法。这四种图片，虽说调取途径不同、表现形态不同，但其证明的事实是一致的，均可以用来证实被征用土地或被拆迁房屋的历史原貌。一般来说，谷歌卫星图片是通过从网上下载谷歌公司开发的谷歌地球软件，免费浏览全球各地的高清晰度卫星图片。虽说网上类似软件众多，但"谷歌地球"最大优势是其可以查看各地历史图片。具体方法为先安装"谷歌地球"软件，安装成功后，点击菜单栏中"视图"工具栏，在"视图"工具栏下拉列表中点击"历史图像"，即可在软件卫星图浏览区域左上角出现时间标尺，点击时间标尺上的年份，便可查看各地相应年份的历史图片。现有的谷歌地形图是按照 1∶2000 的比例将地表起伏形态和地物位置、形状按水平投影的方法缩绘到图纸上。这种图纸能真实地将一定区域范围内地形、地貌、地物反映出来。在武汉，可以到市勘测设计研究院调取武汉市范围内各个区域的 1∶2000 地形图。而且这个 1∶2000 地形图也是随时进行数据更新，在该院可以查到武汉市每一个地方不同年份的图纸。遥感影像图也可以到武汉市勘测设计院调取，它是该院通过航空摄影获取基础地理信息的遥感资料，测制和更新武汉市范围内基本地图，建立、更新基础地理信息系统。国土资源部卫星遥感监测图片是通过专业的国土资源卫星拍摄地面影像而制作的图片。国土资源部门通过卫星图片进行的土地执法叫作卫星图片执法，至今，国土资源部门已经利用卫星遥感监测技术开展了 8 次卫星图片执法检查工作。同样，办案人员可以到本地国土资源部门调取本地土地执法卫星图片，了解和核实本地土地违法和执法检查情况。通过以上"四位一体"证据法获取被征用土地和被拆迁房屋历史原貌后，各种虚列房屋面积或者占用农用地、抢建违建房骗取征地拆迁补偿款的犯罪证据便被固定。于是及时对涉嫌诈骗和非法占用农用地的犯罪嫌疑人进行立案侦查。从查办原案入手，通过查办原案，固定相关国家工作人员实施渎职犯罪的证据。一是确定渎职犯罪造成的损失。如"3·16"专案中，通过查办犯罪嫌疑人陈某等利用武汉洪来公司名义抢建违建房 25000 多平方米，骗取拆迁补偿款 3500 万元的事实，从而确定了规划管理、城管执法、拆迁补偿款支付等环节有关人员渎职造成的损失数额，该渎职的损失数额即为诈骗的 3500 万元。二是初步获取有关国家机关工作人员渎职行为的证据。如通过查办原案，证实犯罪嫌疑人陈某等利用武汉洪来公司名义修建的 25000 多平方米厂房系抢建的违建房屋，根据国家政策，抢建的违建房屋不应予以补偿，而在拆迁过程中，有关国家机关工作人员滥用职权将其列入拆迁补偿范围，并签字同意支付拆迁补偿款的行为即为明显渎职犯罪行为。

3. 针对征地拆迁领域渎职犯罪与普通刑事案件、贪污贿赂类犯罪相互交织的特点，注意绝不能就案办案，"自扫门前雪"，而要以查办渎职案件为契机"一案双查"甚至"一案三查"，做好涉案相关基础工作，重视利用卫星图片、定位资料完善手续，查办作为"原案"的侵占、骗取各类补贴补偿资金普通刑事案件背后或者所涉及的渎职犯罪，再深挖渎职背后贪贿类犯罪问题，以取得侦查办案真正的良好效果。例如湖北省武汉市检察院对查办的每个渎职犯罪嫌疑人都注意做到以下两点：一是摸清其个人及家庭成员存款、房产、车辆及股票基金信息，寻找其渎职的根本原因，找到贪贿犯罪证据。二是严格按照中办 37 号文件的规定，积极与纪委、公安等部门密切配合，联手开展工作，各司其职，力争工作最佳效果。在查办该市洪山区建设乡党委书记、现任洪山区园林局局长蒋某、涉案骗取拆迁补偿款的该市四新生态建设管理委员会土地局局长余某职务犯罪案件时，就是先查社会不法分子的普通刑事犯罪，以查渎职为抓手，分别深挖出蒋某受贿 500 余万元、挪用公款 4000 万元，余某贪污 1000 余万元的重大腐败问题。该院接到反映本市水务集团排水公司在南太子湖污水处理厂二期扩建工程项目征地拆迁过程中，虚列房地面建筑物 4000 余平方米、骗取拆迁补偿款 600 余万元的举报线索以及所接到的群众多次反映在化工新区 80 万吨乙烯工程上游管廊项目征地拆迁过程中不少社会不法分子在得知该项目红线及安全距离范围后，与国家机关工作人员互相勾结，抢建违建房屋骗取专项工程拆迁补偿款的实名举报。对此开展调查显示，在该市政府发布公告拟征用现化工新区 13 个自然村地块用于 80 万吨乙烯工程及其配套工程用地，该工程上游管廊项目红线及安全距离范围经反复论证最终确定后，市政府明令禁止在该项目红线范围内新建任何房屋且对新建房屋不予补偿。针对此情况，调查人员明确侦查思路，认为确定房屋建设时间，看其是否为政府禁止令后在红线范围内新建的房屋，是判断建房者有无骗取国家拆迁补偿款故意的关键。办案人员调取了该地遥感影像图，还原该公司建房历史原貌。弄清该征地范围内 2007 年是否存在"被拆迁"的 4000 余平方米房屋的相关举报是关键与核心。首先，调查人员调取该征地范围 1:2000 地形图，该地图显示此征地范围为鱼塘，其上无任何建筑物。为进一步核实，调查人员又调取了该征地范围2006 年、2008 年、2010 年的谷歌卫星图片。卫星图片显示，该征地范围 2006年时为一片鱼塘，2008 年开始填塘施工建设，直至 2010 年南太子湖污水处理厂二期扩建工程基本建成。通过调取的 1:2000 地形图与卫星图片，恢复了被征用土地历史原貌，从而固定了有关人员虚列地面建筑物骗取征地拆迁补偿款犯罪事实证据。图片显示，2009 年建房地点为一片农用地，2010 年即上游管廊红线最终确定后房屋建成，且作为无任何规划报建手续的违建房，未被城管执法拆除，2011 年该房屋被列入拆迁补偿范围被拆除。通过图片比对很简单地就固定了违法建设的建设时间、建设过程，并结合国土部门提供的建房地点所占用土地用途、面积等证据，判断违建方确系非法占用农用地抢建房屋，具有骗取国家拆迁补偿款故意。在固定此证据后，立即对武汉洪来公司实际控制人陈某等人以涉嫌诈骗罪立案调查，顺利破案。调查人员分析武汉洪来公司顺利抢建，并最终骗得拆迁补偿经过了获取红线图、占用土地、抢建房屋、获取赔偿几个环节。以此为线索，顺藤摸瓜找到各个环节涉及的渎职主体，追究各主体责任。一是规划管理人员渎职。化工新区八吉府街道规划员宋某滥用职权，将自己手中掌握的 80 万吨乙烯工程上游管廊征地红线图违法透露给陈某，使得陈某以武汉洪来公司名义准确地在上游管廊的红线范围内，抢建违建房25000 余平方米。二是农村基层组织人员渎职。化工新区前锋村主任付某明知陈某意欲抢建违建房，骗取国家拆迁补偿款，仍将该村位于上游管廊项目红线范围内约 30 亩的农用地非法租赁给其用于抢建厂房。三是土地执法人员渎职。化工新区八吉府街道办事处副主任周某，作为直接分管街道土地执法工作的负责人，对于国土资源部卫星图片拍摄到的武汉洪来公司违法用地的行为进行现场核实时，明知该公司确属非法占用农用地约 30 亩，抢建违建房 25000 多平方米，而仍然以"伪变化"的名义对执法卫星图片进行回复，致使该公司违法占用土地的行为未能依法受到处罚。四是城管执法人员渎职。化工新区八吉府街道城管执法中队队长龚某，在城管执法过程中，明知武汉洪来公司在没有任何规划报建手续情况下抢建违建房，仍放任武汉洪来公司违法行为，致使该违法建筑最终建成。五是拆迁补偿工作人员渎职。化工新区八吉府街道办事处胡某，身为80万吨乙烯工程征地拆迁工作负责人，明知武汉洪来公司所建25000余平方米厂房系抢建的违建房，意在骗取国家拆迁补偿款，仍同意将该违法建筑纳入拆迁补偿范围，并向其支付拆迁补偿款约3500万元。这样，成功办理了该市四新生态建设管理委员会土地局局长余某、市水务集团有限公司基建办公室拆迁科赵某、武汉环湖建筑工程有限公司负责人蒋某涉嫌滥用职权、贪污案，以及湖北某评估公司法人代表杨某出具证明文件重大失实案，武汉某会计事务所员工杨某提供虚假证明文件案。

4. 反渎侦查是通过形象思维，以微观、具体和恰当、接地气的方式特别是计算相关数据、损失方式，挖掘出涉嫌行为人行为背后隐含、折射的东西，以及办案人员所追求的价值观。例如湖南省株洲市检察院反渎局在案件线索收集过程中获悉，茶陵县农机局与某些农机生产厂家可能存在共同串通、弄虚作假，骗取国家农机补贴专项资金的行为。敏锐地意识到这是一条非常有价值的线索，细致侦查，最终牵出了一个涉及5个市、县渎职犯罪窝案。株洲市农机局科技质量科科长兼株洲市农机购置补贴项目办主任陈某剑、株洲县农机局原局长郭某辉、株洲县农机局原副局长刘某勇、株洲县农机局农机推广站原站长易某山涉案。陈某剑在任株洲市农机购置补贴项目办主任期间，对株洲市范围的农机购置补贴项目和装备推进项目具有全程跟踪监督和管理职责。陈某剑在茶陵、醴陵农机局对项目进度进行督察时，明知擅自调剂指标是违规行为，可能导致厂家或经销商借机空套补贴指标、重复补贴，造成国家专项资金流失，仍违反规定允许茶陵、醴陵农机局调剂指标办理异地购机补贴。在调剂过程中，陈某剑未认真监督管理，最后导致国家专项资金流失62.3万元。另外，陈某剑利用职务之便，收受贿赂12.45万元，个人实得9.45万元。郭某辉、刘某勇等人任职期间，未严格审查生产厂家提供的农机补贴申请资料，在无农机销售事实情况下，批准83台农机补贴，造成国家农机补贴资金损失共计87.8万元。李某华在担任攸县农机局副局长期间，利用职务之便，为他人谋取利益收受他人贿赂8.8万元。彭某刚在担任醴陵市农机局副局长期间，要求醴陵市农机局管理股股长喻某违规办理农机补贴，并指示农机经销商汤某科、文某准备农机补贴申报资料。彭某刚在审核汤某科、文某提供的农机补贴资料时，明知购机者信息系两人伪造，在无法对农机是否真实销售进行监督把关的情况下，仍然在农机购置补贴协议上盖章，并上报株洲市农机局。2007年彭某刚审批办理异地农机补贴156台，其中81台系虚假销售，造成国家农机补贴资金损失56.7万元。发现线索后，株洲市检察院经过全面分析相关情况，办案组发现，现代农装株洲公司总经理助理李某纯既是该公司申报农机补贴资金的经手人，又是弄虚作假、骗取补贴资金的操作人，在该系列案证据链中处于关键环节，办案组决定对其实施重点突破。李某纯到案后，表面非常配合，实际上却是在和办案人员兜圈子，甚至自认为办案人员不熟悉农机补贴资金领域，抛出"预提"、"调剂"等烟雾弹，将骗取国家补贴资金的行为说成是合法的调剂调配行为，意欲给查处农机系统相关人员设置障碍。基于此情况，市院反渎局及时指导专案组运用法律法规和已经掌握的证据及时予以了有力驳斥，所谓的"预提"、"调剂"都是违规行为，申报的补贴资金，均没有发放到农户手中，所谓的"预提"、"调剂"实质上就是掩盖违法犯罪行为的"遮羞布"，从而一举戳穿李某纯的谎言。通过释法说理，李某纯最终如实供述了其犯罪事实。通过突破李某纯，专案组基本锁定了相关犯罪嫌疑人。如何确定涉嫌骗取申报的农机台数和骗取补贴资金的数额，是该系列案的难题。由于农机补贴资金发放时间跨度长，享受补贴的农户数量众多，补贴政策、数额前后发生过变化，犯罪嫌疑人虽然承认有弄虚作假的行为，但是对具体数额讲不清楚。专案组充分收集各方信息，集思广益，提出了一个个相应的解决方法，其中比较有代表性的是借鉴数学解题方法，综合运用"正推法"和"逆推法"。"正推法"的运用：一是到省市农机部门，调取历年来株洲市各区县农机局上报的农机补贴资料档案；二是调取各生产厂家上报的农机补贴资料；三是调取各区县农机局相关的农机补贴资料；四是将上述资料进行比对，确定申报领取农机补贴的农户名单。"逆推法"则是以申报领取农机补贴的农户名单为底册，直接到各地农户家庭逐人逐户排查取证，核实其是否领取了农机补贴。如石峰区院反渎局就是从各部门抽调精干力量组成 4 个调查小组划片包干，对株洲县下属的 19 个乡镇 100 余个村组上千农户逐户排查走访，取得了相关农户的证人证言，在多达数千份的购机合同中查到相应的伪造合同，进行统计汇总查明郭某辉等人共计伪造虚假购机手续 92 台，造成国家经济损失 100 余万元。经过一次次"正推法"和"逆推法"的运用，走访了上千农户，核实了上万份资料，最终确定了各农机局与生产厂家共同编造虚假购机资料，涉嫌骗取申报的农机台数和补贴资金的具体数额。紧接着又及时聘请司法鉴定所的专业人员对结果进行鉴定，作出结论，出具司法鉴定意见书，从而固定办案成果。

　　反渎调查过程中，摸查扯线、查询锁证、调查走访等获取证据活动均不能就案办案，而要重视发挥大数据时代所特有的技术手段、海量情报信息在侦查破案中的独特优势，助推侦破工作，证实相关渎职犯罪案件。例如，江苏省盱眙县检察院反渎办案人员在查办一起职务犯罪案件的取证过程中看到一张该县贝加尔虾业有限公司当年申报"高效设施渔业"项目地图，颇感好奇地拿起地图看了一下，根据地图标明的经纬度默算了一下面积，不算不知道，一算吓一跳，计算所得面积仅 100 多亩，而文本中却有 1500 亩。这其中肯定有猫儿腻，否则两者不可能差距这么大。办案人员调取该年"高效设施渔业"补贴地图，发现贝加尔公司又申报了 1050 亩养殖水面，可是根据地图上经纬度计算仅为 170 多亩。为查实贝加尔公司的实际养殖面积，办案人员邀请专业测绘人员根据文本标注的位置，查看项目的真实情况。通过实地勘测发现贝加尔公司实际养殖面积只有 179 亩，而非申报的 1050 亩。那么，到底是谁帮助贝加尔公司以实际的 179 亩申报到 1050 亩的国家财政补贴呢？带着疑问展开多方调查发现，贝加尔公司的法人代表是陈某林，而负责该项目审核申报的是县农委渔业科科长兼水产技术指导站站长梁某林。办案人员分析这样悬殊的申报差距已造成国家 250 万元的损失，属于重特大损失，存在严重渎职犯罪的嫌疑。一开始接触梁某林时，梁某林百般狡辩，声称自己工作兢兢业业，勤勤恳恳。"你看一下，这是贝加尔等公司的勘测报告"，办案人员把报告递给梁某林，看到勘测报告的梁某林额头渐冒汗珠，而后开始用沉默来应对办案人员。办案人员继续追问，"你不收人好处，凭什么要帮助人家申报项目，骗取国家几百万元的资金？你看一下你的银行账单，你一年就 6 万多元的收入，你银行账户怎么一下蹦出来 40 多万元……"在办案干警出示的书证面前，梁某林承认了自己收钱办事的犯罪事实。交代国家对渔业补助资金越来越多，自己又是该县高效设施渔业项目补助工作的审批人，在帮助贝加尔等公司的申报补贴过程中，通过虚报养殖面积，收取他人贿赂款共计 46 万元。陈某林承包了 200 亩水塘后发现养殖水产劳神费力，而只要与负责高效设施渔业补贴的审批人搞好关系，多报一些亩数，就可以轻松获取巨额补助。调查案件初期，陈某林将被询问的事宜告知了梁某林，梁某林得知消息后几次与陈某林密谋协商如何应对检察机关调查，订立了攻守同盟。办案人员调取了重要关系人所有的银行记录，通过软件分析，比对双方交易记录是否存在关联，发现陈某林用前妻银行账号汇过 6 万元给梁某林。陈某林面对证据供述了自己与梁某林内外联手骗取国家高效设施渔业补贴资金的过程以及向梁某林行贿的犯罪事实：陈某林在申报高效设施渔业项目时，向梁某林承诺，只要能够申报成功，事后一定会向梁某林有所"表示"。贝加尔公司申报成功，补助资金到账后，陈某林为避免被查到，用前妻的账号给梁某林打了 6 万元表示感谢。陈某林如法炮制，注册了盱眙县玉林龙虾养殖合作社，再次申报了 50 万元的项目补贴，项目资金到账后，陈某林再次爽快地送给梁某林 6 万元。陈某林取得大小项目 12 个，项目资金达到一两百万元之多，而陈某林也陆陆续续向梁某林"表示"了 17.3 万元。梁某林在任该县农委渔业科科长兼水产技术指导站站长期间，明知贝加尔公司、玉林合作社、永兴岛公司不符合申报高效设施渔业项目条件，仍然向上申报，导致国家损失 250 万元；利用职务之便，收受贿赂 46 万元，并为他人谋取利益。法院判决梁某林犯滥用职权罪处有期徒刑 2 年 6 个月；犯受贿罪处有期徒刑 7 年 6 个月，并处没收财产 3 万元；决定执行有期徒刑 8 年 6 个月，并处没收财产 3 万元。梁某林未上诉。陈某林因向国家工作人员行贿和骗取国家机关专项资金，被法院以行贿罪判处有期徒刑 3 年，以诈骗罪判处有期徒刑 5 年，合并执行有期徒刑 7 年。